贪污渎职犯罪司法认定

以农村常发案例为例

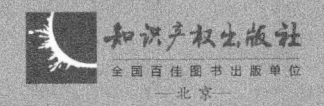

魏 红 ◎ 主编

知识产权出版社
全国百佳图书出版单位
—北京—

图书在版编目（CIP）数据

贪污渎职犯罪司法认定：以农村常发案例为例/魏红主编 . — 北京：知识产权出版社，2023.5
ISBN 978-7-5130-8764-3

Ⅰ. ①贪… Ⅱ. ①魏… Ⅲ. ①贪污贿赂罪—认定—研究—中国②渎职罪—认定—研究—中国 Ⅳ. ①D924.392.4②D924.393.4

中国国家版本馆CIP数据核字（2023）第089347号

内容提要：

本书以新农村建设中发生的贪污渎职犯罪案件为研究对象，旨在通过案例分析，探讨农村贪污渎职犯罪司法认定中存在的疑难问题，结合刑法理论与最新司法解释进行分析，提出认定意见，为预防与抑制发生在此领域的贪污渎职犯罪提出积极性建议，为深入推进新农村建设保驾护航。

本书不仅能够为公、检、法、司等实务部门从业人员提供参考借鉴，同时也是法学专业在校本科学生与研究生的学习参考书籍。

责任编辑：王　辉　　　　　　　　　　　责任印制：孙婷婷

贪污渎职犯罪司法认定——以农村常发案例为例
TANWU DUZHI FANZUI SIFA RENDING——YI NONGCUN CHANGFA ANLI WEILI
魏　红　主　编

出版发行	知识产权出版社有限责任公司	网　　址	http://www.ipph.cn
电　　话	010—82004826		http://www.laichushu.com
社　　址	北京市海淀区气象路50号院	邮　　编	100081
责编电话	010—82000860转8381	责编邮箱	laichushu@cnipr.com
发行电话	010—82000860转8101	发行传真	010—82000893
印　　刷	北京中献拓方科技发展有限公司	经　　销	新华书店、各大网上书店及相关专业书店
开　　本	720mm×1000mm　1/16	印　　张	19.25
版　　次	2023年5月第1版	印　　次	2023年5月第1次印刷
字　　数	370千字	定　　价	96.00元

ISBN 978-7-5130-8764-3

出版权专有　侵权必究
如有印装质量问题，本社负责调换。

编写说明

本书以新农村建设过程中发生的贪污渎职犯罪案件为研究对象，旨在通过案例分析形式，探讨农村扶贫开发领域贪污渎职犯罪司法认定中存在的疑难问题，结合刑法理论与最新司法解释分析并提出认定意见，为预防与抑制发生在此领域的贪污渎职犯罪提出积极性建议，并为深入推进新农村建设保驾护航。

本书共六个专题37个案例，从农村土地经营流转、农村安置搬迁工程的管理与资金使用、农村民生工程资金的管理与使用、农村低保金的申领、救灾扶贫助农资金的使用与发放、征地补偿款与强农惠民补贴资金的申领与管理等六大领域中，选取了较为典型且存在一定争议的案例进行讨论与分析。例如：骗取退耕还林补贴过程中的造林投入应否从犯罪数额中扣除？为村集体牟利而出租村集体土地的行为能否构成非法转让土地使用权罪？等。案例分析从个案中控辩双方争议焦点着手，围绕案件所涉核心刑法理论问题，结合最新司法解释与有关法律规定，针对司法认定争议提出意见并分析说明，不仅力求法律理论与司法实践相结合，更争取从对具体问题的共性认识到一般性原则提炼的升华。

本书采取以刑法理论结合个案认定方式，实现理论与实践融合解决司法疑难问题。同时，结合当前司法实践中贪污渎职犯罪特点，讨论分析司法实务认定中争议较大问题并进行理论纾解。本书不仅能够为公、检、法、司等实务部门从业人员在司法认定中提供参考与借鉴，同时也是法学专业在校本科生与研究生的学习、研究上述问题的参考书籍。

本书主编魏红老师是贵州大学法学院三级教授、复旦大学法学博士。长期从事刑事法学教学与研究工作，为全国法学教育研究会理事、全国刑法学研究会理事、贵州省省管专家、贵州省刑法学研究会副会长、贵州省法学学科学术带头人、贵州省法学会首席法律咨询专家。主持并完成包括国家社科在内的十几项国家与省部级课题，出版个人专著6本，主编教材5本。本书参编者包括贵州大学、贵州警察学院教师、纪检监察部门工作人员以及部分贵州大学法学院刑法学硕士研究生。其中唐亮、周琦、常城等三位同志在文稿校对和内容补充完善等方面做了大量工作，尤其是唐亮同志还在书稿前期的人员组织和协调等方面予以积极支持和协助；本书编辑王辉老师更是付出大量艰辛劳动和无私帮助，本书才能得以顺利出版。在此，表示最诚挚的感谢！

魏 红

2022年7月12日

目 录

前　言 ··· 1

专题一　农村土地经营流转

对土地流转补偿款的"经手"是否属于职务侵占罪的客观要件
　　——林某泽职务侵占案 ···（周　琦）5
为他人审批集体土地使用权获利的行为是否属于受贿行为
　　——朱某华受贿案 ···（周　琦）12
为村集体牟利而出租村集体土地的行为能否构成非法转让土地使用权罪
　　——胡某1等人非法转让土地使用权、贪污、挪用公款案 ·····················（周　琦）20
土地使用权是否属于土地流转型贪污罪中"公共财物"
　　——杜某湘贪污案 ···（文小丽　唐　亮）27
国家工作人员收受他人礼金的行为是否一律属于受贿行为
　　——赵某华受贿案 ···（唐　亮　文小丽）33
土地监管人员对土地流转合同内容审查不严是否属于玩忽职守
　　——沈某林、朱某峰玩忽职守案 ··（文小丽　唐　亮）40
收受他人未办理产权登记的商铺能否以受贿既遂认定
　　——吴某受贿案 ···（魏　红　熊丽娟）47
村干部审批宅基地之行为是否属于"从事公务"
　　——赵某受贿案 ···（常　城）54

专题二　农村安置搬迁工程的管理与资金使用

国家工作人员借用拆迁户名义购买安置房是否属于贪污罪中"利用职务便利"
　　——马某萍、童某烽、田某贪污案 ···（刘　莉）63
村干部"低买高卖"农村安置房的行为是否构成职务侵占罪
　　——余某寿职务侵占案 ···（龙　鸾　周　琦）71

收受贿赂后案发前又退还的行为是否属于及时退还
　　——李某强受贿案 ··(龙　鸾　周　琦)79
主动交代司法机关未掌握的其他量刑情节能否成立受贿罪的准自首
　　——何某亮受贿案 ··(常　城　武文锦)86
非法多征的耕地占用税款是否属于贪污罪的"公共财物"
　　——王某甲贪污罪一案 ··(唐　亮　熊丽娟)92
"虚假平账"行为并非认定贪污罪"非法占有目的"的必要条件
　　——陈某旭贪污案 ··(唐　亮　熊丽娟)99

专题三　农村民生工程资金的管理与使用

监督农村饮水工程建设是否属于公务行为
　　——韩某举、商某秀、韩某萍、高某非国家工作人员受贿案 ········(邓燕虹　唐　亮)109
单位收受"赞助费"是否构成单位受贿罪
　　——新农村建设工作领导小组办公室单位受贿案 ··················(邓燕虹　唐　亮)116
水网改造工程款转入个人账户能否认定具有"非法占有目的"
　　——尚某虎贪污案 ··(尚　蓉　周　琦)122
帮助他人骗取国家危房改造款本人未获取好处是否具有非法占有目的
　　——刘某生贪污罪案 ··(尚　蓉　周　琦)130
经集体同意分配国有资金能否认定为单位犯罪行为
　　——李某红等私分国有资产案 ······································(肖露露　常　城)136
如实供述罪行使行贿人受刑事追究是否属于"避免特别严重后果发生"
　　——罗某国等受贿罪案 ··(肖露露　常　城)143

专题四　农村低保金的申领与管理

"失地"农村居民最低生活保障金是否属于贪污罪从重处罚情节中的"特定款物"
　　——谢某田贪污案 ··(匡修宇　常　城)153
行为人受指使虚报农村居民最低生活保障金能否认定为主犯
　　——张某新贪污案 ··(匡修宇　常　城)162
贪污农村居民最低生活保障金等特定款物是否属于"犯罪情节较轻"
　　——陈某侠贪污案 ··(常　城　匡修宇)170

受理低保业务时故意拖延办理并暗示行贿是否属于索贿
　　——徐某贪污受贿案 ···(周　琦　李彬如)179
介绍贿赂过程中截取贿赂款行为是否独立成罪
　　——黄某某介绍贿赂案 ···(唐　亮　李彬如)185

专题五　救灾、扶贫、助农资金的使用与发放

挪用救灾款用于"送礼"能否定性为贪污行为
　　——黄某某挪用特定款物案 ···(常　城)192
挪用扶贫款申报国家扶持项目是否构成刑事不法
　　——英某登、涂某英、赵某雷等贪污案 ··(常　城)200
举报他人侵吞扶贫项目款经查证属实但对犯罪主体举报错误能否认定为立功
　　——李某贪污案 ···(常　城　武文锦)208
虚构合同资料申请助农奖励是否构成贪污罪
　　——侯某某贪污、诈骗案 ···(邓燕虹　唐　亮)214
挪用村扶贫互助协会资金行为是否成立挪用公款罪
　　——李某、侯某、李某乙挪用公款案 ···(何成会　周　琦)220

专题六　征地补偿款与强农惠民补贴资金的申领与管理

农村基层组织人员贪污罪与职务侵占罪的界限
　　——刘某某职务侵占案 ···(张　超)231
骗取退耕还林补贴过程中的造林投入应否从犯罪数额中扣除
　　——田某清贪污案 ···(何成会　周　琦)237
诈骗粮食补贴款既遂、未遂并存情形下如何量刑
　　——陈某荣诈骗案 ···(周　琦　何成会)245
虚报粮食补贴款但未获批付的行为能否认定为贪污罪的犯罪"着手"
　　——姚某康等贪污案 ···(肖露露　常　城)252
挪用征地补偿款帮助他人揽储能否构成挪用公款罪
　　——张某元等挪用公款案 ···(龙　鸾　周　琦)259
贪污数额认定应否扣除公务支出
　　——李某保、闫某文、董某东贪污案 ···(唐　亮)267

行为人在审查起诉时供述主要犯罪事实能否认定为如实供述
　　——吴某德贪污案 ·· (唐　亮)275

参考文献 ··· 283

前　言

在推进社会主义新农村建设背景下,农村经济转型与发展受到越来越多的关注。随着国家各项配套政策和措施的实施,农民的生活越来越好。为了改善农民的生活环境,提高生活质量,国家投入大量专项资金,重点解决农村污染、贫困、基础设施建设落后等问题。随着扶贫资金、助农惠民等专项补贴资金的不断投入,发生在新农村建设中的贪污、渎职犯罪问题也有所呈现。相关资料显示,2015年,"全国检察机关年均查办乡镇站所和农村党支部、村委会干部职务犯罪1万人以上,占职务犯罪案件总数的五分之一左右"。[1] 2016年,全国共处分乡科级及以下干部39.4万人,其中处分村党支部书记、村委会主任7.4万人。[2]

农村领域贪污渎职犯罪案件多发生在县、乡、村三级,涉案人员包括村党支部书记、村委会主任、村会计、村出纳等"两委"[3]成员和村民组长等村组干部,乡镇站所工作人员和部分县级职能部门工作人员,科级以下工作人员也占据了一定比例。在土地流转、扶贫资金、民生工程以及国家强农惠民补贴金等领域更是上述案件的高发领域。个别村干部非法占地、违法建设、以地谋私等,违规挪用扶贫资金,虚报材料骗取国家补贴金的行为时有发生。"两委"人员是农村建设发展的中坚力量,他们的工作作风以及组织、协调能力直接影响着我国乡村振兴战略的实现,也影响着新农村建设工作的顺利开展。

为了更快地促进乡村振兴,更好地促使农民致富,早日构建和谐新农村,实现全民奔小康,近几年国家加大了对农村腐败现象的整治力度。并且在司法监察体制改革背景下,国家加大了监察力度,反腐败力量得到了进一步的整合,更是为农村反腐败工作提供了有力的制度保障。但是基于新农村建设的特殊性,司法实践中对农村贪腐案件的惩治仍然存在着村支"两委"工作人员身份认定不清、犯罪行为定性困难、犯罪情节认定存在争议等诸多困境。当前,学术界对于农村领域贪污渎职犯罪不仅体系性研究不多,而且以具体案例为问题切入点,进行深入性研究的更少。党的十九大报告提出,"农业、农村、农民问题是关系国计民生的根本性问题,必须始终把解决好'三农'问题作为全党工作的重中之重",要"实施乡村振兴战略"。"加强农村基层基础工作,健全自治、法治、德治相结合的乡

---

[1] 戴佳.检察机关向农民身边的腐败出重拳[N].检察日报,2015-08-25(5).
[2] 李志勇.巩固反腐败斗争压倒性态势——十八届中央纪委七次全会工作报告解读之五[N].中国纪检监察报,2017-02-08(1).
[3] "两委"即村党支部委员会和村民委员会。

村治理体系。培养造就一支懂农业、爱农村、爱农民的'三农'工作队伍"。随着乡村振兴战略的实施,新时代国家扶农、助农等一系列政策相继出台,乡村的可支配资源也随之增多,村支"两委"干部权力也随之扩大。如若不对村支"两委"干部权力进行一定的限制与监督,并加大对农村腐败犯罪的打击力度,新农村建设的进程必将受到阻碍。因此本书以此为背景,以司法实践当中的真实案例为切入点,对司法认定疑难问题进行研究分析,不仅对法律实务人士、在校法学生以及农村基层工作人员、乡镇国家工作人员具有一定的学习参考价值,而且有利于促进新农村建设,助力乡村振兴。

专题一

农村土地经营流转

对土地流转补偿款的"经手"是否属于职务侵占罪的客观要件
——林某泽职务侵占案

周 琦

【裁判要旨】 村委会书记与村集体成员在未经土地管理部门批准的情况下,说服合法土地承包经营权人将土地违法转由第三人用以宅基地出售,由第三人给予土地承包经营权人以补偿。村委会书记将其经手的由第三人委托其转交给土地承包经营权人的款物非法占有的行为,应以职务侵占罪论处。

【关键词】 职务侵占 经手 客观要件 村集体财产

一、基本案情[1]

2007年,羊某山、刘某雄向罗某村承包一块25.25亩的土地用于荔枝种植。2011年,何某荣与何某光找到时任罗某村村委书记林某泽,提出与村委会开发土地的意向。后经林某泽组织村委会成员符某州、王某真、陈某、陈某超、符某娇以及方某(另案处理)讨论决定,同意与何某荣、何某光合作。林某泽找到羊某山、刘某雄,说服两人将土地转由何某光等人来进行开发并给予补偿。之后,罗某村村委会与何某荣、何某光达成合作协议并制作多份宅基地证。后何某光、何某荣在未经政府有关部门批准下,擅自将该地划为宅基地并出售,约定每出售一块宅基地便从中给予村委会1.5万元回报。何某荣、何某光除支付赔偿款人民币226.2万元给羊某山、刘某雄之外,还需支付赔偿款的15%共计人民币33.8万元给村委会作为村集体资金。何某荣、何某光遂按照林某泽要求将人民币33.8万元汇入林某泽之女账户中。后由林某泽占为己有,并未告知村委会其他成员。

一审法院判决被告人林某泽犯非法转让土地使用权罪,判处有期徒刑4年,并处罚金人民币12万元;犯职务侵占罪,判处有期徒刑6年。数罪并罚,决定执行有期徒刑9年,并处罚金人民币12万元。上诉人(原审被告人)林某泽不服提出上诉。上诉人林某泽的上诉理由及辩护人的辩护意见如下:第一,其行为不构成职务侵占罪,仅构成非法转让土地使用权罪;第二,何某荣将33.8万元转到上诉人林某泽女儿的账户,但上诉人林某泽仅收

---

[1] 本案来源于中国裁判文书网,某省某市人民检察院诉林某泽等非法转让土地使用权罪、职务侵占罪案(2015)儋刑初字第327号,(2015)海南二中刑终字第305号,https://wenshu.court.gov.cn/website/wenshu/181107ANFZ0BXSK4/index.html?docId=38e446063f7c4743b5028fd27736ad26,2020年04月15日访问。

取5万元，其余款项已转交村委会其他成员，请求二审法院依法改判。二审法院认为，上诉人林某泽、符某州、陈某超及原审被告人王某真、陈某、符某娇违反土地管理法规，在他人提出购买集体土地使用权的意图后，以牟利为目的，以村委会的名义伙同他人非法转让集体土地，非法获利人民币189.95万元，情节特别严重，其行为均已构成非法转让土地使用权罪。上诉人林某泽作为村委会书记，利用职务上的便利，将村委会集体资金人民币33.8万元非法占为己有，数额巨大，其行为又构成职务侵占罪。关于上诉人林某泽辩称33.8万元已经与他人分赃，并非其一人占有的意见仅有上诉人林某泽一人的辩解，而无其他证据予以证明，故一审认定事实清楚，量刑适当。故上诉人林某泽的上诉理由及辩护人的辩护意见不能成立，二审不予支持，依法驳回上诉，维持原判。

二、案件争议问题

在罗某村土地非法流转过程中，作为村委会主任的林某泽将经手的应属于罗某村村集体财产的33.8万元土地补偿款非法转移占有是否可为职务侵占的客观要件所评价。对于经手行为在职务侵占罪中的认定，既是该案的焦点，也是理论与司法实务中存在的分歧。

三、问题分析及阐述

职务侵占罪是农村土地非法流转中常发、伴发性犯罪，犯罪对象多为土地流转中应归为村集体所有的财产。其中对于在村集体财产经手时转移占有的行为定性在理论与司法实务中存在有职务侵占说与盗窃说的分歧。犯罪客观要件也被称为犯罪客观方面的要件或内容，是指犯罪成立在犯罪客观方面所必须具备的条件。对客观要件的分析不能简单而论，需要考虑所保护的法益范围与种类。经手行为的界定前提需要对其背后的法益保护进行清晰厘定。对于经手行为的定性，应认可"复合法益保护说"的立场，在职务侵占罪的客观要件范围内予以评价。

（一）职务侵占罪的客观要件

在讨论经手行为是否属于职务侵占罪的行为时，需先对职务侵占的客观要件进行梳理。职务侵占罪的客观要件表现为行为人利用职务上形成的便利，将本单位数额较大的财物非法占为己有的行为。[1]对于"利用职务便利"，需要注意两点，即"职务"与"利用职务的手段"的认定。

---

[1]《中华人民共和国刑法》第271条："职务侵占罪，是指公司、企业或者其他单位的人员，利用职务上的便利，将本单位的财产非法占为己有，数额较大的，构成本罪。"

对于职务侵占罪中的职务,目前存在"包含说"与"排除说"的区分。"排除说"认为行为人构成本罪需要对占有的财物具有一定的管理权限。"包含说"认为构成本罪不需要具体的管理授权,在对于本人因从事具体劳务活动而管理支配下的财物的非法占有即构成本罪。

"利用职务便利"是职务侵占罪客观行为的着重讨论对象。关于"利用职务便利"手段的认定,理论和司法实践观点不一,主要有三种代表性的观点:其一,职责便利说,利用职务上的便利,须行为人在本人职责范围内,因享有一定职责权限而实施侵占行为。[1]其二,工作便利说,此说认为职务便利并不仅限于职权之便,也包括因劳务而短暂形成的控制权。[2]其三,主管、管理、经手财物便利说。该说认为"利用职务上的便利"是指"利用本人的职权范围内或者因执行职务而产生的主管、管理、经受本单位财物的便利条件"。[3]刑法理论与司法实践中的通说是主管、管理、经手财物便利说。对于主管的本单位范围内的财物,非法占为己有,是利用职务便利这一点毋庸置疑。较为有争议的是管理、经手本单位财物的,是否也属于利用职务便利,进而以职务侵占罪论处,并无确定结论,其中以"经手"的讨论为甚。

(二)经手行为的法益争议

经手行为在司法实务与理论中存在的不同认定标准,归结于所保护法益的不同立场。经手行为的定性如何,需要对其所保护法益进行解读。经手行为是否为职务侵占的客观要件,一是从立法沿革角度,二是从法益争议的立场,对职务侵占与经手行为的关系进行探讨。

1. 职务侵占罪的立法沿革

在探讨职务侵占罪的法益保护前,不可遗漏其立法的沿革及法理的梳理。1979年《中华人民共和国刑法》(以下简称《刑法》)将职务侵占罪规定在贪污罪中,改革开放后,涌现出大量的非公有制经济主体,为了规制其中的非公有单位工作人员利用职务便利侵吞单位财产的不法行为,在1995年2月28日颁布的《全国人民代表大会常务委员会关于惩治违反公司法的犯罪的决定》[4]中,将公司人员利用职务便利侵吞单位财产的行为定性为侵占罪。[5]之后,在1997年《刑法》中,在1995年侵占罪的基础上创设了职务侵占罪。从

---

[1] 黄祥青.职务侵占罪的立法分析与司法认定[J].法学评论,2005(1):82.
[2] 肖中华,闵凯.职务侵占罪认定中的三个争议问题剖析[J].政治与法律,2007(3):123.
[3] 高铭暄,马克昌.刑法学[M].北京:北京大学出版社,2011:516.
[4] 作者注:该法律规范已失效,在此并不作为案件裁判依据,而仅作为对职务侵占罪立法沿革的内容呈现。
[5] 《关于惩治违反公司法的决定的犯罪》第10条:"公司董事、监事或者职工利用职务便利或者工作上的便利,侵占本公司财物,数额较大的,处五年以下有期徒刑或者拘役……"

立法溯源上看,职务侵占罪由贪污罪演变而来。目前学界对于贪污罪保护法益的通识是复合法益说,即国家工作人员职务行为的不可收买性和公共财产所有权。虽然现行刑法将职务侵占罪规定在财产犯罪而不是贪污贿赂犯罪中,但是对于职务侵占罪保护的法益却不能片面地只注重于单位财产所有权,而要从其立法过程上寻求背后的法理定在。

2. 法益保护"单一法益说"与"复合法益说"

法益是犯罪的客体,是存在于构成要件中刑法解释目的的机能。❶关于职务侵占罪所损害的法益,学界通说为单一法益说,将其表述为"本罪的客体,是公司、企业,或者其他单位的财产所有权。"❷支持复合法益说的学者从职务侵占罪的立法沿革上认为职务侵占罪除侵害财产所有权之外,还侵害有单位公共权力。❸单一法益说在职务侵占罪适用所导致的司法实践中的不当与恣意扩张,根源于缺乏法益指导和未对"职务"范围进行准确认定。对此,有必要对职务侵占罪进行梳理。❹

贪污贿赂犯罪与职务侵占罪最大的区别在于其犯罪主体是否为国家工作人员,除此之外其他构成要件与贪污贿赂犯罪并无太大区别。在理论与实践中,贪污贿赂犯罪的侵害法益为复合法益说不置可否,即国家工作人员职务的廉洁性与国家法人财产所有权。❺只是对于职务的范围,相较于贪污贿赂犯罪,主体限缩于国家工作人员的范围。既然行为人身兼职务,便说明其得到单位在某项事项或领域内的授权,而授权的本质在于单位对行为人的信任。相信被授权人可以在负责的范围内维护单位利益。这与贪污贿赂犯罪中国家赋予国家公职人员以身份的目的相同。因此,在认定职务侵占罪上,复合法益说为职务侵占罪的法益保护提供了新视角。该案中,林某泽作为罗某村村委会书记,经手何某荣、何某光的33.8万元汇款并转移占有,并未告知村委会其他成员,亦未将这笔款项存入村集体的账户。从通说的单一法益说来看,被告人林某泽侵害了村集体的财产所有权,将经手的款物转移占有,此时即侵犯村集体的财产所有权。

但从单一法益说上看,弊端在于将利用职务上的便利理解为客观方面,而不是客体要件。这一误读使得职务侵占罪的立法本质被掩盖,客观要件与客观方面相冲突。不论从哪个方面来看,将经手行为理解为对单位公共财产的侵犯行为都过于牵强。换言之,经手单位财物必然损害单位实质利益的观点有待商榷。就本案而言,被告人林某泽取得补偿

---

❶ 张明楷.法益初论[M].北京:中国政法大学出版社,2011:216.

❷ 高铭暄,马克昌.刑法学[M].北京:北京大学出版社,2011:516.

❸ 刘伟琦."利用职务上的便利"的司法误区与规范性解读——基于职务侵占罪双重法益的立场[J].政治与法律,2015(1):50.

❹ 刘伟琦.职务侵占罪中"职务"范围的合目的性解读[J].当代法学,2015(6):56.

❺ 贪污罪的侵害法益为双重法益,学界通说为国家工作人员职务的廉洁性与国家法人财产所有权。对国家法人财产所有权的法益并无争议,对于国家工作人员职务的性质侵害学界存在有不可收买说、廉洁说等观点。详见张明楷.受贿犯罪的保护法益[J].法学研究,2018(1):146-166。

款并不是以职务为手段,对比抢劫罪等犯罪中的犯罪手段不同,后者是直接作用于被害人,使被害人基于手段而被迫作出违背意志的表示或行为。可见,经手并不是一种手段,经手的前提是因职务的便利而产生的。因此若以"单一法益论"来对职务侵占罪的客体进行认定,不足以详尽涵摄该罪的法益范围。从复合法益说来看,林某泽作为村委会书记,此时的经手前提是建立在村委会书记身份上。换言之,若不是基于特定的身份,补偿款物便不可能由其经手转交。此案中,如果林某泽不是村委会主任,而是何某光、何某荣与村委会之间的利益联系人,其对于款项的占有就不能以职务侵占认定。此处虽以职务侵占罪对林某泽进行定罪处罚,但对于"职务"的说理明显存在欠缺,以单一法益说确实可以解决绝大多数的职务侵占犯罪认定,但是在裁判中适用复合法益说的理论说理与司法运用,或许是认定职务侵占犯罪的合适路径。

(三)经手行为的解读

经手行为在实务界与理论界有不同的解读与判定,认定的差异,造成了此罪与彼罪的差异,难免会在现实司法裁判中出现同案不同判的局面,与罪刑法定原则相抵牾。将经手行为在司法实务与理论中存在的观点进行对比,以期探寻背后二者背反的焦点。

1. 司法裁判中的判定:将"经手"财物的非法转移应以职务侵占罪评价

"经手"是指行为人不基于普遍的单位管理授权,而是基于具体的如运输、保管等临时性的管理所产生的实际控制权。[1]顺丰拣货员一案的审判结果或许可以带给我们一些启发。2013年8月23日,顺丰公司拣货员杨某在分拣货物时将一部价值1999元的小米手机窃走。之后顺丰公司通过查看视频监控,发现杨某的盗窃行为,遂报案。此案一审判决认为被告人杨某以非法占有为目的,窃取他人财物,数额较大,已构成盗窃罪。[2]此案经检察院抗诉后二审,二审法院认为被告人构成职务侵占罪,因数额未达到定罪起刑点,依法不应以犯罪论处,据此判决被告人杨某无罪。[3]对于职务侵占的行为定性,主要有"综合手段说"和"单一手段说"。"综合手段说"即行为人利用职务上的便利,通过侵吞、窃取等手段对单位公共财物进行非法占有,行为方式多样。[4]"单一手段说"认为在职务侵占罪的情境下,排除窃取、骗取行为手段,只保留侵占行为。[5]"单一手段说"又可细分为"业务便利肯定说"与"业务便利否定说"。其区别在于"利用职务上的便利"是否包含有劳务上

---

[1] 黄祥青.职务侵占罪的立法分析与司法认定[J].法学评论,2005(1):82.
[2] 四川省双流县人民法院(2014)双流刑初第338号刑事判决书.
[3] 四川省成都市中级人民法院(2014)成刑终字293号判决书.
[4] 毕志强,肖介清.职务侵占罪研究[M].北京:人民法院出版社,2001:107-144.
[5] 张明楷.贪污贿赂罪的司法与立法发展方向[J].政法论坛,2017(1):12.

的便利。"业务便利肯定说"❶是对"单一手段说"的广义理解,即认为行为人在因劳务而进行的非法侵占行为也属于职务侵占行为。"业务便利否定说"❷则持相反观点,认为不能包括劳务上的便利。在顺丰拣货员一案中,法官倾向于"综合手段说"。我国传统刑法理论主张"综合手段说",认为此处侵占行为并不仅限于非法占有人合法持有财物。❸"职务侵占的行为定性必须以刑法立法论及其之下的刑法解释论为据才能得出恰当的刑法解释结论,其中存在的解释性疑难具有客观性,但这种现象的客观存在不能成为否定'综合手段说'并转而采用'单一手段说''大竞合论''绝对的重法优于轻法处断归责'与'相对的重法由于轻法处断归责'的充足理由。"❹故而,对于经手行为的厘定,也需置于刑法的立法论及解释论之下进行展开。

2. 理论上的诠释:"经手"的财物转移占为己有应属盗窃

在职务侵占罪中,一方面对于经手的财物形成了职务便利,另一方面又将其限缩在一定的权限和属性之中,并不合理。将劳务纳入到职务的范围,符合实质解释论的要求。❺在对职务做扩大解释,将劳务所包含于其中,经手行为是满足于利用职务便利这一要件的。

同样由顺丰快递员案衍生,对于此案的判决存在不同的观点,有观点认为"杨某此时最多属于占有辅助者,并无完整意义上的占有处分意思或权限,理应以盗窃罪论处。"❻首先,对于对象物的认识,拣运的包裹基于运输合同而受到保护,在包裹因运输的原因而损毁、遗失时,需由运输公司,也即由此处的顺丰快递公司所负责。在此意义上,该包裹应视为顺丰公司的单位财物,对其享有权利。在行为主体上,分拣员因受雇于顺丰公司,因分拣员的身份而从事劳务,具有一定的职务便利条件。但分拣员将经手的包裹非法转移占有这一行为,因其特定的身份和工作环境,使得对于财物并没有独立的占有权和控制权,处分和控制权限并不完整。此时经手单位财物的行为与单纯利用工作机会窃取他人占用的财物的行为相同,应以盗窃罪论处。

本案中,林某泽将何某荣、何某光给予村集体的33.8万元据为己有。在此,33.8万元是何某荣、何某光想通过林某泽之手转交给村集体,而不是直接送与林某泽。比照顺丰拣货员案二审的判决结果,法院对于行为人经手财物的非法占有是否是利用职务便利持肯

---

❶ 黎宏.刑法学[M].北京:法律出版社,2012:764.
❷ 魏东.刑法解释(第2卷)[M].北京:法律出版社,2016:246.
❸ 魏东.侵占罪犯罪对象要素之解析检讨[J].中国刑事法杂志,2005(5):52-53.
❹ 魏东.职务侵占的刑法解释及其法理[J].法学家,2018(6):95.
❺ 付立庆.交叉式法条竞合关系下的职务侵占罪与盗窃罪——基于刑事实体法与程序法一体化视角的思考[J].政治与法律,2016(2):45.
❻ 周光权.职务侵占罪客观要件争议问题研究[J].政治与法律,2018(7):52.

定态度。对于顺丰案裁判结果的分歧，与其说是经手、管理行为是否也是利用职务便利的争胜，毋宁说是对于职务侵占罪所保护法益之使然。"单一法益说"下侵犯单位公共财产的行为即为犯罪，"复合法益说"下行为人除了侵害单位财产外，还对职务的廉洁性造成了损害，违背了职务所需要的奉公精神。其次，若将类似于顺丰快递员案中此类行为皆认定为盗窃罪，因盗窃罪入罪门槛较职务侵占低，会造成实务中很多的罪罚不当，不利于罪与非罪的准确区分和司法运用技术的提高。对比顺丰拣货员案的裁判要旨，本书认为判处林某泽职务侵占罪并无不妥。

四、结论

具有特定职务的行为人因其职务便利而将经手的财物占为己有的行为应以职务侵占罪认定。经手行为的性质讨论需回归到对职务侵占罪的法益分析之中。对经手行为的性质认定需要以"复合法益说"为立场，也即考察职务侵占罪的客观要件（经手）时，需要以是否侵犯对单位公共财物的保护与基于特定身份而拥有的对管理范围内奉公要求的维护为路径。在农村土地非法流转案件中，诸多行为主体在将管理、经手的财物转移占有，其转移占有是基于特定的身份或关系所形成，以盗窃罪论处，一是未能充分解读职务侵占的法理内涵，二是显露出重刑主义的倾向，不利于刑法的社会规制，一定程度上有违公众规范意识。

为他人审批集体土地使用权获利的行为是否属于受贿行为

——朱某华受贿案

周 琦

【裁判要旨】 在征地拆迁过程中,国土所执法大队工作人员利用职务上的便利,以无关第三人名义填写用地申请书,为他人非法审批以联合办学名义从征拆项目用地中取得的集体土地使用权,并收受他人所给予的该项目用地中的门面地(集体土地使用权),应以受贿罪论处。

【关键词】 受贿 土地审批 为他人谋取利益 集体土地使用权

一、基本案情[①]

(一)案件基本事实

2013年10月,某市政府经研究同意高某数码培训中心(以下简称"高某数码")在兰某乡选址征地。为此,兰某乡政府成立了高某数码工程项目建设协调小组,其中兰某乡国土资源所长夏某强、财税所长张某2、元某村支部书记李某应等人为小组成员,负责该项目征地拆迁工作。朱某华是当地国土资源所执法中队副队长兼报账员,因为工作职责关系也参与项目征地拆迁工作;彭某是黄某2的同学兼好友,也参加项目建设协调工作。为推动征地拆迁工作顺利进行,高某数码法人代表黄某2以联合办学的名义从该项目用地中给夏某强、张某2、李某应、彭某(系黄某2同学)4人各免费提供了2块门面地。在办理上述门面地的用地审批手续中,夏某强考虑需要被告人朱某华办理,便向黄某2提出从该项目用地中免费为朱某华提供2块门面地,黄某2表示同意。之后朱某华便以其姻娌刘某4的名义填写了用地申请书,夏某强、张某2、李某应、彭某4人则分别以易某6、刘某涨、李某、彭某的名字填写了用地申请书,并通过朱某华、夏某强于2015年办理了上述门面地的集体土地使用证。

[①] 本案来源于中国裁判文书网,某省人民检察院诉朱某华受贿案,(2019)湘0482刑初126号、(2019)湘04刑终181号、(2018)湘04刑终190号、(2019)湘04刑终543号, https://wenshu.court.gov.cn/website/wenshu/181107ANFZ0BXSK4/index.html?docId=4cef2da628d640f9bfbbab6c00fc85ec,2020年05月20日访问。

(二)案件裁判要点

在认定朱某华是否构成受贿罪的争议焦点上,共发回重审两次。第一次因一审判决对原公诉机关指控的朱某华受贿罪未引用相关法律依据在判决主文中作出相应判项,一审判决程序严重违法,发回重审;第二次因指控朱某华受贿罪事实不清,证据不足,需要进一步补正、查证发回重审。检察机关指控朱某华构成受贿,在原审和第一次发回重审时,认为朱某华构成受贿罪,在第二次发回重审后,原审法院认定朱某华系国土资源所执法中队副大队长兼报账员,是依法履职的国家工作人员,在其土地审批的职权范围内,非法收受请托人门面地并为其办理土地审批,构成受贿罪,期间检察院均未抗诉,依上诉不加刑原则,二审法院认定朱某华不构成受贿罪。

二、案件争议问题

本案中,最后虽是在程序层面以上诉不加刑原则认定朱某华不构成受贿罪,但是在实体法层面,朱某华是否构成受贿罪,检察机关认为朱某华构成受贿罪,检察院在二审发回的两次判决中均认为朱某华构成受贿罪,原审法院也对朱某华构成受贿罪予以认定。在发回重审中,原审法院认为朱某华构成受贿罪,但因检察院未抗诉,二审法院遂以上诉不加刑原则不予认定朱某华构成受贿罪。基于案件中涉及认定受贿罪的事实,对于朱某华非法为他人办理集体土地使用权审批获利的行为是否构成受贿行为,检察院与法院之间存在分歧。在本案中,朱某华作为对土地使用权具有审批职权的公职人员,理应秉公办理土地使用权审批,在收受门面地后,为他人谋取不正当利益,即集体土地使用权的非法审批,从受贿罪的构成要件上看,理应构成受贿罪。

三、问题分析及阐述

农村土地非法流转案件中,因土地管理制度的特殊性,在土地审批等事项中,监管往往存在缺位,使得该领域成为贪污贿赂犯罪的多发区。对于在其中非法为他人审批集体土地使用权并获利的行为,司法机关在认定上也存在出入。在认定他人审批集体土地使用权事项并为此获利的行为是否是受贿行为,需明确两点:审批事宜的身份定性,为他人谋取利益的要件解读。对于在用地审批事项上具有监管职能的工作人员,为他人办理土地审批时获取利益的行为,应认定为受贿行为,以受贿罪论处。

(一)土地审批事宜中的身份定性

本案中,朱某华是否构成受贿罪的争论,首先需要判断其在办理土地审批的定性问题。受贿罪是真正身份犯,只有国家工作人员才是该罪适格主体。朱某华作为国土资源所执法中队副队长兼报账员,是依法履行公职的国家工作人员。但其职权在本案中是否覆盖有土地审批事项未有明确交代。对于国家工作人员身份的认定,现行法并无明确的学理依据,以致在多数涉及贪污贿赂的案件中,被告人及其辩护人多以被告不具有受贿罪主体资格的事由进行脱罪抗辩。是否为受贿罪适格主体的讨论,也即是国家工作人员身份的认定问题。国家工作人员定义与范围对于刑法的谦抑性和刑法的规范目的来说意义重大。我国《刑法》第93条对国家工作人员的定义,是法律一般条款,即对于具有共同属性的分则罪名,可以最大限度概括其内延的条款。❶但其定义语焉不详,在分则具体适用时,会出现规范目的阙如、个罪保护法益之异样等问题。确定国家工作人员身份的统一标准,对于打击贪污腐败气焰,划清贪污腐败犯罪与其他职务犯罪的界限是不可回避的。事实上,"作为一个刑法概念,没有哪一个概念能像'国家工作人员'一样,认定与否,不仅涉及罪与非罪,甚至涉及有期徒刑或者死刑为最重刑罚的巨大差异。"❷遗憾的是,司法界对于不论是在个案,抑或是其内涵上对于国家工作人员的认定一直未达成统一的认识。目前学界对于国家工作人员的定义主要有三类主张:(1)"身份说"。即只要具有国家编制,属于国家在列公职人员,即为国家工作人员。其他不具有国家公职人员身份的,一律不是国家工作人员。(2)"公务说"。只要行为人本身从事的行为具有公共管理职能,就拟定其为国家工作人员。是否具有正式编制在所不问。(3)"结合说"。国家工作人员的主体适格要求是既要有法定的公职身份,从事的行为本身又属于履行公务。在当前的司法实务中,"身份说"与"公务说"是主要的讨论对象。本案中,对于被告人朱某华的国家工作人员认定问题,在两次发回重审与二审中肯定其国家工作人员身份。二审法院以原审判决中未认定朱某华构成受贿,故在第二次发回重审后认定的朱某华构成受贿罪在上诉不加刑原则之上裁定其不构成受贿罪。目前学界对于国家工作人员认定的通说为"公务说",只有个别司法解释采用"身份说"。对于"结合说"也不乏有其他看法。"结合说"较之于"身份说"的单一标准,对国家工作人员的身份进行了限缩,"虽有利于确保刑法的谦抑性,但不符合以国家工作人员为主体实施的范围的本质,也不利于实现职务犯罪的规范目的,否则,国家工作人员的定义就会变成法治社会的'黑森林',有失刑法一般条款之规范目的。"❸"公务说"中对于所谓的"公务"的界定,主要强调的是"职务性"与"管理性"两

---

❶ 刘杨.法治的概念策略[J].法学研究,2012(6):31.
❷ 陈洪兵."国家工作人员"司法认定的困局与出路[J].东方法学,2016(2):111.
❸ 姜涛.刑法中国家工作人员定义的个别化解释[J].清华法学,2019(1):79.

者。[1]国家工作人员是我国刑法中特有的概念,有异于域外刑法。域外刑法中并无国家工作人员一说,通常以"公务员"一说为准。而《中华人民共和国公务员法》中对公务员的认定,是以行政编制的有无来进行区分。《刑法》调整社会法律关系特殊性,使得其在应对不同的犯罪中需要发挥与规制的作用也因此不同。在"公务说"的基调之下对国家工作人员的内涵与范围在个罪中进行个别化把握,或许是国家工作人员在个罪中进行把握的不二选择。本案中,对于土地审批的工作,并不只以具有国家正式编制的工作人员来进行,另朱某华的身份是执法大队副大队长兼报账员,在其执法大队副队长兼报账员身份职务范围是否包括有土地审批权力尚无明确法律规定的情况下,依照目前对于受贿罪主体的通说"公务说",土地审批具有相应的公共管理属性,在此基础上应认定朱某华是受贿罪适格主体。

(二)受贿行为的认定

为他人进行非法集体土地使用权审批获利的行为如以受贿行为认定,须先对受贿行为认定进行廓清。犯罪是对法益的侵害,刑法是对法益的保护。不同犯罪所侵害的法益类型有所不同,在对受贿行为侵害的法益理解的基础之上,再对为他人谋取利益要件进行分析,有助于准确认定受贿行为。

1. 受贿罪法益聚讼

受贿罪的受贿行为与数额认定前提之一是准确认定受贿罪的保护法益。受贿罪并不指代受贿犯罪,前者是受贿犯罪的内容之一,也称之为普通受贿。后者除受贿罪外,还包括有斡旋受贿与利用影响力受贿。在此所讨论的受贿罪为普通受贿罪。在受贿罪保护法益的认定上,需注意:普通受贿罪与贪污罪保护法益不同于受贿犯罪中的保护法益。《中华人民共和国刑法修正案(九)》将贪污贿赂犯罪以同类客体标准视之,将贪污贿赂犯罪纳入对职务行为廉洁性侵犯的犯罪中。贪污罪的性质由财产犯罪转变为渎职犯罪,但却未改变贪污犯罪对公共财产所有权的侵犯本质。贪污贿赂犯罪与罪刑相适应之间的矛盾,与其说是结构性矛盾,毋宁说是其之间的罪质性矛盾更为妥帖。[2]在贪污贿赂犯罪认定中,廉洁性的重要地位不言而喻,但是完全将贪污罪与受贿罪统摄于廉洁性之下,难免有失周祥。首先在我国,关于受贿犯罪保护法益的讨论,通说认为是国家工作人员职务的

---

[1] 2003年11月13日,最高人民法院在《全国法院审理经济犯罪案件工作座谈会纪要》中指出:"从事公务,是指代表国家机关、国有公司、企业、事业单位、人民团体等履行组织、领导、监督、管理职责。公务主要表现为与职权相联系的公共事务以及监督、管理国有财产的职务活动。如国家机关工作人员依法履行职责,国有公司的董事、经济、监事、会计、出纳人员等管理、监督国有财产等活动,属于从事公务。那些不具备职权内容的劳务活动、技术服务工作、如售货员、售票员等所从事的工作,一般不认为是公务。"

[2] 马春晓.廉洁性不是贪污贿赂犯罪的法益[J].政治与法律,2018(2):53.

廉洁性。**❶**但"廉洁说"的内容过于言之寥寥,既不能清楚界定罪与罪之间的区别,也不能说明所谓的廉洁指代的是职务本身,还是另有所指。**❷**其次,廉洁性说在某程度上扩张了受贿犯罪处罚的范围,过分限缩国家公职人员在正当履职之外的其他权利。**❸**

贪污罪的保护法益是国家法人的财产,不同于受贿罪的渎职犯罪本质,贪污罪的本质其实是一种以非法占有为目的的财产性职务犯罪。是故需要将贪污罪与受贿罪的法益区分开来。"受贿犯罪的保护法益应当是国家工作人员职务行为的公正性。"**❹**诚如上述,受贿犯罪并不是单一的犯罪罪名,而是概括式的罪名范畴。将职务行为的公正性认定为受贿罪的法益,具有一定的合理性。但是,受贿犯罪的保护法益却不仅仅以公正性一言以蔽之。对受贿犯罪保护法益的细分,有助于对受贿犯罪中各类犯罪的本质认识。张明楷教授将受贿犯罪划分为普通受贿、加重的斡旋受贿、斡旋受贿和利用影响力受贿四类,其保护法益分别对应职务行为的不可收买性、职务行为的公正性、职务行为的公正性和不可收买性、公正性和国民对职务行为不可收买性的信赖。**❺**公正性和不可收买性是受贿犯罪保护法益长期以来讨论的对象,其分别源于日耳曼法与罗马法的立场。目前在批评廉洁说的通说下,公正性和不可收买性依然在学界存在讨论。从当今域外的刑事立法看,采用的是折中说,以不可收买说为基础,以公正说为补充。**❻**

本案中,朱某华享有对兰某乡高某数码工程中的用地审批职权,在集体土地使用权审批中,为夏某强等人以虚假名义申请的集体土地使用权证提供便利,同时因违法审批而获得项目负责人黄某2的门面地赠与,违背了依法办理土地审批的要求,侵害了国家对于严格办理土地审批的制度。

2."为他人谋取利益"的解读

基于上述对受贿犯罪法益的讨论,结合本案中被告人朱某华的犯罪事实,其犯罪行为侵犯的是国家工作人员职务行为的不可收买性。我国《刑法》第385条对受贿罪行为进行详细规定。**❼**其中对于"为他人谋取利益"一说存在着理论上的分歧。受贿罪的实行行为是"权钱交易"。兰某乡国土所所长夏某强、财税所长张某2、元某村支部书记李某应等人为小组成员,负责该项目征地拆迁工作。为推动征地拆迁工作顺利进行,高某数码法人代

---

❶ 高铭暄,马克昌.刑法学[M].北京:北京大学出版社,高等教育出版社,2016:630.
❷ 张明楷.刑法学[M].北京:法律出版社,2016:1203.
❸ 曲久新.刑法学原理[M].北京:高等教育出版社,2014:356.
❹ 黎宏.受贿犯罪保护法益与刑法第388条的解释[J].法学研究,2017(1):66.
❺ 张明楷.受贿犯罪的保护法益[J].法学研究,2018(1):146.
❻ 依照我国《刑法》第385条中对于受贿罪的规定,其是职务行为不可收买性的体现。《刑法》第388条中的规定,是基于职务行为公正性的考量。
❼ 《刑法》第385条:"国家工作人员利用职务上的便利,索取他人财物的,或者非法收受他人财物,为他人谋取利益,是受贿罪。"

表黄某2以联合办学的名义从该项目用地中给夏某强、张某2、李某应、彭某(系黄某2同学)4人各免费提供了2块门面地。在夏某强的建议下,黄某2同意给朱某华2块门面地。后朱某华为夏某强等人办理门面地的集体土地使用证。在此,最高人民法院与最高人民检察院颁布的《关于办理贪污贿赂刑事案件适用法律若干问题的解释》对此进行了认定。[1]为他人谋取利益是我国受贿罪构成的条件之一。"为他人谋取利益"是主观要件还是客观要件上经历了从客观说到主观说的变化。其中,客观说又分为旧客观说和新客观说。旧客观说以收受财物时是否为他人谋取利益为标准,该观点引入之初颇为流行。新客观说认为"为他人谋取利益"仍然是受贿罪的客观要件,其内容的最低要求是许诺为他人谋取利益。[2]有学者对于新客观说的看法也提出了不同意见,"承诺为他人谋取利益并不等同于实施了为他人谋取利益的行为。同时,如果把为他人谋取利益理解为受贿罪的客观要件,则还存在一个在受贿罪的构成要件中的体系性地位问题,即为他人谋取利益和收受财物行为之间的关系问题。"[3]由于客观说不能解决上述问题,因此有学者提出主观说观点。支持主观说学者认为为他人谋取利益只是一种主观上的心理要素,是国家工作人员与请托者之间达成的一种权力买卖的交易默契。[4]在2013年11月13日最高人民法院《全国法院审理经济犯罪案件工作座谈会纪要》规定:"为他人谋取利益包括承诺、实施和实现三个阶段的行为。只要具有其中一个行为,如国家工作人员收受他人财物时,根据他人提出的具体请托事项,承诺为他人谋取利益的,便具备了为他人谋取利益的要件。明知他人有具体请托事项而收受财物的,视为承诺为他人谋取利益。"根据《全国法院审理经济犯罪案件工作座谈会纪要》中为他人谋取利益所划分的4种情形:(1)承诺为他人谋取利益;(2)实施为他人谋取利益;(3)实现为他人谋取利益;(4)明知他人有具体请托事项而收受财物。在此之中,只要行为人有承诺、实施或实现三种情形之一,即为他人谋取利益这一要件成立。实际上是坚持了"主观说"的立场,因此,本案中黄某2为推动拆迁工作的顺利进行,以门面地的赠送请夏某强与朱某华等人从中予以帮助。最后,在朱某华的帮助下,顺利进行了集体土地使用权的审批。因此,本案中黄某2、夏某强和朱某华等人行为属于承诺为他人谋取利益、实施为他人谋取利益、实现为他人谋取利益的情形,符合

---

[1] 2016年4月18日,高级人民法院与高级人民检察院颁布《关于办理贪污贿赂刑事案件适用法律若干问题的解释》,除了对贪污贿赂罪的数额与情节进行规定之外,还对涉及受贿罪的若干疑难问题进行了解释,其中就包含有对为他人谋取利益的性质的解释。《解释》第13条规定:"具有下列情形之一的,应当认定为为他人谋取利益,构成犯罪的,应当依照刑法关于受贿犯罪的规定定罪处罚:(一)实际或者承诺为他人谋取利益的;(二)明知他人有具体请托事项的;(三)履职时未被请托,但事后基于该履职事由收受他人财物的。国家工作人员索取、收受具有上下级关系的下属或者具有行政管理关系的被管理人员的财物三万元以上,可能影响职权行使的,视为承诺为他人谋取利益。"

[2] 张明楷.刑法学[M].北京:法律出版社,2016:1068.

[3] 陈兴良.为他人谋取利益的性质与认定——以两高贪污贿赂司法解释为中心[J].法学评论,2016(4):2.

[4] 陈兴良.目的犯的法理探究[J].法学研究,2004(3):74.

受贿罪中"为他人谋取利益"的条件。

3. 集体土地使用权的定性

《中华人民共和国刑法修正案（九）》中将受贿罪的唯数额论以数额与情节并行的二元论所取代。相较于过去从严治吏的精神而言，当前的受贿罪更多体现的是从严治吏的精神。对于在贪污贿赂犯罪中的二元论思路，能够较为全面地反映个案的社会危害性，有利于做到罪刑相适应，打击贪腐之风。❶《关于办理贪污贿赂刑事案件适用法律若干问题的解释》对贪污贿赂犯罪的数额与情节进一步进行了细化，这也是《关于办理贪污贿赂刑事案件适用法律若干问题的解释》晚于《中华人民共和国刑法修正案（九）》五个月问世的原因。《关于办理贪污贿赂刑事案件适用法律若干问题的解释》的颁布，妥当地处理了情节与数额之间的关系，在避免单一数额僵化司法时，也为罪刑适用，明确司法提供了依据。虽然在贪污受贿犯罪中引入数额与情节并行的立法体例并不与大陆法系相似，但这并不是为贪污受贿行为开绿灯，而是给党纪、行政处分留有余地，保证刑法的谦抑性。同时，"这种数额加情节的立法方式，既能够以数额体现这些财产犯罪的性质，又能够包含其他对于财产犯罪的定罪量刑具有重大影响的情节。"❷

贪污贿赂犯罪中的财物，《关于办理贪污贿赂刑事案件适用法律若干问题的解释》在此进行了扩大解释。《关于办理贪污贿赂刑事案件适用法律若干问题的解释》规定：贿赂犯罪中的"财物"，包括货币、物品和财产性利益。即包括有形财产与无形财产。但需注意的是，这里的无形财产只包括财产性利益，对于非财产性利益，则不属于讨论的对象。❸朱某华为夏某强等人办理的土地审批系合法事项，夏某强等要进行土地审批的人是请托人，朱某华此时利用自己管理土地审批的职务行为，为他人谋取利益，收受了2个门面地。利用职务便利为请托人办事，不论请托人请托的事是正当利益还是不正当利益，都应以受贿罪论处。此时的门面地作为财产性利益，是朱某华受贿的对象。

四、结论

对于受贿罪犯罪的成立与否，首先需要具有形式理性的思维，也即要求"在司法阶段，根据法律规范进行形式判断，由此将法律规范的实质价值内容付诸实施。也就是说，一个行为是否构成犯罪，首先应当根据刑法是否具有明文规定进行构成要件该当性的考察，如

---

❶ 周光权.论受贿罪的情节——基于最新司法解释的分析[J].政治与法律，2016(8)：36.
❷ 陈兴良.贪污贿赂犯罪司法解释——刑法教义学的阐释[J].法学，2016(5)：66.
❸ 2018年11月20日最高人民法院、最高人民检察院《关于办理商业贿赂刑事案件适用法律若干问题的意见》第7条明确规定："商业贿赂中的财物，既包括金钱和实物，也包括可以用金钱计算数额的财产性利益，如提供房屋装修、含有金额的会员卡、代币卡（券）、旅游费用等具体数以实际支付的为准"。

果没有构成要件的该当性,则无论该行为是否具有法益侵害性,都不能认定为犯罪"[1]。国土资源所工作人员为他人非法办理土地审批,获他人赠与2个门面地(集体土地使用权),应以受贿罪论处。受贿罪的适格主体是国家工作人员,以"公务说"作为国家工作人员的认定基准,国土资源所工作人员朱某华的土地审批行为具有公共管理属性,在其身份上并无疑问。在收受门面地的行为上,也即"为他人谋取利益"这一要件上,需要以《关于办理贪污贿赂刑事案件适用法律若干问题的解释》和《全国法院审理经济犯罪案件工作座谈会纪要》中的相关规定与精神指引作为主要的参考依据。土地流转中出现的受贿行为,需要准确认识到土地使用权的价值属性,并结合具体案件中受贿罪的构成要件进行逐一甄别,以确保土地流转的合法开展与其中违法犯罪行为的准确认定。

---

[1] 陈兴良.刑法法理的三重语境[J].中国法律评论,2019(3):77.

为村集体牟利而出租村集体土地的行为能否构成非法转让土地使用权罪
——胡某1等人非法转让土地使用权、贪污、挪用公款案

周 琦

【裁判要旨】 以牟利为目的,违反土地管理法规,非法转让、倒卖土地使用权的,对非法转让行为应作广义理解。非法转让土地使用权,其意旨包括名义上为出租,实则为转让的行为。土地非法出租是土地非法转让的形式之一,刑法意义上的非法转让具有更广泛的含义,应以非法转让土地使用权罪论处。

【关键词】 非法转让土地使用权罪 非法出租 牟利 村集体

一、基本案情[①]

2009年1月1日,时任某省盘某县某村党总支书记被告人胡某1和该村党支部书记被告人于某1,擅自代表盘某县某村与盘某某建筑材料有限责任公司签订租赁合同。约定将某村位于吴某路11号的70亩(签订合同为50亩)村集体土地使用权及厂房1栋、办公平房4间(厂大门南侧)租赁给盘某某建筑材料有限责任公司建厂,租赁期限为30年,租金每年10万元。其中合同签订的50亩土地中,只有20亩土地具有集体土地建设用地使用证,其余土地均无任何土地使用手续,且未经村民会议讨论决定及镇政府和土地管理部门批准。截至案发前某村委员会共非法获利人民币80万元。

案发后,胡某1与于某1的辩护人提出的涉案土地租金归全体村民所有或用于村建设,被告人胡某1未从中牟利,涉案土地是对外出租并非对外转让,不属于非法转让土地使用权罪中的转让的辩护意见。法院审理查明之后认为,牟利不仅指谋取金钱上的利益,也指行为人谋取的其他不正当利益。本案两被告人非法转让村集体土地用于非农业建设,属于违法行为,所获得的利益当然为不正当利益,即非法利益。非法转让土地使用权罪的牟利不仅限于谋取个人利益,也包括为他人、为集体谋取利益的行为。其本质行为已属违法,无论牟利的目的是为个人或是集体,均不影响本罪主观牟利目的的认定。故辩护

[①] 本案来源于中国裁判文书网,某省盘某县人民检察院诉胡某1等非法转让土地使用权罪、贪污、挪用公款案,(2018)辽1122刑初111号,https://wenshu.court.gov.cn/website/wenshu/181107ANFZ0BXSK4/index.html?docId=549de4227e9440fcb02da9850113a512,2020年08月15日访问。

人提出的该辩护意见,理由不能成立,法院不予采纳。

对于非法出租的行为定性,法院结合非法转让土地使用权罪的立法精神,民法上土地所有权与使用权之规定,《中华人民共和国土地管理法(2004年修正)》之条款对非法转让的含义进行扩大解释,认为非法出租、非法抵押等行为为非法转让的行为方式所涵摄,符合非法转让土地使用权罪的客观要件。其中,对土地使用权可否出租,法院根据《中华人民共和国土地管理法(2004年修正)》第63条❶进行认定,在处罚依据上以《中华人民共和国土地管理法(2004年修正)》第73条❷和第81条❸想象竞合,以第73条来追究被告人的刑事责任。

被告人胡某1、于某1未经村民会议讨论决定及镇政府和土地管理部门的批准,擅自将村集体土地出租给他人办厂的行为,改变农用地的用途,已达到情节严重,构成非法转让土地使用权罪。辩护人提出的辩护意见,无法律依据,理由不能成立,法院不予采纳。

二、案件争议问题

本案在是否构成非法转让土地使用权罪上的争议焦点是:为村集体牟取利益而将村集体土地非法出租的行为是否可为本罪所评价。这里需要讨论两个内容:即非法转让土地使用权罪的主观目的与非法出租土地的行为定性。其一,非法转让土地使用权罪是故意犯罪,且主观故意须是牟利的目的,为村集体牟利的行为是否是本罪所讨论的主观目的是争议焦点之一。其二,村集体对集体土地享有使用、收益的权能,在此基础上村集体对外出租土地以获取经济利益的行为也是本案在非法转让土地使用权罪上的分歧之一。牟取利益与非法转让需作扩大解释,亦即认为为他人牟取利益的主观目的与非法出租的客观行为可被非法转让土地使用权罪的构成要件所囊括。

---

❶《中华人民共和国土地管理法(2004年修正)》第63条:"农民集体所有的土地的使用权不得出让、转让或者出租用于非农业建设;但是,符合土地利用总体规划并依法取得建设用地的企业,因破产、兼并等情形致使土地使用权依法发生转移的除外。"

❷《中华人民共和国土地管理法(2004年修正)》第73条:"买卖或者以其他形式非法转让土地的,由县级以上人民政府土地行政主管部门没收违法所得;对违反土地利用总体规划擅自将农用地改为建设用地的,限期拆除在非法转让的土地上新建的建筑物和其他设施,恢复土地原状,对符合土地利用总体规划的,没收在非法转让的土地上新建的建筑物和其他设施;可以并处罚款;对直接负责的主管人员和其他直接责任人员,依法给予行政处罚;构成犯罪的,依法追究刑事责任。"

❸《中华人民共和国土地管理法(2004年修正)》第81条:"擅自将农民集体所有的土地的使用权出让、转让或者出租用于非农业建设的,由县级以上人民政府土地行政主管部门责令限期改正,没收违法所得,并处罚款。"

三、问题分析及阐述

(一)非法转让土地使用概念界定

1. 非法转让土地使用权的主观认定

非法转让土地使用权罪在刑法分则中是以简单罪状的方式进行描述。牟利作为其主观构成要件,是以积极的、成文的要素进行明确。牟利作为非法转让土地使用权罪的主观要件,其主要争论在于为他人(村集体)或者不特定多数人的牟利目的是否能以本罪进行评价。

非法转让土地使用权罪的主观方面在刑法分则中是以故意规定之,故意的内容为非法牟利利益。在我国刑法理论中,对故意主要存在两类区分:直接故意与间接故意,二者的不同在于行为人实施行为时对损害结果所持的主观心理状态。[1]在本案中,被告人的故意是直接故意还是间接故意,两种故意的分区是否会影响罪名的成立,两者区分意义何在并不影响案件的认定与裁判。在直接故意与间接故意的具体适用上,二者并无太大差异,只是在目的犯的场合会有所不同,也即在目的犯的场合中会排除间接故意的适用。而在此将间接故意排除在外,意义仅限于罪名上的认定。[2]故而在涉及排除目的犯的主观故意犯罪中,"根据总则关于故意的一般规定以及分则关于具体犯罪的客观要素的描述予以确定。"[3]本案中,两被告擅自代表盘某县某村与盘某某建筑材料有限责任公司签订租赁合同。约定将该村位于吴某路11号的50亩土地使用权及厂房1栋、办公平房4间(厂大门南侧)租赁给盘某某建筑材料有限责任公司,其主观上并非过失,而是故意心理,故意追求将土地予以出租而获利的目的。

此外,对于牟利与谋利的不同也需要进一步地厘清。牟利与谋利并不具有相同的解释与适用范围,两者之间存在明显的不同。牟利强调主观目的与客观行为的非法性,谋利主要突出目的的不正当性。谋利相较于牟利的词源意思较为狭窄,例如受贿罪中"为他人谋取利益"不限于谋取非法利益,谋取合法利益也是该罪的主观要件,因为受贿罪保护的是国家工作人员的不可收买性。[4]法院在认定胡某1与于某1的主观目的上,从获取利益的目的与手段上进行分析,认为非法转让村集体土地用于非农业建设,属于违法行为,所获得的利益当然为不正当利益,即非法利益。牟利不仅限于谋取个人利益,也包括为他

---

[1]《刑法》第14条:"明知自己的行为会发生危害社会的结果,并且希望或者放任这种结果发生,因而构成犯罪的,是故意犯罪。"

[2] 马克昌. 犯罪通论[M]. 武汉:武汉大学出版社,1991:341.

[3] 张明楷. 刑法分则的解释原理[M]. 北京:中国人民大学出版社,2011:388.

[4] 高铭暄,马克昌. 刑法学[M]. 北京:北京大学出版社,高等教育出版社,2016:630.

人、为集体谋取利益的行为。其本质行为已属于违法,无论牟利的目的是为个人或是集体,均不影响本罪其主观牟利目的的认定。故辩护人提出的该辩护意见,理由不能成立,法院不予采纳。

2. 非法转让土地使用权的含义

转让一词在《现代汉语辞海》的解释是:将自己应享的权利或东西让出给其他主体。土地使用权的转让,指土地使用权人对其享有的地块,进行交换、出售、赠与等的再次转让行为。在"非法转让土地使用权"的界定上,学界并无一致观点。

观点一:土地使用权的转让需要遵循法定的程序和条件,对任一程序或条件的违法,都属于非法转让土地使用权的行为。使用权人在首次获得土地使用权之时,对于合同中所包括的地块享有特定的要求或投资计划的,行为人须在规定期限之内进行转让并按照合同履行相关义务。再而,转让的双方对于合同中地块的转让,需双方基于合意并在合同所规定的期限内进行。在土地使用权转让行为结束之后,土地的受让人应及时办理相应的权属变更登记。❶

观点二:非法转让土地使用权是指违反土地管理法规,将依法使用、管理、持有的土地擅自转移给他人的行为。❷

从当前学界对于非法转让的行为性质看,转让土地使用权的客观要件是违反行政法规的前置性规定,超出权利范围非法处置土地使用权的行为。

3. 非法转让与相近行为区别

(1)非法转让与非法出租。

出租土地使用权是指土地使用权人将辖区土地及地上附着物的土地使用权一并租赁给第三人并收取租金的行为。土地使用权的出租指的土地使用权人与第三人以合同的方式约定将其所享有的土地使用权及其土地上的附着物出租给第三人,第三人以支付租金为代价取得对土地及其土地上的附着物一定期限使用的权利,土地使用权人因此享有租金请求权。违反法律法规而将土地非法出租的行为属于违法行为。根据《城镇国有土地使用权出让和转让暂行条例》中的相关规定,将非法出租土地使用权的行为界分为两种:一种是违反合同的约定,将对享有土地使用权的地块进行开发与建设,而将土地予以出租的情形;另一种是出租人与承租人改变土地用途,将土地用于其他目的的开发。由此可见,非法出租与非法转让土地的行为具有较为明显的区别。土地使用权的转让与倒卖行为,意味着权利人将对之前承受权利与义务的土地失去对其完全的控制。非法出租土地则较之有所不同。出租人与承租人就土地的使用签署合同,基于双方合意与合同的约定

---

❶ 赵长青.经济刑法学[M].北京:法律出版社,1999:422.
❷ 张国轩.商业犯罪的定罪与量刑[M].北京:人民法院出版社,1999:90.

对土地进行处分,但此时的处分并不完全。承租人仅享有房屋在合同期限内的使用权,而最终处置权仍为出租人所享有。在本案中,两被告将村集体土地非法出租以换取利益的行为是否突破罪刑法定主义的边界,《城镇国有土地使用权出让和转让暂行条例》中所规定的两种情形并不能为本案所适用。本案中虽有土地出租的合同,但是该合同违背了土地使用权转让的法定程序,也即违反了土地管理法规的强制性规定,应属于无效的法律情形。法院将此种"出租"行为解释为非法转让的一种类型,是以扩大解释的方式进行评价包摄,并未突破罪刑法定的原则。

(2)非法转让与非法抵押。

土地使用权的抵押,是指土地使用权人将其所享有的土地使用权作为抵押标的物,通过在土地使用权上设立抵押权作为到期清偿债务的担保,在债务已届履行期限或发生当事人约定的抵押权实现的情形时,债权人可就该土地使用权享有优先受偿的权利。《城镇国有土地使用权出让和转让暂行条例》规定,抵押双方在依法签订的抵押合同中,当抵押土地上存有建筑物时,应与其土地一并抵押。《民法典》也有相类似的条文,如其第357条规定,建筑物、构筑物及其附属设施转让、互换、出资或者赠与的,该建筑物、构筑物及其附属设施占用范围内的建设用地使用权一并处分。一般来说,在抵押合同中双方约定的抵押合同期限已至并且抵押权的设立符合法律规定,当债务人不履行债务时,抵押权人可依据抵押合同对所抵押的土地行使权利。非法抵押土地使用权的情形主要有两种:一种是抵押标的物不合法,也即抵押的土地使用权不在法律允许的范围内;另一种是抵押的程序违法,即行为人在将土地使用权进行抵押或实现权利时,未依照法定程序进行。以上两种非法抵押方式的牵连性表现在:抵押人在抵押期限届满或者实现抵押权的情形时抵押人需要转让土地使用权,抵押权人获得该土地使用权。不同之处在于,抵押权人在抵押期限届满前履行了相关义务,那么抵押权就因为抵押人的履行而消灭,抵押权人不得再请求实现抵押权,抵押土地的权利回归到抵押人。抵押土地使用权与转让土地使用权的土地类型需要符合法律规定,另外在权利外观上需要通过办理公示或者是法定程序的审批。不同之处在于,抵押权人可以获得就抵押的土地使用权拍卖变卖的价款优先受偿的权利。因此,不能将非法抵押土地使用权与非法转让土地使用权的情形混淆。在本案中,两被告人出租村集体土地的行为并不属于非法抵押,根据《民法典》物权编的规定,不动产的物权变动需要办理登记才可生效。而本案中村集体土地租赁并未办理相关登记,而仅是在合同中对土地使用方式进行约定,并不具备土地使用权抵押的权利外观。此外,村集体土地也并不属于可办理抵押的类型。本案中,被告人通过签订合同的方式将村集体的土地使用权出租给他人的行为性质有两点分析:一是,村集体的土地使用权并不属于可办理抵押的种类;二是,此签约行为也不符合土地使用权权利变动必须经过公示或者审批的法定程序要求,不具备土地使用权抵押的实质法律效力。因此,本案被告人采取签订租赁合同方式将村集体土地使用权转让给他人的情形,实质是非法转让土地使用权的行为。

(二)倒卖土地使用权的含义

1. 倒卖土地使用权

在《现代汉语辞海》中,对"倒卖"分别给出了两种含义:一是砍倒出卖;二是转手买卖,从中获取利益。显而易见,第一种含义是对倒卖一词的字面表述,第二种含义则突出倒卖在生活中的普遍含义。从第二个含义去剖析其具体的内涵,倒卖为在低价买入之后,进行价格的叠加并二次销售的牟利性商事活动。对于倒卖行为的具体所指,刑法学界进行了长期的讨论,但并未达成共识。

说法一:倒卖是以获得高额利润为目的,其行为构成为低价买入,高价卖出赚取高额差价。❶

说法二:倒卖以处于低位的价格进行商事购买获得,然后将低价买入的商品或服务再以高价卖出。❷

说法三:倒卖一般是指通过低廉的价格买进再卖出。❸

说法四:倒卖行为其实有两种不同的表现形式,一种是单纯的收购行为;另一种是以低于商品本身价值的价格或者体现商品本身价值的价格事先获取,转而售卖给第三人获取利润的行为。❹

说法五:倒卖其实就是指赚取买入和卖出时的价格差价来进行卖出、运输、买进的行为。❺

基于学界上述的讨论,对于"倒卖"理解在为卖而买这一行为上达成基本共识。倒卖行为的主观目的为牟利,并基于牟利的主观心态购买或者是以其他方式在低价获得物品或服务时再以高价出卖或者是以牟利的目的进行的买进卖出赚取利润的行为。

2. 非法转让与倒卖的逻辑关系

非法转让土地使用权罪与倒卖土地使用权罪是选择性罪名,两罪不可一概视之。刑法是一门精确的学科,选择性罪名并不意味着可以随意切换适用,而是需要根据具体情形进行区分辨别。就二者区别,可从广义与狭义的角度来进行说明。狭义上的倒卖是指低价买入之后借价格上涨之机卖出赚取差价的行为,倒卖可进一步拆分为"倒"和"卖"两个行为,体现了牟利目的在买卖之间的一致性。倒卖在广义上的理解为其属于非法转让的

---

❶ 宋久华.试论对"号贩子"倒卖"专家号"行为的刑法规制[J].知识经济,2010(2):27.
❷ 陈兴良.相似与区别:刑法用语的解释学分析[J].法学,2005(5):34.
❸ 张明楷.刑法学[M].北京:法律出版社,2003:669.
❹ 周光权.刑法各论讲义[M].北京:清华大学出版社,2003:363.
❺ 王作富.刑法分则实务[M].北京:中国方正出版社,2007:1492-1493.

一种形式。非法转让不要求买卖的一致性与连贯性。是故,综合观点,可以认为,所谓非法转让土地使用权,是指行为人以牟利为目的,在依法取得土地使用权之后,违反法律规定,将土地使用权转出、让与他人的行为。所谓倒卖土地使用权,则是指违反法律规定,以出售牟利为目的,买入土地使用权后又卖出,且买入和卖出具有一致性和连贯性的行为。❶

四、结论

为村集体牟利而将村集体土地非法出租的行为构成非法转让土地使用权罪。非法转让土地使用权罪的主观方面是以牟利为目的,牟利并不限于为本人牟取个人利益,也包括为集体牟取利益,强调主观与客观的非法性。以合同的形式约定土地出租的性质,实际违法了土地使用权转让的法定程序,属于对土地管理法规强制性规定的违反,将出租以转让的含义进行理解,属于扩大解释。非法转让土地使用权属于法定犯,需要紧密参照前置法的相关规定,进而在刑法的范围内进行正当评价。

---

❶ 邹清平.非法转让、倒卖土地使用权罪探析[J].法学评论,2007(4):116.

土地使用权是否属于土地流转型贪污罪中"公共财物"
——杜某湘贪污案

文小丽 唐亮

【裁判要旨】 国家工作人员利用自己保管土地使用权证的职务便利将属于国家所有的土地使用权转移到自己或者自己近亲属名下的，其行为构成贪污罪，贪污对象为国有土地使用权及其将来会产生的预期利益。

【关键词】 土地流转型贪污罪 公共财物 土地使用权 土地使用权流转费用

一、基本案情[1]

被告人杜某湘在某县菜某坪镇政府工作期间，受镇政府指派处理镇政府与海某公司之间的招商引资问题，将65.13亩土地由原来的办公用途的国有划拨土地全部变成工业用途的国有出让土地。之后菜某坪镇政府将这65.13亩土地分割，海某公司拥有其中43.56亩土地的使用权。其余21.57亩土地虽然登记在海某公司名下，但实际上属于菜某坪镇政府，并且政府将这21.57亩的国用（2005）第A24/05号《国有土地使用权证》交予杜某湘保管。同时，镇政府安排杜某湘继续负责该土地从"海某公司"过户到"菜某坪政府"名下的过户办证手续，但是杜某湘并没有及时办理。后来杜某湘在利用其掌管这21.57亩土地《国有土地使用权证》的职务便利，将属于菜某坪政府所有，登记在海某公司名下的21.57亩土地中的11.74亩转让到其妻尹某伶名下。案发后，经有关机关鉴定，此11.74亩土地的转让费价值137.03万元。根据以上事实，检察机关控诉杜某湘的行为构成贪污罪。

人民法院经审理后认为，杜某湘在任职工作期间，在明知涉案的11.74亩土地为菜某坪镇政府管理和使用的情况下，伪造相关证件将这块土地使用权转让到其妻尹某伶名下，其行为构成贪污罪，根据《刑法》第382条、第383条，以及相关贪污贿赂犯罪司法解释规定判决如下：被告人杜某湘犯贪污罪，判处有期徒刑5年，并处罚金人民币20万元。

二、案件争议焦点

本案中，杜某湘及其辩护人提出涉案的11.74亩土地属于"海某公司"所有，因为涉案土地的《国有土地使用权证》登记的土地使用权人是"海某公司"，杜某湘将11.74亩土地转

---

[1] 本案来源于中国裁判文书网，某省某县人民法院（2016）湘0223刑初142号刑事判决书，https://wenshu.court.gov.cn/website/wenshu/181107ANFZ0BXSK4/index.html?docId=6063041190e9409e8c44a81c00d44250，2020年05月19日访问。

让给尹某伶是征得"海某公司"工作人员同意的,所以杜某湘的行为不构成贪污罪。而控方提出,涉案的11.74亩土地属于莱某坪镇政府所有,杜某湘的行为构成贪污罪。按照贪污罪的犯罪规定,行为人取得的是公共财物的所有权,但是我国的土地所有权是属于国家或者集体所有,而土地流转的只是使用权。那么,在土地流转过程中存在的国家工作人员将土地使用权转让到自己或者其亲属好友名下的行为,其贪污对象为土地抑或是土地使用权存在争议。

三、问题分析及阐述

贪污行为是指将国家工作人员将公共财物据为己有的行为。公共财物是贪污罪成立的必备要件,在实践中,可以将行为人的贪污行为根据其所贪污公共财物的不同划分为不同类型。但公共财物实则具有多重内涵,从不同角度理解能够得出不一样的认定结果,最终导致犯罪认定出现偏差。基于此,对公共财物内涵的厘清对于贪污罪的认定而言就显得尤为重要。

(一)根据贪污罪的犯罪对象划分贪污犯罪类型

根据行为人贪污的具体公共财产的不同,可以将贪污罪分为不同的犯罪类型。例如,行为人贪污保险金,可以认定为保险金类型的贪污犯罪。若行为人贪污的是国有或者单位所有的不动产(如房屋等),则可以认定为不动产类型的贪污犯罪。而在土地流转过程中,也存在国有工作人员利用职务便利,侵吞、骗取或者非法占有土地的行为,可以将其界定为土地流转过程中存在的贪污犯罪,即土地流转型贪污犯罪。在土地流转过程中的贪污行为,有学者认为其贪污的公共财物就是土地;也有学者认为,土地作为国有财产,且还是不动产,国家工作人员实施转移占有的行为针对的只能是国有土地使用权证,而非土地这一实体物,土地流转类型贪污中的犯罪对象应当是土地使用权预期可得利益而非土地。综上,可以发现,在土地流转中存在的贪污行为,其贪污对象是土地还是土地使用权及其产生的预期可得利益是存在争议的,仍需进行进一步的探讨。

(二)"公共财物"的认定

对于贪污罪中"公共财物"的认定,直接关涉到贪污罪的保护法益,从而直接影响到贪污罪成立与否的判断。可以说,"公共财物"的判断,会直接影响到行为人的行为是否构成贪污罪。

1. 贪污罪的法益

法益指的是刑法所保护的利益。行为人实施刑法分则规定的犯罪,就会侵害到其背后所保护的利益。法益保护说目前在我国刑法学界得到大多数学者的认同。根据法益保护说,刑法的主要任务就在于保护各种法益,包括个人的各种权利法益、集体的法益(诸如公共安全、社会秩序等),为人们可以在社会中安定地进行生活提供各种保障。❶根据贪污罪的规定,刑法学界的大多数学者认为,贪污罪的保护法益具有双重性,包括国家工作人员职务的廉洁性和公共财物的所有权归属。国家工作人员的廉洁性,指的是国家工作人员在履行自己的职能过程中,不为财物所动,不将属于国家或者集体所有的财物据为己有。这就要求国家工作人员在履行法律或者政府赋予的职责过程中,严格按照法律规定进行,不谋求私利,这也是国家和人民对于国家工作人员的基本要求。同时,贪污罪还保护公共财物的所有权归属。公共财物作为公有领域的财物,本应该是经过集体讨论研究之后确定其用途,但是行为人通过侵吞等手段非法据为己有,侵害国有公司、国有事业单位等团体对公共财物的占有使用的权利。因此,贪污行为是侵害双重保护法益的犯罪行为。

2."公共财物"的界定

犯罪对象是指由刑法规定所保护的某种客体遭受具体侵害的人或者物,它是行为人在实施犯罪行为过程中,通过直接施加某种影响所导致的。❷刑法规定,贪污罪的犯罪对象是"公共财物"。国家工作人员相较于其他人员更易接触到公共财物,也因此更易滋生相应的风险。贪污罪的设立就是为确保国家工作人员能保持廉洁品行,从而更好地协助国家事务的管理。公共财物作为贪污罪的犯罪对象,其主要特征在于"公共"性。根据《刑法》第382条关于贪污罪的规定来看,❸国有财物是公共财物的一种,可是,却不能说公共财物就是国有财物,并且我国的刑事立法和司法均没有对"公共财物"的内涵做出规定和解释。❹基于此,公共财物的界定,应采用何种标准,成为贪污罪犯罪对象认定的主要问题。

目前学界许多学者将公共财物与公共财产的概念等同,认为公共财产就是公共财物,这也是我国司法实践中的参考依据。《刑法》将贪污罪的对象规定为"公共财产"的物质层面,也就是公共财物。因而,在我国《刑法》第八章贪污贿赂罪的规定框架下,公共财物也

---

❶ 高桥则夫.刑法总论讲义案[M].东京:成文堂,2006:5.
❷ 马克昌.犯罪通论[M].武汉:武汉大学出版社,1999:125.
❸ 《刑法》第382条:"国家工作人员利用职务上的便利,侵吞、窃取、骗取或者以其他手段非法占有公共财物的,是贪污罪。受国家机关、国有公司、企业、事业单位、人民团体委托管理、经营国有财产的人员,利用职务上的便利,侵吞、窃取、骗取或者以其他手段非法占有国有财物的,以贪污论。"
❹ 曹冲,黄婧.试论贪污罪之犯罪对象[J].黑龙江省政法管理干部学院学报,2011(4):48.

就是公共财产。❶但根据我国《刑法》第91条的规定,❷公共财产的属性是国家所有或者是集体所有,不属于私人的财产,也就是说,除去私人所有的财产,其余的皆可以算作公共财产。而私人所有的财产,根据《刑法》第92条的规定,以下几项可以认定为私人财产:公民的合法收入、储蓄等生活资料;依法应当属于个人或者家庭的生产资料;个体户或者私营企业的合法财产;以及其他依法属于个人合法持有的股份、债权等财产性利益。除去上述几种个人财产之外,其余都可以归于公共财产。

随着我国经济发展,出现了许多新的犯罪,公共财物的外延进一步扩大。从刑法分则的有关规定来看,《刑法》第183第2款、第271条第2款、第382条以及第394条共规定了4种公共财物,其中《刑法》第382条是关于贪污罪的定义,明确指出贪污罪的犯罪对象是公共财物,其余3个条文分别是关于并非纯粹国有的保险金、本单位的财物和国家工作人员在对内的公务活动和对外交往中收受礼品的处理。国家工作人员无论是对内履行公职还是对外进行政务交往,都是行使国家赋予的公务职权,具有公职属性。正是因为这份公职属性,行贿人才会基于谋取利益等目的而赠送其礼物。因此国家工作人员应当将基于公职属性接收到的礼物上交。其昧下他人送予的礼物,可以视为占有公共财物。至于并非纯粹国有的保险金以及本单位的财物是否可以视为贪污罪规制的对象,关键在于这些财物的财产属性是属于私人所有还是属于单位所有。根据近年来处理的贪污案件来看,若是国家工作人员占有的财物具有"公共"性,即使是违法办理国有资产的不动产转移登记,将不动产占为己有的,可以认定行为人非法占有公共财物;将收缴的违禁品或者应当上缴国家的赃物占为己有,这些物品作为应当依法上缴国库的有一定价值的物品,可以成为贪污罪的犯罪对象,原因在于我国《刑法》第91条和《刑法》第382条并未明确将上述财产排除在外,虽然没有明确性的规定,但是也不存在反对将上述财物纳入公共财产范围的相关规定。❸同样,不仅上述已属于单位名下的财产可以成为贪污罪的犯罪对象,某些预期可得利益也可成为贪污罪的犯罪对象。归纳而言,只要某一种财产本质上属于国家公共利益的范畴,无论该财产以何种形式表现出来,都应当认定其属于贪污罪的对象范畴。❹

在土地流转中的贪污行为,行为人通常将对象直接锁定在国有土地或者集体土地。国家工作人员利用职务便利,通过侵吞、骗取等方式将这些土地的使用权转移到自己或者

---

❶ 赵拥军.对贪污罪对象"公共财物"的再次审视[J].犯罪研究,2015(4):23.
❷ 《刑法》第91条:"本法所称公共财产,是指下列财产:(一)国有财产;(二)劳动群众集体所有的财产;(三)用于扶贫和其他公益事业的社会捐助或者专项基金的财产。在国家机关、国有公司、企业、集体企业和人民团体管理、使用或者运输中的私人财产,以公共财产论。"
❸ 张浩.贪污犯罪中"公共财物"的界定研究[D].北京:中国政法大学,2018:16.
❹ 王吉春.我国认定贪污罪对象的基本范畴[J].宜宾学院学报,2014(3):53.

第三人名下,变相占有土地。虽然从表面上看,国家或者集体对于土地的所有权并未发生变化,但是实际上,土地的使用权被转移占有,使得国家或者集体丧失对土地的实际占有使用的权利,并且也丧失了由占有、使用土地使用权可能产生的预期可得利益。行为人占有土地使用权,其最终目的也在于占有土地使用权将来可能产生的预期可得利益。土地使用权本身作为权利是否可以成为贪污罪的犯罪对象,学界目前存在许多争论。土地使用权作为国家或者集体的权益,在流转过程中会产生可得预期利益,这些利益理当具有公共属性,成为"公共财物"。行为人利用职务便利将土地据为己有的行为,实际上是侵占了土地使用权流转后所带来的预期可得利益。所以,在土地流转过程中,涉及贪污土地的,行为人贪污的对象应当是土地使用权流转后产生的预期可得利益。

从贪污罪的规定来看,我国刑法保护的是公共财物不被国家工作人员非法占有,如此,即使是预期可得利益,也是应当由国家占有而非国家工作人员占有,因此也应当受到刑法保护,成为贪污罪的犯罪对象。

(三)本案分析

本案中,杜某湘利用其保管涉案土地的国用(2005)第A24/05号《国有土地使用权证》的便利,将其中的11.74亩土地使用权转让到尹某伶的名下,且并未支付相关土地使用权流转费用。杜某湘的行为属于利用职务便利将乡政府实际控制的土地使用权转让到其妻名下。贪污罪规定,国家工作人员利用职务便利非法占有公共财物的手段包括侵吞、窃取、骗取或者其他平和手段。其中,侵吞指的是国家工作人员利用职务便利,将自己基于职务而管理、控制、支配下的本单位财物占为己有;窃取是指国家工作人员利用自己的职务便利,违反占有者的意思,将原本属于他人占有的财物抑或是基于职务便利而与他人共同占有的财物转移给自己或者第三者占有;[1]骗取则是国家工作人员利用自己的职务便利,实施欺骗行为或者隐瞒行为,使得具有财产处分权的权利人陷入错误认识,并基于此错误认识将单位财产处分给行为人,行为人取得单位财产的行为;[2]而其他手段,则是侵吞、窃取、骗取行为的兜底,若能归属于侵吞、窃取、骗取行为的,并不宜认定为其他手段,例如携款潜逃,可以用侵吞解释。具体到本案中,杜某湘利用自己保管国有土地使用权证的便利,将属于乡政府控制的土地使用权登记在其妻名下,属于侵吞手段。这一行为在损害乡政府应有的权利的同时,也将乡政府应当获得的土地使用权流转费用占为己有。

正如前文所说,作为国家工作人员,其非法占有属于乡政府管理控制的土地使用权,这一行为成立贪污罪。因为土地使用权属于公共财物,杜某湘未经乡政府同意将土地使

---

[1] 陈洪兵.论贪污罪中"侵吞""窃取""骗取"及"其他手段"[J].法治研究,2014(8):90.
[2] 谢望原,赫兴旺.刑法分论[M].2版.北京:中国人民大学出版社,2011:403.

用权流转到自己妻子名下的行为,在非法占有国有土地使用权的同时也造成了乡政府应当收取的土地使用权流转费用的不当减少。特别是在国有土地使用权只有流转出去,包括但不限于转让、出租等形式,才能创造积极财富的情况下,杜某湘的行为更是非法占有应当由乡政府收取的土地使用权流转预期可得利益。杜某湘的行为相当于利用职务便利,在流转国有土地使用权的过程中,通过不正当手段免除自己或其妻子应当履行的土地使用权流转费用的支付义务,造成乡政府应当收取的预期可得利益减少,而其自己则截留了这一部分财物。杜某湘截留应当由政府收取的预期可得利益的行为可以看作是窃取公共财物的行为。国有土地使用权证在杜某湘的手中保管,且从全案来看,杜某湘也负责乡政府的利用土地招商引资工作,其他来此投资的企业也基本上由他来进行接触,如此杜某湘也有经手投资商缴纳的土地使用权相关费用的可能。而杜某湘未经乡政府同意将土地使用权流转到自己妻子名下,原本应当缴纳的土地使用权流转费用也是由他经手,但是并非由他保管,土地使用权流转费用是由其他政府机构保管的,因此,杜某湘的行为相当于将由他人保管的公共财物通过侵吞的方式转移到自己手中,而这份公共财物是乡政府流转土地使用权应当得到的预期可得利益。因此,杜某湘的行为成立贪污罪。

所以,在本案中,杜某湘利用自己保管这块土地的使用权证的便利,欺上瞒下,伪造转让土地使用权的相关证件,将土地使用权转让,窃取应当上缴的土地使用权转让费用。按照相关司法解释的规定,[1]杜某湘利用职务便利侵吞的转让费用共137.03万元,符合司法解释关于"数额巨大"的认定,杜某湘的行为属于触犯贪污罪并且数额巨大的行为。

四、结论

贪污罪所保护的法益为复合法益。一个是国家工作人员的廉洁性,体现在行为人"利用职务便利"。一个是公共财物,体现在行为人的行为是将公共财物占为己有。而在农村土地使用权转让过程中的贪污行为,特别是行为人将土地使用权占为己有或让他人占有的行为,其行为对象表面上是将土地非法占为己有,但实际上行为人非法占有的是土地使用权流转的预期可得利益,是可以认定为公共财物的,若行为人利用职务便利将土地使用权流转为自己所有或者是自己的亲属朋友所有,可以认定为行为人窃取应当上缴国库的土地使用权流转费用,成立贪污罪。所以,在土地流转类型贪污罪中,土地使用权流转费用可以作为政府的预期可得利益成为贪污罪的犯罪对象。

---

[1] 最高人民法院、最高人民检察院《关于办理贪污贿赂刑事案件适用法律若干问题的解释》第2条:"贪污或者受贿数额在20万元以上不满300万元的,应当认定为《刑法》第383条第1款规定的'数额巨大'"。

国家工作人员收受他人礼金的行为是否一律属于受贿行为
——赵某华受贿案

唐 亮 文小丽

【裁判要旨】 国家工作人员在任职期间收受贿赂与正常人情往来收受他人赠送的礼金之间区别在于国家工作人员是否利用手中的职权为他人谋取利益,无论是正当利益还是不正当利益,只要具有权钱交易性质,则属于受贿,应以受贿罪论处。

【关键词】 礼金 受贿罪 国家工作人员

一、基本案情[1]

被告人赵某华,任某省某县林业局党组成员、副局长。在2009年,被告人赵某华负责打某坪林场单某公区小南头一块山的资产评估,赵某华将评估报告交给林场书记蒋某信,蒋某信认为评估价格过高,赵某华与技术人员协商后降低了几万元的评估价格,最终盘某军买下这块地。之后,盘某军在过年期间给赵某华送上"礼金"1万元,2012—2013年,赵某华为蒋某某等人办理林权流转抵押手续,之后蒋某某、胡某某与单某某等人在2012年12月底和2013年年初,两次到赵某华家中拜访,携带着两条"和天下"的香烟。并在走之前向赵某华送现金2.2万元。2013年正月,单某某到赵某华家里送给其现金2000元。

法院审理后认为,被告人赵某华作为某县林业局的党组成员、副局长,属于法律规定中从事国家公务的国家工作人员。赵某华在利用自己的权力为他人谋取利益后,非法收受共12.4万元,其行为符合受贿罪的构成要件,依法成立受贿罪。根据刑法关于受贿罪的规定,判决被告人有期徒刑1年4个月,并处罚金10万元。

一审判决后,赵某华不服提起上诉。二审审理后认为赵某华以"未为他人谋取利益"提出的上诉理由不能成立,根据检察院提交的证据材料来看,证明其行为构成受贿罪的证据已形成完整的证据链条。因此,赵某华的行为构成受贿罪,依法驳回上诉,维持原判。

---

[1] 本案来源于中国裁判文书网,某省某县人民法院(2016)湘1123刑初82号刑事判决书,https://wenshu.court.gov.cn/website/wenshu/181107ANFZ0BXSK4/index.html?docId=b313defbf192456bb79a1c9464216df7,2020年05月19日访问。

二、案件争议焦点

本案中,赵某华作为国家工作人员,任某省某县林业局党组成员、副局长,并且分管森林资源资产评估交易工作。对于盘某军、蒋某某、胡某某、单某某等人在年节期间送礼的钱财全数照收,其行为是否属于受贿行为?赵某华在供述中认为,盘某军、蒋某某等人送予的钱财是在春节或者法定节假日等特殊节日,这些财物属于正常的节日礼金往来,并不属于收受贿赂。如何界分国家工作人员的年节正常往来接受礼金的行为与收受贿赂的行为,成为本案中的主要争议焦点。

三、问题分析及阐述

在司法实践中,部分行为人为了逃避刑罚,会将行贿钱财以"礼金"的形式交予受贿人。对于这种现象,有学者提出应当将国家工作人员收受礼金的行为一律认定为受贿。但是,亲友之间在年节互送礼金或礼物作为中华民族几千年传承下来的交往习俗,具有存在的合理性。[1]如若将国家工作人员收受礼金的行为一律认定为犯罪,并不利于维护民众对于法规范的信赖。因此,基于惩治及预防受贿犯罪以及提升民众对法秩序认同的需要,有必要厘清年节期间礼金与受贿钱财之间的区别。

(一)礼金的性质

近些年来,受贿罪作为国家重拳出击的贿赂类犯罪治理对象,在严治严防下取得了良好的成绩,一定程度上打击了贪腐之风。但在实践中,贪腐犯罪仍然呈现出此消彼长的态势,特别是为逃避法律惩治,官员会采取更加隐蔽的方式收受贿赂。在这之中,国家工作人员在为他人谋取利益后,以年节礼为理由送与国家工作人员礼金便是方式之一。表面上看,这是一种正常的人情往来,但是由于存在国家工作人员利用手中权力谋取利益的内容,所以应当属于国家工作人员收受贿赂的行为。"礼金"作为中国自古以来最重要的维系人与人之间感情的纽带,其也是感情的一种寄托。但是,由于感情存在模糊性,将国家收受贿赂的行为披上"礼金"的人情外衣,成为受贿罪辩护的强有力的遁辞。[2]对此,有学者提出,为彻底解决这种情况,刑法应当增设"收受礼金型"犯罪,以杜绝国家工作人员借手中权利牟利的情况。不过,这一观点并未得到多数学者的支持。

我们生活在群居社会中,难以避免的就是人与人之间的交往。特别是我国自西周以

---

[1] 车浩.贿赂犯罪中"感情投资"与"人情往来"的教义学形塑[J].法学评论,2019(4):27.
[2] 马春辉.官员收受礼金的刑法规制探析——基于司法解释的视角[J].合肥学院学报(综合版),2017(4):96-100.

来,注重礼制,而人际交往也属于礼的一种。互相送礼是我国自古以来延续下来一个交往习俗。针对国家工作人员受贿问题,如若不加区分地增设"收受礼金型"犯罪,将国家工作人员收受非国家工作人员或者其他人员正常年节礼金的行为规定为犯罪行为,禁止国家工作人员在年节期间接受亲友正常的年节来往,显然是不符合民众一般性认识的。国家工作人员在年节期间收受礼金或者财物的行为不宜一律认定为受贿行为,但也应当对国家工作人员在人际往来中收受的物品和钱财数额作出一定限制。只有正确界分年节礼金与受贿钱财之间的关系,才能更好地打击受贿型犯罪。

最高人民法院、最高人民检察院《关于办理贪污贿赂刑事案件适用法律若干问题的解释》第13条第2款的规定,❶将所谓"感情投资""人情往来"与贿赂犯罪的关系问题,正式地推到了理论和实践的面前。❷

(二)礼金与受贿财物之间的关系

受贿罪规定的内容包括国家工作人员收取他人的财物抑或是直接向他人索取财物,并利用自己的权力为他人谋取利益的行为。礼金如果被定性为受贿财物,必须要求国家工作人员利用职务之便收受他人礼金并为他人谋利益,如果不为送礼者谋利益就不能认定为贿赂。❸有学者认为,受贿罪虽然从法律条文来看属于权钱交易行为,非国家工作人员向国家工作人员送礼金,虽然在当时没有向其请求谋取利益的行为,但是这种送礼行为本身就是一种长期的感情投资,非国家工作人员向国家工作人员在逢年过节送礼,是希望能维持与国家工作人员之间的感情,并在未来需要帮助的时候请求国家工作人员给予一定的帮助。这种感情投资虽然与一般认为的权钱交易行为有所差别,但是也属于权钱交易,只是这种权钱交易行为发生在未来,而且具有不确定性。支持这一观点的学者认为,这种感情投资不利于我国打击贪污腐败的工作进展,所以应当坚决禁止。受贿罪保护的法益是国家工作人员手中职权的不可被收买性。这种不可收买性主要体现在两个方面:一是作为国家工作人员,需要依法行使自己手中的公共权利,这个权利不能被收买;二是公民对于国家工作人员手中权利不会被收买的信赖感。❹正如前文所说,我国向来是一个崇尚"礼"的国家,逢年过节老百姓走亲访友礼尚往来的行为属于正常的人际往来,即使是国家工作人员,也不能免俗。某些学者提出将所有国家工作人员人情往来行为都认定

---

❶ 最高人民法院、最高人民检察院《关于办理贪污贿赂刑事案件适用法律若干问题的解释》第13条第2款:"国家工作人员索取、收受具有上下级关系的下属或者具有行政管理关系的被管理人员的财物价值三万元以上,可能影响职权行使的,视为承诺为他人谋取利益。"

❷ 车浩.贿赂犯罪中"感情投资"与"人情往来"的教义学形塑[J].法学评论,2019(4):27.

❸ 苗永干.试论礼金的性质[J].徐州教育学院学报,2005(4):33.

❹ 周耀杭,刘晓航.增设"收受礼金罪"的可行性分析[J].淮北职业技术学院学报,2017(2):135.

为受贿罪,抑或是直接在刑法中增设"收受礼金罪"之类的罪名,这种做法有违一般人的观念,也是未能找到有效办法区分正常人际往来与收受贿赂差异的简单做法。

不是所有的国家工作人员人情往来的行为都属于受贿行为。因此,界定行为人的行为是否构成受贿罪,需要厘清逢年过节时非国家工作人员与国家工作人员之间的正常的人际交往与收受贿赂为他人谋取利益或者是为他人谋取利益之后,他人以过节送礼为由贿赂国家工作人员行为之间的关系。对于正常的人际往来,不能一律认为是受贿行为,即使这种行为属于感情投资,只因为这种寄予未来可能发生的他人请求国家工作人员为自己或者第三人谋取利益,以此对国家工作人员判处刑罚的行为,不符合刑法保障人权的基本立场。[1]

判定行为人在年节期间收受的礼金是否属于受贿财物,首先,要划清的便是为他人谋取利益与合法履行职务行为之间的界限。对于国家工作人员在逢年过节时期收受他人送礼的行为,需要考察该国家工作人员在事前是否有为他人谋取利益的行为,抑或是在送礼的人提出希望能为其谋取利益时,国家工作人员是否并未反对并收下礼物,或者是直接答应送礼人的请求等,此时送礼的人是以礼金的名义贿赂国家工作人员,国家工作人员收受礼金的行为属于受贿行为。但是,他人在送礼时没有向国家工作人员提出为其谋取利益的要求,也无行贿的故意,在往后也没有提出希望国家工作人员利用职务便利为其谋取利益的行为,且国家工作人员也没有主动地利用自己的职务便利为其谋取利益的,只是一种正常的人际往来。而若是国家工作人员收受礼金之后仍依法履行自己的职责,不能就此认定为国家工作人员的行为属于受贿行为。

其次,国家工作人员违规收受礼金行为作为一种违规违纪行为不宜一律按照受贿罪处理。基于国家工作人员所代表的国家形象,其违规收受礼金显然是违规违纪行为。但是这种行为不宜一律按照犯罪处理。刑法具有谦抑性,其所规制的应当是情节较为严重的行为。对于行为人违规收受他人的行为,如情节显著轻微,则可以通过党纪党规或行政规章进行规制,而无须交由刑法以禁令的形式予以禁止。将国家工作人员违规收受礼金行为作为一种违规违纪行为不宜一律按照受贿罪处理有扩大刑法处罚范围的嫌疑。

最后,所送礼金的数额也会影响到对礼金性质的认定。一般来说,普通公民之间在送礼时所送的礼金大多只有几百元,即使在亲戚之间,一般的年节大事送礼也在1万元以下。礼金数额过大,不符合普通老百姓在人际交往中的习俗,超出正常人情往来的范畴,国家工作人员应当认识到送礼人有事求于自己,即使在收受财物时国家工作人员并不知道对方的交易标的,也对将来可能出现的送礼人提出请求形成了一个概括的认识,在将来

---

[1] 叶良芳."为他人谋取利益"的一种实用主义诠释——《关于办理贪污贿赂刑事案件适用法律若干问题的解释》第13条评价[J].浙江社会科学,2016(8):27.

利用手中职权为送礼人谋取利益就应该认定为受贿。❶司法解释也正是对这一点有所考虑,在最高人民法院、最高人民检察院《关于办理贪污贿赂刑事案件适用法律若干问题的解释》中就规定,当国家工作人员收受具有上下级领导关系或者是具有行政管理关系的被管理人员的财物价值在3万元以上的,可能影响职权行使的,视为承诺为他人谋取利益。

(三)收受礼金规制的其他路径

国家工作人员由于代表国家机关行使公权力,相较于普通公众而言需遵守更高的行为标准,但也不能就此剥夺他们在日常生活中与亲友进行正常往来的权利。如果为了维护国家工作人员职务的不可收买性而直接实行"一刀切",杜绝国家工作人员在年节往来时收受亲友正常礼金,不仅会伤害到国民的美好情感,而且也不符合刑法谦抑原则。❷受贿行为包括两种:一种是国家工作人员收受他人赠送的财物后利用职权为他人谋取利益,不论是正当利益还是不正当利益的行为;还有一种是性质更为严重的索贿的行为,是指国家工作人员利用职务便利直接向他人提出要钱要物的行为。这里的为他人谋取利益,包括承诺、实施、实现为他人所谋利益三种情况。与受贿行为不同,国家工作人员在年节期间收受亲友正常来往礼金,该行为并不存在"权钱交易"性质,即该行为属于双方正常的人际往来,属正常社交范围,送礼人也不会提出或者暗示国家工作人员利用自己的职权为其谋取利益,双方目的在于通过年节期间的交往增进双方感情。但是需要注意的是,如若国家工作人员在年节假日期间多次收受他人财物,最后利用职务便利为对方谋利的,则所有钱款计算为受贿。对于收受礼金数额过大的行为,目前主要是给予党政处分或者是由行政机关内部给予行政处分。❸

一般而言,普通民众之间正常的年节往来是以促进两方情感交流为目的的,并不具有谋求非法利益的目的。但现实中,却有许多人在人情往来的旗号下,表面上向国家工作人员送礼祝贺,但是实际上却是实施"权钱交易"行为。因此,国家工作人员即使在年节收受他人赠送的礼品,也要区分是单纯的人际往来还是接受贿赂行为。而这之中,最重要的问题就在于国家工作人员是否有利用自己手中权力为他人谋取利益的行为。

(四)本案分析

在本案中,赵某华作为县林业局副局长,2009年在受打某坪林场的委托帮助单某公区小南头的一块中林做资产评估,赵某华将评估报告交给林场书记蒋某信,蒋某信认为评

---

❶ 苗永干.试论礼金的性质[J].徐州教育学院学报,2005(4):34.
❷ 茅莹.收受礼金行为的刑法规制[J].山西省政法管理干部学院学报,2018(3):77.
❸ 例如,对于国家工作人员收受礼金行为,《中国共产党纪律处分条例》第74条规定,收受礼金情节较轻的,给予警告或者严重警告处分;情节较重的,给予撤销党内职务或者留党察看处分;情节严重的,给予开除党籍处分.

估价格过高,赵某华与技术人员商议后降低评估价格,让盘某军能以较低的价格买下这块地。之后,盘某军为感谢赵某华,在春节期间给赵某华送礼1万元,赵某华接受。赵某华在供述中辩称自己没有为盘某军谋取非法利益,但根据我国《刑法》有关受贿罪的规定来看,国家工作人员为他人谋取利益,不只限于非法利益,也包括他人可以获得的合法利益。受贿罪保护的是国家工作人员履行职务行为的不可收买性,即使请托人是为了自己的合法利益而向国家工作人员行贿,国家工作人员在接受财物允诺为其谋取利益,也符合受贿罪的有关规定。赵某华有利用职务为盘某军谋取利益的意图和行为,又在事后收取盘某军钱物,其行为符合"权钱交易"的构成。从案件中也可以看出,赵某华明知盘某君送钱的行为是为感谢自己"出力",所以,赵某华明知这是"感谢费"而接受,其行为符合事后受贿的构成要件。所以,赵某华收取盘某军赠送的1万元礼金的行为应当认定为受贿罪而非正常接受人际往来的礼金。赵某华应当对收受盘某军1万元的行为承担受贿罪责任。

2012—2013年,赵某华收受蒋某某、胡某某2万元以及蒋某某、胡某某和单某某的0.2万元。赵某华的辩护人称,赵某华收取单某某三人的钱财2.2万元只是春节期间正常的人际往来,不属于受贿。但是根据涉案蒋某某、胡某某与单某某的证言,三人送钱给赵某华是要感谢赵某华在林权证办理过程中给予的帮助,于是三人一起前往赵某华家中。也就是说,蒋某某、胡某某和单某某是因为赵某华在三人为盘某岭村、大某江村在林权流转过程中需要的林权证办理过程中确实提供了帮助,而此时正值元旦期间,于是三人才以过节拜礼的借口登门,并将这共计2.2万元现金送予赵某华,而赵某华并没有拒绝接受。赵某华收取蒋某某等3人钱财是在林权证办理下来之后,在这之前,赵某华并未产生收取财物的想法,只是利用职务便利为蒋某某三人将林权证办理好,利用职务便利为他人谋取利益,在这之后,蒋某某等三人登门拜访,向赵某华送上"感谢费",赵某华并未拒绝,将自己应当履行的职务行为作为交换,收取蒋某某等人的钱财。此时,赵某华的行为在主观上便体现为"权钱交易",明知这是"感谢费"而收取。此时,蒋某某等人送的财物就不能说是年节期间正常的人际往来,而是借过年过节送礼的借口行行贿之实,向赵某华感谢其利用职务便利帮助的行为。

四、结论

刑法分则规定受贿罪,本质就在于禁止国家工作人员利用自己的职务便利与他人进行"权钱交易",确保国家工作人员在履行职务过程中能够做到公平公正,保持独立自主,从而维护公民对于国家和政府管理社会的权威信赖。一旦正常的职务行为与他人的财物产生联系,就会破坏这种信赖感,公民对于政府是否是在秉公执法产生疑问,进而开始怀疑司法的公正和权威。因此，作为拥有国家和法律授权担任公共职务的人员，必须要廉洁自好，秉法办事。

　　日常生活中，国家工作人员不能完全避免人际往来，特别是年节中，亲友间正常的拜访送礼是不能避免的。正确区分国家工作人员在年节期间接受他人财物的行为是正常的人际往来还是受贿行为，关键在于他人是否有请求国家工作人员为其谋取利益的行为，以及国家工作人员是否有为他人谋取利益的行为。如果国家工作人员有为他人谋取利益的行为，无论他人是否有请求国家工作人员的行为，国家工作人员只要接受他人的财物，即使他人是特意选在年节时间给国家工作人员送礼的，也应当认定为受贿行为。

土地监管人员对土地流转合同内容审查不严是否属于玩忽职守
——沈某林、朱某峰玩忽职守案

文小丽 唐亮

【裁判要旨】 负有指导、管理职责和鉴证职责的乡镇人民政府农村经营管理部门的工作人员,对土地流转合同审查不严,致使基本农田遭受破坏,公共财产和人民利益遭受重大损失,属于不正确履行职责的情形,符合玩忽职守罪的构成要件,构成玩忽职守罪。

【关键词】 不正确履行职责 玩忽职守 滥用职权 主观意图

一、基本案情[①]

被告人沈某林,在2011年11月至2013年11月担任某市某中心副主任(主持工作)、农经站站长;被告人朱某峰担任该中心财务辅导员兼土地流转管理员。在这期间,某市镇某村、青某村村委会将基本农田共计581.8亩转让给姚某军,由沈某林、朱某峰两人负责对上述土地的土地流转合同加盖"某市某镇农业合同鉴证章"进行鉴证、留存、备案。沈某林与朱某峰在鉴证土地流转合同过程中对于镇某村、青某村将基本农田转让给姚某军是用于养殖这一点内容未加审查,未能及时发现涉案土地为基本农田,未能发现涉案土地承包经营权的流转存在违反法律规定之处,未能及时制止和纠正涉案土地承包经营权的流转。而养殖户陈某某、姚某军等人获得流转的土地后,将基本农田开挖蟹塘、虾塘合计19个,在蟹塘、虾塘四周开挖环沟,使用石灰水等对蟹塘进行消毒,使得土地耕作层的种植条件遭到破坏,基本农田被毁坏。

经鉴定,上述被破坏的基本农田填平恢复损失价格216 337元,土地复垦损失价格56 912元,复垦种植损失价格491 395元,合计764 644元。陈某某、姚某军等养殖户按照合同约定已缴纳土地复垦保证金181 640元。

某省某市人民法院原审认为被告人沈某林、朱某峰身为乡镇人民政府农村经营管理部门的工作人员,依法属于履行公务的人员。根据《农村土地承包经营权流转管理办法》

[①] 本案来源于中国裁判文书网,某省某市人民法院(2018)苏0981刑初221号刑事判决书,https://wenshu.court.gov.cn/website/wenshu/181107ANFZ0BXSK4/index.html?docId=9a93b1f208484eeba536aa5d00a96985,2020年05月18日访问。

的有关规定,❶乡镇人民政府下设农村经营管理部门,其工作的内容之一就是在农村土地的承包经营权流转过程之中,指导当事人的流转合同签订以及管理等,并且负有对流转合同进行鉴定证明职能,如果流转合同中存在不符合法律规定的内容,应当及时予以纠正。沈某林、朱某峰未能正确行使指导、管理、监督职责,对镇某村、青某村法律禁止流转的基本农田用于挖塘养蟹的流转合同进行鉴证,致使基本农田遭受破坏,公共财产和人民利益遭受重大损失,其行为已触犯我国刑法,构成滥用职权罪。鉴于被告人沈某林、朱某峰犯罪情节轻微,归案后如实供述犯罪事实,可免予刑事处罚。

一审判决后,被告人沈某林、朱某峰不服该判决,提起上诉。二审法院审理认为,原审判决事实认定不清,裁定发回重审。一审法院重新组成合议庭审理此案。审理查明,被告人沈某林、朱某峰身为乡镇人民政府农村经营管理部门的工作人员,是依法负有公务职能的工作人员。二人在为涉案土地承包合同提供指导和管理中,由于疏忽未能发现涉案土地承包经营权的流转存在违反法律规定的内容,没有及时履行相应职能,制止和纠正涉案土地承包经营权的流转,导致基本农田被破坏,修复金额巨大,公共财产和人民利益遭受重大损失,行为属于不正确履行职责的情形,符合玩忽职守罪的构成要件,构成玩忽职守罪。但是考虑到被告人沈某林、朱某峰犯罪情节轻微,归案后也积极主动配合并如实供述,可以对二人免予刑事处罚。

二、案件争议焦点

本案中,沈某林、朱某峰二人在鉴定涉案土地流转合同时,并未及时发现所流转的土地属于基本农田,对于姚某军将基本农田用于养殖的行为未予及时制止。此案经过二审发回重审后,将原本认定的沈某林、朱某峰的行为构成滥用职权罪的判决,改判为二人构成玩忽职守罪。沈某林、朱某峰作为土地监管人员,未能及时发现流转土地属于基本农田,未发现土地流转合同中的违反法律规定之处,并对土地经营权流转合同进行鉴定,其行为属于不正确履行职责。沈某林与朱某峰不正确履行自己职责的行为是属于滥用职权还是玩忽职守,问题在于如何区分玩忽职守罪和滥用职权罪。

三、问题分析及阐述

《农村土地承包经营权流转管理办法》规定农村经营管理部门的工作人员负有指导和

---

❶ 原中华人民共和国农业部2005年1月16日发布《农村土地承包经营权流转管理办法》;2021年1月26日,中华人民共和国农业农村部审议通过了《农村土地经营权流转管理办法》,该法于2021年3月1日正式实施,与此同时《农村土地承包经营权流转管理办法》废止。鉴于本案审理时《农村土地承包经营权流转管理办法》尚且有效,因此本书下文分析中仍以《农村土地承包经营权流转管理办法》为据。

管理农村土地承包经营权流转工作的责任,[1]在进行土地承包经营权流转合同鉴证时需要仔细审查合同内容,对涉及依法不能流转的基本农田时要主动释明,不予鉴证,确保土地资源被合理开发利用。负有土地监管职责的国家机关工作人员,若是在履行职务过程中滥用职权或者玩忽职守,则可能构成犯罪。

滥用职权罪与玩忽职守罪是两个典型的渎职罪罪名,虽然这两种罪名都规定在《刑法典》第397条同一法条中,但是滥用职权罪与玩忽职守罪在其行为表现和主观意图上有着明显的不同,下文进行具体展开分析。

(一)客观行为表现

1. 滥用职权行为

我国《刑法》第397条规定了滥用职权犯罪和玩忽职守犯罪。[2]滥用职权罪是指被赋予国家机关管理职责的国家工作人员在没有法律授权或委托的情况下,超越自己的权限范围决定、处理其没有权利决定、处理的事务,或者是在自己的权限范围内违反法律的相关规定处理其可以决定的事项,致使国家或者公民个人所有的财产遭受重大损失的情形。[3]

滥用职权主要有两种行为表现形式:一种是国家机关工作人员超越自己职权范围,在其权利范围之外决定不应由其决定处理的事项,致使公私财产遭受重大损失的;一种是国家机关工作人员法律已授权或者国家机关委托的情形下,在对某一事项具有决定权的情况下,违反法律规定对该事项进行处理。[4]

2. 玩忽职守行为

玩忽职守行为,主要是指具有法定职权的国家机关工作人员在履行职责过程中,既没有按照规定履行其应尽的法定职责,也不认真执行法定事务,致使公私财产遭受重大损失的行为。[5]玩忽职守行为仅指在国家机关工作人员拥有职权情况下严重不负责任,不履行或者没有认真履行其应尽的职责的行为。[6]相对于滥用职权罪而言,国家工作人员没有职

---

[1] 《农村土地承包经营权流转管理办法》第32条:"县级以上地方人民政府农业行政(或农村经营管理)主管部门应当加强对乡(镇)人民政府农村土地承包管理部门工作的指导。乡(镇)人民政府农村土地承包管理部门应当依法开展农村土地承包经营权流转的指导和管理工作,正确履行职责。"

[2] 《刑法》第397条:"国家机关工作人员滥用职权或者玩忽职守,致使公共财产、国家和人民利益遭受重大损失的,处三年以下有期徒刑或者拘役;情节特别严重的,处三年以上七年以下有期徒刑。"

[3] 江岚,祝炳岩.滥用职权罪中"滥用职权"再析[J].中国刑事法杂志,2013(11):52.

[4] 劳东燕.滥用职权罪客观要件的教义学解读——兼论故意·过失的混合犯罪类型[J].法律科学(西北政法大学学报),2019(4):59.

[5] 蒋小燕,王安异.渎职罪比较研究[M].北京:中国人民公安大学出版社,2004:43.

[6] 鲜铁可,王兆峰,官兵.公诉玩忽职守罪最低证据标准[J].法学杂志,2002(1):49.

权决定处理的事项,国家机关工作人员并不能成立玩忽职守。

3. 联系与区分

玩忽职守罪与滥用职权罪中国家工作人员行为规范的根据主要在于:一是规范性文件所确定的职责。我国的法律规范体系由《中华人民共和国立法法》规定,包括了宪法及宪法性法律组成的宪法体系,以及民法典、刑法等基本法律、其他由全国人大制定的非基本法律、行政法规、各省、自治区、直辖市人大制定的地方性法律、各部委和地方政府制定的行政规章、自治条例和单行条例等。滥用职权行为与玩忽职守行为的前提是国家法律法规已经提前预设每一国家机关的职责与权利,国家机关工作人员在法律法规赋予的职权范围内依照法律的有关规定履行职务。这是属于国家机关工作人员应当履行的法定义务。例如,税务机关的职责是收缴税款,若是税务机关的工作人员在收取税款时存在疏忽,造成应缴税款的企业少缴大量税款,给国家带来重大损失的,其行为属于玩忽职守。法律法规赋予国家机关工作人员管理社会的权力,是为社会经济发展、人民生活幸福安康营造良好稳定的环境。我国国家机关工作人员职责基本由上述法律规范规定,为方便社会管理,各地政府会出台许多地方性法律文件,并且根据当地发展情况不断更新,这些文件广泛存在于如房屋征收、税收征管、土地征收流转等领域。而当国家机关工作人员依据上述地方性法律文件处理事务,在履行职责过程中不正确行使权力,使国家和人民利益遭受重大损失的,是否构成渎职犯罪,主要取决于地方性法律文件以及国家机关工作人员的职责划分是否明确。如国家机关工作人员的职责已经被明确规定于有效的地方性法律文件之中,但是行为人在处理事务时马虎大意,致使国家或者人民财产遭受重大损失的,其行为构成渎职犯罪。

二是国家机关内部的决定或者命令所确定的职责。虽然《中华人民共和国公务员法》第20条规定了各机关依据本机关的内部情况设置公务员具体职位,[1]但是在实践中,公务员偶尔会因为政府内部的命令或者决定从事非本岗位工作,被实际地赋予一定的管理权限,以便国家机关工作人员顺利地履行管理职能。因此,国家工作人员因为单位内部的职位调动,也会享有相应的管理权限。如果国家机关工作人员在从事非本岗位工作时滥用职权或者玩忽职守的,达到刑法处罚的标准,也会成立相应犯罪。

尽管在玩忽职守与滥用职权罪中,国家工作人员行为规范的来源根据相同,但这是两种不同性质的犯罪。首先,两罪侵犯的法益不同。滥用职权罪保护的法益是公职人员应当依法履行职务的正当性,以及公众对公职人员依法履行其职责的信赖性;而玩忽职守罪保护的法益却是国家机关工作人员履行职务的勤政性。滥用职权表现为一种权力的乱作

---

[1]《中华人民共和国公务员法》第20条:"各机关依照确定的职能、规格、编制限额、职数以及结构比例,设置本机关公务员的具体职位,并确定各职位的工作职责和任职资格条件。"

为,这种乱作为既包括无权限的积极作为,也包括有权限的不作为。而玩忽职守则是一种"怠政"作为,这种"怠政"作为是严重不负职责的疏忽,没有尽到其应尽的法律义务。

滥用职权行为与玩忽职守行为在很多情况下很难分清,因为二者规定在同一个法条之中,并且都有不正确履行职责的表现形式,使得二者的行为界限模糊,因此区分滥用职权罪和玩忽职守罪,仅凭国家机关工作人员的外在行为表现是难以认定的,还需要考虑行为人的主观意图。

(二)主观意图

根据犯罪构成四要件理论,故意与过失是犯罪人的主观意图,对一个人定罪,在确定行为人的行为符合刑法分则规定的犯罪构成要件之外,还需要行为人在主观上具有犯罪故意或者过失,❶刑法不处罚行为人无意识的举动。如果行为人对于自己的行为举止不具有故意或者过失的认识,刑法就不能进行处罚。而滥用职权罪与玩忽职守罪也同样需要行为人具有主观罪过才可以进行处罚。

关于滥用职权罪与玩忽职守罪的区分,许多刑法学者提出不同的观点。有学者认为两罪的区分关键在于行为时是以作为还是不作为的方式完成的。持这一观点的学者认为滥用职权罪只能通过积极作为的方式进行,而玩忽职守罪则是以不作为的方式完成的。也有学者认为,区分两罪的关键在于行为人在行为时的主观罪过是不一样的,滥用职权行为的行为人主观目的是故意,而玩忽职守行为的行为人主观目的是过失。对于国家工作人员简单以作为与不作为的行为方式来区分其行为属于玩忽职守或者是滥用职权这一观点如今遭到大多数学者的批判,因为某些滥用职权行为也可以通过不作为的方式实现。例如,张明楷教授认为,滥用职权罪不仅由作为方式构成,还应包括故意不履行职责的行为,因为行使职权与履行职责是完全统一的,滥用职权罪如果不包括故意不履行应当履行的职责,则人为地缩小了处罚范围。❷

在区分滥用职权罪与玩忽职守罪问题上,笔者更加赞同二者的主观罪过是不同的这一观点。在职权范围内滥用职权,一般是出于故意,例如甲是一个警察,其邻居丙无意中卷入一个刑事案件,成为犯罪嫌疑人,甲明知丙没有实施某一犯罪行为,但是出于对丙的不满,决定给丙一点"颜色",将丙拘押。此案中,甲就是滥用自己手中的权力,属于积极的作为。而玩忽职守,通常是行为人出于过失而为,行为人本应当对其工作认真负责,但是在犯罪案件中的行为人却马虎大意了事,因为疏忽大意或者过于自信导致发生重大财产损失的行为。

---

❶ 劳东燕.犯罪故意理论的反思与重构[J].政治与法律,2009(1):87.
❷ 张明楷.刑法学[M].3版.北京:法律出版社,2007:897.

不过,也有学者认为,玩忽职守罪可以具有故意,滥用职权罪中也存在过失情形。特别是在行为人明知自己的行为是滥用职权,但是并不希望给国家或者社会、公民造成重大财产损失,并且对这一结果持抵制态度的,行为人可以成立过失的滥用职权罪。而行为人过于自信或者疏忽大意进而玩忽职守,在重大财产损失结果尚未发生前发现其行为可能会发生重大损失,但是行为人不采取任何措施防止重大财产损失发生的,行为人对于结果的发生就持着放任的态度,此时行为人对于结果发生至少存在间接故意。[1]关于"重大财产损失",尽管理论界对于其在渎职犯罪中的地位争论不一,但实践中在认定行为人的行为是否成立渎职犯罪时最先考虑的还是行为人的行为是否造成重大财产损失。"重大财产损失"应当是渎职犯罪中的定罪情节。定罪情节作为认定危害行为是否可以构成犯罪的各种具体事实情况,其可以直接说明犯罪构成事实的情状与深度,影响行为的社会危害程度和行为人自身的人身危险程度。[2]而从这一点来看,国家机关若是滥用职权,只需要认识到自己的行为会损害到国家公权力的正当性,损害国家正常的管理秩序活动,并且希望或者放任这种情况发生的,其行为就属于滥用职权。同理,国家工作人员因为疏忽大意而玩忽职守,不正确履行职责,其行为构成玩忽职守。而"重大财产损失",只是渎职犯罪的定罪情节,不是犯罪构成要件,无须行为人必须认识到自己的所造成的客观现实情况并为此作出意志选择。

综上所述,在区分滥用职权罪与玩忽职守罪问题上,特别是在国家工作人员在自己职权范围内不正确履行职责时,区分两罪的关键还是在于行为人的主观罪过是故意还是过失。

(三)本案分析

在本案中,沈某林在2011年11月至2013年11月担任某市某中心副主任(主持工作)、农经站站长;被告人朱某峰担任该中心财务辅导员兼土地流转管理员。同时,他们二人兼管农村土地流转过程中的流转合同审查工作,负责审查流转合同中是否存在不符合土地流转规定的条款,若是合同中存在不符合流转条件的内容,对于土地流转合同应当不予认可,更不能对不符合流转规定的土地经营权流转合同进行鉴证,同意农村集体将土地经营权流转给他人。

沈某林、朱某峰在鉴证东某市镇某村、青某村村委会将基本农田共计581.8亩土地经营权转让给姚某军的流转合同过程中,二人对于即将被流转给姚某军的田地性质并未进

---

[1] 高国其.重新认识滥用职权和玩忽职守的关系——兼论《刑法》第397条的结构与罪名[J].刑法论丛,2016(2):347.
[2] 邓文莉.《刑法》第397条中的"重大损失"在滥用职权罪中的地位[J].政治与法律,2006(1):150.

行认真考察,就同意在流转合同上加盖"某市某镇农业合同鉴证章",也对于合同中是将土地经营权流转给姚某军等人用于水产养殖的事项未加认真查看,草率地在合同上加盖鉴证章,致使基本农田被流转,并且被改变其用途,从用于粮食种植的田地改为用于水产养殖的土地,导致基本农田被破坏,损失764 644元。根据最高人民法院于2006年公布的《关于渎职侵权犯罪案件立案标准的规定》,重大损失包括造成个人直接经济损失在10万元以上,公共财产或者公司、法人财产损失达20万元以上等情形。沈某林、朱某峰二人在对流转合同进行鉴证时,未认真审查合同的各项条款,马虎大意地准许青某村等村集体将基本农田土地经营权流转,并且还是用于水产养殖,造成基本农田被破坏,填平恢复需要花费20万元以上。沈某林、朱某峰不认真履行审查合同,过失导致公共财产损失20万元以上,符合玩忽职守罪的构成要件,应当承担渎职罪的法律责任。

但是,从本案一审与二审来看,人民法院对于沈某林与朱某峰的行为是构成滥用职权还是玩忽职守,显然是有分歧的。沈某林与朱某峰是在其职责范围内不正确履行职责,此时判断沈某林与朱某峰的行为是构成滥用职权还是玩忽职守,主要还是在于沈某林与朱某峰对于将基本农田土地经营权流转给姚某军等人用于水产养殖一事是否具有认识。若是沈某林、朱某峰明知流转合同中涉及的流转土地为基本农田,却对青某村与姚某军之间的流转合同不置一词,同意流转,则沈某林与朱某峰的行为属于滥用职权。但是沈某林与朱某峰对于经营权流转的土地为基本农田一事并未加详细审查,属于对土地经营权流转合同鉴证过程中存在疏忽大意的过失,导致基本农田受损,恢复花费钱财巨大,符合玩忽职守罪的构成要件,应当承担玩忽职守致使公共财产遭受巨大损失的刑事责任。

四、结论

在认定国家机关工作人员不正确履行职责的行为是构成滥用职权罪还是玩忽职守罪时,国家机关工作人员明知自己的行为是不正确履行职责,甚至可能会造成公共财产、国家和人民利益遭受重大损失,依然一意孤行,胡乱地行使权力,并造成重大损失的,行为人的行为属于滥用职权。如果国家机关工作人员出于马虎大意,在对公共事务进行管理时,过失地不认真审查提交的相关文书是否符合法律规定的,不仔细审查文书就予以通过,因而造成重大损失的,行为人的行为应当属于玩忽职守。

收受他人未办理产权登记的商铺能否以受贿既遂认定
——吴某受贿案

魏 红 熊丽娟

【裁判要旨】 国家工作人员收受他人赠送的未办理产权登记的商铺,根据犯罪既遂"实际控制说"观点,虽然行为人在收受商铺时并未实际获得商铺产权,但仍应认定为受贿未遂。

【关键词】 受贿既遂 未遂 登记财产

一、基本案情[1]

被告人吴某于2005年4月至2011年7月任某某县巩某镇吴某村支部书记,2011年8月任该村村委会主任。经查明,2009—2011年,吴某在吴某村新农村建设期间收受开发商巩某1万元现金和价值5.98万元的商铺,之后又向巩某索取2.8万元现金。2012年3月1日,吴某与张某(另案处理)以村活动室建设名义向巩某提出在其开发的街道旁购买商铺。巩某提出赠送给吴、张二人每人两间商铺。约定商铺由巩某建成之后,吴、张二人仅需支付商铺的建筑成本即可获得商铺产权,吴某和张某表示同意并各选择两间商铺的位置。在二人商铺位置选择完成后,巩某向吴某出具了"订金已付"证明手续,而实际上两人并未支付订金也未支付其他费用。案发前,开发商巩某开发建设商铺的用地未办理建设用地变更登记,全部商铺也没有进行产权登记。

本案中,对于吴某收受巩某赠送商铺的行为,一审法院认为吴某收受商铺行为已构成受贿既遂,并将商铺产权价值金额计入受贿数额中;而二审法院认为吴某因意志以外的原因未实际取得商铺产权,属于犯罪未遂,可以比照受贿既遂从轻处罚。

二、案件争议问题

两审法院对吴某收受尚未办理建设用地使用权变更登记的商铺行为,对此行为的受贿犯罪形态认定存在不同认定结论,并且对于吴某收受商铺行为为何认定受贿罪既遂或者未遂,两审均未阐明具体原因。对此类案件,司法实践中存在两种观点。

一种认为受贿人收受尚未办理建设用地使用权变更登记的商铺的行为,应认定为受

---

[1] 本案来源于中国裁判文书网,第(2014)亳刑终字第00053号,https://wenshu.court.gov.cn/website/wenshu/181107ANFZ0BXSK4/index.html?docId=e292694acb7741c484305d3a9f2aa813,2020年08月23日访问。

贿罪未遂。原因在于,商铺产权具有双重性质,包括所有人对商铺的所有权与商铺的建设用地使用权。而根据《中华人民共和国民法通则》[1]和《中华人民共和国物权法》[2]的相关规定,建设用地使用权属于登记生效的物权。而本案中,由于吴某收受商铺时开发商尚未办理商铺建设用地的变更登记,该商铺没有产权,由此,吴某收受此类商铺也没有实际拥有商铺的产权。故而认定吴某的受贿行为尚未达到既遂状态。

另一种意见认为吴某构成受贿罪既遂。原因在于,即使吴某收受商铺时,商铺的产权权属登记尚未办理完毕,但巩某已与吴某达成商铺产权赠与协议,吴某可根据协议请求巩某办理商铺产权变更登记手续。因此,应认为吴某已实际占有商铺。由此,吴某接受巩某赠与商铺的行为应认定为受贿既遂。

从上述不同观点可知,对于受贿人接受尚未办理权属变更登记的商铺的行为,在受贿罪既遂条件即是否实际控制他人财物上存在争议。

三、问题分析及阐述

上文所述两种观点围绕收受尚未办理产权登记的商铺是否构成受贿罪既遂展开讨论。其中本案二审法院认为商铺尚未办理建设用地变更登记,受贿人即使以接受赠与方式占有商铺,也应认定为受贿罪未遂,因为商铺产权并未实现。本书同意此结论,但在论证理由上有待商榷。由于本案犯罪是否完成涉及商铺建设用地权属问题,因此,民法中建设用地使用权生效的要件能否成为受贿罪既遂条件,是本书讨论的重要问题。

(一)本案所涉商铺的法律性质

本案在受贿罪的犯罪形态认定上存在争议。一般而言,受贿罪犯罪成立与否关键在于受贿人是否收受财物,犯罪既遂与否考查重点在于受贿人是否实现收受财物的目的。而本案争议焦点集中于被告人吴某收受他人赠送的商铺存在权利瑕疵。于是,判断本案被告人收受他人赠送的商铺是否构成受贿罪既遂之前,需要先厘清此类商铺的产权认定问题。此案中所涉商铺的产权包括建设用地使用权与房屋所有权两部分内容。根据法律规定,土地建设用地使用权与房屋所有权属于法定物权。权利人在建设拥有土地使用权上的土地上修建房屋时,权利人自事实行为完成时便拥有房屋的原始所有权,之后可通过不动产物权登记进行权利变更。并且,建设用地使用权与房屋所有权在除实现担保物权

---

[1] 由于本案审理时间在《中华人民共和国民法典》颁布施行之前,故本书采用当时的法律《中国人民共和国民法通则》进行分析解释。——笔者注

[2] 由于本案审理时间在《中华人民共和国民法典》颁布施行之前,故本书采用当时的法律《中华人民共和国物权法》进行分析解释。——笔者注

的情形之外,一般不做详细分割。因此,本案中巩某是对吴某村的集体经济组织所有的土地进行开发,在集体所有土地上可依照法律规定设立建设用地使用权,并由此而拥有对此商铺的所有权。于是,巩某在商铺建设完成之后,可以通过物权转让登记使吴某成为约定赠送商铺的所有权人。

(二)受贿罪既遂与未遂的标准问题

1. 关于受贿罪既遂、未遂认定问题的不同观点及评析

近年来,刑法理论界关于受贿罪既遂标准主要存在六种观点,(1)承诺行为标准说。该观点认为,受贿人在收受贿赂时,承诺利用职务便利为他人谋取利益,即便所承诺结果与实际发生结果不同也不影响受贿行为的完成。此观点认为受贿人承诺作出之时即为犯罪行为完成,受贿即告既遂。但是,此观点也受到学界的不同质疑,如受贿人在为他人谋取利益的承诺作出之时,虽然一定程度上损害了公职人员的不可收买性与法律对民众信赖利益的保护,但在判断犯罪既遂与否时,需要确定受贿人作出承诺的行为尚处于受贿犯罪行为的初始阶段。而如何确定处于受贿犯罪行为的初始阶段缺乏清晰的判断标准。同时,也有学者认为,此观点中,以受贿人的承诺行为作为全部的犯罪行为,即受贿人的职务行为是否依据行为人的"购买意图"被购买,仅仅以此为判断犯罪完成与否的依据存在着主观归罪嫌疑。[1](2)谋取利益说。该观点认为受贿罪完成与否,以受贿人实际上为行贿人谋取利益与否为标准。但是,该观点也存在质疑之处,如在事后受贿场合,受贿人没有为他人谋取利益而接受贿赂的意图和行为。受贿罪的本质是权钱交易,国家工作人员行使职务行为虽然最后客观上使行贿人受益,但国家工作人员正常的履行职务行为不应构成受贿罪实行行为,因为二者之间尚未形成不正当的对价关系。(3)贿赂取得标准说。此观点主张,受贿既遂的标准是受贿人实际上已从他人处收受贿赂。一方面,收受贿赂的行为侵害了国家公职人员职务行为的廉洁性和公共利益的侵害;另一方面,收受贿赂也代表受贿人的受贿目的和受贿结果都已达成,应为既遂。但此观点也存在疑问,如学界关于犯罪既遂的通说认为犯罪完成形态的区分标准是犯罪构成要件说,如此观点仅以目的实现、结果存在来认定显然不符合通说的标准。(4)收受贿赂、谋取利益双重标准说。此观点认为受贿罪既遂需要受贿人确信为他人谋取利益时同时收受贿赂。二者如缺其一,则属犯罪未遂。此观点中关于谋取利益的认定标准存在模糊处,正常情况下,谋取利益应包括四种谋利情形,包括"许而未谋""谋而未得""谋而部分得"以及"谋而全得"。"谋而全得"是谋利的最终表现。收受贿赂、谋取利益双重标准说中关于谋取利益的认定,仅仅包括"谋而全得"一种认识,客观上仅体现了受贿既遂与受贿未遂对公共利益的不同损害程

---

[1] 张焱龙.受贿罪既遂的法益分析视角探析[J].吉林广播电视大学学报,2018(8):123-124,132.

度,却难以区分受贿既遂与受贿未遂。因此,该观点也存在不足之处。(5)收受贿赂与实际重大损失择一说。此观点将受贿罪既遂标准以是否收受贿赂或者给国家财产造成重大损失,二者是否举其一为判断依据。根据此标准,受贿人即使没有收受贿赂,但由于为他人谋取利益的行为给国家财产、公共利益造成重大损失,也应认定为受贿罪既遂。但是国家财产、公共利益的重大损失只能反映受贿造成的危害程度,却无法成为受贿完成与否的依据。所以,此观点也不能作为全面、客观反映受贿完成与否的标准。(6)阶段行为说。此观点将受贿罪分为索取型与接受型两种类型。不同类型的受贿罪应采取不同的犯罪既遂标准。索取型受贿的完成标准是请求是否完成,而接受型受贿以是否接受贿赂作为确定标准。本书认为,只有根据受贿罪的不同类型采取相应的标准,才能客观并全面地反映出不同类型受贿的既遂状态,因此,本书赞成采取此种标准认定受贿罪既遂与否,并在下文中进一步分析收受型受贿罪的既遂是如何认定的。

2. 收受型受贿罪的既遂认定标准

根据上文对受贿罪既遂标准不同观点的介绍与分析,可知依据阶段行为说,收受型受贿罪以收受贿赂财物完成为犯罪既遂的判断标准。但需要注意的是,接受贿赂与受贿罪既遂中的收受行为并非为同一行为,接受贿赂行为并不是受贿罪既遂的完全必要条件,如受贿人因为认识错误错把高价值财物当成低价值财物收受,而实际收受的财物未达受贿罪犯罪既遂标准,此时只成立受贿未遂。因此,需要对"收受"行为进行进一步分析。

在刑法学界关于"收受"贿赂财物行为的认定主要存在以下观点:(1)转移说,以贿赂财物所有权是否转移为标准;(2)藏匿说,以收受贿赂财物是否已经隐匿为标准;(3)控制说,以受贿人是否实际控制贿赂财物为标准;(4)失控和控制说,行为成立标准是行贿财物所有人丧失对财物的所有权,受贿人取得财产所有权;(5)失去控制说,即所有权人失去对贿赂财物的所有权。以上几种观点都是围绕贿赂财物的存在与转移状态进行讨论,转移说和隐藏说以受贿人对收受的财物是采取转移还是隐藏的方式来评估受贿行为;失控和控制说从受贿人与行贿人的角度对受贿既遂进行认定,一般而言,受贿人取得财物,原财产所有人便对所有物失去控制。但是,即使财物所有人失去对财物的控制,受贿人也不必然就能取得对财物的控制;[1]而失去控制说是从财物所有权人角度,判断是否失去对财物的控制并形成财物损失为判断依据,但未考虑到可能存在受贿人并没有实际取得财物控制的情况。

通过对上述观点的分析比较,本书认为控制说更具合理性。受贿人实际取得贿赂财物所有权时,受贿人与财物之间的关系便实际形成,受贿人此时便具有处分财物的权限,进而取得对财物的实际控制。据此考量,以控制说作为认定受贿罪既遂的标准具有合理

---

[1] 刘雅楠.受贿罪未遂的司法探究[J].法律适用,2017(11):71-75.

性。[1]因此,受贿罪中"收受"贿赂财物行为完成应包括,从受贿人角度而言,受贿罪的完成标准以财产的实际控制和支配进行认定;同时还应包括受贿人实际上取得财物控制权但尚未通过转让等方式取得财物所有权。[2]

3. 受贿罪既遂认定中有关不动产"财产登记"的认识

受贿罪认定中,受贿人非法收受动产财物并取得实际控制与处分权,就代表贿赂财物所有权已经发生转移,受贿罪既遂。如果收受的贿赂包括不动产,而不动产的所有权需要通过登记才能发生所有权移转效力。[3]如果受贿人与行贿人之间尚未就不动产所有权转移进行变更登记,或者不动产自身尚未进行产权登记,此时受贿罪是否既遂就存在疑问。

关于受贿罪认定中受贿财物的范围,首先可以明确的是收受不动产属于受贿。[4]但对于收受未办理所有权变更登记或者未登记产权的不动产,在受贿罪完成形态判断上是既遂还是未遂,对此学界尚未形成一致认识。如陈兴良教授认为收受房屋、汽车等财物后未办理变更登记的情形应以受贿罪未遂认定。但此观点仍存商榷之处。首先,易产生非法占有与合法占有相混淆的情况,将物权的转移登记作为认定受贿罪完成形态的决定条件可能引发争议;其次,我国刑法一贯强调立足于客观事实进行犯罪行为认定,受贿人客观上获得对贿赂财物的现实支配与控制,在主观上可以认定行为人目的实现,便可以形成受贿罪既遂。在司法实践中,存在受贿人与行贿人隐藏收受不动产以逃避刑事责任追究,由受贿人实际占有行贿不动产,存在着不动产所有权未办理变更登记仍属行贿人所有的情况。

因此,将需要办理权属登记的动产或不动产的贿赂财物,并不因为权属登记的效力瑕疵而阻却受贿人构成受贿罪既遂的刑事责任。但是,受贿罪的既遂问题需要回归到实际控制的认定标准之下,行贿人与受贿人之间不仅具有达成明确的意思表示,而且受贿人还应取得对贿赂财物的实际控制权,受贿罪才能既遂。如果行为人以尚未办理权属变更登记的不动产作为行贿的对象,还必须考量受贿人对受贿不动产的实际控制权范围与控制程度,才能判断受贿罪既遂成立与否。

---

[1] 杜文俊,赵拥军.财产犯罪既遂标准中的控制说及其司法认定[J].上海政法学院学报(法治论丛),2015(2):28-34.

[2] 付余,高蕴嶙.受贿罪既未遂认定标准研究[J].辽宁公安司法管理干部学院学报,2019(6):82-90.

[3] 《中华人民共和国物权法》第9条:"不动产物权的设立、变更、转让和消灭,经依法登记发生效力;未经登记,不发生效力,但法律另有规定的除外。依法属于国家所有的自然资源所有权可以不登记。"

[4] 2007年7月8日最高人民法院、最高人民检察院颁布的《关于办理受贿刑事案件适用法律若干问题的意见》第8条:"国家工作人员利用职务上的便利为请托人谋取利益,收受请托人房屋、汽车等物品,未变更权属登记或者借用他人名义办理权属变更登记的,不影响受贿的认定。"

(三)本案分析

依据本案案情,结合刑法关于受贿罪既遂认定的相关理论与认识,本书认为:其一,吴某收受商铺的行为构成受贿罪。因为,本案被告人吴某与行贿人巩某之间实际达成赠送和收受商铺的合意,即使吴某在吴某村新农村建设中为巩某提供帮助时并没有收受贿赂,但事后将为巩某谋利的行为与其赠送商铺之间形成不正当的对价关系,构成事后受贿。依据最高人民法院、最高人民检察院《关于办理贪污贿赂刑事案件适用法律若干问题的解释》第13条规定,属于"履职时未被请托,但事后基于该履职事由收受他人财物的"情形,构成受贿罪。❶其二,在吴某受贿罪犯罪形态的认定上,收受商铺的行为应属于受贿罪未遂。根据上文对受贿罪完成形态认定标准不同观点的分析,本书认为受贿人是否对行贿人所提供的财物获得完全的控制与支配是既遂与否的标准。本案中,涉案的受贿财产即尚未办理产权登记的商铺具有不同于一般动产财物的特殊性。相比于动产占有即所有的规则,《中华人民共和国民法典》物权编规定,不动产物权采用登记生效主义。不动产物权所属须以实际登记为准。物权包括财产所有权、用益物权与担保物权,本案中巩某赠送给吴某的商铺分别具有财产所有权与用益物权(商铺的建设用地使用权)双重权益,而不动产所有权与建设用地使用权的移转都需法定登记才可生效。案中行贿人吴某尚未获得商铺的建设用地使用权,但约定吴某以建房成本出资便可得到商铺,而吴某对商铺所有权将在事实行为成就时获得,成立以交易行为为表象的变相受贿。因此,对本案中受贿财产——商铺的产权需要从商铺建设用地使用权与商铺所有权两方面进行判断,继而本案吴某受贿罪既遂的标准也应从建设用地使用权和尚未建成的地上建筑物——商铺的所有权双重角度进行分析。

具体分析如下,先考查商铺建设用地使用权转移情况,巩某已经将商铺的建设用地使用权赠与吴某,此时尚未建设的地上建筑物商铺并不影响建设用地使用权的赠与效力。但是,由于建设用地使用权以登记为生效要件,而此时建设用地使用权仍由巩某实际拥有。在此基础上进一步分析,吴某与巩某双方约定吴某以建筑成本出资即可获得基于商铺建设用地使用权所建造的商铺,商铺的建筑成本与市场售价之间存在明显溢价,吴某收受商铺属于变相受贿。由于商铺不仅尚未办理预告登记,而且也尚未建设完成,吴某未能

---

❶ 最高人民法院、最高人民检察院《关于办理贪污贿赂刑事案件适用法律若干问题的解释》第13条:"具有下列情形之一的,应当认定为'为他人谋取利益',构成犯罪的,应当依照刑法关于受贿罪的规定定罪处罚:(一)实际或者承诺为他人谋取利益的;(二)明知他人有具体请托事项的;(三)履职时未被请托,但事后基于该履职事由收受他人财物的。国家工作人员索取、收受具有上下级关系的下属或者具有行政管理关系的被管理人员的财物价值三万元以上,可能影响职权行使的,视为承诺为他人谋取利益。"

获得商铺的实际控制权。因此,综合以上分析,本案中吴某收受未办理产权登记的商铺的行为应认定为受贿罪未遂。

四、结论

行贿人在开发农村集体经济组织所有的土地中为获得便利,向受贿人村委会主任赠送开发建设的商铺,在建设用地使用权尚未办理变更登记,商铺也还未建设完成之时,受贿人对于此商铺产权的实际控制与否,需要从建设用地使用权的用益物权和商铺所有权两方面实际控制情况考查,认真辨析《中华人民共和国民法典》对于物权变更规定的法律要求。对于国家工作人员收受尚未办理建设用地使用权变更登记商铺的行为,根据实际控制说的标准,即使受贿罪受贿、行贿双方行为人的行贿、受贿意思表示明确,但受贿人因为物权效力归属的瑕疵未能实际拥有对贿赂财产的控制权,应当认定为受贿罪未遂。

村干部审批宅基地之行为是否属于"从事公务"
——赵某受贿案

常 城

【裁判要旨】 根据相关行政法规与条例以及我国集体土地的特有性质,审批宅基地事项是村集体组织对集体所有的土地依法享有的自治权,系村务。村委会主任有权对村民的建房申请进行初步审查。因此,村委会主任利用职务上的便利,在村民申请宅基地审批过程中多次收受他人财物,为他人谋取利益,其行为应构成非国家工作人员受贿罪。

【关键词】 审批宅基地 从事公务 村务 认定标准

一、基本案情[1]

被告人赵某,系某市某县某村村委会主任,2012年9月,某市某县某村村民王某某找到赵某,希望赵某能够帮其找到一户面积为90多平方米的宅基地并办理相关建房手续,同时承诺事后将给予赵某12.5万元的好处费,赵某当即表示帮忙办事。之后被告人赵某找到4名村民陈某某等的户口,违规审批并办理了4名村民陈某某等名下面积为90多平方米的宅基地手续,而且将办理的相关手续给了王某某。王某某按照事先商量的约定分两次给予赵某好处费12.5万元。2013年7月,某县某村村民杨某某因其儿子已结婚,想要独立分户,要扩大宅基地建房面积,于是请托村委会主任赵某,希望被告人赵某在审批其本人与儿子名下的宅基地建房手续时按照两户的标准进行办理,赵某表示同意。之后,杨某某送给赵某2万元以表示感谢。后来,经查明赵某又在宅基地审批过程中以相同方式多次收受他人钱财。赵某收受的钱财累计共达19.5万元。

某市某县人民法院经审理后认为,赵某作为村委会主任,有权对村民的宅基地建房申请进行初步审批,并有义务对不符合要求的申请进行筛选甄别。其利用职务上的便利,在村民申请宅基地审批过程中多次收受他人财物19.5万元,为他人谋取不正当利益,其行为构成非国家工作人员受贿罪。

二、案件争议问题

本案的争议焦点是村干部在农村宅基地申请过程中从事审批工作,是属于履行农村

---

[1] 本案来源于北大法宝网,某市某县人民法院(2016)渝0234刑初字第84号,https://www.pkulaw.cn/case/pfnl_a25051f3312b07f3ebf90db4f2e0afc93e52b33cdae2956cbdfb.html?match=Exact,2020年04月18日访问。

集体组织对集体所有的土地依法享有的自治权,即村务,还是协助政府从事行政管理事务,属于"从事公务"的行为? 如若认为赵某属于协助政府从事行政管理工作的其他依法从事公务的人员,其行为应构成受贿罪。如若认为农村宅基地审批工作属于履行农村集体组织对集体所有的土地依法享有的自治权,其是村务而非公务,那么赵某的行为应认定为非国家工作人员受贿罪。

三、问题分析及阐述

案例中的赵某系村委会主任,在此案中虽被定为非国家工作人员受贿罪,但是该犯罪行为有观点主张构成受贿罪的观点。在农村宅基地的分配与审批的过程中,某些村干部利用手中的职权为自己或者他人谋取利益,侵占集体土地,侵犯其他村民合法权益;同时随着我国城市化进程的不断推进,村干部贿赂犯罪案件时有发生,因此,对于村干部犯罪行为的准确定性,才能有效打击此类犯罪行为。

(一)对"从事公务"行为的理解

在规范刑法领域中哪些工作人员属于当地农村基层组织人员,取决于对其公务行为的刑法评价。本地农村基层组织的成员在协助人民政府进行行政管理时使用、占用或非法接受他人的财产,这种行为是构成公职人员收受贿赂的犯罪,还是构成贿赂非国家工作人员的犯罪,学界存在不同观点,尤其是在农村基层组织人员的外延问题上,理论界存在较大的分歧意见。在界定农村基层组织人员的范围时,应根据相关法律法规的规定,并结合我国农村治理结构的现实情况加以确定。[1]

1. 当前对"从事公务"理解的缺陷

根据《刑法》第93条规定[2],是否构成国家工作人员的关键,在于对"从事公务"要件的理解。有学者指出,在国家工作人员的认定上陷入困境的根本原因是未能准确把握国家工作人员主体的基本特征,过分地纠缠于"劳务"与"公务"以及"委托"与"委派"这些概念的区分,没有从各罪所保护的法益及行为方式的特殊性出发,对"公务"及"国家工作人员"的内涵进行相对性把握。[3]从学界现有研究来看,当前对"从事公务"理解时存在的问题主要包括以下内容。

一是在对"从事公务"进行解释时,常常使人们无法区分一般意义上的国家工作人员

---

[1] 张建军. 规范刑法学视野中的农村基层组织人员[J]. 法学论坛, 2016(3):72.
[2] 《刑法》第93条:"本法所称国家工作人员,是指国家机关中从事公务的人员。国有公司、企业、事业单位、人民团体中从事公务的人员和国家机关、国有公司、企业、事业单位委派到非国有公司、企业、事业单位、社会团体从事公务的人员,以及其他依照法律从事公务的人员。"
[3] 陈洪兵. "国家工作人员"司法认定的困境与出路[J]. 东方法学, 2015(2):111.

与某些个罪中的国家工作人员。在国家工作人员可以构成的贪贿类职务犯罪中,"从事公务"是公职人员构成此类犯罪时成立的前提条件。但是,"公共事务的执行"的内容可能会因特定犯罪的侵犯法益及其对人员身份的限制而有所不同。因而,在一般意义上满足国家工作人员的成立条件,并不一定就符合特定犯罪中对特殊国家工作人员身份的要求。

二是在解释"从事公务"时,通常从公共事务本身的含义开始,所以将"管理性"视为在从事公务中不可或缺的成立要素。这样的理解方式显然是受概念法学思维的影响。实际上,几乎每个概念在文学意义上都是多维的,具有开放结构的特征。在特定的立法背景下,其含义在很大程度上取决于相关规则的目的。而如何界定目的所指向的内容,确定目标指向的方式不仅受到系统完整性要求的限制,还受到目标和效率考虑的限制。"公务"是相对于"个人事务"而言,而并非相对于"劳务"而言,将"管理性"视为公务概念的必备要素,无疑是将"公务"与"劳务"理解为是对立性的范畴。

因此,劳东燕教授认为,想要避免既往研究的缺陷,就必须厘清两点:一是受贿罪中的国家工作人员,若要构成这一要件,不仅需要符合一般意义上的国家工作人员的成立条件,而且还必须兼顾合法权益和构成要件保护;二是对"从事公务"的解释,概念思维不能被接受,但是必须在尊重概念逻辑的基础上合理地使用目的思维。[1]

2."公务说"与"身份说"的争论

理论争议存在着"身份说"与"公务说"两种观点。主张"身份说"观点的学者主要有陈兴良教授、何秉松教授等,他们提出"国家工作人员说",认为构成贪污贿赂犯罪的主体应当为国家工作人员或者是其他从事国家公务的人员。这种观点表明,职务行为是国家工作人员公务行为最准确的解释与定义,既然是职务行为,有职务才有行为,无职务则行为从何而来?因而,身份资格是国家工作人员应当具有的前提条件,没有这种身份资格就不可能有"从事公务"之说,故主张在认定国家工作人员范围的时,需要确定和承认资格。主张"公务说"的学者朱兴有教授提出,贪污贿赂犯罪与行为主体是否负有特定职务或者在履行特定职务有关。持此种观点的学者认为,我国《刑法》第93条关于国家工作人员的规定明确强调,如果国家工作人员是履行公务的人(当然是合法或委托的行为),其公务便是最基本的特征。

我国《刑法》第93条对国家工作人员的定义明显是以"从事公务"为核心而展开。从立法的角度来看,总则对国家工作人员的定义本身不是基于正式的身份或编制,也就是说,它不是基于组织的含义,而是基于行为所涉及的业务或工作的内容。即采取的是实质的功能定义。鉴于总则中的一般条款的规定应适用于分则中的相关规定,因此可以确定

---

[1] 劳东燕.论受贿罪中的国家工作人员[J].东方法学,2020(2):23.

的是,如果是分则中规定的由国家工作人员实施的犯罪,则对犯罪者是否符合主体资格的评估可能不是基于人员的身份或是否有相应的编制,而是取决于对"履行公务"问题的实质审查。

(二)农村基层组织人员"从事公务"的认定标准

2000年4月,全国人大常委会出台的相关立法解释❶中明确提到了村基层组织的工作人员符合《刑法》中"国家工作人员"的情况。显然,本案中审批宅基地的被告人赵某不属于这种情形,即不属于《关于〈中华人民共和国刑法〉第九十三条第二款的解释》中规定的国家工作人员。但是,在国家机关工作人员以外,农村基层组织人员可以通过国家机关的委托来获取一定职权,从事一定的公务活动,视为从事公务人员。农村基层组织人员在协助政府从事管理活动的时候,行使了政府的部分管理职能。与政府机构工作人员相比,除了身份上的区别,在从事公务上拥有同样的职权,也应负同样的职责。

1. 以职务名义从事公务为核心

政府权力和管理责任是职务犯罪的核心。农村基层组织的工作人员在依照其职责执行的工作范围内具有一定权力,并负责协助公共事务管理。通常,此类权力和责任的人员应首先具备一定的资格,并在执行公务之前存在。

2. "公务"与"村务"行为进行区分

根据我国《刑法》的规定,村民委员会等地方基层组织的成员应协助政府从事行政工作,如救援和救灾、减贫、救济物品管理、社会捐赠、收地、征税、公共土地管理。但是,并非所有协助政府的支持措施或工作都是协助政府管理的公务行为。在农村基层组织从业人员的工作行为中,表现出二重性和复杂性。农村基层组织从业人员的行为既包括农村居民自治问题,也包括国家事务。❷村民委员会的日常工作事务可以划分为"村务"和"政务"。"村务"是国家和农村社会的连接点,村级事务大体可以分为两大类:一类是政府下派的任务,即"政务";另一类是村内涉及村民利益的公共事务,即"村务"。"村务"属于村民自治范围的事项,而"政务"则属于村民委员会协助乡镇政府的范畴。因此,不能简单地从村民委员会成员的外部身份来判断是否属于国家工作人员,而应当具体情况具体分析。如果其从事的仅是本集体组织的事务,如管理村民或社区居民的集体财产,即"村

---

❶ 2000年4月29日颁布施行的《关于〈中华人民共和国刑法〉第九十三条第二款的解释》规定:"村民委员会等村基层组织人员协助人民政府从事下列行政管理工作,属于刑法第九十三条第二款规定的'其他依照法律从事公务的人员':(一)救灾、抢险、防汛、优抚、扶贫、移民、救济款物的管理;(二)社会捐助公益事业款物的管理;(三)国有土地的经营和管理;(四)土地征用补偿费用的管理;(五)代征、代缴税款;(六)有关计划生育、户籍、征兵工作;(七)协助人民政府从事的其他行政管理工作。"

❷ 左杰.浅议村基层组织人员"职务行为"的特点[J].中国检察官,2017(2):14.

务",就不能以国家工作人员论。但是,如果受行政机关的委托,代替行政机关从事一定的行政管理事务,即政务管理,如发放救灾、救济款物、计划生育等,就可以按国家工作人员论。

(三)宅基地审批事项是否属于"从事公务"

宅基地的获取分为创造和获取。前者也称创设取得,是宅基地的分配和批准;后者也称传来取得,是宅基地的转让。中国早期的综合宅基地管理模式强调的是前者和"新来者"。为了改善获得宅基地的方法,需要改革宅基地许可制度,明确宅基地转移的范围,强调宅基地退出机制,振兴未使用的宅基地,提高现有宅基地的使用效率。❶

根据《中华人民共和国村民委员会组织法》第24条规定,宅基地的使用方案,经村民会议讨论决定方可办理。可以看出,在法律层面上,与使用农地有关的问题是指农村集体组织在集体土地方面的法律自主权,属于农村事务。此外,尽管我国法律规定将宅基地的使用权归乡村所有,但对宅基地的使用附加了严格的规定。《中华人民共和国土地管理法》第62条第三款规定❷,在使用程序上须经乡(镇)人民政府审核,由县级人民政府批准,属于具体行政行为范畴,具备公务性质。从表面来看,法律一方面规定宅基地使用必须经村民会议决定,另一方面又规定必须经过人民政府审核、批准,致使二者之间似乎略显矛盾。其实,这是我国法律关于宅基地使用所规定的两步必经程序,在内容上并不冲突。两部法律全部由全国人大常委会制定,并无位阶之分,其规定的本意是保障村民合法使用宅基地的权利,第一步必须经过农村集体组织审批同意,第二步还必须将申报材料交由乡(镇)人民政府审核、县级人民政府批准。

除了法律对宅基地的使用有相关规定之外,原国土资源部2004年发布的《关于加强农村宅基地管理的意见》对宅基地审批事项也进行了规定❸,在农村集体组织同意后,再由政府审批。根据这一规定,如果村集体组织不同意单个村民提出的申请,即不进入"正式"程序,则无法启动政府的审批程序。根据有关法律和部门法规的规定,对农村宅基地使用的批准还必须经过村民集体组织批准和政府批准程序,这是农村事务和政府事务的结合。故农村集体经济组织在其职权范围内从事宅基地审批事项,不属于行政事务上协

---

❶ 高圣平.宅基地制度改革政策的演进与走向[J].中国人民大学学报,2019(1):31-32.
❷ 《中华人民共和国土地管理法》第62条第三款:"农村村民住宅用地,经乡(镇)人民政府审核,由县级人民政府批准;其中,涉及占用农用地的,依照本法第四十四条的规定办理审批手续。"
❸ 《关于加强农村宅基地管理的意见》第2条第六款:"农村村民建住宅需要使用宅基地的,应向本集体经济组织提出申请,并在本集体经济组织或村民小组张榜公布。公布期满无异议的,报经乡(镇)审核后,报县(市)审批。经依法批准的宅基地,农村集体经济组织或村民小组应及时将审批结果张榜公布。"(2004年国土资源部印发《关于加强农村宅基地管理的意见》现已失效,但在本书中仅作规范演变说明,不实际引用,因而无须改动,特此说明。)

助政府的行为,而是在集体土地上行使其法律自主权的行为。

四、结论

村干部审批宅基地事项,实属村委会非法分配本村土地使用权,是履行村务行为的一种,不能因为村委会在批准宅基地一事上有协助政府调查、分配、同意的职责就把此事归为政务,进而适用《关于〈中华人民共和国刑法〉第九十三条第二款的解释》中第2款第7项规定的村委会成员在从事"协助人民政府从事的其他行政工作"时也属于国家工作人员。在把握某一行为是否属于从事"公务"的行为,要从实质上进行论证。本案中被告人赵某处置本村宅基地的使用权,实质上是属于涉及村民利益的公共事务,属于履行村务行为,行为人的行为应构成非国家工作人员受贿罪,而不是受贿罪。

专题二

农村安置搬迁工程的管理与资金使用

国家工作人员借用拆迁户名义购买安置房是否属于贪污罪中"利用职务便利"

——马某萍、童某烽、田某贪污案

刘 莉

【裁判要旨】 贪污罪的行为方式是国家工作人员利用职务上的便利,侵吞、骗取、窃取或以其他手段非法占有公共财物的行为。核心问题在于对"利用职务上便利"的认定,成立贪污罪,行为人必须与公共财物之间有占有、支配、控制等特定的关系。与公共财物之间缺少这种关系的国家工作人员骗取公共财物的行为不应当认定为贪污罪。

【关键词】 贪污罪 利用职务上的便利 诈骗罪 占有 职务廉洁性

一、基本案情[1]

2018年7月至2019年3月,被告人马某萍、童某烽、田某分别在担任某市动迁办主任、综合科科长、安置房源管理科副科长期间,单独或结伙利用监督管理某市拆迁安置工作、制定拆迁安置政策、掌握安置房定向销售相关政策、信息及管理房源等职务便利,借用拆迁户名义,以低于市场价格的安置房价格购入位于某市的定向销售安置房共计46套,实际非法获利5 589 146.77元。一审法院认定三人均构成贪污罪,被告马某萍被判处有期徒刑6年6个月,并处罚金56万元;被告童某烽被判处有期徒刑6年6个月,并处罚金57元;被告田某被判处有期徒刑3年4个月,并处罚金35万元。三被告人不服一审判决提起上诉,二审法院裁定维持原判。

二、案件争议问题

本案最大的争议之处在于三名被告人是否利用职务上的便利实施了犯罪行为。公诉方认为三被告人作为国家工作人员,借用拆迁户名义购买定向安置房的行为应当认定为贪污罪中的"利用职务便利",其行为应当定性为贪污罪;但被告方及其辩护律师认为该借名买房行为没有"利用职务便利",不应当认定为贪污罪。本书就本案三被告人借名买

---

[1] 本案来源北大法宝网,某省某市中级人民法院(2019)浙02刑终789号判决,https://www.pkulaw.com/pfnl/a6bdb3332ec0adc4711d6c50c25860e756e64cf9ff5b995ebdfb.html?keyword=%EF%BC%882019%EF%BC%89%E6%B5%990281%E5%88%91%E5%88%9D1038%E5%8F%B7%20,2021年04月25日访问。

房的行为是否属于"利用职务上的便利"展开讨论。

三、问题分析及阐述

(一)贪污罪中"利用职务上便利"法条变迁及其存在的问题

1979年《刑法》第185条规定:国家工作人员利用职务上的便利盗窃、侵吞、骗取或者以其他手段非法占有公共财物的是贪污罪。但该法条没有具体说明利用职务上的便利。

1985年7月18日,最高人民法院和最高人民检察院联合出台了《关于当前办理经济犯罪案件中具体应用法律的若干问题的解答(试行)》,其中规定贪污罪中的利用职务上的便利是指国家工作人员、集体经济组织工作人员或者前述其他受委托从事公务的人员利用其职务上主管、管理、经手公共财物的便利条件。此规定解释了利用职务上便利的含义,将其限定于国家工作人员利用其职务上主管、管理、经手公共财物的便利条件,与1979年《刑法》相比更加具体明确了。但是主管、管理、经手的具体含义是什么?在刑法规定中没有明确界定,从而引发学术界和司法界的争议。

1995年全国人大常委会《关于惩治违反公司法的犯罪分子的决定》将"利用职务上的便利"修改为"利用职务上或者工作上的便利",从立法上确定了贪污行为可以是利用从事职务活动形成的一切方便条件。因该规定超越了原有的贪污犯罪的立法界限,学术界和司法界对利用职务上的便利"应包含利用工作上的一切方便条件"的观点又提出质疑,认为其从根本上背离了我国刑事立法一贯坚持的惩治贪污犯罪行为的立法宗旨。

正因如此,1997年的《刑法》删除了"利用工作上的便利"的规定,恢复1979年《刑法》条文的表述形式。1997年《刑法》第382条第1款规定:国家的工作人员利用职务上的便利,侵吞、窃取、骗取或以其他手段非法占有公共财物的是贪污罪。但是这条规定没有对利用职务上的便利进行具体解释。

1997年以后刑法条文没有改变,除了该法条的规定外,司法实践中,主要以最高人民检察院1999年9月16日《关于人民检察院直接受理立案侦查案件立案标准的规定(试行)》中的规定为裁判依据。该司法解释第一条明确规定:"贪污罪中利用职务上的便利是指利用职务上主管、管理、经手公共财物的权力和方便条件。"我们可以看到该司法解释与1985年最高人民检察院颁布的《关于当前办理经济犯罪案件中具体应用法律的若干问题的解答(试行)》相比措辞上有所不同,司法解释中说的是利用职务上的便利是指利用职务上主管、管理、经手公共财物的便利条件;而此规定中将便利条件改为了权力和方便条件。本书认为这种措辞的修改并无实质上的改变,因为无论是哪一种措辞都是相同的定语,即职务上主管、管理、经手公共财物的,并且便利条件内在地包含了权力和方便条件,只不过对其进行了一次再分类。其区别在于对贪污罪中的"利用职务上的便利"有了一个较为明确具体的限定。但是对于"主管""管理""经手"的概念还是没有形成具体明确的具备可操作性的判断标准,导致在司法实践中争议较大,适用混乱。

(二)因"主管、管理、经手"概念不明确导致同案不同判现象

2003年的某省杨某虎案❶。杨某虎在兼任中国小商品城福某市场建设领导小组副组长兼指挥部总指挥、主持指挥部工作时,利用其得知拆迁消息的便利条件,指使其下级通过该村村委会,为其亲人开具虚假证明非法获得了多余的建设用地审批,非法获利200多万元。一审认定其行为构成贪污罪,二审维持原判。

2017年某省魏某斌案❷。被告人魏某斌在担任某市某兰县某派出所所长期间,在履行户籍迁入登记职责的过程中,对28户申请迁入户口的人员没有进行审查核实,私自为其开具便函和介绍信,让不符合条件的人员在征地拆迁过程中获得了拆迁补偿费用。在本案中,一二审法院均认定被告人构成贪污罪,对被告辩护人提出的迁入户口要经上级公安局的批准,被告人没有利用职务上主管、管理、经手的职务便利的辩论意见没有采信,但也没有给出详细的论证。

但同样没有决定权的案件却给出了完全不同的判决,如2018年的某市王某生案件:王某生在拆迁征地过程中,利用担任某市朝某区金某乡东某村村委会主任,协助乡政府从事拆迁工作负责宅基地确认工作的职务便利为他人违规出具宅基地确认单的方式骗取拆迁补偿款的行为,一二审法院均认为其利用的仅仅是工作上的便利,其出具宅基地确认单的行为没有起到决定作用,没有利用国家工作人员职务上的便利,因此不构成贪污罪而构成诈骗罪。

由此可见出现同案不同判现象主要的问题就是对于"主管""管理""经手"的具体理解不同。因此需要对这三个概念作出具体清楚的界定,给出一个明确的可操作的判断标准。

(三)对"利用职务便利"以及"主管、管理、经手"的具体理解

有的学者认为利用职务上的便利是指利用职务范围内的权力和地位形成的有利条件,具体表现为主管、保管、出纳、经手公共财物等便利条件❸。这种观点与1999年《立案标准的规定》中对于"利用职务上的便利"的解释相比,明显扩大了"职务上便利"的范围。本书认为职务上的便利是一种对于公共财物的处分权,并不包括处分权之外的其他便利

---

❶ (2009)浙刑二终字第34号刑事裁定,https://zhuanlan.zhihu.com/p/450670217,2022年06月26日访问。

❷ 最高人民法院指导案例11号:杨某虎等贪污案_法律快车,https://Law.lawtime.cn/d6914199696594.html,2022年06月26日访问。

❸ 刘家琛.刑法分则及配套规定新释新解[M].北京:人民法院出版社,2000:307.

条件,例如仅仅是利用熟悉工作环境、便于进入作案地点、便于获取内部信息或者便于靠近作案目标。这些便利条件完全没有利用到其职务的处分、控制权。

有的学者认为贪污罪中利用职务上的便利是指利用从事组织、领导、管理、监督活动的工作便利或者履行公共管理职权和职责的方便条件,或称公职人员利用职务范围内直接管理、经手国有财产的条件[1]。这种观点一方面仍然扩大了利用职务上的便利的范围,将没有处分权、控制权的利用而仅仅是利用工作上的方便条件也纳入其中,导致其范围的不合理扩张;另一方面又限缩本罪的犯罪对象,本罪的犯罪对象应是公共财物,而不仅仅限于国有财产。

本书认为主管是指该行为人是主要管理人,在其下面还有其他管理者对这项公共财物进行管理。行为人通过直接管理和控制该下级管理财物者,从而实现对公共财物的间接占有。但这并不否认其对公共财物的控制和支配权,正是由于其是主管公共财物的人员,对公共财物直接占有的国家工作人员才会按其意志对公共财物进行处分;因此在此情况下行为人仍然是利用了主管公共财物的便利条件。管理是指本人直接管理或占有公共财物,即国家工作人员将自己直接占有的公共财物非法转移;要注意此处的利用职务上的便利是指利用该职务管理和占有公共财物,而不是指利用该职务转移公共财物。经手如果按字面意思来理解就是指经过某人的手,是一种短暂的过程性的接触,但如果在判案过程中按这种字面意思去理解的话,所有国家工作人员只要接触过这个公共财物都有可能构成贪污罪,这无疑会扩大贪污罪的惩罚范围。那到底该如何理解"经手"呢,从贪污罪的立法目的来看,贪污罪主要是为了保护职务行为的廉洁性和公共财物所有权,如果仅是接触了公共财物就可以认定是本罪,那么就会偏离了贪污罪保护职务行为廉洁性的立法本意。因此本书认为经手也需要行为人对公共财物进行短暂的控制、管理和占有,没有上述行为的经手不是贪污罪中的经手。此处应该对经手的概念做缩小解释。

那么为什么是主管、管理和经手这三种方式而不是其他方式,本书认为这三种行为之间存在着某种共性,找到这种共性就解决了问题的实质。有的学者认为最关键的环节在于准确把握行为人在非法占有公共财物之前与该公共财物的关系,要么基于职务而合法地占有了该公共财物,要么基于其职务和特定事实的发生而享有在价值金额上与其后来占有的公共财物相对应的债权请求权[2]。本书认为行为人应该对公共财物具有一种支配权,能够在事实上对公共财物进行管领和控制,占有的有无以事实控制力为必要条件。

---

[1] 国家法官学院.中国刑法教程[M].北京:中国政法大学出版社,1988:698.
[2] 邹兵建.论贪污罪中的"利用职务上的便利"——以指导性案例11号为切入点的反思[J].政治与法律,2016(11):46-60.

(四)本案分析

1. 本案的实施背景

2018年7月,某市政府根据某市政府关于大力推进住房保障和棚户区改造征收安置货币化的精神及某市存量安置房源去库存的现状,出台政策,将部分存量安置房源用于拆迁(征收)项目定向销售。销售对象明确为拆迁集体土地房屋被拆迁人和征收国有土地房屋的被征收人及其直系亲属,销售价格按照市场评估价格结合层次差价率、朝向差价率确定,房源信息一律公开,任何人可以查询。上述房屋在购买后,均可像商品房一样自由上市交易,不受任何限制。该政策出台后,由于很多拆迁户已有住房,购房意愿不强烈,而又有一些人,基于投资目的,认为购买存量安置房可能有升值空间,因此市场上出现了大量非拆迁户与拆迁户合作购房的现象,即拆迁户出购房资格,非拆迁户出资金,按照政府规定的政策条件购买存量安置房后对外出售,获取差价,拆迁户从中得到一定的报酬。这样的现象,当时在某市蔚然成风,相关政策也并不禁止,甚至很多中介公司专门做这类生意,介绍拆迁户和购房人进行合作购房,购房人不仅有社会人员,也有公职人员。据一审审理报告记载,某市参与此类购房的公职人员有近百人,其中就包括本案的被告人马某萍、童某烽、田某。

2. 案中三被告人借名买房行为的定性

(1)三被告人购买、出卖存量安置房没有利用职务上的便利。

某市出台政策销售存量安置房并不禁止其他人借用拆迁户的名义或与拆迁户合作购房,该政策出台后出现了大量的合作买房借名买房行为。本案中三被告人与其他老百姓相比仅仅是在身份上多了一个公职人员的身份,但是在与他人合作买房卖房的过程中三被告人与其他普通百姓并无区别,没有利用任何的职务便利。

首先,三被告人所在的动迁办没有对存量安置房的控制和处分权,其职责是对某市集体土地房屋和国有土地房屋拆迁的全过程实施监督、管理、协调和指导,三被告人无职权可以利用。

其次,存量安置房的房源管理单位、对存量房有处分权的单位、出售存量安置房的主体是某市建设投资发展有限公司、某市兰某街道城中村开发投资有限公司等,与动迁办无任何隶属关系,三被告人作为动迁办的工作人员也无法对上述单位利用职务上的便利促成安置房买卖。

最后,三被告人能够成功购买安置房主要是基于和符合条件的购买人协商一致,借名买房,没有利用任何的职务之便。只要是符合购买存量安置房条件的人谁都可以买房,本案中涉案房屋名义上的购房人全部都是符合条件的,只要按照规定申请都能成功买房。

从卷宗材料看,某市当时的存量房是过剩的,政府还出台政策希望尽早清空存量房。因此,在当时只要名义购买人符合条件就能成功购买,不需要另外做什么工作,不需要利用职务之便,况且也没有任何证据能证明三被告人是利用了职务之便才买到了其他老百姓不能买到的房。

(2)三被告人借用拆迁户名义购买定向销售安置房并高价出售牟利的行为不宜认定为诈骗罪。

《刑法》第266条规定,诈骗公私财物数额较大的是诈骗罪,该罪名是结果犯,成立犯罪必须有财物受到损失的结果。那么本案是否成立诈骗罪呢?本书认为是不宜这样认定的。

首先,拆迁户的安置房购房资格本质上是属于拆迁户的一项财产性权利,这种权利可以自己行使,也可以转让给他人行使,国家无权干涉。既然这项权利是属于拆迁户的,那么以拆迁户的名义购得安置房后,国家财产即转让于私人,国家即不再享有所有权,无论是房屋增值还是贬值都应当属于实际购房人。

其次,本案中涉及的存量房,拆迁户买了以后就是可以另行出卖获利的,法律不禁止,这一部分利润是合法的。现在,只是这些拆迁户出于各种原因自愿出借自己的购房资格选择了与童某烽等人合作买房然后出卖,对于利润如何分配也都是双方自愿的。既然这一部分利润本就是法律允许的,买卖存量房也都是以拆迁户这一合格主体进行的,就不能说这些原本合法的资格和利润仅仅因为合作买房就变成公共财产。因此,本书认为,既然案涉款项属于有购买安置房资格的人,有资格的购房人处置自己资产的行为不能认定为自己诈骗自己,所以本案不宜认定为诈骗罪。

(3)三被告人实施的行为是否可以认定为滥用职权罪。

根据我国《刑法》第397条的规定,滥用职权罪是指国家机关工作人员故意逾越职权,不按或违反法律决定、处理其无权决定、处理的事项,或者违反规定处理公务,致使公共财产、国家和人民遭受重大财产损失等行为。滥用职权罪侵犯的客体是国家机关的正常活动。由于国家机关工作人员故意逾越职权,致使国家机关的某项具体工作遭到破坏,给国家、集体和人民利益造成严重损害,从而危害了国家机关的正常活动。本罪侵犯的对象可以是公共财产或者公民的人身及其财产。本罪客观方面表现为滥用职权,致使公共财产、国家和人民利益遭受重大损失的行为。

首先,滥用职权应是滥用国家机关工作人员的一般职务权限,如果行为人实施的行为与其一般的职务权限没有任何关系,则不属于滥用职权。

其次,行为人或者是以不当目的实施职务行为或者是以不法方法实施职务行为;在出于不当目的实施职务行为的情况下,即使从行为的方法上看没有超越职权,也属于滥用职权。

最后,滥用职权的行为违反了职务行为的宗旨,或者说与其职务行为的宗旨相悖。滥用职权的行为主要表现为以下几种情况:一是超越职权,擅自决定或处理没有具体决定、处理权限的事项;二是玩弄职权,随心所欲地对事项作出决定或者处理;三是故意不履行应当履行的职责,或者说任意放弃职责;四是以权谋私、假公济私,不正确地履行职责。

本案中,首先,三被告人所在的动迁办虽然没有对存量安置房的控制和处分权,但其职责是对某市集体土地房屋和国有土地房屋拆迁的全过程实施监督、管理、协调和指导。因三被告人怠于履行自己的监督和管理职责,故意不履行应当履行的监管职责,或者任意放弃自己的监管职责,致使他人借用适格购房人的名义购买安置房,从客观表现上看是符合滥用职权罪的构成要件的。其次,三被告人与拆迁户合作借名买房卖房获得的利润是否属于公共财产呢?三被告人获利的行为是否直接导致公共财产、国家和人民遭受重大财物损失?答案是否定的。因为存量安置房无论是卖给拆迁户,还是卖给与拆迁户合作购房的投资者,国家都按照政策规定足额获取了售房款和税金。同时存量房是国家在符合法律法规和社会合理预期的前提下通过多方论证后给予特定对象的特定福利,具有针对特定对象给予的社会福利性质,拆迁户买了以后可以另行出卖获利,法律不禁止,这一部分利润是合法的,是国家给予符合条件的拆迁户的社会福利保障。如果这些拆迁户在获得基本福利之后出于各种原因不能仅凭自身的力量进一步获取更多的这种福利,那么应当允许相关的拆迁户通过与他人合作购房的方式获取这部分福利。此部分福利在拆迁户没有穷尽所有合法手段获取之前,该利益都应当归属于拆迁户。因此,本案中三被告人与拆迁户合作借名买房卖房所得的利润应当属于拆迁户的财产,不属于公共财产。因此,三被告人的行为并没有使国家、人民以及公共利益遭受重大财产损失。

综上,三被告人的行为不能认定为滥用职权罪。

四、结论

综上,本书认为马某萍、童某烽、田某被指控为犯罪的行为,实质上仅仅是个人投资性质的民事行为,不违反任何法律、法规的强制性规定。其行为并未利用任何自身权力和职务上的便利,也并未造成公共财产的损失,不能以犯罪评价,马某萍、童某烽、田某三人的行为不应当构成犯罪。

另外,根据刑法基本原则中罪刑法定的基本原则[1],其基本内容是要求法定化、明确化、合理化。明确化要求刑法对什么是犯罪行为、应该处以什么刑罚给出明确具体的规定。针对具体的犯罪,对每一个构成要件以及构成要件中每个概念的界定要意思清楚明白、不能产生歧义,必要时应当采取立法解释和司法解释予以明确。本书认为此类案件出现多起同案不同判的现象,一方面是由于《刑法》中对贪污罪的利用职务上便利的行为方式规定不够明确;另一方面是相应的司法解释对此行为的界定仍然具有歧义,在司法实践中不具有明确的可操作性。建议对这三项概念通过立法、立法解释或司法解释进行进一步明确界定,以便于司法实践中能够准确适用,减少法律适用的争议。

---

[1]《刑法》第3条:"法律明文规定为犯罪行为的,依照法律定罪处刑;法律没有明文规定为犯罪行为的,不得定罪处刑。"

村干部"低买高卖"农村安置房的行为是否构成职务侵占罪

——余某寿职务侵占案

龙鸾 周琦

【裁判要旨】 村委会干部经村民代表大会会议决议通过,以低价购买安置房并以市价卖出不属于秘密骗取、欺骗侵吞村集体财产的行为,该行为不能认定具有非法占有的目的,不属于利用职务便利,不能被认定为职务侵占行为,不构成职务侵占罪。

【关键词】 低买高卖 利用职务便利 职务侵占罪 拆迁补偿 村干部

一、基本案情[1]

2007年7月6日,被告人余某寿以在某某村担任村民委员会主任时间长,对村集体贡献较大为由,主持召开村民代表大会以形成会议决议的方式,以成本价60万元购得新某大厦3001室安置房(面积约220平方米),后于2009年6月10日以市场价每平方米8900元转卖给其他人,赚取差价135.8万元。2011年9月,因某县纪委着手调查某某村安置房的有关问题,被告人余某寿将获利部分全部退还到永某县江北街道办事处。2008年1月15日至2011年1月2日连续四年间任某某村村委会主任的被告人余某寿和其他村两委成员以及村聘任人员每月均有固定工资,在未召开村民大会的情况下,擅自以村"两委"名义以发放年终通信费、交通费、补贴等方式非法侵吞集体资金共计64万元,其中被告人余某寿分得8万元。上述有关领款凭证均由被告人余某寿签发同意支付。

县人民检察院于2013年4月2日指控被告人余某寿犯职务侵占罪。县人民法院认为被告人余某寿低买高卖安置房的行为不宜认定为职务侵占罪;将其以发放年终通信费、交通费、补贴等方式非法侵吞集体资金的行为认定为职务侵占罪,于2015年10月29日作出刑事判决。原审被告人余某寿不服,提出上诉。二审法院认为对村集体经济所得收益以通信费、交通费等补贴而支出,属于村集体经济所得收益的使用,依法应经村民会议讨论决定方可办理,余某寿等村两委成员未经村民会议讨论决定而擅自决定私分,属于非法侵占村集体利益,符合职务侵占罪的构成要件,判决驳回上诉人余某寿的上诉,维持原判。

---

[1] 本案来源于中国裁判文书网,(2015)浙温刑再终字第5号,https://wenshu.court.gov.cn/website/wenshu/181217BMTKHNT2W0/index.html?pageId=cd0d431859e1dd6fcdb71ffe2d2a0a8d&s,2020年04月06日访问。

二、案件争议焦点

被告人余某寿经村民代表大会同意以低价购买安置房,后以市场价格卖出的行为能否认定为利用职务便利?被告人余某寿的行为是否具有非法占有的目的?

三、问题分析与阐述

我国《刑法》第271条第1款规定了职务侵占罪。[1]我国《刑法》第271条对职务侵占罪的相关规定可以看出,职务侵占罪主要是指公司、企业或者其他事业单位的工作人员非法利用职务上的便利,将本单位的财物非法使用并占为己有,且财物数额已经到达依法立案或者定罪数额标准的违法行为。

(一)职务侵占罪的客观行为方式

"非法占为己有"作为认定职务侵占罪侵占行为的重要因素,需要对其进行精确的界定。目前为止,我国现行《刑法》并没有将职务侵占罪犯罪行为的方式和手段的明确化规定,只是笼统规定为"非法占为己有",导致学界关于"非法占为己有"行为认定产生争议,主要可分为两种:第一种认为应当将"非法占为己有"界定为以侵吞、窃取、骗取和其他方法将本单位财物非法占为己有的行为,又名"综合手段说";第二种认为"非法占为己有"的行为仅包括侵占,此又称为"单一手段说"。学界关于"非法占为己有"的通说观点是"综合手段说",即认为职务侵占罪的行为方式应该和贪污罪相同,表现为侵吞、窃取、骗取等其他手段。主要理由如下。

第一,在立法渊源上职务侵占罪之前属于贪污罪的范畴,1995年才将贪污罪主体中的非国家工作人员剥离出来,根据客观行为的一致性以主体作为区分,分别规定了贪污罪与职务侵占罪。在此情况下,根据立法的继承性,职务侵占罪的行为手段应当不局限于侵占。

第二,理论界认为成立侵占财物型犯罪存在一个共同的特点:即均承认成立侵占财物型犯罪的前提是将他人财物非法变为己有之前行为人已经占有了该财物。也就是说,在这种情况下,行为人所做的一切行为都只是为了使在自己占有范围内的他人之物转变为自己所有,本质都只能是非法侵占。

第三,刑法总则明文规定了罪责刑相适应基本原则,要求行为人所受到的刑罚要与行为人的行为和主观责任相当。具体到本罪,如果规定只有侵吞才能成立职务侵占罪,那么

---

[1]《刑法》第271条第1款:"公司、企业或者其他单位的人员,利用职务上的便利,将本单位财物非法占为己有,数额较大的,处五年以下有期徒刑或者拘役;数额巨大的,处五年以上有期徒刑,可以并处没收财产。"

如果行为人用了侵吞以外的行为方式将单位的财物占为己有的就不能认定为职务侵占罪，而应作他罪处理。持"单一手段说"的学者们认为职务侵占罪的行为手段仅为侵占，不包括其他手段。理由如下：首先，我国《刑法》关于职务侵占罪的罪状仅说明占为己有的行为，没有规定其他行为方式，故仅应当理解为侵占；其次，从刑事处罚上看，职务侵占罪的最高刑期为15年有期徒刑，而盗窃罪、诈骗罪的最高刑期却是无期徒刑，两者刑期差异明显，且本罪的主体为特殊主体，如果采取"综合手段说"，那么会导致公司、企业或其他单位人员的这一特殊身份成为了行为人可以较低的最高刑期判处刑罚的理由，这与我国罪责刑相适应原则相悖。

我国《刑法》第271条第2款规定："国有公司、企业或者其他国有单位中从事公务的人员和国有公司、企业或者其他国有单位委派到非国有公司、企业以及其他单位从事公务的人员有前款行为的，依照本法第382条、第383条的规定定罪处罚"，即刑法认为行为人如构成上述第2款的行为应认定为贪污。若将侵吞行为认定为职务侵占罪的唯一方式，那么在第2款当中却将该种行为认定为贪污罪，而贪污罪的客观行为方式却又不只包括侵吞，为此，根据当然解释的规则，在第2款当中，除了侵吞之外的行为就不能当然认定为贪污罪。[1]因为不符合第一款的规定而无法被认定为贪污罪，反而以其他不能完全评价此类人员行为的罪名予以定罪量刑，有违罪刑法定原则。因此职务侵占罪的行为方式应是多种手段，即本书认同"综合手段说"。

1. 侵吞

侵吞是一种典型的侵占行为，是行为人利用职务之便将本就由本人控制占有的单位或集体财物通过非法手段变为自己所有的行为。由此可看，侵吞并不改变财物的实际占有状态。在认定行为人的侵吞行为中，并不需要考虑到行为人是否是将财物归为自己所有或转为他人所有，二者对于侵吞行为的成立均无影响。

2. 窃取

通说认为，窃取是指行为人以秘密的、不为人所知的手段将自己暂时代为管理的单位财物占为己有。用通俗的语言来说就是"监守自盗"，即是将自己看管的财物以盗取的方式变为己有，该行为往往带有隐蔽性。

3. 骗取

骗取是指行为人通过虚构事实或隐瞒真相的方法，使被害人产生错误认识而自愿交出财物的行为。在职务侵占罪中，骗取是指通过欺骗手段欺骗与自己共同管理、经手的单位财物的人或直接占有或管理该公共财物的人，使其陷入认知错误，最终将单位财物纳为己有的行为。行为人的骗取行为与单位财物的占有者或所有人产生错误认识之间必须存

---

[1] 陈洪兵.通说误读了侵占犯罪构成要件[J].东北大学学报(社会科学版),2014(4):411.

在因果关系,否则就不属于骗取。

4. 其他手段

前三种手段是成立本罪的常见手段,在实际生活中并不仅限于这三种行为。在贪污罪中,将其他手段作为一种兜底性的条款,那么就表明其与前三种手段行为没有本质的差别。[1]用"其他手段"来概括除侵吞、窃取和骗取以外的各种侵占单位、企业财物的行为,旨在为惩治职务侵占行为填补漏洞。

(二)职务侵占罪的主观要件

职务侵占罪的主观认定方面要求行为人具有直接故意。即行为人必须要有将单位财物非法占为所有的直接目的。主观目的的认定也是区分此罪与彼罪的重要标准。以非法占有目的来说,在我国《刑法》第五章所规定的侵害财产型犯罪中,大都包含着这一要素。学者关于非法占有目的的争议主要有三种学说[2]:第一种学说是"排除意思说",即是以行为人是否意图排除他人的占有作为认定标准,至于事后行为人在排除他人占有财物后的行为和主观心态的转变则不影响非法占有目的的认定;第二种学说观点是"利用意思说",按照张明楷教授的观点,认为"利用意思指的是按照财物本身的正常使用方式来处分";[3]第三种学说观点是"综合说",该学说为我国当前刑法学界的通说观点,认为对于"以非法占有为目的"而言,排除综合意思与充分利用综合意思缺一不可,只不过这两者各有侧重。[4]本书赞同"综合说",认为通过两种学说的综合运用可对相似的罪名进行区分,更适合作为在实践中对案件准确定性的依据。

(三)职务侵占罪中"利用职务上的便利"争议

要分析本案是否构成职务侵占罪,最主要的是对本罪客观方面进行内涵界定。也就是对本罪中"利用职务上的便利"进行解析,因为这一客观方面是一个重要的区分要素,区分本罪和其他财产犯罪。目前,对"利用职务上的便利"进行界定主要有四种学说,分别是:(1)"主管、管理、经手说",(2)"职权说",(3)"工作便利说",(4)"职责便利说"。四种学说分别从不同的角度对"利用职务便利"进行解释。[5]

1. 主管、管理、经手说

这一学说是学界的通说观点,认为"利用职务上的便利"就是行为人利用自己享有的

---

[1] 郑天城.职务侵占罪的客观行为方式探究——兼论综合手段说之提倡[J].福建法学,2020(1):64-73.
[2] 张开骏.非法占有目的之利用意思的疑难问题和理论深化[J].法学家,2020(4):128.
[3] 张明楷.论财产罪的非法占有目的[J].法商研究,2005(5):76.
[4] 张明楷.刑法学[M].北京:法律出版社,2016:1362.
[5] 卢建平,邢永杰.职务侵占罪"利用职务便利"认定中的若干争议问题[J].黑龙江社会科学,2012(2):106.

职权范围或者因其本人执行职务而产生的主管、管理、经手本单位财物的便利条件。❶也有法律文件对"利用职务便利行为"进行了解释,如在《全国法院审理经济犯罪案件工作座谈会纪要》就进行了列举式解释。❷但并不能完全穷尽"利用职务便利"的所有情形。虽然一般情况下,可以将主管、管理行为解释为行为人对单位财物的一种支配、控制的权利地位,对主管和管理行为没有过多的争议,但对"经手"却存在着不同的认识。有学者认为"经手"是将那些即使已经对主管、管理行为进行了扩大解释后仍不能涵盖其中的其他行为的一个统称;另有学者则认为将"经手"与主管、管理行为用顿号以隔开,就说明其应当是与主管、管理行为并列,"经手"就应当具有有权控制、支配单位财物的权力属性。由于对"经手"理解的不同,也是审判实践判决存在争议的重要原因。

2. 职权说

"职权说"认为行为人应该具备某种权力,行为人也正好利用了其领导、监督的权力从而构成了职务侵占罪。但若是行为人仅是利用其从事服务、劳务的便利,则不属于利用职务便利,不成立职务侵占罪。❸这就意味着只有在工作职务内容上具有行政管理服务性质的管理人员才能够有正当机会充分利用自己职务上的便利,成为该罪的犯罪主体,而利用"劳务、服务的便利"则没有该种犯罪可能,这种刑法观点在某种程度意义上将"利用职务上的便利"的刑法外延范围进行了限缩,限制了职务侵占罪的刑法适用范围。1997年《刑法》将本罪的主体范围扩大到了各个单位的不同职务工作人员,这也就是说,不一定只有在单位中具有职务的人员才能成立职务侵占罪。从事各种劳务、服务的从业人员是否能构成职务侵占罪?其中并不以其是否具有职务为认定标准,而要求看其自身是否确实承担了该单位业务职责或者从事业务管理活动,即单位是否委托其从事某种管理权限。"职权说"认为单位所有工作人员,不论单位工作人员的职责是否明确具有单位管理的具体属性,也不论单位聘用的具体方式到底是间接授权、委任还是直接聘用、雇佣,都存在成立职务侵占罪的可能性。另外,若是依据"职权说",对于同样是侵占单位财物的行为,若该行为人具有职务身份,最高的处罚刑期是15年,而若是没有职务的人则以盗窃罪定罪,最高刑反而达到无期,这与将身份作为从重处罚的规则相悖,显然不具有合理性。

3. 工作便利说

"工作便利说"认为只要利用了行为人的工作便利,都可认为是利用职务便利。该学说不区分劳务和服务便利与主管、管理便利。❹"工作便利说"将"利用职务便利"的范围

---

❶ 高铭暄,马克昌.刑法学[M].北京:北京大学出版社,2017:516.
❷《全国法院审理经济犯罪案件工作座谈会纪要》规定:"利用职务上的便利",既包括利用本人职务上主管、负责、承办某项公共事务的职权,也包括利用职务上有隶属、制约关系的其他国家工作人员的职权。
❸ 张祥飞.论职务侵占罪的几个问题[J].现代法学,1997(4):74.
❹ 肖中华,闵凯.职务侵占罪认定中的三个争议问题剖析[J].政治与法律,2007(3):46.

扩大化。从立法本意来说,刑法就只是规定了"利用职务便利",而没有关于"利用工作上的便利"的相关规定,也就是说在立法者眼中,二者不能等同视之。再且,准确区分此罪与彼罪也不应该以是否"利用工作上的便利"来进行区分。首先,这一概念本就模糊不定。职务侵占罪与盗窃罪两罪之间最大的区别是:行为人能够获得财物,是因为利用了职务上的便利,而不是凭借其对于工作环境地形的熟悉,容易进出工作场所,便于与单位的财物接触等便利条件。如果是行为人利用的是自己对工作环境的熟悉来将单位财物占为己有,就不构成职务侵占罪,而是构成盗窃罪。如果以"利用工作上的便利"来进行区分,二者就难以认定。其次,"利用工作上的便利"范围的界限太广,如若使用这一条件,将会导致职务侵占罪的主体范围过于宽泛。

4. 职责便利说

"职责便利说"是指行为人利用自己的职责或者权限对单位的财物实施侵占,才算是利用职务上的便利。❶"职责便利说"主要强调重点是行为人想要以非法手段侵占单位财物,需要以其在单位中担负工作职责为前提。这一主张也否定了"工作便利说",认为行为人仅仅是利用了工作上的便利,极容易接触到的单位财物,或利用了对作案的环境比较熟悉,这种利用工作便利的情形不属于"利用职务上的便利"。但是这种观点不仅认为对单位财物有控制、支配处分的权利,属于"职务"之便,甚至临时的"经手",也属于"职务"便利,事实上这也一定程度扩大了职务侵占罪的适用范围。

总之,明确"利用职务上的便利"的内涵在司法实践中对案件事实认定至关重要。在司法实践中认定"利用职务上的方便"时,不可避免地要与"利用工作上的便利"进行区分。前者的便利条件仅指与职权和责任存在关联,因行为人掌握某种权力所形成的便利条件,这种便利条件仅表现为由特定主体承担一定的职责而享有一定的权限形式的便利条件。而后者的便利条件则是指那些与职务不相干的,因非单位管理工作所需而形成的便利条件,此便利条件多半会表现在因其工作关系形成的对单位工作管理环境和工作过程比较熟悉,因其工作关系更易获得单位同事们的信任,更容易接触到财物且不易受到他人怀疑等方便条件。

(四)本案分析

1. 余某寿"低买高卖"安置房的行为性质分析

根据前文所述,职务侵占罪中的客观行为包括侵吞、窃取、骗取和其他非法占有财物的手段。本案中被告人余某寿的"低买高卖"安置房行为是否属于这几种行为之一呢?首

---

❶ 张兆松,邱敏焰. 职务侵占罪"利用职务上的便利"要件再研究——以杨某被控盗窃宣告无罪案为例[J]. 山东警察学院学报,2019(4):29.

先,在本案中被告人余某寿以低价获得安置房并以市价卖出的行为并不属于秘密窃取财物,该行为不属于窃取行为;其次,余某寿也从未直接地占有、控制安置房,所以该行为也不属于侵吞行为。对于余某寿"低买高卖"安置房的行为的定性,比较符合骗取的行为方式。但根据案件事实可知,余某寿获得安置房是经过村民代表大会同意,其中不存在余某寿欺骗村民代表大会的情形,其获得安置房以后也是以市场价格卖出,并没有以不合理的明显高价卖出的情况,也没有出现被骗取财物的被害人,故余某寿的行为也并不属于骗取行为。

因此,余某寿"低买高卖"安置房的行为并无侵吞与窃取的行为,且其财物的获得也与骗取行为无关,所以也不属于骗取。因此,余某寿的此行为不符合职务侵占罪的行为方式。

2. 余某寿并未利用职务上的便利

职务侵占罪中的"利用职务之便"根据学界通说的"主管、管理、经手说"认为,这种便利条件是因为行为人的职务行为才产生的。具有职务的联系性和内容的限定性两种特点。本案中,虽然余某寿是农村基层组织工作人员,主体上符合职务侵占罪的构成要件,但余某寿获得房子的行为已经经过村民代表大会的同意,该种行为不属于余某寿利用职务便利,属于单位的集体意志处分集体财产。并且,本案中,控方指控余某寿职务侵占行为依据的是《县村级财务管理暂行规定》第20条:"村干部报酬及通信费用等支出。村干部报酬(包括工资、误工补贴、奖金)、通信费用等标准每年年初须经过村两委研究提出,并经乡(镇)党委审核后,由村民代表会议决定后,统一上报服务中心备案。村干部不得公费配置移动电话和住宅电话,通信费用按规定报销,超额自负。"根据我国法理,该暂行规定属于其他规定。《县村级财务管理暂行规定》第20条是针对村干部的工资、误工补贴、奖金、通信费用规定,被告人余某寿接受房屋的行为并不被这一规定所囊括。

综上所述,被告人余某寿不论是获得安置房的行为还是卖出安置房的行为都没有利用到其作为村干部职务的便利性,因此被告人余某寿的行为并不属于职务侵占罪上的特定的"职务上的便利"。

3. 余某寿的行为不具有非法占有目的

本案中,考虑到余某寿作为村干部在繁琐村务上的付出,村民代表会议决定赠与余某寿房屋作为补偿。在此赠与余某寿房屋为村民代表会议集体意志体现。经村民代表会议决定,并在村民无异议的情况下,余某寿受领该赠与房屋。被告人余某寿在任职期间领取的年终补贴为合法来源的资金。其主观上无非法占有的目的,客观上无非法占有的行为,对所取得的财物不能因取得程序不合法而予以定罪。

四、结论

农村安置房是国家推进农村现代化的重要举措。村干部通过村民会议表决之后以"低买高卖"的行为将农村安置房进行转手赚取差价的行为不构成职务侵占罪。职务侵占罪的要件之一是"利用职务便利",不论是对主观上是否具有非法占有目的的判断,抑或是客观上具体行为的类型甄别,最终仍需要回归到对"利用职务便利"的理解上。"利用职务便利"这一复杂要件不仅需要对主管、管理、经手等行为性质的进行实质考量,同时"利用职务便利"所违反的规范仍需要限定在对法律、法规的违反上,避免因规范违反的不当扩张导致刑法可能造成肆意评价的不良后果。

收受贿赂后案发前又退还的行为是否属于及时退还
——李某强受贿案

龙 鸾 周 琦

【裁判要旨】 国家工作人员收受贿赂后具备退还条件而未退还，在初查前六个月予以退还部分金额的行为不属于及时退还，该部分不能从受贿数额中扣除，不影响受贿罪的成立，应以受贿罪论处。

【关键词】 及时退还 收受贿赂 受贿罪既遂 退还条件

一、基本案情[1]

2011—2013年，被告人李某强在担任某县人民政府副县长期间，利用职务便利为他人谋取利益，收受他人财物共计111 840元。2011年7~8月，被告人李某强接受程某某、陈某某的请托，收受二人各1万元；2011年年底，被告人李某强帮助侯某某在某县某镇安置点工程中中标，为表示感谢，侯某某于2013年2月8日，以拜年送烟为名，将装有两条香烟和10万元现金的塑料袋送给李某强，侯某某离开后，李某强发现塑料袋中有10万元现金，即打电话让侯某某将所送钱物取回，但侯某某以是其心意为由未予取回。其后，李某将此10万元转交予其弟保管。2013年2月，被告人李某强又帮助侯某某在某县李某村移民新区一期工程中中标，为表感谢，2013年8月20日，侯某某在李某强所住小区门口送给李某强10万元现金，李某强推辞不要，让侯某某为其办理一张加油卡。当天，侯某某在某县工商银行营业部用自己的身份证办理了一张价值10万元可以加油的银行卡送给李某强，李某强从2013年10月开始，先后加油消费了该卡中的1840元。2014年春节期间的一天晚上，在某县某酒店门口，李某强将此前侯某某送给他的10万元现金及10万元的中国工商银行卡（该卡李某强已消费1840余元）退还给了侯某某。

一审法院认为，被告人李某强身为国家工作人员，收受他人财物共计111 840元，其行为已构成受贿罪。被告人李某强在相关单位对其初查前六个月，将其收受的198 160元退还给行贿人，应视为及时退还。检察机关抗诉，认为一审判决认定被告人李某强所退还的198 160元不应计算在受贿犯罪数额中，属于事实错误，导致对被告人受贿数额认定错误。二审法院认为上诉人李某强退还198 160元的行为不符合最高人民法院、最高人民检察院

---

[1] 本案来源于中国裁判文书网，某省高级人民法院（2015）陕刑二终字第00084号，https://wenshu.court.gov.cn/website/wenshu/181217BMTKHNT2W0/index.html?pageId=cd0d431859e1dd6fcdb71ffe2d2a0a8d&s，2020年05月13日访问。

《关于办理受贿刑事案件适用法律若干问题的意见》规定的"及时退还",不影响其受贿罪的成立。

二、案件争议焦点

本案争议焦点为受贿人具备退还条件而未退款,其过后实施退还的行为能否被认定为"及时退还"?

三、问题分析及阐述

2007年最高人民法院、最高人民检察院出台《关于办理受贿刑事案件适用法律若干问题的意见》第9条(关于收受财物后退还或者上交问题)规定❶,根据该规定可得知:收受财物后及时退还的行为不认为是受贿,但是若退还行为是行为人主观上为了掩盖犯罪的则不影响受贿罪的认定。针对本案被告人李某强在收受行贿人财物后,口头表示退还且客观上也具备退还条件但未退还,而于案发前退还的行为能否认定为"及时退还",以及司法实践中"及时退还"的时间节点和行为人的主观方面进行分析。

(一)关于收受财物后"及时退还"的内涵分析

1. 理解分歧

目前,对于《关于办理受贿刑事案件适用法律若干问题的意见》第9条的认定分歧,主要是在于对国家工作人员收受财物后"及时退还"的解释和适用上。在司法实践中,国家工作人员收受财物但在案发前又退还或上交的情况主要有三种:第一种是认定为不构成受贿罪,即只要收受人主观上没有收受财物的故意,且收受行为是被迫收下的并在事后立即退还或上交的,就不认为是犯罪;第二种处理方式则是认为收受人虽然没有立即退还或上交,但是在案发前主动退还并如实说明情况的;第三种则是指收受人在收受财物后,因相关人员被查处,为掩饰犯罪而予以退还或上交的。❷上述的三种情形,司法实务部门一般认为第一种情况不成立受贿罪、第三种情况成立受贿罪,关键的分歧主要是在第二种情况上。第二种情形是否构成受贿罪?理论界存在广义说与狭义说的对峙:广义说主张,在司法解释中并没有明文规定收受者在收受财物时是否具有受贿的故意,只要行为人事后

---

❶《关于办理受贿刑事案件适用法律若干问题的意见》第9条(关于收受财物后退还或者上交问题)规定:"国家工作人员收受请托人财物后及时退还或者上交的,不是受贿。国家工作人员受贿后,因自身或者与其受贿有关联的人、事被查处,为掩饰犯罪而退还或者上交的,不影响认定受贿罪。"

❷ 卢建平,赵康.收受财物及时退交行为与受贿罪认定——以受贿罪司法解释为分析视角[J].人民检察,2015(25):8.

及时退还,那么无论行为人当时是否具有受贿的故意,都应当不将其行为认定为受贿;而狭义说则持相反的观点,认为行为人在当时已经成立了受贿既遂,那么其事后退还的行为就不能作为排除犯罪成立的实质违法阻却要件,行为人事后的退还或上交行为仅可以认定为一种事后的悔过行为,是一种酌定的减轻刑罚情形。狭义说区分受贿人在收受财物时的主观故意,该说认为只有事前无收受贿赂故意且事后及时退还或上交的才可以认定为是"及时退还",才不属于受贿。[1]本书赞同狭义说。因为根据受贿罪所保护的法益来看,受贿人如果事前没有收受贿赂的故意,那么相对来说行贿人主观上所谋求的不正当利益就没有交易的可能,"权钱交易"的行为就无法成立。

2. 收受财物后"及时退还"的适用范围

根据前文所述,将受贿罪的实行行为分为索取贿赂和收受贿赂两种。根据狭义说,在索贿行为中不存在"及时退还"的适用空间。[2]因为根据行为人的索贿行为就可直接认定行为人具有受贿主观故意,行为人实行了索贿行为,行贿人也赠送了财物,那么在行为人接受财物时就成立了受贿罪既遂。事后其主动退还或上交财物的行为只能作为量刑情节加以考虑。在索贿情形中,行为人主观上的受贿故意明显,属于严重侵害国家工作人员职务廉洁性的行为,必须要排除在《关于办理受贿刑事案件适用法律若干问题的意见》第9条第1款规定之外。[3]《关于办理受贿刑事案件适用法律若干问题的意见》第9条第1款规定主要目的是将在受贿情形中一些不构成受贿罪的特殊情形以明文规定的方式进行明确,用以区分罪与非罪。可见,《关于办理受贿刑事案件适用法律若干问题的意见》第9条第1款明确了一种不属于犯罪的特殊情形,而不是作为一项出罪条款。也就是说,如果行为人主观上没有受贿的故意,那么就不成立受贿罪。因此,《关于办理受贿刑事案件适用法律若干问题的意见》第9条中规定的"及时退还",只能限制在不构成受贿罪的情形中予以适用。

(二)收受财物后"及时退还"的界定

1. "及时"的认定

司法实践对于受贿罪中"及时"的认定存在很大的争议。有的观点认为:为了整个法律体系的统一性,可以参照《国家行政机关及其工作人员在国内公务活动中不得赠送和接受礼品的规定》,自国家机关工作人员接受送礼人礼品之日起1个月内将其所收受的礼品填写申报单并上缴的可以认定为具备"及时"性。但这一观点在实践中却并没有形成统一

---

[1] 陈国庆.新型受贿犯罪的认定与处理[M].北京:法律出版社,2007:308.
[2] 吕丹丹.准确认定收受财物后"及时退还"行为[N].中国纪检监察报,2018-04-18(008).
[3] 刘鹏.收受财物后及时退还或上交的司法认定[J].中国检察官,2016(11):52.

的意见,同时也没有相关的指导性案例对如何认定"及时"进行界定。也有观点认为:"及时"不要求法律的明文规定,更多的是取决于法官的自由裁量,法官根据国家工作人员归还或上交财物的实际情况和行为人的主观故意来认定,在行为人具备退还的条件后而及时退还或上交就能认定为"及时"退还。但这种观点缺乏一种明确性,容易造成法官对自由裁量权的滥用,导致司法腐败,影响案件结果的公正性。

在我国《刑法》中存在着对"及时"的规定,例如第441条:"遗失武器装备,不及时报告或者有其他严重情节的",参照这些相关规定,也可对《关于办理受贿刑事案件适用法律若干问题的意见》中的"及时"的认定具有一定的参考借鉴作用。

2. 收受财物后"及时退还"的认定应考察不同类型受贿行为既遂情况

根据上文所述,在《关于办理受贿刑事案件适用法律若干问题的意见》第9条中对"及时"的认定时间点应在成立受贿罪既遂之前。因此明确及时退还的时间节点需要结合受贿罪的既遂标准来认定。对于受贿罪既遂的认定,理论界主要存在五种观点:第一种观点是取得财物说,该学说不要求行为人必须为请托人谋取不正当利益,只要财物处于行为人的支配范围之下,就是受贿罪既遂;第二种观点是谋得利益与实际受贿的结合说,结合说要求行为人必须实施了为他人谋取利益的行为且已经实际取得财物,此种情况才会成立受贿罪既遂,除此之外的其他情形都属于未遂状态;第三种观点是行贿人谋得利益说,此学说以行贿人谋得利益作为受贿罪既遂的标志;第四种观点是承诺说,支持承诺说的学者认为,不论行为人是否接受财物,只要当时行为人承诺为他人谋取利益,就成立既遂;[1]第五种观点是索贿和收受贿赂的区分说,一是利用职务上的便利和为他人谋取利益的区分,二是索取获得财物和为他人谋取利益的区分。[2]本书支持区分说,区分说将索贿情形和收受贿赂情形区别开来,行为人若是索贿则不论行为人是否"为他人谋取利益",只要行为人进行了索贿并收到了财物就成立既遂。[3]若是在收受贿赂的场合,要成立受贿罪既遂,就需要结合是否为他人谋取利益来加以认定。

(三)司法实践中对收受财物后"及时退还"的认定

在司法实践中,对"及时退还"的认定需要考虑以下因素[4]:(1)合理时间的认定应当以社会一般人的眼光进行理解,也就是说社会一般人若是退还财物所需要的合理时间,应根据具体案情认定合理的时间,再结合行为人的特性予以考虑;(2)在实践中,行为人有时并不能同步知晓行贿人对其赠送了财物,即便财物已被行为人或其相关人所支配,但行

---

[1] 袁宏山.受贿罪理论研究述评[J].山东警察学院学报,2010(2):52.
[2] 张明楷.刑法学[M].北京:法律出版社,2011:1067.
[3] 高铭暄,马克昌.刑法学[M].北京:北京大学出版社,2016:629.
[4] 陈建财."收受他人财物后及时退还或上交"的监察认定[J].广西政法管理干部学院学报,2020(5):73.

为人过后才知晓的,不能机械的由法律规定"及时退还"的时间;(3)客观上也存在着阻碍行为人退还的诸多原因。所以,"及时退还"的认定需要结合行为人主观意图和未能在合理时间退还的客观障碍进行综合判断。

1. 行为人主观无收受故意并有退还意思

在上文中,已经排除了索贿情形中存在及时退还的情节。因此,本书只讨论在收受贿赂场合中所存在的"及时退还"。根据《刑法》第385条的规定,行为人为了获得请托人的财物,答应为其谋取利益,此时不论行为人是已经帮助获得不正当利益还是仅有承诺,都是对法律所保护法益的一种侵害,已是一种既遂形态,该理论以行为人具有非法占有请托人财物的目的为前提。❶在此前提基础上就可认为,收受人如果明知道请托人送予财物的目的是谋求不正当利益,或是在明知道即使当时请托人没有请求事项而未来会损害国家机关工作人员职务廉洁性的,仍然收受请托人的财物。在这种情况下,就已经成立了犯罪既遂,所以事后无论行为人是退还给请托人,还是将财物上交到相关单位,都属于停止形态下对赃款的一种处分行为,不影响犯罪既遂的认定。同时,这种场合下也没有及时退还的适用空间。只有在行为人被迫占有财物并及时退还或上交的场合才能讨论"及时退还"。此时,因为行为人的主观上没有收受财物的故意,只是客观上被动占有请托人财物,主客观不一致,缺乏成立受贿罪的主观要件,不构成受贿罪。❷

2. 客观上积极主动退还财物不拖延

一个人的客观行为往往体现其主观思想,在受贿罪中,考察行为人的非法占有目的需要通过其受贿行为加以反映。"及时性"是一个时间段概念,指的是自行为人知道其占有请托人财物到实际退还或上交财物的一个时间间隔。在法官裁判案件中,对于行为人是否属于"及时"退还财物,也是在综合考虑了各种影响行为人退还或上交的客观障碍后来行使自由裁量权。"及时"并不要求一定是现在、立刻,所以不能用规定将及时的时间段给固定下来,而是应做相应范围界定,即只要是在具备退还条件的情况下去退还就应当认定为及时。当然,在客观障碍消除后还是要求行为人的退还行为应当是积极的、不拖延的。❸例如:实践中存在的逢年过节互赠礼品的情况,也是人情社会的人情往来,作为国家机关工作人员也需要正常的人情社会交往,国家机关工作人员基于亲属关系、朋友情面等诸多因素不便或无法退还的,而以其他相等值的礼品进行回礼的行为,对于该回礼情节的性质,要结合行为人的关系,以及请托人在送礼时是否与行为人的职务存在一定联系来综合考虑,而不应一律认定为非法收受财物行为。另外,还需要考虑退还或上交的方式和

---

❶ 童靖.受贿犯罪案件中"及时退还或上交"在实践中的认定[J].河南司法警官职业学院,2017(1):55.

❷ 桂林.结合主观意图评价"及时退还或上交"[N].检察日报,2018-01-17(003).

❸ 马春晓.收受财物后再处理行为与受贿罪认定——受贿罪司法解释适用的误识与匡正[J].河南财经政法大学学报,2017(6):96.

退还的对象。根据上文所述,行为人退还财物的对象不应该仅限定为请托人本人,而应该像民法中规定的一样也可以是退还给请托人的受领使者,例如:请托人的妻子等。在现代社会,如果法律要求退还的对象只能是行为人本人或请托人本人是不合情理的,所以,在行为人不能直接退还给请托人本人的情形,通过委托其他人帮忙进行退还,也不认为行为人具有收受财物的故意,可适用《关于办理受贿刑事案件适用法律若干问题的意见》第9条的规定,不成立受贿罪。

在司法实践中,针对行为人收受财物后又退还或上交的,是应当认定为"事后退赃,作为量刑情节予以考虑"还是作为"及时退还,不认定为受贿"? 在具体适用《关于办理受贿刑事案件适用法律若干问题的意见》第9条上,要求既要判断行为人主观方面是否有受贿故意,是否确实具有退还的意思;同时又要判断行为人客观上是否已经积极主动不拖延地退还了贿赂款,主客观相一致。❶真正做到不枉不纵,罚当其罪。

(四)本案分析

1. 本案李某强的行为构成受贿罪既遂

受贿罪指国家工作人员利用职务上的便利,索取他人财物,或者非法收受他人财物,为他人谋取利益的行为。本罪犯罪主体为国家工作人员,上诉人李某强身为国家机关工作人员,利用分管教育、水利及移民搬迁工作的职务便利,在教师工作调动和水利、移民工程招标中,为他人谋取利益,收受贿赂,数额巨大,其行为已构成受贿罪。

2. 李某强退还行为不属于及时退还

本案中,上诉人李某强帮助行贿人侯某某中标后,侯某某以送香烟为名送给上诉人李某强10万元,上诉人李某强发现后虽然当即打电话表示要退还,但当侯某某称是其心意后,上诉人李某强却再无退还行为。而此后侯某某为了继续投标另一个工程,多次与李某强联系来往,在具备退还条件而又不存在影响其退还的客观障碍的情况下,李某强也没有退还,甚至又收受第二笔贿赂,由此可看出上诉人李某强具有受贿的故意。另外,李某强收受10万元后转交予其弟保管,也证明其主观上没有退还的意愿,故上诉人李某强在时隔一年后退还该10万元贿赂款的行为不符合最高人民法院、最高人民检察院《关于办理受贿刑事案件适用法律若干问题的意见》规定的"及时退还",不影响其受贿罪的成立。在侯某某第二次中标后送给李某强10万元现金时,李某强表示给其办理加油卡,侯某某当天就用该10万元办了能加油的银行储蓄卡,后将卡和密码交给了李某强,李某强明知侯某某要送给其10万元,而且明知该卡系银行卡并非单纯的加油卡,仍然接受并多次使用。在收受后半年时间内,没有任何要退还的意思表示,更没有退还的实际行为,证明其

---

❶ 张明楷.受贿罪中收受财物后及时退交的问题分析[J].法学,2012(4):137.

主观上具有收受该10万元银行卡的犯罪故意,其行为构成受贿罪。因此,上诉人李某强的行为属于主观上具有收受财物的故意且客观上也没有积极主动退还的行为,不能认定为"及时退还"。

关于上诉人李某强认为收受侯某某所送的加油卡后,所消费的1840元均用于给公车加油,属公务开支,应从其受贿数额中扣除的上诉意见。李某强帮助侯某某中标移民搬迁建设工程后,收受侯某某感谢费,其受贿犯罪已经既遂,受贿款的用途和去向不影响对其犯罪数额的认定。

四、结论

国家工作人员收受贿赂后虽有退还意思,但在具备客观退还条件时应退还而未退还,于案发前实施的退还行为不能认定为"及时退还",不影响成立受贿罪的既遂。

主动交代司法机关未掌握的其他量刑情节能否成立受贿罪的准自首

——何某亮受贿案

常 城 武文锦

【裁判要旨】 行为人到案后主动供述侦查机关未掌握的收受现金以及手机等受贿犯罪事实，因与侦查机关掌握的受贿犯罪事实为同种类犯罪，故不成立受贿罪的准自首。

【关键词】 受贿 违章建筑 特别自首

一、基本案情[1]

2010—2013年，被告人何某亮在担任某区综合行政执法大队团结执法中队中队长期间，利用负责管理团结街道办事处辖区内违章、无序建房的职务便利，在对辖区内违章、无序建房进行执法管理的过程中，非法收受建房包工头李某某（别称"李某"）给予的人民币2.9万元，非法收受建房包工头梁某某（别称"梁某甲"）给予的人民币1万元及价值10万元的轿车一辆、非法收受建房包工头梁某某（别称"梁某乙"）给予的人民币2.2万元、非法收受建房包工头李某甲（外号"李三"）给予的人民币3万元、非法收受违章建房户主李某乙给予的人民币4万元、非法收受违章建房包工头郑某某（外号"小郑"）给予人民币0.4万元、非法收受违章建房包工头张某某2.7万元及苹果4手机一部（经鉴定价值0.38万元）、非法收受建房包工头李某丙人民币3.8万元，并为上述包工头及户主违章建房谋取非法利益。以上受贿金额共计人民币20.38万元。2013年1月15日，某市某区人民检察院收到被告人何某亮涉嫌经济犯罪的举报线索。线索反映被告人何某亮在担任团结综合行政执法中队中队长期间，收受团结街道违章建房老板（梁某甲）给予的人民币1万元和轿车一辆，为违章建房老板提供便利。同年12月11日，侦查人员到某市某区和诚国际大厦将何某亮带回进行调查。同年12月16日，某市某区人民检察院对何某亮涉嫌受贿罪立案侦查。其后本案被告人何某亮上诉称一审判决认定事实不清，量刑过重，在本案中，其当时被人举报受贿车辆和人民币1万元，侦查机关并没有掌握何某亮其他多次受贿现金及手机的事实，在被传讯过程中，积极主动供述全部犯罪事实，其行为构成自首的要件。

---

[1] 本案例来源于中国裁判文书网，(2014)昆刑一终字第67号，https://wenshu.court.gov.cn/website/wenshu/181107ANFZ0BXSK4/index.html?docId=8ff09f4eccfa4f92a7480ff5982cd37f，2020年04月10日访问。

二审法院认为侦查机关在何某亮到案后供述犯罪事实前已经掌握了其犯罪事实的很大部分,并且何某亮到案后如实供述全部受贿犯罪事实,属于同种犯罪,其如实供述全部受贿犯罪事实行为与最高人民法院、最高人民检察院《关于办理职务犯罪案件认定自首、立功等量刑情节若干问题的意见》规定的自首构成要件不符,因此针对何某亮提出的上诉理由和辩护意见不予采纳。

二、案件争议问题

在本案中,何某亮当时被人举报受贿车辆和现金1万元,在侦查机关并没有掌握何某亮其他多次受贿现金及手机的事实时,何某亮在被传讯过程中就积极主动供述全部犯罪事实,故本案的争议焦点在于何某亮主动在传讯过程中交代未被办案机关掌握的其他犯罪事实能否成立特别自首。

三、问题分析及阐述

针对特别自首的成立要件即犯罪嫌疑人被告人主动供述与侦查机关掌握的犯罪为不同类型这一规定,刑法学界中有观点认为对特别自首的规定需作进一步的理解,以达到刑法中特别规定特别自首的用意。故本书主要通过分析何某亮受贿案,进一步对特别自首认定中,犯罪嫌疑人、被告人和正在服刑的罪犯,如实供述的必须是司法机关尚未掌握的"本人其他罪行"不同种类犯罪这一构成要件进行探讨。

(一)构成特别自首的要件分析

1. 特别自首的成立时间点分析

根据《刑法》第67条第2款对于特别自首的规定可知,构成特别自首,需要三个条件。首先,需要满足的条件为投案举动,即行为人已经被采取强制措施属于被动地投案自首而不是主动向公安机关投案自首。其次,需要行为人在被采取强制措施后但是罪行未被侦查机关掌握发现前主动进行如实供述,这里与一般自首成立要件的供述时间点不同,一般自首成立需要行为人被采取强制措施前就主动到相关机关如实供述自己的全部犯罪行为[1]。最后,是行为人必须供述的罪行为未被侦查机关掌握的其他不同类型的犯罪。根据自首作为量刑依据的背景及其意义来看,对于被采取强制措施后如实供述已经被司法机关知晓且已经掌握足以起诉的证据这一情形不成立自首。

---

[1] 谢承儒.我国自首制度问题研究[J].法制与经济,2019(1):129.

2. 特别自首的主体要件分析

被采取强制措施的犯罪嫌疑人、被告人、正在服刑的罪犯(不包括对被采取取保候审、监视居住、假释和监外执行的犯罪人,也不包括被行政拘留的人,因这几类主体有相对的人身自由,若向司法机关自动投案,如实供述本人其他罪行的,视为一般自首更合适)。本案中被告人何某亮符合特别自首的主体要件,属于被采取强制措施的犯罪嫌疑人。

3. 不同种类罪行的分析

第一,在不同种类罪行中成立特别自首需要行为人主动如实供述司法机关尚未掌握的本人其他犯罪行为,且司法机关还未掌握的罪行与已掌握的罪行之间应属于不同犯罪种类,并且在罪行上不存在关联。❶如果不满足对于不同种类罪行的界定,则只能成立坦白而不能成立特别自首,依照坦白的规定进行量刑考虑。在已掌握和未掌握的罪行上,应依据犯罪行为人在指控和起诉时的罪名进行判断,如若罪名相同,则为同类类型。罪名相异,则为不同种类罪行。

第二,当侦查机关已知晓行为人犯罪事实并且已掌握相应犯罪证据,经过相应程序仍不能证实行为人的罪行,在此情形下行为人交代了另外的犯罪事实,行为人供述的犯罪事实与之前侦查机关所掌握的犯罪事实为同种类型也能成立特别自首。具体到本案中,本案被告人何某亮当时被人举报受贿车辆,侦查机关并没有掌握其受贿现金及手机的事实,其在被传讯过程中,就积极主动供述了全部犯罪事实。司法机关掌握的何某亮受贿车辆的事实已达到受贿罪的追究刑事责任程度,之后何某亮到案后主动供述的司法机关未掌握的其他受贿物品属于影响受贿罪的量刑情节。

因此何某亮主动供述自己的其他受贿行为与司法机关掌握的其受贿车辆的犯罪行为具有法律事实上的关联,供述行为不满足特别自首中如实供述本人其他罪行的第一种情形。本案中司法机关已掌握何某亮受贿车辆的证据且能够证明案件事实并对何某亮追究其刑事责任,何某亮在此受贿范围内又供述了自己的其他受贿行为。因此其供述行为也不满足特别自首如上所述的第二种情形。

4. 坦白与特别自首的区别

坦白与特别自首的相同之处都是被动投案,不同之处在于坦白强调的是行为人真实供述并且侦查机关已经掌握足够起诉的证据的犯罪事实,而特别自首强调的是行为人真实供述出的是仍未被侦查机关掌握的其他不同种类的犯罪事实。《刑法修正案(八)》中对坦白与自首的情节规定使二者存在相同,容易将二者混淆,在刑罚原则上两者也比较相似,使坦白从酌定量刑情节变成了法定量刑情节❷。从坦白与自首的刑法规定来看,行为

---

❶ 杨俊.试论我国刑法中自首制度构成要件之完善[J].江苏大学学报(社会科学版),2005(4):72.
❷ 施兰花.坦白与自首的价值位阶辨析[J].湖北警官学院学报,2012(1):61.

人被认定自首或者被认定坦白的后果大同小异。都具有可以从轻处罚或者可以减轻处罚的情形规定,不仅使得坦白与自首的区别被模糊,而且使坦白与自首在司法实践中被区分的意义也被弱化,最重要的一点是法官在判定行为人的量刑情节时可以仅凭个人主观去判定,可能导致司法实践中同案不同判的情况出现[1]。本书认为司法实践中行为人无论成立自首或者是坦白最后获得的量刑结果大同小异,这样的结果不仅使得大众对坦白与自首产生认识错误,而且也使犯罪行为人不再为了追求更轻的刑罚而实施自首行为。本书认为这样导致的结果有违立法者原意,坦白要求行为人真实、完整、诚心地去供述被司法机关指控的犯罪行为事实,重点在于对行为人主观悔悟程度的考量;特别自首追求的是行为人如实供述未被侦查机关掌握的与已经被掌握的罪行属于不同种类的犯罪事实,侧重于对行为人是否通过积极供述其他犯罪事实以降低其行为危害性的考察。本案被告人何某亮真实供述的是未被公安机关掌握的其他受贿行为,其如实供述其他未被掌握的受贿事实的行为相较于坦白如实供述已被指控的犯罪事实而言,意义更为重大,不仅更加能表现出行为人的悔罪程度,而且也节约了司法资源。

(二)特别自首认定中对"同种罪行"的分析

刑法中规定犯罪嫌疑人、被告人或者罪犯主动真实完整全面的供述还没有被侦查机关知晓,且侦查机关未掌握足以使其被追诉的证据的犯罪事实行为,这里的犯罪事实与行为人因其他犯罪行为被采取强制措施的犯罪事实行为属于不同种类型的罪名,此时行为人的主动供述行为构成自首。因此,如何区分犯罪嫌疑人、被告人或罪犯主动供述的司法机关尚未掌握的是本人的其他罪行还是同种罪行,是特别自首认定中要关注的问题。虽然实践中对不同种类罪行的规定有很大的争议,但是针对不同种类的犯罪行为界定《关于办理职务犯罪案件认定自首、立功等量刑情节若干问题的意见》也作出了清晰的可以准确适用的规定。《关于办理职务犯罪案件认定自首、立功等量刑情节若干问题的意见》中认为对于供述的罪行是否属于不同种类犯罪通过三步走来判断。第一步先考虑两类犯罪事实行为最后应当被认定的罪名是否相同。如果不相同那么进入到第二步,这时需要考虑行为人的两种犯罪事实行为是否属于具有关联性的犯罪,即要从犯罪事实的角度去考虑两类犯罪在时间上、原因上以及其他方面是否有一定的关联性。如果不具有任何事实上和法律上的关联性那么进行第三步的判断,两种行为是否属于同一法条规定中的不同违法手段的选择性罪名。通过以上三个条件可以准确判断出同种类型犯罪事实行为和不同种类型犯罪事实行为。本书将通过两个例子对上述内容进行佐证。例如,行为人供述了制造毒品的一系列行为过程,与此同时侦查机关已经知晓和掌握的是其如何运输毒品的

---

[1] 刘琳.认罪认罚从宽制度和自首、坦白的关系[J].法制与社会,2019(3):24.

行为,在这种情形下认定走私与制毒仍属同一法条规定中的不同违法手段的选择性罪名。再如,行为人实施了受贿行为后被侦查机关发现并掌握了其受贿犯罪行为的证据,在侦查机关对其采取强制措施后,行为人主动如实供述在收钱为他人谋取利益时实施的一系列犯罪行为导致国家财产遭受重大损失,这时行为人的行为还满足滥用职权罪的构成要件规定,实践中对于这种情形也认定为是同种类型的犯罪事实行为。

本案中根据《刑法》第67条第2款、1998年最高人民法院《关于处理自首和立功具体应用法律若干问题的解释》第2条和2010年最高人民法院《关于处理自首和立功若干具体问题的意见》第3条等规定,侦查机关在对何某亮进行调查之前,已经掌握其部分犯罪事实,何某亮到案后如实供述全部受贿犯罪事实,即侦查机关掌握的何某亮受贿的犯罪事实与其自行供述的其他受贿行为属于同种犯罪,其行为不符合最高人民法院、最高人民检察院《关于办理职务犯罪案件认定自首、立功等量刑情节若干问题的意见》规定的自首要件。故其如实供述的其他受贿犯罪事实因与公安机关掌握的犯罪事实属于同种类犯罪而不成立特别自首。

(三)本案分析

刑法中对于特别自首成立的要求有两项,首先,行为人必须在被采取强制措施后其他犯罪行为被发现之前,主动坦诚供述自己另外的犯罪事实行为,其次,行为人必须交代的是与已经被侦查机关掌握的犯罪事实行为属于不同种类型的犯罪行为。这两项条件必须同时满足才成立特别自首。对于特别自首与坦白和一般自首的区别本书前文已经阐述过故不再赘述。1998年最高人民法院《关于处理自首和立功具体等应用法律若干问题的解释》中规定,行为人如果真实供述侦查机关没有知晓的其他不同种类型的犯罪行为,可以认定为自首中的特殊自首。虽然有部分学者认为特别自首也就是坦白,但在实质上大相径庭,但有部分学者观点认为特殊自首与坦白有相同处,但仍然具有本质性的区别,特殊自首与坦白最大的区别在于特别自首仍然属于自首的范畴,具有自首的特殊意义,特殊自首与坦白二者对司法资源的节约程度以及要求行为人认罪悔罪的程度都是不一样的。刑法中专门对特殊自首进行规定的意义在于,一方面可以给犯罪行为人改过自新的机会,另一方面也是鼓励犯罪行为人主动供述司法机关尚未掌握的本人其他犯罪事实,不仅可以降低其行为危害性还可以节约司法资源。犯罪行为人主动供述司法机关没有掌握的其他犯罪行为,不仅有助于解决过去的疑难案件,消除社会公众存在的不安定情感,同时对于社会的安全与稳定进步发展也具有重要意义。

具体到本案中,2013年1月15日,某市某区人民检察院收到线索反映被告人何某亮在担任团结街道综合行政执法中队中队长期间,收受违章建房老板(梁某甲)给予的车辆,为违章建房老板建房提供便利。2013年12月16日,某市某区人民检察院对何某亮涉嫌受贿罪立案侦查。被告人何某亮归案后,主动完整的供述了自己还未被检察院掌握的其他犯罪行为。其当时被人举报受贿车辆,侦查机关并没有掌握其受贿现金及手机的事实,在被传讯过程中,何某亮就积极主动供述全部犯罪事实,其行为不满足特别自首的构成要件。何某亮在被采取强制措施后主动供述的其他受贿事实与某市某区人民检察院掌握的犯罪行为属于同种类型犯罪都属于受贿罪。依照刑法以及"两高"关于自首出台的司法解释,何某亮的主动供述行为不能成立特别自首,因此也不能依法对其从轻处罚。二审法院也认为侦查机关在对何某亮进行调查之前,已经掌握其部分犯罪事实,何某亮到案后如实供述全部受贿犯罪事实,属于同种犯罪,其行为不符合最高人民法院、最高人民检察院《关于办理职务犯罪案件认定自首、立功等量刑情节若干问题的意见》规定的自首构成要件,二审法院由此认定何某亮的主动如实供述其他未被侦查机关掌握的受贿事实行为不构成特别自首。本案中,何某亮的主动供述行为依据现有法律规定不能被认定为特别自首,但是从对何某亮的供述行为与特别自首的要件分析来看,以行为人是否供述同种类的罪刑作为特别自首成立的判断要件存在缺陷。该判断标准无助于特别自首与坦白的准确区分,弱化特别自首的存在感。行为人供述司法机关还未掌握的本人其他罪刑目的在于可以获得从宽处罚,但是以此种条件限制特别自首的成立可能会导致行为人在利益衡量之后选择隐瞒犯罪事实,不利于犯罪事实的发现与侦破。

四、结论

虽然最高人民法院、最高人民检察院《关于办理职务犯罪案件认定自首、立功等量刑情节若干问题的意见》中明确规定了自首以及特殊自首的构成要件,即构成特殊自首需要满足行为人完整真诚供述侦查机关还不知晓的与被掌握证据的犯罪行为不同的罪行,或者是侦查机关已经知晓但没有证据去起诉指控。由于特殊自首成立条件的特殊性,要求在司法实践中认定此类案件时,一定要认真查明犯罪嫌疑人、被告人或罪犯供述的是本人的其他类型的犯罪罪行,还是同种罪行,严格区分二者之间的界限。

非法多征的耕地占用税款是否属于贪污罪的"公共财物"
——王某甲贪污罪一案

唐 亮 熊丽娟

【裁判要旨】 国家工作人员违反规定私自超标准多收取的税款,作为赃物属于国家管理着的公共财产,具有公共性。应当认定为贪污罪中的"公共财物"。

【关键词】 贪污罪 诈骗罪 非法多征税款 公共财产

一、基本案情[1]

2008年1月至2012年12月,时任平某镇王某村原村委会主任的王某甲利用其村委会主任的职务便利,在协助政府从事王某村宅基地划分以及代征、代缴耕地占用税工作过程中,明知政府规定农村宅基地耕地占用税每平方米应征收22元,却编造管理费、房前屋后占地等理由向村民多收取费用,采取多收少缴的方式共收取村民耕地占用税16.66万元,实际向税务所缴纳76 878元,余款89 722元被王某甲据为己有。人民法院经过判决确认了被告人的农村基层组织工作人员的身份,认为王某甲在协助政府工作过程中利用自己履行职务的便利侵吞公共财产89 722元,属于数额较大的行为,符合贪污罪的构成要件,应作为贪污罪予以处罚。

二、案件争议问题

司法认定中对王某甲违规多收取耕地占用税的行为的定性存在不同意见。

一种意见认为:王某甲的行为仅构成贪污罪,如法院裁判认为王某甲以国家工作人员的身份,利用代征代缴税款的职务之便,采取多收少缴的方式侵吞税费占为己有,构成贪污罪。

另一种意见认为:王某甲明知耕地占用税收费为每平方米22元,却利用村民对税费缴纳标准的不知情,隐瞒真相,通过对应缴纳税款进行骗取从而达到多收取少缴纳,这种行为构成诈骗罪。

在司法裁判文书网以关键词"国家工作人员""非法占有"和"耕地占用税"进行搜索,

---

[1] 本案来源于中国裁判文书网,(2016)豫1503刑初2016号,https://wenshu.court.gov.cn/website/wenshu/181107ANFZ0BXSK4/INDEX.HTML?docId=5MmTp2LPNjv060ADuB5H405q+ME8eIAksD9IzkXb/jQ5nvLKZ1pDeZ03qNaLMqsJQBEe4whjuxnc/bi0QtHDxYfTomvVaVJOzI/Z/Yf7N5EXmC63db+SmJIw,2020年04月07日访问。

分析发现绝大多数法院对被告人作出构成贪污罪的裁判,裁判理由基本与第一种意见一致。在王某甲一案中,一般情况下分析问题的焦点放在贪污罪行为主体、职权、行为方式上,王某甲作为村委会主任,在协助政府代征代缴耕地占用税的工作中,利用职务之便侵占税款,其行为符合贪污罪的犯罪构成。但本案中王某甲违反税务管理规定,私自超标准违法多收取税款,对该部分税款的性质是否应当认定为公共财物还存在疑问,这也是区分是构成诈骗罪还是贪污罪的关键。若该部分税款是公共财产,则王某甲的非法占有行为由于侵害的不仅仅是财产法益,更损害国家公职人员履行职务的廉正性,构成贪污罪;若该部分财产并非公共财产,由于与国家的财产权和国家工作人员职务行为的廉洁性没有关系,行为只侵害了公民的财产法益,仅构成侵犯财产类犯罪。因此,本案中王某甲的行为是否构成贪污罪,其中要认定的一个重要内容就是,王某甲编造理由骗取村民多缴纳税款的法律属性,是否属于贪污罪的犯罪对象——公共财产。

三、问题分析及阐述

实际上,在本案中,可以看到,王某甲前后共实施了两个行为:首先,编造管理费以及房前屋后占地也要缴纳耕地占用税等理由,向村民多收取费用的行为;其次,非法占有此部分款项的行为。持构成诈骗罪观点认为,根据《中华人民共和国税收征收管理法》规定,税务机关无偿地为纳税人提供纳税咨询服务,而提供税款缴纳的办税辅导更是包含在其中。作为村委会主任的王某甲在代征代缴耕地占用税时应当告知村民税款缴纳标准,并承担告知义务,但其通过利用村民对耕地占用税缴纳标准不知情的状况,使村民产生错误的税款缴纳标准的认识,并且该村村民基于这种错误的认识多缴纳了耕地占用税,当事人一方获益,另一方遭受损失,符合诈骗罪的要件。王某甲骗取村民税款本身的行为并不构成贪污罪的,因为此时缺乏公共财产要素,耕地占用税款在转化为地方财政公共财产前,属于公民私有财产,而王某甲以其国家工作人员的身份并利用其代征代缴耕地占用税款的职务便利骗取他人的私有财产只能构成诈骗罪。持构成贪污罪的观点认为,在第二个非法占有行为中,农村村委会主任协助政府代征代缴耕地占用税中利用职务便利,侵占多收取的耕地占用税款属于公共财物,应当构成贪污罪。此时需要对违规多收取的耕地占用税款的属性进行分析,因为这会影响到被告人的定罪。

(一)贪污罪的犯罪对象"公共财物"

其实"公共财物"并不局限于正在由国家所有、控制的财物,依照有关法律规定或习惯,公共财物也包括在国家机关、国有公司、企业、集体企业和人民团体管理、使用或者运输中的私人财产。所以,将下列一些行为归入贪污罪也具有合理性:国家工作人员非法侵占截留单位的钱款;国家工作人员将从事管理、使用或者运输等事务中收取的价值较大的财物据为己有或者将应当上交的财物不上交而占为己有等。

1. 贪污罪犯罪对象"公共财物"的一般表现形态

贪污罪属于职务犯罪,由于贪污罪中国家工作人员行使的职权具有公共性质,因此,公共财产主要在国家工作人员职责范围内占主导地位,贪污罪的主要犯罪对象是公共财物。我国《刑法》第91条对公共财物也进行了释义。[1]私人财产特殊情况下是一种拟制的公共财产,但前提条件是在国家机关、国有公司、企业、集体企业和人民团体管理、使用或者运输过程中时。如此规定,是基于该部分财产一旦移交给国有性质的单位、企业,按照交付即转移风险的民法理论,应当由该单位承担物的毁损灭失的风险。认定公共财产的具体归属时,取决于管理、使用、运输的单位的性质,将由国有机关、国有公司、企业、集体企业和人民团体管理、使用或者运输中的私人财产以公共财产论,这个解释成为司法实践中具体认定贪污罪"公共财物"的范围的重要依据。

2. 贪污罪犯罪对象"公共财物"的特殊表现形态

在经济社会快速发展进程中,市场经济主体多样化出现、发展着,国有企业与私营企业的合作经营企业比比皆是,公共财产很多时候与私有财产相结合存在,因而从形式上并不能准确辨别,导致贪污罪犯罪对象中的部分特殊对象超出法律传统规定中公共财物的含义范围。

我国《刑法》第394条中将国家工作人员在对外交往和国内公共事务中执行公务时收受的"礼物",由于其代表着政府和人民在从事公务,基于其特殊的职务便利和职位条件,收到的礼物应当归属于政府和人民,所以把"礼物"纳入到公共财物的范围,并且按照贪污罪定罪处罚属于注意性规定,在贪污罪的犯罪对象中,实际上没有超过《刑法》第382条关于"公共财产"的有关规定。

我国《刑法》第183条第2款、第271条明确规定,被任命执行公务的人非法占用非国有保险公司的保险金或者非国有单位的财产的,成立贪污罪。因为在非国有保险公司和部分非国有单位有国有财产成分的混合企业,那么此时的混合财产,就是贪污罪的犯罪对象。国家机关、国有企业、企业委派人员到非国有单位、保险企业从事职务活动,是考虑到国家对含有国有资产成分的非国有单位进行监督管理的便利和需要,以确保其中国有资产的安全,这体现了立法的灵活性特征。如果被委派而从事公务的人员在履职过程中,非法占有单位的混合财产应构成贪污罪产,但是其他未被任命从事公务的人非法占据,就

---

[1] 《刑法》第91条:"本法所称公共财产,是指下列财产:(一)国有财产;(二)劳动群众集体所有的财产;(三)用于扶贫和其他公益事业的社会捐助或者专项基金的财产。在国家机关、国有公司、企业、集体企业和人民团体管理、使用或者运输中的私人财产,以公共财产论。"

应当构成侵占罪。可以看到,对于贪污罪犯罪对象的认定也需要联系其行使主体的身份和履行职务行为综合认定,而不仅对犯罪对象本身性质作简单认定。当然,这种情况出现在有关国有资产同非国有资产混合的企业,并非对于所有的企业都适用。这一方面体现了对于国有资产的保值、增值,另一方面也体现了反腐倡廉的要求。❶

(二)本案非法多征税款能否作为贪污罪"公共财物"探讨

违规多征税款是指国家机关工作人员因违反法律、行政法规等非正当手段所取得的财物,该款项本身属于非法赃款。在刑法理论界,关于非法赃款能否成为贪污罪犯罪对象一直存在争议。肯定说认为,赃款被国家机关控制管理着,虽然对其没有所有权,但国家工作人员通过职务便利非法占有,损害到了公职人员的廉洁性,将其纳入到贪污罪的约束之列,也是为了响应贪污罪侧重保护的职务廉洁的法益。否认说认为,进行非法征收税款的国家机关不享有所有权,所以即便国家机关的工作人员实施了利用自己职权便利条件非法占有财物的行为,最终也不符合贪污罪构成要件,因为该行为本身对公共财产就没有造成危险。

1. 耕地占用税税款性质决定多征税款的公共性

耕地占用税,作为一种典型的特定目的税,在耕地保护中,起到约束非法占用耕地行为、限制不合理占用耕地行为的作用。耕地占用税税收收入归地方政府所有,一些地区也推出了相关的扶贫税收优惠政策,将部分相关税收用在农业发展专项基金上,用于对现有耕地进行改良和开发项目上,我国《刑法》第91条第3款将国有财产、劳动群众集体所有的财产、用于扶贫和其他公益事业的社会捐助或者专项基金的财产规定为"公共财产"。所以在此项规定下,如果国家工作人员利用自己职务便利条件对耕地占用税进行非法侵占就是对公共财产的侵犯。但若是国家工作人员非法收取的税款,违反规定超额收取,该部分税款属于非法收入,是否能够纳入到公共财物的范围成为疑问。由于《刑法》第91条第3项的专项基金公共财产作为贪污罪犯罪对象时,不用再考虑这些财产的来源或其占有者的问题,只要利用该财产的目的是进行扶贫、教育、环保等相关事业,都应将其认定为公共财产。据此,多收取的税款即使是非法骗取他人私有财产而来,但其已经通过征税手段纳入到地方财政,这不影响耕地占用税本身性质和目的决定其成为"公共财产"的属性。

2. 贪污罪保护法益的侧重点影响定罪

非法多征的耕地占用税款本不属于税务机关所有,但行为人出于非法占有的目的,利用代征代缴的职务之便,把即将纳入到税务系统的款项占为己有,侵害了税务机关对该部

---

❶ 董科亮.贪污罪犯罪对象的表现形态探析[J].观察与思考,2001(8):36.

分非法税款的管理,因为作为多征收的耕地占用税,税务机关本身具有退税的法定行政职权,而被告人作为村委会主任,在协助政府从事代征、代缴耕地占用税工作中,对于多征税款享有法定的监管义务和职权,因而此刻在不谈论多征税款所有权的前提下,行为人的非法占有行为也损害了税务机关的管理权限和公职人员的廉洁性。其实关于贪污罪保护法益的争论也不在少数,如何平衡财产法益和廉洁性的关系作为一个复杂的问题长期存在。此处更倾向于作为手段的财产侵害和作为目的行为规范的为政清廉违反的学说,作为国家工作人员,廉洁奉公是为政之本,贪污贿赂犯罪危害性的实质就在于对政府公职行为的公正与廉洁性的挑战和冲击,相比于所有权保护能够从更深层次的社会关系维度去回应社会政治腐败如何形成以及刑法如何处置的问题。[1]因此,贪污罪相较于普通的财产犯罪添加了特定的主体、特定的行为方式、特定的犯罪对象限制,目的就是为了突出作为规范国家公职人员职务行为的禁止条件,以体现社会民众对公职人员的信赖,虽然对廉洁性作为贪污罪的侧重法益保护仍有争议,但这是在我国国情下公职人员职务行为规范的最佳选择。所以,在本案中,非法多征税款的行为事实上对财产法益造成损害,无论是作为受害者村民的私有财产,还是作为税务机关占有并管理着的属性尚未明确的税款,依据法律规定财产的所有权人对其财产始终享有所有权,并且即使财产的所有权和占有状态相分离,不影响所有权人对于财物的返还请求权的行使,也不影响非法赃款的合法所有权益保护。但基于对国家机关占有着的财产权益的保护和公职人员工作行为廉洁规范考虑,该行为始终都侵害了贪污罪侧重保护的职务行为的廉洁性。所以,非法占有违规征得耕地占用税款可以被纳入到贪污罪犯罪对象之列。

3. 非法征得税款作为赃款原则上具有公共性

我国《刑法》第64条对于犯罪所得之物的处理规定也是对于应缴纳的犯罪分子违法所得财物的所有权应当归国家所有的一种承认。[2]作为行为人非法骗取来而又尚未被追缴的该部分赃款,国家虽并未实际占有,其所有权没有完全实现,仍处于期待状态,即虽然目前该赃款的所有权处于游离的状态,但其终极所有权会回归到国家,国家拥有对该赃款的绝对控制,始终都是赃物的取得主体,排除他人干涉,[3]所以违规多收取的耕地占用税款应当作为国家管理的公共财产,应当进行没收。由于行为人此时已经通过诈骗犯罪取得该款项,虽然其不享有所有权,但其事实上占有该款项,而窃取和骗取方式都要求将他人占有的财物转移为自己所有,所以在本案中王某甲要构成贪污罪,只能通过侵吞财物

---

[1] 马春晓.廉洁性不是贪污贿赂犯罪的法益[J].政治与法律,2018(2):51.
[2] 《刑法》第64条:"犯罪物品的处理犯罪分子违法所得的一切财物,应当予以追缴或者责令退赔;对被害人的合法财产,应当及时返还;违禁品和供犯罪所用的本人财物,应当予以没收。没收的财物和罚金,一律上缴国库,不得挪用和自行处理。"
[3] 孟庆华,朱博瀚.贪污罪侵害对象中的几个争议问题探讨[J].邢台学院学报,2009(3):75.

的方式实现。但根据以上分析,关键的问题在于此时非法征来的税款属于赃物,国家享有所有权,而不是由王某甲所在地地方税务机关享有,因为王某甲作为村委会主任,是在利用协助政府代征代缴耕地占用税的职务便利,所以他贪污的范围应当限于其所协助对象的管理领域,即地方政府税务机关的所有物、自己依职权占有的财物,但本案事实上王某甲并非依据职权占有该款项(赃物),而是通过自己所实施的诈骗行为占有该赃款,针对该赃款的非法占有,没有实质性地利用其职权的管理性,并且该赃款由国家所有。[1]从另一个角度看,其实所谓的非法占有该赃款也属于行为人事后的不可罚行为,难以苛责。

但是这并不否认赃款可以纳入贪污罪的公共财产范围,因为它本身具有公共性,由国家所有。但在具体案件中,要结合行为人的国家工作人员身份,并且必须基于自己的职务便利,实质性地利用来非法占有该赃款。所以在王某甲贪污案件中,就是由于其所协助的对象对赃款没有管理权限,因此他就没有利用职务便利。当然,其中还贯穿着行为人自己诈骗,然后非法占有的事后不可罚行为,所以仅从赃款的理论出发来讨论本案中后非法占有的行为,王某甲是不构成贪污罪的。其实在单纯讨论非法占有行为是否构成贪污、多征税款是否是贪污罪犯罪对象时应当避免同前面的犯罪后果关联上,因为会存在对不同法益的保护,从而影响定罪。上述的相关讨论也是对非法多征税款可以成为贪污罪犯罪对象的佐证,具有讨论的必要性,只是在本案中由于掺杂了前后两个行为,所以该观点不适用于本案罪行分析。

4. 所有权与占有分离时的拟定公共财产运用论

我国《刑法》第91条第2款对于公共财产进行了拟制规定,[2]在本案中,王某甲通过对村民非法多征收耕地占用税,可以将其行为中的合法部分直接认定所有权发生了转移,对于超出应缴纳的部分,认定为违反了税款缴纳的相关规定的行为,从行政法意义上来讲,多征税款应当立即退还给纳税人。[3]可以看到,税务机关对于多缴款项有退税的法定行政职权,所以在退还给纳税人之前,它是由地方政府税务机关控制并保持其占有,甚至可能多缴税款混同其他同种类税款已经纳入地方财政收入,如转为农业发展的专项基金进行统筹安排,用来宜耕土地的开发和保护。实际上应当退还的多征税款本质上属于私有财产,这属于财产的所有权与占有的分离。结合我国《刑法》第91条规定,在国家机关、国有

---

[1] 王吉春.论贪污罪的对象[J].天水行政学院学报,2014(2):45.
[2] 《刑法》第91条:"本法所称公共财产,是指下列财产:(一)国有财产;(二)劳动群众集体所有的财产;(三)用于扶贫和其他公益事业的社会捐助或者专项基金的财产。在国家机关、国有公司、企业、集体企业和人民团体管理、使用或者运输中的私人财产,以公共财产论。"
[3] 《中华人民共和国税收征收管理法》第51条:"纳税人超过应纳税额缴纳的税款,税务机关发现后应当立即退还;纳税人自结算缴纳税款之日起三年内发现的,可以向税务机关要求退还多缴的税款并加算银行同期存款利息,税务机关及时查实后应当立即退还;涉及从国库中退库的,依照法律、行政法规有关国库管理的规定退还。"

公司、企业、集体企业和人民团体管理、使用或运输中的私人财产以公共财产论,此部分款项应属于公共财产。

刑法中的公共财物,不同于民法意义上的概念,更加注重实践价值,不仅包括已经处于国家所有、控制下的财物,还包括按照法律或习惯应当由国家控制管理的财物,例如国家工作人员私自截留的本单位违法收取的不合理费用、对外交往中收取的价值数额较大应当上交而未上交的礼物等,这些都可以成为贪污罪的犯罪对象,因其侵害了职务廉洁性。❶按照税收管理的实践,违法多征税款而未上缴属于应当由国家管理的财物,也属于贪污罪犯罪对象。

根据以上分析,非法多征税款可以成为贪污罪犯罪对象的。因此,本案王某甲非法占有多征税款构成贪污罪。

四、结论

关于非法财物能否纳入到贪污罪犯罪对象仍然存在争议,需要结合多征税款的非法性和其自身税收性质的特殊性来加以分析,最后将非法多征税款认定为贪污罪。希望针对实践中的类似案件的分析,能够对司法机关把握犯罪的构成要件,尤其贪污罪的职务便利、主体身份以及作为犯罪对象的公共财产的认定有一定的参考借鉴价值。

---

❶ 徐立,陈斌.贪污罪基本问题新论[J].湖北社会科学,2010(1):148.

"虚假平账"行为并非认定贪污罪"非法占有目的"的必要条件

——陈某旭贪污案

唐 亮 熊丽娟

【裁判要旨】 贪污罪中"非法占有目的"的认定应当严格识别是否具有利用意思,正确看待"虚假平账"行为,有此行为不一定具有非法占有的目的,没有此行为也不意味着就不具有非法占有的目的。

【关键词】 贪污罪 挪用公款罪 平账 非法占有目的

一、基本案情[①]

2007年10月22日,某县八某某乡冯某村与本村小某乡村民组签订用地协议,占用该村土地80亩用于新农村建设。2010年3月24日,被告人八某某乡财税所所长陈某旭会同某县财政局契税大队、某县公安局经侦大队工作人员,以某县财政局名义向蒋某昌、周某章下达了应缴纳税额176 088元的耕地占用税纳税通知书,并将该通知书送达给冯某村主任李某清。2010年4月,被告人陈某旭安排本所工作人员给冯某村开具了包括税金、滞纳金、罚款共计30万元的耕地占用税完税证。蒋某昌及周某章先后向冯某村村委会缴纳税款10万元、20万元。2010年4月1日,冯某村支书李某福、村主任李某清将从蒋某昌处收来的30万元送到被告人陈某旭办公室。之后,三人一起到八某某乡邮政储蓄所,被告人陈某旭将15万元存入本所工作人员胡某个人账户,另外15万元存入以李某福名义办理的邮政储蓄银行卡。同年4月5日至4月19日,被告人陈某旭先后多次将李某福卡上的15万元取出后用于个人家庭开支。

一审判决认为,被告人陈某旭身为财税所所长,本应恪守职责,严格执行国家法律及税收政策,足额收缴有关税款。但其不正当履行职责,少收税款,造成国家利益重大损失,这种行为就已经构成滥用职权罪。被告人陈某旭通过利用自己职务上的便利,采用欺骗手段擅自截留应当缴纳给国家的税款,用于个人消费,这种行为又构成了贪污罪。二审中改判一审贪污罪的认定,认为上诉人陈某旭利用职务上的便利,在收取他人缴纳的耕地

[①] 本案来源于中国裁判文书网,(2012)信刑终字第346号,https://wenshu.court.gov.cn/website/wenshu/181107ANFZ0BXSK4/index.html?docId=YBxnFgDqvuBLKs33v2p4V01JfHqKPecIhwkzL78qATQSKE1Z1NImDZ03qNaLMqsJQBEe4DixD10S4whjuxnc/bi0QtHDxYfomvVaVj0Zi/Z/Yf7N5EXmHA0MKAuSD,2020年05月28日访问。

占用税款后,将其中的15万元税款不上交单位财务,收归自己私用,根据刑法规定已经满足超过三个月未还,且情节严重的条件,构成挪用公款罪。

二、案件争议问题

本案中,对被告人陈某旭取走李某福卡上的15万元用于家庭开支的行为定性存在争议,一种意见认为:被告人陈某旭的行为应当以贪污罪定罪处罚;另一种意见认为:被告人陈某旭的行为构成挪用公款罪,应当据此定罪处罚。

三、问题分析及阐述

本案的争议在于贪污罪和挪用公款罪的区分。司法实践中,贪污罪和挪用公款罪往往存在认定的争议与难点,我们首先需要清楚两者并非属于对立、排斥的关系,本书从两者区分的关键"非法占有目的"切入,梳理出案件裁判时法官认定此罪与彼罪的差异在于是否具有"虚假平账"行为,引出本书的观点:"虚假平账"行为只是判断"非法占有目的"具备与否的一种要素选择,不能绝对化。以下将结合具体案情加以分析。

(一)特定主体身份的认定

相较于挪用公款罪,贪污罪所涉主体范围更广。国家工作人员满足此处两罪对于特定主体与身份的要求。至于《刑法》还规定的关于受特定主体委托管理国有财物的人员也可以成为贪污罪的主体,此款属于对国家工作人员的拟制规定,[1]在刑法条文中规定的挪用公款罪对此没有具体规定,所以这类主体不是此罪的犯罪主体,这也是挪用公款罪和贪污罪区分的一个重要差异。在本案中,对于犯罪主体不存在疑问。被告人陈某旭是八某某乡的财税所所长,因此在认定其具体罪名时,由于其具有法定的国家工作人员身份,是满足职务犯罪主体的要求,所以在主体身份上不存在争议。

(二)区分贪污罪与挪用公款罪主观界限的"非法占有目的"

"非法占有目的"是区分此罪与彼罪的重要功能。贪污罪中行为人对于公款具有非法

---

[1]《刑法》第382条:"国家工作人员利用职务上的便利,侵吞、窃取、骗取或者以其他手段非法占有公共财物的,是贪污罪。受国家机关、国有公司、企业、事业单位、人民团体委托管理、经营国有财产的人员,利用职务上的便利,侵吞、窃取、骗取或者以其他手段非法占有国有财物的,以贪污论。"第384条:"国家工作人员利用职务上的便利,挪用公款归个人使用,进行非法活动的,或者挪用公款数额较大、进行营利活动的,或者挪用公款数额较大、超过三个月未还的,是挪用公款罪,处五年以下有期徒刑或者拘役;情节严重的,处五年以上有期徒刑。挪用公款数额巨大不退还的,处十年以上有期徒刑或者无期徒刑。挪用用于救灾、抢险、防汛、优抚、扶贫、移民、救济款物归个人使用的,从重处罚"。

占有的目的,挪用公款罪中行为人对于公款的占有主观上持的是一种暂时性的挪用的目的,这是区分两罪的一个重要判断标准。由此可见,区分两罪的关键就是对于非法占有目的的理解和把握。

1. 厘清"非法占有目的"的含义

我国普遍承认"非法占有目的"在取得型财产类犯罪构成要件中占据重要的地位。一般来讲,在分析某种要素对于法益侵害性和主观罪过性的认定具有重要作用时,这种要素就可以被上升为某种犯罪的构成要件要素,而非法占有目的就具有该种必要性。在取得型财产类犯罪中,由于侵占罪、盗窃罪或诈骗罪等的犯罪行为,与贪污罪的手段行为:侵吞、窃取、骗取或者其他手段具有部分重合或交叉之处,而且,前者三种犯罪也要求行为人主观上应具有非法占有的目的。虽然,理论界中也存在着"非法占有目的不要说"的观点,但是,全面认识与理解"非法占有目的",对于仅从客观行为上难以区分此罪与彼罪的不同犯罪,在司法认定中具有重要的作用与意义。

在刑法上,"非法占有目的"强调行为人对于实物的支配和控制的意思。日本大谷实教授认为"非法占有目的"包括利用意思、排除意思两层含义。这里的"利用意思"是指的行为人对物进行利用和处分的意思,体现为行为人积极追求财物权益的使用。"排除意思"指行为人通过对物的占有从而达到妨害物权所有者对于物的利用,并且严重到足以科处刑罚的程度,它包含三种情形:(1)行为人根本没有返还的意思;(2)行为人虽然具有返还的意思,但是由于其事先对物的占有已经严重妨碍、影响到所有权人对于物的利用;(3)行为人在具有返还意思的同时,还具有利用财物的交换价值的意思。其中,排除意思不仅指行为人排除物权人(包括所有权人、担保物权人等合法占有物的使用人)对于物的支配,还包括物权人对于物的独占性支配,这与德国刑法理论里提出的"建立占有"相呼应。张明楷教授将"非法占有目的"定义为"排除权利人,把他人的财物占为自己的财物,并进行利用、处分等行为",这与大谷实教授的观点一致。[1]这种学说不仅保护财物本身,也保护其价值的使用。所以,在比较"行为人不具有非法占有的目的,只有毁坏财物的意图"的案例中,一般只成立毁坏财物罪,因为认为行为人没有利用财物的意思,从而不应以盗窃、诈骗罪定罪。

职务犯罪中,"排除意思"的存在主要在于区分贪污罪与不可罚的普通窃取、骗取行为,"利用意思"则可以对贪污罪和挪用公款罪进行区分。因为挪用公款罪没有"排除意思",这也是其区分于贪污罪的关键点。对于"排除意思"的理解中,虽然在挪用公款罪中行为人没有"排除意思",但其挪用行为达到一定程度或价值从而排除了国家对公款的所有权利时,也要成立贪污罪。在司法实践中对于"非法占有目的"的认定就存在一些法律

---

[1] 张明楷.论财产罪的非法占有目的[J].法商研究,2005(5):71-83.

推定,比如在审理非法集资案件中就有相关纪要文件列举了非法占有目的的事实推定情形。

2. 廓清两罪主观界限——非法占有目的的现实意义

基于我国《刑法》对挪用公款罪的处罚力度轻于贪污罪的规定,"非法占有目的"作为区分两罪的标准之一,具有重要价值意义。其一,遵循罪刑相适应原则的要求,"非法占有目的"作为行为人除故意以外主观要素的附加,只有达到持续性地剥夺财物所有权权能的程度,永久性损害占有,才能评价为贪污罪,而暂时性地占用财物,并非"非法占有目的"的涵盖范围。正确认定非法占有,把握行为人的社会危害性程度,才能真正做到罪刑相适应,对其定罪量刑,避免出现非法占有无法认定时以挪用公款罪作为兜底罪名对行为人定罪处罚而无法顾及重罪轻判的错误。其二,树立法院威信。"非法占有目的"在理论上一直被人探讨,实践中对其认定也存在各种问题,所以正确地认定非法占有有利于公正裁判,保护行为人的合法权益,使其不被错误定罪,遭受损害,真正做到罪刑法定、罪刑适应、程序正当,防止定罪误差,不致错案的发生,有助于树立法院的权威。

3. 两罪"非法占有目的"认定中存在的问题

(1)违背主客观相统一原则的"虚假平账"行为决定论。

对于挪用公款转化为贪污罪的具体认定标准有相关规定,[1]其中就有涉及关于挪用公款后"虚假平账"行为的条款,此时对行为人以贪污罪进行处罚,其间罪名发生转化。在司法实践中,是否通过编造虚假账目等行为进行"平账"是判断行为人具有非法占有目的与否的一个重要标志。"平账说"一度成为判断贪污与挪用公款的决定性要素,即行为人通过虚假账目进行平账的行为也是表明其具有永久占有的目的。如果行为人利用职务便利进行虚假平账的行为,可以通过客观行为证明其具有非法占有公款的主观目的,行为人可以构成贪污罪。[2]在本案中,二审法院就以2003年《全国法院审理经济犯罪案件工作座谈会纪要》中第四部分第(八)点规定进行相反推论,认为被告人陈某旭未进行虚假平账行为,只是挪用公款进行个人使用,超过三个月没有归还,但是不具有非法占有的目的,所以应当以挪用公款罪定罪而非贪污罪。

---

[1] 2003年《全国法院审理经济犯罪案件工作座谈会纪要》第4部分第(8)点:"挪用公款罪与贪污罪的主要区别在于行为人主观上是否具有非法占有公款的目的:挪用公款是否转化为贪污,应当按照主客观相一致的原则,具体判断和认定行为人主观上是否具有非法占有公款的目的——在司法实践中,具有以下情形之一的可以认定行为人具有非法占有公款的目的:1.根据《最高人民法院关于审理挪用公款案件具体应用法律若干问题的解释》第6条的规定行为人'携带挪用的公款潜逃的',对其携带挪用的公款部分,以贪污罪定罪处罚。2.行为人挪用公款后采取虚假发票平账、销毁有关账目等手段,使所挪用的公款已难以在单位财务账目上反映出来,且没有归还行为的,应当以贪污罪定罪处罚。3.行为人截取单位收入不入账,非法占有,使所占有的公款难以在单位财务账目上反映出来,且没有归还行为的,应当以贪污罪定罪处罚。4.有证据证明行为人有能力归还所挪用的公款而拒不归还,并隐瞒挪用的公款去向的,应当以贪污罪定罪处罚。"

[2] 姚光银.挪用公款后平账不宜一律认定为贪污罪[J].中国检察官,2012(20):54.

在某种程度上来讲,虚假平账行为的确可以反映行为人的占有目的和主观恶性,但是如果过度重视财务账目的变动情况而忽视了行为人的主观目的或者其他的危害行为等客观证据,则可能产生消极的法律效果和社会效果。不法分子可以利用是否进行虚假平账的漏洞来避免受到更重刑罚。比如:一种情况是先进行挪用公款行为后又产生了非法占有的目的,然后进行财务账目的虚假平账行为,但由于各种原因没有来得及完成平账行为,如果按照"平账说",只能对作出这种行为的人以挪用公款罪定性。而另一种情况是行为人主观上不具有非法占有的目的,只是想通过虚假发票等方式进行平账,来掩盖自己挪用公款的目的,那么该行为则以贪污罪定性。显然,以上做法和我国刑法中的主客观相统一以及罪责刑相适应原则不相适应。虚假平账行为只是行为人非法占有目的的其中一种表现形式,并不能说明"虚假平账"行为是认定行为人具有"非法占有目的"的必要条件,没有虚假平账行为也不意味着就不具有非法占有的目的,非法占有目的的存在并不一定通过平账来证明。所以行为人是否实施了虚假平账行为仅仅是贪污罪和挪用公款罪两罪在事实层面的一个区分,不应扩大。如此,本案二审法院的审判理由存在问题,夸大"平账说"的作用,以此单一评价被告人陈某旭的挪用行为,不具有说理性和科学性。

(2)固守挪用公款转化为贪污罪的法律推定范围。

由于《全国法院审理经济犯罪案件工作座谈会纪要》对挪用公款转化为贪污罪的情形进行了列举,❶实践中就存在司法工作者将此四种情况作为挪用公款转化贪污的唯一条件的错误情形,即仅有这四种情况满足"非法占有的目的"。贪污罪的法律认定依据,它由法律明确规定,司法者必须适用,一定程度上减轻了实践中在两罪认定时的压力,但在案情繁杂的情况下,仍需借助司法人员的逻辑推理,根据一般的经验规则推定事实,得出结论。贪污罪始终具有永久的非法占有的目的,行为人对物非法占有的同时也排除了被害人对物利用的权能。❷而挪用公款罪就是以归还为前提通过挪用达到暂时使用的目的。所以这两个罪区别在于占有的时间状态,一罪属于永久性占有,一罪属于暂时性占有。而"非法占有目的"作为人的主观心态,对其认定本身就存在疑问。转化无疑是行为人对公款从占用到占有的心态转变,如何认定这一变化才是诉讼所要解决的问题,而不是仅从现有的法律规定去反推猜测行为人的主观目的,《全国法院审理经济犯罪案件工作座谈会纪

---

❶ 最高人民法院关于印发《全国法院审理经济犯罪案件工作座谈会纪要》第4条第8款规定:"在司法实践中,具有以下情形之一的,可以认定行为人具有非法占有公款的目的:1.根据《最高人民法院关于审理挪用公款案件具体应用法律若干问题的解释》第6条的规定,行为人'携带挪用的公款潜逃的',对其携带的公款部分,以贪污罪定罪处罚。2.行为人挪用公款后采取虚假发票平账、销毁有关账目等手段,使所挪用的公款已难以在单位财务账目上反映出来,且没有归还行为的,应当以贪污罪定罪处罚。3.行为人截取单位收入不入账,非法占有,使所占有的公款难以在单位财务账目上反映出来,且没有归还行为的,应当以贪污罪定罪处罚。4.有证据证明行为人有能力归还所挪用的公款而拒不归还,并隐瞒挪用的公款去向的,应当以贪污罪定罪处罚。"

❷ 沈莹,徐晓东.浅析贪污罪与挪用公款罪的法律认定[J].辽宁广播电视大学学报,2005(1):84.

要》的法律推定只是将实践中的常见情况、行为抽离出来,起到单独提示注意的作用,但不能仅限于该规定[1]。但在实践中,有的法律人不去关注行为人本身是否具有非法占有的目的,而把焦点放在转化的法律规定上,用反推的方式去证明行为人是否满足该条件,本末倒置。

(3)挪用公款罪有成为不能查明"非法占有目的"时的兜底性罪名之嫌。

按照通说,两罪的区别主要在于是否具有"非法占有的目的",但是如果出现对于是否具有"非法占有目的"不能查明情形时,如何定罪成为问题。当遇到行为人主观"非法占有目的"存在与否不能查明时,法官在贪污罪和挪用公款罪中陷入纠结。实践中,仍然存在对于两罪构成要件的混淆认识。其实,两罪之间存在着包含关系,贪污罪的贪污行为也包含着挪用公款的行为,两罪是包容、竞合的关系,区分要素就是非法占有,但当非法占有难以认定时,不影响在挪用公款的范围、限度内成立犯罪,所以出现不能查明时可以认定为挪用公款罪。如此会出现新的问题,挪用公款罪成为司法适用中兜底性的罪名,如若不能查明行为人是否具有非法占有目的,为了减轻证明责任和降低诉讼风险就定挪用公款罪,那么保守性的判决在实践中就会成为惯例,会导致司法工作人员放松对证据的收集和对事实的正确认定。因此,为了尽量减少不能查明的情况,避免法官留有兜底罪名定罪的情形,非法占有目的的正确认定成为必须解决的问题。[2]

4. 非法占有目的的综合性判断

两罪的关键区别在于行为人对于财物非法占有的目的是暂时性还是永久性。认定的过程中,要重点把握行为人将公款置于自己的非法控制下的支配利用是否对所有权人对于公款的利用支配造成了严重妨害,[3]毕竟两罪皆有占有的状态。国际公约中有关于主客观状态互相作用的规定。[4]所以,我们在对行为人挪用公款是否具有"非法占有目的"进行分析时可以综合以下因素考虑:

(1)挪用公款的用途风险状况。

情形一:将公款用于超出个人资金能力而确定无法收回的高消费支出

此种情况,由于行为人对公款的支出并非基于其基本生活需要,而是追求个人享受所进行的高消费,所以如果此时该支出已经超过个人日常生活所需,属于将公款挪出消耗资

---

[1] 所谓事实推定,是指从被告人已经实施的违禁行为的事实中,推定出被告人是自觉犯罪或具有犯罪意图,如果被告未作任何解释,推断通常成立。参见普珀特·克罗斯,菲利普·A.琼斯.英国刑法导论[M].赵秉志,等,译.北京:中国人民大学出版社,1991:55.

[2] 贾志民,汪蕾.界分贪污罪和挪用公款罪中事实推定的运用[J].人民检察,2011(17):78.

[3] 陈洪兵.贪污罪与挪用公款罪的界限与竞合[J].中国海洋大学学报(社会科学版),2015(3):102.

[4] 《联合国反腐败公约》第28条:"根据本公约确立的犯罪所应具备的明知、故意或者目的等要素,可以根据客观实际情况予以推定。"

金,该笔支出如果不存在欺诈、胁迫等情形,按照民法"善意取得"由善意第三人即买卖合同对方当事人取得,是不可收回的,且由于不具有还款能力和归还的资金基础,只能将行为人按非法占有目的进行解释。高消费支出本身不具有高风险,毕竟属于基于意思自治的民事合同,但结合行为人的个人资金能力,这笔支出就属于高风险投入。

情形二:将公款用于赌博、买彩票等不稳定投入支出

赌博、买彩票都属于在"得"与"失"之间具有极大不安全、不确定的环境下所进行的支出,与具有一定收益的理财或投资经营行为相区别,表明行为人内心对该笔资金收回的心态处于不稳定状态,不能仅以该行为有高风险而直接认定其有非法占有目的,还应结合行为人的个人资金能力和还款可能性综合分析,如若可以弥补用于赌博、买彩票所造成的损失,归还国家,对于行为人不具有非法占有目的的抗辩应予以认定。❶

情形三:将公款用于股票、期货等风险投资上

社会经济发展中,个人投资已很常见。虽然挪用公款本身就已构成对公家财产的侵害,但是否具有贪污罪成立要求的"非法占有目的",仍待考虑。行为人以挪用的公款作为个人投资本金,建立在对可得收益期望的基础上,投入到股票、期货市场,一般来说,在市场经济发展稳定向好的情况下,本金可以收回,且可收取一定利润。但在股票、期货市场动荡的条件下,也存在亏损的情况。选择不同的投资渠道、投资方向,会带来不同的投资结果。所以,对行为人是否出于非法占有的目的进行分析时,不能拘泥于暂时的投资失败,还应结合大的市场环境、行为人投资理财的能力、个人财产状况、资金还款能力。❷

(2)挪用公款后占用时长及还款可能性。

第一,对于挪用公款的时长影响罪名认定,期间可能还涉及对公款的暂时占用向永久占有的主观心理转化过程。❸对于挪用公款的行为,即便行为人本身不具有永久性占有的意思,但由于该公款数额大,挪用时间较长,严重妨碍国家对公款利用的,在迫切需要动用该资金款项时受阻碍的,有认定行为人同时具有排除意思和非法占有的目的的可能,以贪污罪定罪。至于目的转化,完全可能存在。例如,某局局长谭某用单位名义买入一辆豪华轿车,但是将车辆长期存放于家中,供其家人使用。被告人主张自己只是暂时向单位借用,以不具有非法占有目的为由,辩称自己的行为不构成贪污罪。该例子则是形象地展示了占用到占有的转化,长时间占用的过程中,其行为已经严重影响到国家机关对公物(汽车)的利用。

第二,还款可能性也影响罪名的认定。还款可能性包含两层含义:能还款而不偿还以

---

❶ 温德华,肖秀敏.涉赌型挪用公款案件的特征及法律适用[J].中国检察,2003(9):44.
❷ 许为安.试论以事实推定贪污行为人的非法占有目的[J].人民检察,2001(12):30.
❸ 岳启杰.厘清挪用公款罪与贪污罪的主观定性及转化问题[J].广西政法管理干部学院学报,2010(6):86.

及不能及时还款。当出现行为人能还款而不还的时候,其不具有"非法占有目的"的抗辩难以成立。不能及时还款是指行为人拥有可期待收回的财产,但不在身边可支配范围内的,即使行为人有日后进行归还的意思,日本学者及其判例也认为,这种情况下并不能排除行为人具有"非法占有目的"。前者表明行为人非法占有的故意,后者虽有过失,但不能否认其非法占有的目的。[1]

(三)本案分析

首先,被告人陈某旭作为八某某乡的财税所所长,具有国家工作人员的身份,其利用征收耕地占用税的职务便利,对收取的税款15万元不上缴,存入以李某福名义办理的邮政储蓄银行卡中,随后多次取出用于个人家庭开支,符合挪用公款的构成要件。但对其是否具有"非法占有目的"分析中,二审法院犯了平账决定论的错误。根据以上分析,虚假平账行为只是"非法占有目的"认定中较常出现的一个事实行为,单独抽离出来,并不具有一票否决的权利,即虚假平账行为不是认定具有"非法占有目的"的必要条件。因此,二审法院的判决理由中夸大虚假平账行为的作用,对该行为的分析存在一定问题。司法实践中,只通过财务账面情况能否反映出款物的存在,仅通过虚假平账去判断非法占有目的的存在与否的做法是存在问题的。所以本案关键点就在于如何认定被告人陈某旭是否具有"非法占有目的"。陈某旭从2010年4月5日到4月19日连续挪用本应上缴的耕地占用税款15万元用于家庭开支,一直到归案,该钱款始终未归还给国家或单位,严重妨碍了国家对该资金的利用,侵害了公共财产权益,陈某旭已经由暂时性地占用公款的主观心态转化为永久性的占有,且其具有归还可能性,从"案发后,其亲属将15万元退至人民检察院"可以看出,被告陈某旭家庭是具有还款能力的,但选择不还,主观上并无还款意愿和想法,具备贪污罪要求的非法占有目的。并且被告陈某旭利用职务便利,以欺骗手段私自截留国家税款,用于个人消费,本书赞成一审法院裁判认定为贪污罪,而非二审法院主张的挪用公款罪。

四、结论

司法实践中,对于主观目的的判断,总体上应当综合各种要素分析,不能以偏概全,将《全国法院审理经济犯罪案件工作座谈会纪要》中规定的四项情形固定化、静态化。虚假平账行为只是"非法占有目的"认定中较常出现的一个事实行为,单独抽离出来,并不具有一票否决的权利,即虚假平账行为不是认定具有"非法占有目的"的必要条件。

---

[1] 许杰,杨俊.贪污罪中的"不平账"行为评析[J].中国检察官,2011(24):22.

专题三

农村民生工程资金的管理与使用

监督农村饮水工程建设是否属于公务行为
——韩某举、商某秀、韩某萍、高某非国家工作人员受贿案

邓燕虹　唐亮

【裁判要旨】 村干部协调村级民生饮水工程建设属于履行村务，不属于有关立法、司法解释中"协助人民政府从事其他行政管理工作"的情形，不能认定为国家工作人员。在此过程中收受贿赂，构成非国家工作人员受贿罪。

【关键词】 国家工作人员　公务行为　自主决定　兜底条款

一、基本案情[1]

为了解决居民饮水安全问题，某省某市人民政府2010年年底以来开展了本辖区范围内农村居民饮水工程建设。2011年2月27日，某省某市夹某镇韩某村议事会确定建设饮水工程，并由村委会管理并监督该项工程建设。该工程由挂靠某省某市平某建筑有限公司的李某中标。为了解决工程施工车辆及人员被韩某村当地群众阻拦，致使施工无法继续进行的问题，李某找到被告人韩某村村委会委员韩某举，请求该村村干部帮忙协调群众工作，并承诺工程完工后，给予帮助工程顺利施工的村干部共3万元人民币作为"感谢费"。被告人韩某举联系了韩某村村委会成员商某秀、韩某萍与高某，并向三人转述了李某的请求与承诺。商某秀、韩某萍、高某皆表示同意，并在该饮水工程建设过程中帮助李某做了群众协调工作，使该工程得以顺利完工。2012年1月13日，李某将3万元人民币"感谢费"交给被告人高某。该"感谢费"随后被四名被告人私分。事后法院判决四名被告人成立非国家工作人员受贿罪。

二、案件争议问题

本案中，某市人民检察院认为四名被告人利用协助政府对韩某村饮水工程项目进行全程监管的职务便利，非法收受他人财物，为他人谋取利益，应认定为受贿罪。而某市人

---

[1] 本案来源于北大法宝网，某省某市人民法院（2013）邓峡刑初字第30号刑事判决书，https://www.pkulaw.cn/case/pfnl_a25051f3312b07f3ffda6293bbf783cd775a8cfe2b4efcc5bdfb.html?keywords=%E9%9F%A9%E4%B8%AD%E4%B8%BE&match=Exact，2020年04月20日访问。

民法院认为该受贿行为发生在村级公共事务管理工作中,不属于协助人民政府从事公务工作,四名被告人的犯罪行为应构成非国家工作人员受贿罪。因此,本案争议的焦点主要在于四名被告人收受贿赂的行为应认定为受贿罪还是非国家工作人员受贿罪。

三、问题分析及阐述

(一)争议剖析

本案中检察院与法院在四名被告人非法收受财物行为应当被认定为受贿罪还是非国家工作人员受贿罪这一问题上意见相左。比较我国《刑法》第385条以及第163条可知,两个罪名之间虽然看起来相似,都有"受贿"二字,两罪的行为模式都是在与其他人员的往来中,利用职务便利或其影响力,为他人谋取利益(既指非法利益,又包括合法利益)而收受财物的行为。但二者实际上有许多的不同,如在犯罪所侵犯的客体上,受贿罪侵犯的是国家机关工作人员的职务廉洁性,而非国家工作人员受贿罪侵犯的是国家对公司、企业以及非国有事业单位、其他组织的工作人员职务活动的管理制度。此外,两罪的不同之处还体现在立案标准、法定刑等方面,但在司法实践中对两罪区别适用的最重要的差别在于犯罪主体的不同。受贿罪的犯罪主体是国家工作人员,是真正身份犯,而非国家工作人员受贿罪,顾名思义,犯罪主体乃是公司、企业或其他单位的非国家工作人员。因此,解决本案争议问题的重点在于明确村委会成员是否具有国家工作人员身份。

本案的犯罪主体是村委会成员,根据《中华人民共和国地方各级人民代表大会和地方各级人民政府组织法》的规定,我国最基层的政府机关是乡镇政府和街道办事处,村民委员会是村民自我管理、自我教育、自我服务的基层群众性自治组织,并不是国家机关,因此其工作人员并非国家机关工作人员或国家工作人员。而根据我国《刑法》第93条第2款,"其他依照法律从事公务的人员,以国家工作人员论"可知,村委会等基层组织人员不具有法定的国家工作人员身份,但在从事公务❶时,可获得拟制的国家工作人员身份。

2000年全国人大常务委员会在解释《刑法》第93条第2款时对"其他依照法律从事公务的人员"做出了规定,除了列举6种情形之外,还设置了兜底条款,即第7项的"协助人民政府从事的其他行政管理工作"。全国人民代表大会常务委员会《关于〈中华人民共和国刑法〉第九十三条第二款的解释》的出台,在一定程度上解决了学界曾经就"村干部"是否属于国家机关工作人员这一问题展开的激烈争辩。但是,对于兜底条款的适用,法学理论与司法实践之间、司法实践中各司法部门之间仍然存在分歧,司法实践中出现适用标准不一致的情况。因此,对第7项兜底条款进行合理界定对审判实践意义重大。

---

❶ 本书中的"公务"指"对社会进行的行政管理事务"。

(二)对国家工作人员身份认定兜底条款的解释

在国家法律法规已经明确规定基层群众性自治组织不属于国家行政机构的前提下,随着我国农村经济建设的不断推进,有大量的行政工作需要人力完成。而行政资源有限,政府的公共管理职能下放已成为主要趋势。由此,基层群众性自治组织成员在协助政府实行管理职能时的违法犯罪行为也愈加引起各方重视。在这一犯罪领域中,基层组织成员的身份定性一直是刑法学界所讨论的话题之一,也是司法实务中正确适用罪名的关键。在解决此问题之前,应先全面认识与理解国家工作人员的定义与司法认定范围。

1. 国家工作人员身份的有关学说

对于国家工作人员的定义,学界中主要存在身份说、职务说和复合说。

身份说主张,国家工作人员犯罪是一种职务类型的犯罪,作为犯罪主体的行为人必须具有国家工作人员的身份资格。身份说具有形式性,对于国家工作人员身份的认定更加直接、不容易产生歧义,然而也会出现"一刀切"的问题。"一方面,当前职务犯罪已非以往时代的身份或阶级犯罪,不是身份决定公务,而是公务决定身份。"[1]法律规定基层群众性自治组织不属于国家机构,那么基层群众性自治组织在协助政府完成行政管理的事务中实施了职务型违法行为时,如果严格按照身份说,则不能以国家工作人员犯罪来定性,不能有效保护国家工作人员职务犯罪所侵害的法益,损害国家工作人员的廉洁性,进而对国家工作人员的形象造成负面影响。另一方面,具有国家工作人员身份的人所实施的行为并非都是公务行为。如公立医院的院长具有国家工作人员身份,其对医院进行管理的行为属于公务行为,但给病人看病的行为属于专业行为。在后一种情况下,如行为人在实施专业技术行为中有违法犯罪行为,不能简单以其国家工作人员身份认定构成职务犯罪,只能根据其客观行为及其侵害法益认定构成何种犯罪。

职务说或称公务说,该学说主张认定行为人是否是国家工作人员,决定要素是行为人是否从事公务,与身份说不同,认为行为人是否具有国家工作人员的资格身份并不是首要考虑的问题。这也是我国刑法学界目前的通说。相较于身份说,职务说更强调行为的实质性,重点在于基层群众性自治组织成员所实施的行为的本质特征,能够更好地把握国家工作人员的内涵。然而,如果严格依照职务说,只看行为人施行的是否是公务行为,而轻视其是否具有国家工作人员资格,会在一定程度上造成对《刑法》第93条第2款的滥用,将许多不属于国家工作人员职务犯罪的行为也囊括在内,不利于罪刑法定原则的贯彻。此外,职务说中有一分说观点为区别的功能说,该学说认为,由于各个犯罪所侵犯的法益不同,因此要求在刑法以法益保护为目的的前提下,为不同的国家工作人员职务犯罪设置

---

[1] 姜涛.刑法中国家工作人员定义的个别化解释[J].清华法学,2019(1):76-97.

不同的身份认定标准,主要表现为对国家工作人员身份的扩大或限缩解释。这恐有稍显累赘之嫌。同时,在司法实践对全国人大常委会关于《刑法》第93条第2款的解释中第7项兜底条款认识不统一的情形下,对不同国家工作人员职务犯罪行为人采用不同的认定标准,如果不能清晰明确,只是一些总体上的要求,"要作扩大解释"等,可能会进一步加剧对兜底条款认识不统一的现象。司法实务的情形千变万化,即使为某一国家工作人员职务犯罪的罪名设置了明确的认定标准,也不排除会出现不能完全用已设置好的标准进行衡量的非典型的案例情况。在这一情形下,如果进一步对标准进行补充和细化,更显繁杂,之后仍然有可能出现相同的困境,问题不会因此得到根本解决;而如果止步于此,不再对身份认定标准进行细化,由法官根据其职业知识和经验进行判断,那么为每种国家工作人员职务犯罪设置不同的身份认定标准的这一行为的"性价比"并不是很高。

复合说也称折中说,这一学说主张将前两种学说进行中和,将身份说与职务说结合在了一起,集中了两者的优点,在形式上与实质上进行了统一,认为国家工作人员身份与从事公务行为应并举,不可有所偏颇。复合说在考虑身份的同时还要考虑所从事的事务行为,因此,在国家工作人员的界定上,复合说的范围必然限于身份说与职务说,有利于保持刑法的谦抑性。我国《刑法》第93条对"国家工作人员"的定义亦采取了复合说。本书认为此说更科学且更符合司法实际情况。

2. 对兜底条款的相关观点

本书认为,虽然在具体案件中法官拥有自由裁量权很有必要,但是应当避免过度的自由裁量权,以保障司法的权威与公正性。因此,在合理的范围内对影响司法认定的重要事项作出界定,在一定程度上统一对某一类案件的判定标准,不仅有助于引导司法实践对该类案件的认定与审理,还可在此基础上树立社会公众对司法的信仰。自我国"乡村政治"治理体制确立以来,乡镇政府行政管理与村民自治管理之间的互动和衔接一直面临着一定的困境,在刑法领域,着重体现在国家工作人员职务犯罪身份认定的问题上。在国家工作人员身份认定的有关学说中,身份说在理论与实践中已几乎不被采纳,职务说与复合说都强调了"公务行为",因此需要对"协助人民政府从事的其他行政管理工作"进行界定,以此划分"从事公务"的范围,从而明晰在何种情况下其他依照法律从事公务的人员,以国家工作人员论,最终准确适用法律规定。

学界中,有许多学者提出了对兜底条款的不同认识与解释。如有学者提出,应至少把握两点:"第一,政府的行政管理性;第二,协助的内容应与前6项具有相当性,亦是事关国计民生的或公权力的大事,不能随意扩大其范围。"[1]还有学者认为应注意:"第一,协助的事项必须具有行政管理性质,必须是人民政府在农村行使的行政管理工作,否则就属于村基层组织的职责范围;第二,协助的事项所涉及的利益必须归属于政府。"[2]更有学者认为:"第一,人民政府行政管理与村集体事务管理本质不同,行政管理从本质上讲是一种行使公共权力、管理公共事务、谋求公共利益、承担公共责任的管理活动。第二,协助人民政府从事行政管理与管理村集体事务中是否具有自主决定的权利不同。"[3]

"成文法的特点和法律解释的作用决定了我们对刑法的合理解释是及时有效解决农村基层组织人员贪污贿赂犯罪法律适用问题的必然选择。"[4]因此,在全国人大常委会关于《刑法》第93条第2款立法解释中第7项"协助人民政府从事的其他行政管理工作"这一兜底条款进行界定时,一方面,在考虑有关国家工作人员的相关理论外,还应综合把握国家有关部门对条款进行的解释说明等。另一方面,"在罪刑法定成为刑事法治核心原则的背景下,刑法解释的智慧就体现在既要遵循罪刑法定原则不超出刑法用语可能具有的含义,又要得出公平正义的结论、适合司法需要"[5]。法学是服务于社会的学科,具有极强的实践性,限制标准首先应适用于所有国家工作人员职务犯罪,其次要力图使司法实践在进行判断时不断接近"达成共识",以尽量避免适用标准不一的现象。上述三种学者观点中,首先,对于立法解释第7项与前6项应当具有相当性的认识,本书认为这是必然的,既然这7项内容同属于对《刑法》第93条第2款的解释,它们之间当然具有相当性。问题在于如何判断某一行为与前6项行为具有相当性?持这一观点的学者没有作出解释。本书认为,如果仅仅依靠相当性进行判断,对合理界定国家工作人员身份的助力微乎其微。同时,是否具有相当性属于价值判断,虽然任何人都不能做到完全的价值中立,但在可以凭着一定标准进行辨别的情况下,应尽量设置标准,采取事实判断而非价值判断,这或许会使结论显得更为可靠。其次,对于农村基层组织协助政府从事的事务的最终利益应归于政府这一界定,本书认为利益最终的归属并不是泾渭分明的。比如修桥筑路这一工程,在村内修桥筑路,不仅能够方便村民的日常出行,改善农村面貌,还能以此开展各项工作带动农村经济发展,"要想富,先修路",修桥筑路项目给村集体和村民带来的利益毋庸置疑。但是,如果是政府扶贫工作下的修桥筑路,就会出现政府与村集体、村民双赢的局面,两方都能获得利益,而非一方独占。最后,对于政府管理事务与村组织管理事务的本

---

[1] 陈旭玲.村基层组织人员"以国家工作人员论"的司法认定[J].法学杂志,2012(6):147-151.

[2] 尚明刚.村主任能否以"国家工作人员"论[N].江苏法制报,2016-02-01(3).

[3] 陈马林,彭迪.农村基层组织人员贪污贿赂犯罪立法解释适用问题研究[J].西南政法大学学报,2013(3):114-122.

[4] 张爱艳,刘光明.村基层组织人员"以国家工作人员论"的认定[J].中国检察官,2017(2):3-7.

[5] 张明楷.刑法学研究中的十大关系论[J].政法论坛,2006(2):3-19.

质不同的说明,实际上表达的是前者具有行政管理性质,后者则不具有该性质。

综上所述,在对国家工作人员身份认定兜底条款适用的界定中,学者们对从事事务应具有行政管理性质达成了共识,只是在其他的界定标准上有所分歧。本书赞同第三种观点:第一,农村基层组织成员的行为具有行政管理性;第二,农村基层组织成员对该管理事务应不具有自主决定的权利。否则不成立"从事公务"。关于第二点的理由如下:

首先,从司法解释上看,一方面,"作为法律上的主体,一个最基本的条件是其要有意思表示能力,且能独立地作出,非依附性是主体的基本要求……社会组织和个人成为社会主体的关键是独立性。"❶由文义解释可知,"协助人民政府从事的其他行政管理工作"的"协助"二字表明了,作为村民自治组织的村民委员会在协助政府从事行政管理工作时,其所为的是"公务",但只起辅助作用,具有依附性,人民政府才是行政管理事务的真正主体,同时也是行政管理责任的最终承担者。另一方面,政府的行政管理事务具有非常明显的权威性、社会性、强制性,农村基层组织所管理的事务属于自治事务,具有明显的民主协商性。因此,当村委会对所管理的事务能够自行安排决定,利益自得、责任自负时,说明其具有对该事务自主决定的权利,村委会所实施的乃是自治事务,此时村委会成员不具有国家工作人员身份,不适用相关国家工作人员职务犯罪的规定。

其次,由前述可知,为了尽量避免价值判断引起的差异,在区分是否属于"协助人民政府从事的其他行政管理工作"时应优先采用事实判断。村委会等农村基层组织对某一事务是否具有自主决定的权利,在决策、执行、监督等环节中都会有很明显的体现。司法机关在进行判断时,只需以事实为基础,可操作性更强,可以极大地避免歧义以及由此导致的认定标准不一致的现象。

诚然,任何的界定标准都不是完美的,总会出现"漏网之鱼",在用上述标准无法准确辨别"公务"与"自治事务"时,本书更倾向于认定为非国家工作人员,理由在于村委会等农村基层组织成员本身就不属于国家工作人员,在身份模糊时以其原本的身份来认定更佳。❷

四、结论

实践中,各司法组织对于村委会等农村基层组织从事何种事务时属于协助政府的行政事务有不同理解,理论上也没有完全一致的界定标准。明确界定"协助人民政府从事的其他行政管理工作"将极大地促进司法实践活动的顺利进行。本书认为界定标准应包括两个要素:农村基层组织成员的行为是否具有行政管理性,对所管理的事务是否具有自主

---

❶ 张树义.行政主体研究[J].中国法学,2000(2):80-86.
❷ 尹振国.农村职务犯罪法律适用困难及其对策[J].湖南农业大学学报(社会科学版),2016(4):63-69.

决定的权利。这不仅具有理论支撑,司法实践中也具有可行性。如果存在难以辨别的情况,则以非国家工作人员论。本案中农村公共服务项目由村议事会决定,招投标、监督等各环节也由村组织自行进行,具有明显的行政管理性质以及极大的自主决定权,由此可知这类事务属于村内自治事务,并非公务,村组织成员在该事务中不具有国家工作人员身份,四名被告人在从事村民自治事务中非法收受他人财物、为他人谋取利益,应认定为非国家工作人员受贿罪。

单位收受"赞助费"是否构成单位受贿罪
——新农村建设工作领导小组办公室单位受贿案

邓燕虹 唐亮

【裁判要旨】 新农村建设领导小组及办公室,属于常设的执行新农村建设各项行政管理职责的国家行政单位,其在建设项目经济来往中收受与本单位有利益关系的企业、承包人财物,无明确证据证实是捐赠的,应以单位受贿罪论处。

【关键词】 新农村建设小组 收受 赞助费 单位受贿

一、基本案情[1]

被告单位某回族土族自治县新农村建设领导小组办公室(简称"新农办")的主要负责人员为冯某某、周某某、马某某以及刘某某,四人的职位根据有关规定进行轮换。在实施党政军企共建示范村项目期间,因办公经费紧张,2012年4月新农办在开会研究其他工作时,时任该办公室主任的被告人刘某某提出向项目承揽方收取"赞助费",参会人员都表示同意,同时,刘某某向冯某某、周某某、马某某分别口头进行汇报,询问能否收取赞助费,三人同意了这一提议,但表示赞助费必须是自愿给付并用于新农村建设工作。新农办于2012年9月12日至12月30日以管理费名义分别收受该项目9个承揽方现金共计23.985万元,并将此款项计入单位"小金库"中,用于单位车辆加油、办公用品耗材、司机工资、年度表彰时发表彰费等支出。本案经法院审判,判决新农办单位受贿罪成立。

二、案件争议问题

某回族土族自治县人民检察院以被告单位某回族土族自治县新农村建设领导小组办公室犯单位受贿罪,被告人刘某某为单位直接负责的主管人员,也被追究刑事责任。被告人刘某某的辩护意见第一条称,被告单位及被告人刘某某所收受的赞助费属于捐赠,并且是赞助人自愿给予的,因此并不违法。该辩护意见未被法院采纳。因此,本案争议问题在于该单位这一收受赞助费的行为是否构成单位受贿罪。

---

[1] 本案来源于北大法宝网,某省某回族土族自治县人民法院(2015)大刑初字第1号,https://www.pkulaw.cn/case/pfnl_a25051f3312b07f311c940d5e713b71249483c4d7c9e3d7ebdfb.html?keywords=%E5%A4%A7%E9%80%9A%E5%9B%9E%E6%97%8F%E5%9C%9F%E6%97%8F&match=Exact,2020年04月21日访问。

三、问题分析及阐述

(一)"赞助费"之性质探析

各类型单位在对外交往活动中接受赞助费并不少见。赞助费,是指企业或个人以现金或实物等形式赞助某个单位或某项活动,从而达到宣传或扩大自身影响等目的的各种无偿赞助支出。虽然是具有一定"捐赠"性质外观的民事行为,但赞助是有条件的,赞助人往往会要求被赞助人提供商业利益或其他方面利益的回报,这也是赞助和捐赠的本质区别。对于赞助行为,只要所提条件合法、合理,就应当视为正常的民事往来活动。

单位收受赞助费不仅能使单位获利,尤其在重大活动中,能够有效缓解经费紧张的局面,更有效地开展事务活动;赞助方也可以通过赞助行为起到广告推广等效果,创造双赢局面。常见的情形,如奥运会、亚运会、世界杯等重大体育赛事,以及各种类型的晚会、演出等。民事单位主体间的赞助行为极其常见,然而,行政单位作为"收受赞助费"的主体时,则需谨慎对待。警惕披着"赞助"外衣的单位受贿行为,正确区分以准确认定是否构成单位受贿罪,既保障正常的民事往来活动,维护正常的市场经济秩序,又能使违法行为受到刑事规制,才符合法治不枉不纵的要求。综上,本书主要围绕单位在收受赞助费情形下的罪与非罪认定进行探讨。

(二)单位受贿罪认定

1. 单位受贿罪立法渊源

我国1979年《刑法》中没有关于单位受贿罪的规定,是因为计划经济体制天然地排除了企业进行经济犯罪的可能性。随着我国改革开放的不断推进,单位自主权越来越大,以单位为主体实行的贿赂犯罪开始崭露头角,为了维护社会主义市场经济秩序的稳定,1988年1月21日全国人大常委会通过了《关于惩治贪污罪贿赂罪的补充规定》,其中第6条[1]对单位受贿行为作出规定,为惩治全民所有制单位受贿犯罪提供了法律依据,1997年《刑法》在此基础上进行修改,以第387条[2]规定正式设立单位受贿罪,将单位纳入贿赂犯罪主体中加以规制。

1993年财政部发布《关于治理乱收费的规定》,最高人民检察院发布了《最高人民检

---

[1] 《关于惩治贪污罪贿赂罪的补充规定》第6条:"全民所有制企业事业单位、机关、团体,索取、收受他人财物,为他人谋取利益,情节严重的,判处罚金,并对其直接负责的主管人员和其他直接责任人员,处5年以下有期徒刑或者拘役。"

[2] 《刑法》第387条:"国家机关、国有公司、企业、事业单位、人民团体,索取、非法收受他人财物,为他人谋利益,情节严重的,对单位判处罚金,并对其直接负责的主管人员和其他直接责任人员,处5年以下有期徒刑或者拘役。前款所列单位,在经济往来中,在账外暗中收受各种名义的回扣、手续费的,以受贿论,依照前款的规定处罚。"

察院关于贯彻中发〔1993〕9号文件进一步开展自身反腐败斗争的实施意见》,两份文件均要求大力整治单位以各种名义收取不当费用的现象。2005年国务院发布的《关于鼓励支持和引导个体私营等非公有制经济发展的若干意见》第33条❶中对单位收受财物作出了严格要求,由此可见,从国家治理层面来看,对于各类单位以各种手段、名义非法收受、索取不正当费用的行为,应持严加管治的态度。

2. 单位受贿罪构成要件

我国传统的犯罪构成理论认为,行为是否构成犯罪,应根据行为是否具备犯罪构成要件来判断。2008年最高人民法院、最高人民检察院颁布的《关于办理商业贿赂刑事案件适用法律若干问题的意见》第10条❷对区分贿赂与馈赠时应当考量的因素作了规定,要求全面分析、综合判断,因此,讨论单位受贿罪的构成要件时应结合上述规定作出准确界定。

本案中,对于单位受贿罪的主观方面各方均没有争议,因此下文不对此展开讨论。而在其他犯罪构成要件中,新农办小组领导人员的行为是否侵犯了单位受贿罪的法益、本案中的客观行为属于何种性质、新农办小组是否属于单位受贿罪中的"单位",这三个方面均有值得进一步讨论的价值。综上,本部分主要围绕单位受贿罪的客体、客观方面及主体作论述。

(1)客体。

在犯罪客体方面,我国目前采用法益论,即犯罪行为侵犯的客体是法律所保护的法益。如果相应的法益没有受到侵害或者威胁,则客观上不存在违法或者犯罪行为。针对单位受贿罪的客体,不同学者有不同的看法,主要分为三种观点,包括单位行为的廉洁性、单位的经济管理秩序,以及二者兼有之的双重法益说。

本书认为,单位受贿罪必然对单位行为的廉洁性产生影响,同时,违法收入会在一定程度上扰乱正常的社会秩序,对单位的管理有直接或间接的影响。因此,本书认同双重法益说,即本罪保护的法益是国家机关、国有公司、企业、事业单位和人民团体的正常管理秩序以及其行为的廉洁性。

---

❶ 国务院《关于鼓励支持和引导个体私营等非公有制经济发展的若干意见》第33条:"规范国家行政机关和事业单位收费行为。进一步清理现有行政机关和事业单位收费,除国家法律法规和国务院财政、价格主管部门规定的收费项目外,任何部门和单位无权向非公有制企业强制收取任何费用,无权以任何理由强行要求企业提供各种赞助费或接受有偿服务。要严格执行收费公示制度和收支两条线的管理规定,企业有权拒绝和举报无证收费和不合法收费行为。各级人民政府要加强对各类收费的监督检查,严肃查处乱收费、乱罚款及各种摊派行为。"

❷ 2008年最高人民法院、最高人民检察院《关于办理商业贿赂刑事案件适用法律若干问题的意见》第10条:"办理商业贿赂犯罪案件,要注意区分贿赂与馈赠的界限。主要应当结合以下因素全面分析、综合判断:(1)发生财物往来的背景,如双方是否存在亲友关系及历史上交往的情形和程度;(2)往来财物的价值;(3)财物往来的缘由、时机和方式,提供财物方对于接受方有无职务上的请托;(4)接受方是否利用职务上的便利为提供方谋取利益。"

(2)客观方面。

对于单位受贿罪的客观方面,包括以下几点:

首先,受贿行为必须由单位决策机构决定、授权、同意或认可,既可以是单位决策机构的决定,也可以是单位负责领导或者少数主要领导者的决定,还可以是单位全体成员的共同决定,单位中不具有代表权威的人员在非经单位或领导人员授意下的受贿行为,仅属于其个人行为,与单位无关。

其次,单位受贿罪的主体是"单位",因此,受贿行为必须是以单位的名义实施并为单位谋取利益的行为,并且受贿财物应归单位所有。如受贿行为以单位名义作出,但受贿财物最终归私人所有,本书认为,此时应当将两个行为分开,区别看待,而不应简单地认定为一个行为。受贿行为以单位名义作出,且已收到受贿财物,此时单位受贿罪已既遂,该财物(即使是违法财物)应认为是单位所有,最终受贿财物被私人占据,此时的行为应理解为侵占单位财物,构成贪污罪。

再次,单位受贿罪应当"具有索取、非法收受他人财物,为他人谋取利益"的事实。单位受贿犯罪中并未区分"收受"及"索取",而是在同一法条中进行评价,但附加条件不同。非法收受他人财物构成的受贿类犯罪中,为他人谋取利益是必要条件之一。索取财物型的受贿犯罪则无须以为他人谋取利益为必要条件,行为包括主动以明示或暗示的方式索取财物,谋取的利益既包括正当利益,也包括不正当利益。

最后,必须达到情节严重的程度才构成犯罪。[1]学界曾经对"情节严重"展开一定的讨论。1999年最高人民检察院颁布的《关于人民检察院直接受理立案侦查案件立案标准的规定(试行)》中对"情节严重"作出了规定,区分了两种情节严重的情况。这一规定对司法实践中的单位犯罪认定提供了判断标准,使单位受贿罪的认定更加规范。

(3)主体。

单位受贿罪的主体是"单位",包括国家单位和非国家单位。在单位受贿罪设立之初,学者们对应是"单位受贿罪"抑或"法人受贿罪"展开了争辩。由于"单位"的外延比"法人"大,更能涵盖各式各样的单位,因此争议之声逐渐减少。

国家单位可分为两大类,即国家机关和国有公司。本书认为,两种类型的国家单位,涉及的事务不同,因此对二者在收受财物方面的限制也应该有所区分。贿赂犯罪的本质是"权钱交易",国家机关具有更多面临"权钱交易"诱惑的可能性。故而,应对国家机关收受财物进行严格管制。若允许国家行政单位随意收取"赞助",极易破坏法律的严肃性,使执法的公正性受到侵犯。国家机关单位及其工作人员的职务廉洁性不容侵犯,这是法治政府建设的应有之义。因此,除了重大活动,如奥运会、亚运会等重大体育赛事,其

---

[1] 周力,秦四锋.单位受贿罪的构成、认定与处罚[J].河北法学,1999(5):54-56.

他场合下应禁止国家机关单位收受各种名义的财物。

对于其他企业、事业单位和人民团体，其公权性质相对弱一些，民事活动更加频繁，则对其收受财物的限制相较于国家行政单位可适当宽松一些。为了避免贿赂行为披上合法的外衣扰乱经济秩序，同时也为了避免正常的民事往来受阻，在收受财物时应力求合法合规。首先，需实事求是，以"赞助"为主，不能以其他莫须有的名义收取财物。其次，单位收取的财物应当全额如实入账，应摈除私设单位"小金库"的行为。再次，一般情况下，单位不能直接"索取"赞助费，双方应当在互利平等的条件下进行磋商。最后，应尽量避免单位与有经济往来的组织或个人建立该种民事行为，以形式公正实现实质公正，在特殊情况下赞助商对有利害关系的项目单位实施赞助时，程序上应该更加严格、透明。

(三)本案单位行为评析

本书认为，赞助行为与受贿行为的区分应以《关于办理商业贿赂刑事案件适用法律若干问题的意见》第10条规定为基础。

1. 从法益侵害性上看

本书认为，判断单位收受财物行为是否构成单位受贿罪，单位与财物提供方之间是否具有利害关系是需要考虑的要素之一。本案中，新农办主动向新农村建设项目承揽方收取财物，二者之间具有利害关系。"单位收受赞助费"与"单位收受项目利害关系人赞助费"这两个行为，按照社会普通大众的观点，前者是正常的社会活动，而后一行为极有可能被认为与受贿相关联，从而对单位行为的廉洁性提出质疑。而单位受贿罪保护的法益正是单位的正常管理活动以及其行为的廉洁性。

本案中新农办的行为应属于主动索取财物。虽然新农办的领导人员说明了该"赞助费"应出于自愿给付，但新农办作为该项目的负责人，在对项目承揽方的选择上具有绝对的优势地位，在双方之间具有民事交易的基础之上，从项目承揽方的角度来考虑，可推测具有类似"要挟"的意思表示，简单来说，本案中承揽方的"赞助"行为在其主观上并不一定完全出于自愿，或者是出于自愿，但是带有保留承建资格这一利益的主观想法。但从另一角度分析，为了保有承建资格而给予赞助费，主观上的自愿性也就弱化了许多。因此，本书认为该笔财物并非完全出于自愿给付，单位的正常管理活动以及其行为的廉洁性受到了一定损害。

2. 从客观行为上看

比照前文对单位受贿罪客观方面的分析，本案中，被告人刘某某作为新农办领导小组成员之一，提出收取"赞助费"，获得其他领导成员及工作人员的同意，可视为单位全体人员的共同决定。新农办收受财物后用于单位的各项支出，可推出该笔财物已归单位所有。

该笔款项是新农办主动向项目承揽方收受的,因此不需要具有为他人谋取非法利益这一条件。根据最高人民检察院发布实施的《关于人民检察院直接受理立案侦查案件立案标准的规定(试行)》的有关规定❶,新农办收取9个项目承揽方共23.985万元,已达到情节严重程度。由此可知,新农办收受"赞助费"的行为,符合单位受贿罪构成要件的客观方面。

此外,新农办收取"赞助费"时使用的是"管理费"的名义,应视为"暗中收受"。同时,新农办收受的该笔款项未能正常入账,而是存放于单位的"小金库"中。这一行为也可侧面反映新农办自身认为该笔财物的合法性有瑕疵。具体而言,如果果真如新农办领导人员所说,该笔财物属于赞助,那么为何不正常入账,而是存在于"小金库"之中?可见,新农办也觉得收受该笔财物不妥。结合前文对赞助、捐赠、受贿行为的区分可知,项目各承揽方在给付财物后,并没有要求新农办提供任何利益上的回报,因此不属于被告所称的"赞助",同时,由于该笔款项在入账处理时不符合有关法规对捐赠收入的规定,且在收取财物时并非以"捐赠"名义,因为也不属于辩护人所称的无偿馈赠行为。

综上所述,从正面看,本案中被告单位某回族土族自治县新农办及其领导人员的行为属于受贿行为中的主动索取财物行为,符合单位受贿罪的构成要件;从反面看,其行为不属于收受"赞助"或"捐赠"。因此,本书赞同法院的判决,新农办及其小组领导人员的行为应当认定为单位受贿罪。

四、结论

单位收受财物是否构成单位受贿罪,不能仅听单位"一面之词",应对收受财物和行贿财物双方的关系、财物的用途、收受财物的程序等各方面进行实质考量后,再进行是为赞助还是受贿的认定。被告单位某回族土族自治县新农村建设领导小组办公室作为国家行政单位,收受具有利益往来的企业"赞助费"的行为,无证据表明该企业确实是自愿给予的捐赠,被告并有受贿行为,符合单位受贿罪的构成要件。

---

❶《关于人民检察院直接受理立案侦查案件立案标准的规定(试行)》规定,"涉嫌下列情形之一的,应予立案:1. 单位受贿数额在10万元以上的;2. 单位受贿数额不满10万元,但具有下列情形之一的:(1)故意刁难、要挟有关单位、个人,造成恶劣影响的;(2)强行索取财物的;(3)致使国家或者社会利益遭受重大损失的"。

水网改造工程款转入个人账户能否认定具有"非法占有目的"
——尚某虎贪污案

尚 蓉 周 琦

【裁判要旨】 村党支部书记利用职务之便将公共款项转入个人账户的行为，已经侵害了职务行为廉洁性和公共财产所有权，无论行为人之后是否将该公共款项实际用于农村公共事业建设，都不影响其非法占有目的的认定，应以贪污罪论处。

【关键词】 贪污 非法占有目的 职务便利 饮水安全

一、基本案情[①]

被告人尚某虎在担任某县黄某镇前崔某村党支部书记兼村委会主任期间，故意隐瞒该村已于2009年自行实施水网改造的事实，又在2010年向某县水利局申报该村农村饮水安全项目。在前崔某村饮水安全项目实施过程中，尚某虎利用协助人民政府建设项目的职务便利，对项目进行虚假验收，致使政府将全额工程款24万余元拨付至源某通塑胶有限公司（以下简称"源某通公司"），而该公司在前崔某村实际施工工程量仅为2万余元。后尚某虎要求源某通公司退回多得的工程款。2012年12月24日，源某通公司将多得的工程款10万元转入尚某虎个人账户。2016年4月，在某县纪委对尚某虎进行调查期间，尚某虎伪造一份2012年将源某通公司返还的10万元用于本村垃圾分类场建设的证明材料，用以证明其将10万元工程款用作村集体基础设施建设。

本案系发回重审案件，被告人尚某虎重审期间对公诉机关指控其贪污的事实与罪名均不持异议。辩护人对被告人尚某虎利用职务便利，获取国家资金10万元的事实不持异议，但辩护人认为被告人获取国家资金后并未占为己有，而是用于支付建设村垃圾处理场建设费用。被告人尚某虎不具有非法占有公款的故意，故不构成贪污罪。法院经审理认为被告人尚某虎隐瞒水网改造工程实际进展情况，将骗取的国家工程款10万元据为己有，主观上具有非法占有的故意。修建垃圾场属于政府投资工程，工程款应由政府支付，村委会即使垫资也与被告人尚某虎骗取国家工程款10万元据为己有无直接因果关系。

[①] 本案来源于中国裁判文书网，(2017)豫0825刑初1019号，https://wenshu.court.gn/website/wenshu/181107ANFZ0BXSK4/index.html?docId=SSXpF0f4N9mv2jlPkZcyIY1sEtYj3Fr+9W3s5fe0z2u5cM00udP/1PUKq3u+IEo44oKTrwV0fZmJdLAiTxSzTcXQVwx3j9mWuw1V1ao9dg5kfReCU7bTWYqeRpJFx4zN，2022年04月14日访问。

另外,被告人尚某虎陈述该10万元用于村里建垃圾场仅为个人辩解,并无证据证明。故辩护人的辩护意见不能成立,法院不予支持。

二、案件争议问题

本案中,对于被告人尚某虎将10万元国家工程款转入个人账户,其辩称将10万元工程款用于本村垃圾分类场建设的行为定性存在两种不同的观点:第一种观点认为被告人尚某虎无论将公共款项用于何处,其将公共款项转入个人账户的行为就具有非法占有的故意,应当构成贪污罪;第二种观点认为被告人尚某虎虽有将国家工程款转入个人账户的事实,但其是将该笔款项用于农村公共事务建设上面,并没有占为己有,不应构成贪污罪。

三、问题分析及阐述

本书所讨论案例的争议焦点在于行为人因上级未及时拨付款项,遂用个人资金为本村公共卫生设施建设(垃圾场)提前垫资(本应由村委会支付),随后向上级瞒报本村另一公共卫生设施建设项目(饮水安全工程)实际进展情况,在该饮水工程项目款拨付之后转至个人账户,声称用于填补本村垃圾场建设的行为,能否认定其具有非法占有目的的问题。在解决本书争议问题之前,需要对非法占有目的进行概念界定,并分析贪污罪的犯罪既遂标准是什么,在此基础上才能对本案行为人的行为性质做进一步的厘定。

(一)贪污罪"非法占有目的"的内涵

我国《刑法》第382条[1]对贪污罪的罪状进行了描述。通过法条可以看出,我国《刑法》并未明确将"非法占有目的"列入条文当中,相关司法解释在描述贪污罪概念时,却明确了行为人主观上须具备"非法占有目的"。有学者从刑法解释论出发,认为《刑法》中并没有明确规定非法占有的含义,因此没必要将非法占有作为主观要件要素之一。刑法的解释和适用需要以合理的规范性解释为标准,并遵守整个刑法体系。尽管《刑法》中针对犯罪构成规定了法定刑罚,但这并不意味着《刑法》中必须明确规定任何犯罪的构成要件要素。因此,对"非法占有目的"作规范推定与理性解释,[2]对于准确判定贪污罪具有十分重要的功能价值,有必要限制适用范围及适用方式。

---

[1]《刑法》第382条:"国家工作人员利用职务上的便利,侵吞、窃取、骗取或者以其他手段非法占有公共财物的,是贪污罪。受国家机关、国有公司、企业、事业单位、人民团体委托管理、经营国有财产的人员,利用职务上的便利,侵吞、窃取、骗取或者以其他手段非法占有国有财物的,以贪污论。与前两款所列人员勾结,伙同贪污的,以共犯论处。"

[2] 徐威.论功能重塑视角下的"非法占有目的"[J].河南财经政法大学学报,2021(6):125.

1."非法占有目的"内涵理论学说

"非法占有目的"内涵理论学说包含"意图占有说""不法所有说""非法获利说"以及"意图永久排除所有权说",对相关理论学说的了解与分析,有利于更深入地把握"非法占有目的"的内涵。

(1)意图占有说。

该学说认为,非法占有的核心是强调"占有"的权能,无论行为人通过何种非法转移财产的方式,只要其占有了他人的财产就完成。[1]"意图占有说"是从刑法条文的字面意思对"占有"进行简化评价与单纯认定,不附加其他刑法规范之外的观点与立场,是一种最为纯粹的解释方法。但该说仅从语义上对"非法占有"的基本含义进行解释,没有揭示出行为人主观上对财物所有权全部权能占有的意图本质,只强调了占有权能,缺乏更为细致的主观内容,忽视所有权的其他权能,对非法占有目的的理解较为浅显。

(2)不法所有说。

"不法所有说"在"意图占有说"仅从字面意思作解释的基础上有了进步,进行了实质解释,侧重"非法所有",这对于准确区分犯罪行为具有实质性的帮助。"不法所有说"认为非法占有的实质目的是实现对财产所有权和其他权利的彻底侵犯,实现财产所有权和财产权侵害对象的衔接和融通。张明楷教授认为,只有通过将非法占有的目的解释为非法所有的目的,才能具有区分犯罪与非犯罪,此犯罪与彼犯罪的功能。"不法所有说"忽视了"占有"在刑法评价上的独立意义,低估了事实上对财产的排他性控制和支配地位。

(3)非法获利说。

"非法获利说"认为犯罪行为人实施违法行为追求的目的不是为了非法占有,而是非法图利,[2]在实际占有财物的过程中获得某种财产性利益。该说立足于财物的效用、经济等价值层面,强调行为人非法占有财物的终极目标是通过对该财物的使用、收益获取实际效用。但是"非法获利说"存在将动机与目的同质化的倾向,"非法占有目的"中的"目的"解释为某种获利动机,混淆了动机与目的的概念,进而影响了其各自的评价功能。"获利"只是犯罪行为人实施违法犯罪行为追求的目的之一,并非全部。如仅以获利为犯罪目的,无法区别"占有"与"牟利"主观目的的差异。因此,该说不利于区分此罪与彼罪。

(4)意图永久排除所有权说。

这种观点认为,非法占有的目的包括两个含义:一是永久获得财产所有权的意图;二是非法控制财物来排除他人的所有权。[3]主观上仅仅出于"使用目的",但造成财产所有

---

[1] 高铭暄.中国刑法学[M].北京:中国人民大学出版社,1989:502-503.
[2] 张瑞幸.经济犯罪新论[M].西安:陕西人民教育出版社,1991:255.
[3] 苏惠渔.刑法学[M].北京:中国政法大学出版社,2016:565.

人因此而无法永久实现所有权的结果,而这一结果又正是行为人意识到并积极追求的,也应视为具有非法占有目的。该说注重保护财产所有人权益避免受到侵害,对行为人的"非法控制"进行详细的阐述和解释,但根据张明楷教授的观点,即使行为人的主观意图是暂时使用并按计划归还,但如果阻碍了他人使用该财产且到达应处罚的程度,应根据相应的罪行定罪并处罚。[1]该说有利于厘清罪与非罪,但是"永久性"一词不够严谨,无法确切把握"永久"的时间度量,并且难以区分非法占有财物行为与故意毁坏财物行为,也存在弊端。

2. "非法占有目的"内涵的合理认定

从功能角度出发,对"非法占有的目的"的观点学说梳理,各种学说的主要差异是:第一,非法占有的目的是否包括暂时使用或必须具有永久性含义;第二,所有权的全部权能是否都应包含进去,还是应将其限于非法控制、利用处分或简单获利。本书赞成"不法所有说"的观点,认为非法占有的目的包括排除意思和利用意思两个方面。[2]排除的含义是指权利持有人被排除在外,以便行为人可以像权利持有人一样对财产行使各种权利,利用的含义是指行为人根据财物可能具有的使用方式进行处置的含义。本书认为,在贪污犯罪中具体表现为使用非法手段,主观上排除国家或集体对公共财物的所有权,但客观上,行为人不需要实际获得公共财产的所有权[3]。

针对"非法占有"是否必须是"非法占为己有"这一问题,本书认为,并不需要行为人必须"非法占为己有"。"占有"应理解为客观上使公共财物脱离国家或单位的控制,并置于行为人实际控制之下。在词语表达上,"非法占有"和"非法占为己有"之间也有明显的区别。"非法占为己有"强调行为人要实际拥有、控制和支配公共财产。假定刑法规定非法占为己有才可以构成贪污犯罪,它将提高贪污犯罪的认定标准,并将导致放纵贪污犯罪情形的结果发生。在司法实践中,常有行为人藏匿单位的公共财产,其隐藏行为实质上排除了单位对公共财物的控制权。尽管财产所有权仍归单位所有,并未实际上转移给行为人,但其藏匿行为阻止了单位自由行使财产所有权,该行为也可被视为贪污犯罪。

3. 认定"非法占有目的"的重要参考依据

非法占有目的作为行为人的主观故意内容往往带有较强的主观性及隐蔽性而难以判断,可以通过行为方式、行为后果、处分公款情况、归还能力、归还意思方面来辅助判断。

(1)行为方式。

行为方式是指行为人转移公款之后,其行为和举动表露出其是暂时使用还是永久占

---

[1] 张明楷. 论财产罪的非法占有目的[J]. 法商研究,2005(5):76.
[2] 张明楷. 刑法学[M]. 北京:法律出版社,2016:1185.
[3] 徐留成,王强军. 贪污罪专题整理[M]. 北京:中国人民公安大学出版社,2009:49.

用。例如,行为人利用自己的职务便利扣留公款,用虚假的财务凭证使被挪用的公共资金难以真实反映在单位的财务账户中。

(2)行为后果。

行为后果主要是指在行为人转移公共资金后,隐瞒或拒绝解释公款下落,造成公共财物损失的严重后果。行为人如果不是由于客观原因而无法归还,其主观意图已经从临时占有改变为永久占有。❶

(3)处分公款情况。

行为人获得公款后,如何处分也是认定其是否具有非法占有目的的关键。❷例如,如果行为人挪用了大量公款,且远远超过了他的归还能力,仍然肆意挥霍,则可以认定行为人无意予以返还。

(4)归还能力。

归还能力也是判断行为人主观意图的重要依据,只有在行为人有偿还能力的前提下,才能认定行为人只是暂时地使用该笔公共资金。如果行为人明知自己不具有归还能力仍旧任意挥霍,这种情况下很难证明其不具有非法占有的目的。

(5)归还意思。

归还意思是指行为人获得公款后,长期没有归还公款的意愿。举例来说,行为人只是想在开始时挪用公款,并打算在一个月后归还,但经过四个月,行为人改变了想法。此时,可以确定行为人无意返还。

(二)贪污罪的既遂认定标准

关于贪污罪既遂认定标准的不同理论学说,从不同侧面说明行为人与公共财产之间的关系以确定贪污罪中非法占有行为是否完成达到既遂的标准,主要有"失控说""控制说"以及"占有说"。对于贪污罪既遂理论学说的了解与把握,有利于恰当地评定行为人的行为。

1. 贪污罪既遂的理论学说

(1)失控说。

该学说从贪污行为中犯罪客体角度出发,认为一旦财产所有人失去对公共财产的控制权,就可以确定贪污犯罪已经完成,反之亦然。这种观点旨在保护公共财产免受损失,但对犯罪行为人合法权益的保护有所疏忽。

---

❶ 张冬然.挪用公款转化为贪污罪"非法占有目的"之认定[J].中国检察官,2018(9):28.
❷《最高人民法院关于审理挪用公款案件具体应用法律若干问题的解释》第6条:"行为人挪用公款后携款潜逃的,可转化为贪污罪。"

（2）控制说。

从贪污犯罪中行为主体角度来看，只要行为人实际控制了公共财产，就可以确定贪污犯罪已经完成，反之亦然。❶这种观点倾向于保护贪污犯罪行为人的合法权益，具有一定的现代刑法价值。

（3）占有说。

该学说根据行为人非法占有公共财产的实际状况进行评判，即行为人必须实际占有公共财产才构成犯罪既遂。这种观点提高了贪污犯罪既遂的门槛，极易纵容犯罪的发生。

综上，本书较为赞同"控制说"观点，该观点在认定贪污犯罪既遂、未遂的标准上设置得更为客观并符合现代刑法价值。

2. 赃款去向之于贪污罪的意义

"赃款去向"是指在贪污犯罪案件中，行为人通过"侵吞、窃取、骗取"等非法手段实施完毕控制公款行为后，对该款项作何处理。❷在司法实践界，"赃款数额"不仅被用作贪污犯罪的量刑标准，而且被视为贪污犯罪中罪与非罪的界定标尺。关于赃款去向是否影响贪污案件的认定，理论界主要有三种观点，即"去向无关论"，"去向决定论"和"折中论"。

（1）去向无关论。

该学说认为，只要国家工作人员在犯罪主观方面具备非法占有故意，客观上实施了贪污犯罪规定的侵吞、窃取等其他非法行为，犯罪就已成立，即可认为贪污罪达到既遂，不需要再将赃款的去向作为贪污罪的构成要件。

（2）去向有关论。

该学说认为，公款的下落在一定程度上是行为人非法占有目的的具体体现，强调贪污目的的非公性，赃款去向是占据贪污罪主观要件认定的重要部分。

（3）折中说。

该学说认为，赃款去向问题在某些情况下，是影响贪污犯罪的要素，但在某些情况下，它不是影响要素。这种识别方法显然存在问题。事实上，贪污后的公款已经不是原来的"公款"了，因为该笔资金来自非法渠道实现的公有财物转移。这种"将赃款用于公用不能认定为贪污"的观点，只是注意到贪污行为侵犯了公共财产的所有权，忽视了对国家机关的正常活动及公职人员职务廉洁性的侵害。

通过贪污罪法条的表述，只能看出贪污罪所要求的主观故意仅仅是对财物的"非法占有"而非"非法占为己有"。这意味着行为人只要通过非法手段促使公共财物脱离单位控制转移至个人非法占有和支配时，就满足"非法占有"这一条件，此后即便行为人将赃款

---

❶ 高铭暄，马克昌.刑法学[M].北京：北京大学出版社，2019：621.
❷ 周金刚.贪污案件赃款去向问题研究[J].人民司法，2009(19)：31.

全部用于公务活动也并不影响之前行为的性质。[1]发生在既遂之后对赃款的处分行为,不应成为贪污受贿犯罪认定事实的一个组成部分。[2]

(三)本案行为分析

对本案被告人尚某虎行为的分析主要侧重于以下两个方面,其一是行为人将公款转入个人账户,如何认定该笔款项的性质;其二是赃款去向是否影响贪污罪成立的认定。

1."公款转入个人账户"行为性质认定

目前我国对于"公款私存"这一行为持批判态度,认定行为人主观具有非法占有目的的倾向性很大,并通过相关财务管理制度做了较为明确的规制。[3]

"公款私存"是指用个人名义将公款存入银行账户或将公款转为个人储蓄的行为,其实质是一种变相贪污的行为。[4]但是本书认为,"公款转入个人账户"的款项性质认定还需区分该笔公款是行为人主动要求打入还是被动转入的。如果是主动要求的,那么至少可以认为行为人的主观上明知该笔款项是公款依旧主动要求,难以证明行为人主观意图与公款占有之间的"清白"关系,更难以证明或推翻行为人不具有非法占有的目的;如果是被动打入的,那么行为人主观上是否具备非法占有目的则更为隐秘,需要根据已有线索做进一步的探讨。但不论如何,盲目地"一刀切",而不分类讨论打入个人账户的方式就径直认定行为人具备非法占有目的,对行为人来说不公平,也容易裁判有误。

2."赃款"去向不影响"贪污罪"的成立

实践中,司法机关关于"赃款"去向对贪污罪的认定影响看法不一,本书观点如下:行为人一旦利用职务之便实施了侵吞、窃取、骗取等手段非法占有了公共财物,便不可改变其对职务行为廉洁性和公共财产所有权的侵害,此时,危害结果已发生,行为人无论将赃款进行怎样的处分,均不能改变贪污犯罪既遂的事实。相关司法解释[5]的规定也表明,赃款去向只能作为量刑情节来予以考虑。因此尚某虎的辩护人认为被告人获取国家资金后并没有占为己有,而是全部用于支付建设村垃圾分类处理场工程,故被告人尚某虎不具有

---

[1] 陈正云,陈鑫."赃款去向"之于贪污罪的刑法意义[J].人民检察,2015(11):11.
[2] 李建国.贪污受贿赃款去向定性及证明责任之探讨[J].法学,2000(9):29.
[3] 《中华人民共和国商业银行法》第79条:"对'将单位的资金以个人名义开立账户存储的'行为,应'由国务院银行业监督管理机构责令改正,有违法所得,没收违法所得,违法所得五万元以上的,并处违法所得一倍以上五倍以下罚款;没有违法所得或者违法所得不足五万元的,处五万元以上五十万元以下罚款'。"《现金管理暂行条例实施细则》第20条:"将单位的现金收入以个人储蓄方式存入银行的,按存入金额30%~50%处罚"。
[4] 孔煜.公款私存问题种种及其治理[J].山东审计,1997(5):39.
[5] 《最高人民法院最高人民检察院关于办理贪污贿赂刑事案件适用法律若干问题的解释》第16条第1款:"国家工作人员出于贪污、受贿的故意,非法占有公共财物、收受他人财物之后,将赃款赃物用于单位公务支出或者社会捐赠的,不影响贪污罪、受贿罪的认定,但量刑时可以酌情考虑。"

非法占有公款的故意,故而不构成贪污罪的辩护意见不应采纳。

综上,尚某虎作为某县黄某镇崔某村前党支部书记,同时兼任村委会主任,具有如实统计和上报该村饮水安全工程项目以及协助人民政府监管饮水安全工程后续进展的职责,在明知10万元工程款属于来自国家拨付的"公共财物"的情况下,转入个人账户后也未予以反对及退还,截至于此,尚某虎贪污10万元水网改造工程款的犯罪行为已既遂,即使其确实具有使用个人资金提前垫付用于村垃圾场建设的事实,也不能作为其不具有非法占有目的的抗辩理由。根据源某通公司总经理李某及源某通公司出纳冯某的证言,工程验收后财政部门向其公司支付了全部工程款,随后尚某虎到李某办公室提出要10万元工程款。通过证言可知,是尚某虎主动要求将10万元工程款打入个人账户,该主动行为与尚某虎作为国家工作人员的身份不相符合,尚某虎担任国家工作人员职务过程中,应当遵守职业伦理,时刻注意自己职务的廉洁性。

建设垃圾场属于政府投资工程,工程款应由政府支付,村委会即使垫资,也与被告人尚某虎将10万元的水网改造国家工程款据为己有没有直接因果关系,贪污水网改造工程款的犯罪行为已经既遂,不可将两个行为混为一谈,并且被告人尚某虎陈述该10万元用于村里建垃圾场也只是个人辩解,无论其是否用于公共卫生设施建设(垃圾分类场建设)都无法改变其已经贪污的犯罪事实。

四、结论

向上级瞒报本村饮水安全项目建设的实际进展情况,将国家公款转至个人账户的行为,行为人主观上具有非法占有的故意,贪污行为已经既遂,行为人声称将所得赃款用于填补本村垃圾场建设的行为并不影响其非法占有目的的认定。贪污赃款去向并不能影响贪污罪的定性,在具体案件中,只能作为量刑情节来予以考虑。因此,将国家公款转入个人账户的行为无论是否实际用于农村公共卫生事业建设,不影响非法占有目的的认定。

帮助他人骗取国家危房改造款本人未获取好处是否具有非法占有目的

——刘某生贪污罪案

尚蓉 周琦

【裁判要旨】 村委党支部书记在协助政府从事危房改造过程中,利用职务之便帮助村民骗取国家扶贫类危房改造专款,无论本人是否获取实际好处,都属于滥用职权的违法行为。村委党支部书记事前并未与他人进行通谋,不存在犯意沟通,不具有非法占有目的,应认定为滥用职权罪。

【关键词】 职权滥用 危房改造 贪污罪

一、基本案情[1]

2011年9月,被告人刘某生在担任某县陈某镇闫某村委党支部书记之时,利用职务之便弄虚作假,为刘某1、刘某2、蒲某真、闫某1、刘某4、卓某、曹某中、刘某5、闫某2、刘某6等10户村民申报危房改造,骗取国家危房改造资金合计88 700元,该款项全部发放给了村民。一审法院认定刘某生构成贪污罪。二审法院认为,一审法院在案件定性上存在错误,刘某生并未从中分取实际好处,不具有非法占有目的,系滥用职权的违法行为,虽给国家造成损失,但损失较小,尚未达到犯罪程度,该部分可作为量刑情节考虑。

二、案件争议问题

本案被告人刘某生在担任某县陈某镇闫某村委党支部书记,处理危房改造申报工作期间,与村民相互勾结,为刘某1等10户村民申报危房改造,骗取国家危房改造资金,但该款项全部发放给了村民,本人并未从中获取实际利益,本案的争议焦点在于刘某生利用担任陈某镇闫某村委党支部书记期间协助政府开展危房改造工作便利,帮助他人进行虚假申报,但自己未实际取得利益,能否认定其具有非法占有的故意。

第一种观点认为刘某生在担任村支书期间,协助政府进行危房改造,虽不直接管理危

---

[1] 本案来源于中国裁判文书网,(2019)豫17刑终539号,https://wenshu.court.gov.cn/website/wenshu/181107ANFZ0BXSK4/index.html?docId=LjHnnZi8Y0/50uyi9vvFVQBBBqtXpdC8ykrN+r6fb2Jaed1qFLSPUKq3u+IEo44oKTrwV0fZmJdLAiTxSzTcXQVwx3j9mWuw1V1ao9dg5x575NLKnJ2jKTAUaYQfTb,2020年05月20日访问。

房改造款,但对所在危房改造资产具有把关、审核职责,在危房改造过程中起到关键作用,其利用职务之便,侵吞国家危房改造资金,虽然刘某生没有将公共财物占为己有,但其属于与村民相互勾结,具有"犯意沟通",因此构成贪污罪。

第二种观点认为刘某生行为的目的在于为村民虚构危房改造指标以牟取利益,同时存在协助政府从事公务情形,主观上存在滥用职权致使国家财产流失以及为刘某1等10户村民谋取非法利益的双重故意,客观上存在利用担任村支书便利,虚构指标,致使国家财产损失的行为,骗取国家危房改造工程款并将该款项全部发放给村民,刘某生本人没有非法占有任何公共财物的故意,也未从中实际分取好处,其行为应当认定为滥用职权罪。

三、问题分析及阐述

本书所讨论案例争议的焦点在于本案行为人利用职务之便非法获取的国家工程款并未占为己有,而是发放至村民手中,个人没有获得实际好处,该行为能否认定具有非法占有目的的问题。本案中对刘某生的行为定性有两种观点,因此有必要先对争议焦点中的贪污罪以及滥用职权罪的概念界限进行区分,只有在明晰基本概念后方可对是否具有非法占有目的进行进一步探讨。

(一)贪污罪与滥用职权罪的概念厘定

我国《刑法》第382条❶、第397条❷分别对贪污犯罪与滥用职权罪进行了规定。滥用职权罪是一种包容性强、适用范围广的犯罪。只要存在职权滥用行为并造成了相应损失,就可以按照滥用职权罪的相关规定进行定罪处罚。而贪污罪属于占有型犯罪。虽然一般观念上,非法占有包括个人占有、第三人占有或者第三人与本人共同占有,这里的第三人应当是与行为人有一定关系的第三人,而不是任何第三人。❸如果国家工作人员在帮助他人骗取国家相关补助款过程中,只对他人的造假行为提供帮助,而不实际取得财物,且他人与自己之间没有具体的特定关系,则该帮助行为不能表明行为人具有非法占有的主观目的。如果造成了公共财产的损失,又没有直接故意造成损失的主观倾向,更多的是由于自

---

❶《刑法》第382条:"国家工作人员利用职务上的便利,侵吞、窃取、骗取或者以其他手段非法占有公共财物的,是贪污罪。受国家机关、国有公司、企业、事业单位、人民团体委托管理、经营国有财产的人员,利用职务上的便利,侵吞、窃取、骗取或者以其他手段非法占有国有财物的,以贪污论。与前两款所列人员勾结,伙同贪污的,以共犯论处。"

❷《刑法》第397条:"国家机关工作人员滥用职权或者玩忽职守,致使公共财产、国家和人民利益遭受重大损失的,处三年以下有期徒刑或者拘役;情节特别严重的,处三年以上七年以下有期徒刑。本法另有规定的,依照规定。国家机关工作人员徇私舞弊,犯前款罪的,处五年以下有期徒刑或者拘役;情节特别严重的,处五年以上十年以下有期徒刑。本法另有规定的,依照规定。"

❸张明楷.刑法学[M].北京:法律出版社,2016:1186.

己"肆意放任"从而造成公共财产的损失,应当认定为是在滥用职权。

在对两罪进行区分时,需要把握以下几点内容:

1. 滥用职权罪罪过学说

学界针对滥用职权罪的罪过问题,存在故意与过失的探讨。主要有"单一罪过说""主要罪过说"以及"复合罪过说"理论学说。赵秉志教授认为,犯罪故意和犯罪过失能够凸显出个人的人格态度,是对行为人进行非难的两种形式,最终还是属于责任要素,最终能影响犯罪成立与否。❶

(1)单一罪过说。

单一的罪过形式,要么为"故意",要么为"过失",并没有明确指明究竟是故意还是过失,"故意说"下又分为"行为故意说"和"结果故意说"两种具体学说。有支持"故意说"的学者认为:"滥用职权的责任形式只能是故意的。无论行为人是违反职权还是违反规定的程序,这种行为都是故意的。❷"与此不同的"过失说"则坚持主观要件为过失,其对未来可能产生的不利后果持反对态度。❸然而"单一说"机械地割裂主观罪过形式,存在一定局限。

(2)复合罪过说。

"复合罪过说"打破了原有的罪过立场,认为犯罪有两种过错形式:过失和故意。但是该学说容易导致间接故意与过于自信过失的界限模糊,致使故意犯罪与过失犯罪的法定刑完全一致,显然不符合法理并不具备合理性。

(3)主要罪过说。

周光权教授强调,很多特殊的犯罪,在对案件现象和事实梳理后,可以得出,行为人主观上存在故意和过失的交叉。在对行为人行为进行定性及后续的量刑过程中,仅需对故意与过失两种心态进行主次的判断即可。❹该学说没有对认定标准进行进一步的细化规定,在后续的认定中会出现相关问题,也缺乏相关的理论支撑。

综合上述各学说,本书较为认可"单一罪过说"中的"故意说",滥用职权罪中的主观罪过形式应为故意,此处的故意包含直接与间接两种故意状态。结合我国刑法罪过中的相关理论,在认定行为人的主观状态时,应着重把握好行为人对危害结果的认识与态度,而不应过多关注犯罪动机和目的,以免混淆视听。因此,本书认为,滥用职权罪的主观表现应当是国家机关工作人员意识到其可能造成的不利后果,并基于其行为必然会损害国家和其他公共利益或影响其职责规范性的事实,采取希望或放任的态度。

---

❶ 赵秉志.外国刑法原理[M].北京:中国人民大学出版社,2000:113.
❷ 陈兴良.规范刑法学[M].北京:中国人民大学出版社,2017:1228.
❸ 何秉松.刑法教程[M].北京:中国法制出版社,1998:741.
❹ 陈兴良,周光权.刑法学的现代展开[M].北京:中国人民大学出版社,2015:248.

2. 为他人"非法占有"的认定

"非法占有的目的"的认定在我国学术界也一直存在争议。"意图占有说"强调了行为人要占有财产,突出占有权能;"不法所有说"旨在实现对财产所有权和他人其他权利的彻底损害;"非法获利说"认为,行为人从事违法犯罪行为的目的不是为了非法占有,而是为了非法牟利;而"意图永久排除所有权说"主张,非法占有的目的包括永久取得公共财产所有权和非法控制财产,这种控制力可以达到排除他人的所有权的程度。

"非法占有"并不一定意味着"为自己占有"。应当对这里的"占有"作广义的解释。行为人无论是为自己还是为他人侵占国家公共财产,都具备非法占有目的,侵犯了国家财产所有权。因为贪污罪中的非法占有并不局限于占为己有,所以确立贪污罪的前提是只要有非法占有公共财产的故意,而不是以行为人最终非法占有公共财产为必要条件。然而,贪污罪的构成需符合主观上的"贪利性",如果行为人利用职务上的便利而没有谋利,就会出现"损公利私"的局面,而公共财产最终没有归自己所有而是被他人占有的情况下如何进行审判,是司法实践中需要重点审查的问题。

3. "职务"与"职权"辨析

"职务"应该是担任某一职务所形成的权力和责任。如果行为人从事的工作没有一定职务权力就不能认为其有职务。"利用职务便利"有两个方面内涵:一是行为人有某种职务便利;二是其意识到自己"利用"了这种职务便利。"所谓职权,就是公务人员所具有的一般职权。该职权不仅表现在形式上的,而是具有实质性职权。❶"也就是说,职权是指公务员所应具有的一般职权,不仅要具有相应的权力外观,行为人还必须掌握实质性职权。国内的大多数学者研究认为"职权"包含了职责与权力两个概念,认为职权应当具有"国家性"与"公务性"。

(二)"内外勾结"骗取补助款项行为的认定

对"内外勾结"骗补行为的认定,一方面要看国家工作人员的行为,另一方面则要看与国家工作人员进行对接的其他行为人的行为,这是一个双向互动的关系。那么国家工作人员是否从中获利、双方之间是否有犯意沟通,对于区分该行为构成贪污罪还是滥用职权罪具有极为重要的意义。

1. **国家工作人员是否获利不影响定罪**

国家工作人员负有保护公共财产的重大义务,其职务行为是整个犯罪过程中不可或缺的关键环节。国家工作人员不违反职责和义务的,就不会造成公共财产的损害。国家工作人员在明知他人是用欺骗手段获取危房改造补偿款时,故意不认真履行职责去调查、

---

❶ 大谷实.刑法各论[M].黎宏,译.北京:法律出版社,2003:446.

核查,为他人诈骗提供单方面帮助的,仅仅是渎职行为。行为人主观上知道他人骗取财物,客观上为他人骗取财物作出了帮助,且无犯意沟通,不具备构成共同犯罪的依据,不可能构成贪污罪。

关于是否获利这一问题是行为人达到犯罪既遂后的结果,此时犯罪行为已结束,法益已经遭受侵害,行为人是否从此犯罪行为中谋取到实际利益,并不影响定罪,不能根据是否有利可图反过来倒推犯罪行为是否成立。

2."犯意沟通"的认定

如果行为人与他人存在犯意沟通、共同贪污,即使国家工作人员最终没有非法占有任何公共财产,只要其与他人有共同的贪污意图并实施了相应的犯罪行为,尽管公共财物最终由对方非法占有,也应当认为国家工作人员与他人是有共谋的,结合该国家工作人员的客观行为,有身份者与无身份者结合,构成贪污罪的共同犯罪。据此,国家工作人员为他人的骗取补助款项行为提供自己职权范围内的帮助,虽未实际得到任何财物的行为,究竟属于贪污或者滥用职权,关键在于双方是否存在犯罪意图的沟通,国家工作人员是否有非法占有公共财产的欲望和行动。[1]

假设行为人有非法占有公共财产的意图,那么该行为本质上既符合贪污行为又符合失职行为的,以贪污论处;如果国家工作人员与实施骗取补助款项、公共财物的行为人之间进行了相关约定,明确得手后予以分赃的,国家工作人员与他人实际上还是"同伙",存在获取利益的共谋行为,应当以共同贪污论处。

贪污罪属于贪利性犯罪,一旦行为人主观上不具有非法占有的故意,客观上也不存在实际占有的情形,依然一概认定为贪污罪的话,不符合主客观相统一的原则,假设本案按照贪污罪来认定,则刘某生与刘某1等10名村民应该属于内外勾结共同贪污的情形,但行为人之间并未形成共同贪污的合意,只是单纯滥用职权为他人谋利的行为,认定为贪污罪不符合我国共同犯罪理论。

(三)本案行为分析

本案所涉危房改造项目补贴款为国家扶贫类专款,刘某生协助政府负责核实危害改造补贴款申请,并监督危房改造项目施工及验收,具有相应的职务管理权限。因此,有观点认为不论是否实际获利,都无法改变其利用职务便利骗取危房改造款的事实。

首先,刘某生的整个行为过程中,其主观目的就是想通过虚构满足申请危房改造补贴款特定条件的形式来帮助十余名村民获得危房改造款,刘某生明知刘某1等十余名村民不满足申报危房改造款的条件仍违规为他们办理相关申报手续,这种行为是否属于"内外

---

[1] 罗开卷.内外勾结型贪污与滥用职权区分关键看"犯意沟通"[J].中国商报,2020,7(3).

勾结"型贪污？要看他们之间是否存在犯意沟通。假设刘某生为特定关系人的骗取补助款项行为是在他们之间存在"犯意沟通"的情况下实施的，那么行为人对于该笔公款有非法占有的共谋故意，即使刘某生没有实际占有，也等同于其已非法占有，而不论其是否实际获取利益，都与十余名村民作为"利益共同体"，以贪污罪论处。但根据已有证据来看，刘某生与刘某1等十余名村民并没有私下进行合谋商量，刘某生的主要目的是获取危房改造款，放任自己滥用职权导致公共财物损失的危害后果，非法占有公共财物并不是其主要目的，也不是刻意追求这个结果发生。在没有充足证据证实刘某生与十余名村民就非法获取危房改造款达成合意的情况下，无法判定刘某生主观非法占有的故意。

其次，刘某生在客观行为上仅仅是违反了相关规定，为刘某1等10名村民骗取公共财产提供了帮助，进而给国有资产造成了损失，是滥用职权的行为表现，并没有同刘某1等10名村民共同占有8.87万元公共财物，其行为本质是渎职而非贪利，本案最终认定刘某生成立滥用职权罪，本书赞同该判决。

四、结论

国家工作人员利用职务之便，在协助上级机关负责核实危房改造补助款申请、监督危房改造项目施工及验收过程中，滥用职权帮助10名不符合申报条件的村民获得危房改造款，导致公共财物损失，进而造成危害后果，不论其是否实际获取利益，不具有非法占有的共谋故意，不能以贪污罪论处。因此，行为人在事前并未与他人进行通谋，帮助他人申报危房改造款未获取实际好处是随意滥用手中权力的行为，不具有非法占有目的，进而造成公共财物重大损失，应构成滥用职权罪。

经集体同意分配国有资金能否认定为单位犯罪行为
——李某红等私分国有资产案

肖露露　常　城

【裁判要旨】 单位成员共谋以虚假形式申报领取国有资金的目的是用于本单位的工作开支，其结果也是用于单位开支，在除去开支尚有结余的情况下以发放补助、招待费名义制作表册、签名分发给个人，其行为更符合私分国有资产罪的构成要件，应以私分国有资产罪论处。

【关键词】 国有资金　集体　私分　单位行为

一、基本案情[①]

2009—2011年，中央实施国家重大公共卫生服务项目——中央补助农村厕所改造项目。2009年，某市某区农村改厕任务数是500座，中央补助400元/厕；2010年的任务数是5000座，中央补助400元/厕；2011年的任务数是4000座，中央补助400元/厕，资金不足部分则由省、市、区配套落实和发动群众自筹解决。2010—2011年，根据某省爱国卫生运动委员会（以下简称"某区爱卫会"）文件和某市某区文件，某区政府决定由某区爱卫会具体负责农村厕所改造项目。农村厕所改造资金由中央财政支付400元/厕，不足部分由区政府配套落实和发动群众自筹解决。本案被告人李某红时任某区爱卫会主任，唐某柏、卢某生、朱某兰、张某安四人为区爱卫会工作人员。

在资金不足，地方财政无法解决，又筹集不到资金的情况下，某区爱卫会在2010年、2011年的厕改工作中，决定采取冒充村民签名的方式申报领取国家厕所改造资金以弥补资金缺口，套取改厕资金142.392万元。此外，某区爱卫会还在2010年、2011年除"四害"工作中，被告人李某红、唐某柏、卢某生、朱某兰、张某安共同商议以冒充社区投药员签名的方式套取资金28.708万元。某区爱卫会将共计套取国家财政资金171.1万元中的120.9万元用于本单位开支，剩余的50.2万元，在区爱卫会主任李某红召集下召开的区爱卫会成员会议上形成分配意见，以发工作补助、招待费等名义分发给上述5名被告人。

该案一审法院判决认定被告人李某红犯私分国有资产罪，判处有期徒刑二年，缓刑三年，并处罚金人民币2万元；被告人唐某柏犯私分国有资产罪，判处有期徒刑二年，缓刑三

[①] 本案来源于北大法宝网，李某红等私分国有资产罪案，(2013)永中法刑二终字第70号，https://www.pkulaw.com/pfnl/a25051f3312b07f34185ebe432fbc07ae1bf3d3fa4bb52afbdfb.html，2020年04月25日访问。

年,并处罚金人民币2万元;被告人朱某兰犯私分国有资产罪,判处有期徒刑一年,缓刑二年,并处罚金人民币1万元;被告人卢某生犯私分国有资产罪,判处有期徒刑一年,缓刑二年,并处罚金人民币1万元;被告人张某安犯私分国有资产罪,判处有期徒刑一年,缓刑二年,并处罚金人民币1万元。但某市某区人民检察院以一审法院对犯罪行为定性有误,被告人李某红、唐某柏、朱某兰、卢某生、张某安五被告人的行为应构成贪污罪而非私分国有资产罪,且量刑畸轻为由,提出抗诉。二审法院某市中级人民法院审理认为抗诉理由不成立,裁定维持原判,五名被告人均构成私分国有资产罪。

二、案件争议问题

共同贪污与私分国有资产行为,从客观方面看二者都有行为人共同集体实施犯罪的表象,但前者是贪污罪中二人实行的共同犯罪行为,而后者是国家机关、国有企业、企业、事业单位、人民团体,违反国家规定,以单位名义将国有资产集体私分给个人的行为,属于单位犯罪。集体行为能否与单位行为相匹配的关键在于对以"单位名义"的厘清。在本案中,其争议的关键在于李某红等人任职于某市某区爱委会期间,共谋套取并私分国家厕所改造和除"四害"剩余资金的行为能否被认定为以单位名义实施。

三、问题分析及阐述

本书在"中国裁判文书网"数据库中以"私分国有资产罪"为案由,在"判决书"文书类型中进行检索,发现私分国有资产罪案件数量在2014—2018年激增。单位犯罪是明显区别于自然人犯罪的一种特殊形态。我国《刑法》第396条第1款[1]对私分国有资产罪予以规定,从该罪行为所体现的意志来看,它体现的是单位的整体意志,是经单位讨论、决定才形成的。

私分国有资产罪与贪污罪同属"贪污贿赂罪"一章中,就私分国有资产罪的法律条文,其所表述的行为方式似乎与共同贪污行为存在一定程度上的相似性。但是从设置本罪的立法本意来讲,主要是针对部分侵占国有资产不为己有,而是为某一小集体单位所有的犯罪,存着"法不责众"的心理,在单位名义下侵占国有资产的行为。目前刑法学界对单位犯罪的讨论多限于有关单位责任的研究,对于单位犯罪中"以单位名义实施"这一要件的研究较少。鉴于此,本书拟以私分国有资产罪与贪污罪的界分为引,展开对"以单位名义实施"这一要件的探讨。

---

[1]《刑法》第396条第1款:"国家机关、国有公司、企业、事业单位、人民团体,违反国家规定,以单位名义将国有资产集体私分给个人,数额较大的,对其直接负责的主管人员和其他直接责任人员,处三年以下有期徒刑或者拘役,并处或者单处罚金;数额巨大的,处三年以上七年以下有期徒刑,并处罚金。"

(一)私分国有资产罪与贪污罪的区别

首先,两者犯罪主观故意有异。共同贪污主观方面从表现形式上看应当是各个自然人犯罪意志的突显,即将公共财物占为己有。因此,共同贪污是每个成员具有的贪污故意的叠加。而私分国有资产罪主观故意表现为个体犯罪意志的融合,且融合上升为该群体的整体犯罪意志。其目的也不同于前者以权谋私,而是为单位之利益。

其次,两者的犯罪主体有别。共同贪污的正犯必须是具有国家工作人员身份的自然人,其共犯并不要求具有国家工作人员这一特殊身份。而针对私分国有资产罪,学者们在该罪是单位犯罪还是自然人犯罪这一问题上尚有争议。本书赞同该罪为单位犯罪,且采用单罚制,仅处罚单位主管人员和直接责任人员的观点。

最后,两者在犯罪客观方面相异。其一,是否以单位名义实施犯罪:共同贪污中的各个犯罪行为人以各自名义按照各自分工展开,而私分国有资产罪犯罪时是以单位名义进行。其二,在犯罪所得的归属上,共同贪污占有的公共财物归共同犯罪者几个人所得,或者为其他特定人所有,并且行为者一般想方设法将有关账目抹平,以掩盖非法占有公共财物的事实。而私分国有资产罪将国有资产集体私分,单位内部所有成员至少绝大多数成员均参加了分配——人人有份,大多数分得财产者对是否私分没有决定权,但是私分事实在单位内部往往是公开的。

(二)单位犯罪的界定

囿于单位组成的复杂性与单位分类的差异性,我国刑法条文并没有直接对单位概念进行界定。1997年全国人民代表大会宪法和法律委员会《关于〈中华人民共和国刑法(修订草案)〉、〈中华人民共和国国防法(草案)〉和〈中华人民共和国香港特别行政区选举第九届全国人民代表大会代表的办法(草案)〉审议结果的报告》中阐明《中华人民共和国刑法(修订草案)》第31条第1款规定:公司、企业、事业单位、机关、团体为本单位谋取非法利益,经过单位集体决定或者由负责人员决定实施的犯罪,是单位犯罪。但是在最后审议通过时,立法机关却对单位犯罪这一概念作了根本性的修改,形成了现行《刑法》第30条[1]的规定。[2]但是该条仍然没有清楚界定刑法中单位概念。换言之,其过于概括的规定仍然无法为界分单位与自然人犯罪间的区分提供刑法依据。

1. 以"单位名义"实施行为

"以单位名义"从字面意思理解首先与一般自然人犯罪类型相区别。但究其本质,学

---

[1] 《刑法》第30条:"公司、企业、事业单位、机关、团体实施的危害社会的行为,法律规定为单位犯罪的,应当负刑事责任。"

[2] 杨国章.单位犯罪与自然人犯罪的界分[J].北方法学,2011(5):80.

界对"以单位名义"的含义的解释存在不同的观点,主要有以下几种观点:

(1)"单位利益说":该观点认为"以单位名义"是指私分行为是在单位意志支配下实施的,私分的目的是为了每个单位成员的利益。❶

(2)"单位领导决策说":该观点认为"以单位名义"是指私分行为是由单位领导利用职务上的便利,共同商讨决定的,最终以单位分发财物的方式分配给单位个人,这种行为体现了单位的整体意志却背离了自己的职责与义务。❷

(3)"单位决策说":该观点认为"以单位名义"是指由单位全体成员共同商议后决定或者由单位的决策机构集体研究决定或者由单位有决策权的负责人决定,最后以单位的名义,通过巧立发放奖金、福利、分红、补贴等名目,最终由单位统一组织进行私分。

(4)"违法所得归单位说":根据1999年最高人民法院《关于审理单位犯罪案件具体应用法律有关问题的解释》中明确,盗用单位名义实施犯罪,违法所得由实施犯罪的个人私分的,依照刑法有关自然人犯罪的规定定罪处罚。据此倘若犯罪所得未能归属于单位,则不可能据此认定为单位犯罪。

总体而言,以上观点都表明"以单位名义"必须覆盖单位的整体意志。私分国有资产罪是单位犯罪,因此其私分行为必须体现单位的意志,或者说单位的主管人员或其他负责人员在私分的过程中必须体现或者是出于为单位整体成员谋福利的目的。贪污罪的故意只是行为人单独的故意,与单位整体意志无关。共同贪污是行为人间的共谋,具有共同的故意,区别于单位意志。但是不可否认的是单位的意志也必须通过自然人的客观行为表现。值得注意的是,单位的整体犯意并不是由单位内部的个体犯意进行简单相加而成的,而是必须依照特定的程序,使个体犯意转化为单位犯意,也就是说犯罪意志融合成为一个整体,无论是负责人的犯罪意志还是单位的单位意志,是相互有影响的,且个人服务于单位,单位的意志又得依靠内部的组成个体来反映出来。

2. 单位意志是认定单位行为的主要依据

犯罪行为体现的是单位犯罪意志。单位的意志则是单位这个整体所展现的统一意志,并非某一部门或者几个单位内部人的犯意组合。单位意志和个人意志两者都表现出具有共同犯罪的主观故意,不同的是前者是基于单位利益考量的,后者仍是谋私利的性质。"以单位名义"这一要素实际上所表征的是行为与单位意志之间的联系,单位行为是单位意志的支配及实行的现实化,具有单位一体性和单位行为整体性的特征。单位整体行为是在整体意志的支配之下从事的具体犯罪活动。没有单位主要责任人或者直接责任人的行为,也就不存在单位犯罪,尽管其分工有异,但他们的行为始终是单位犯罪活动的

---

❶ 张兆松,刘鑫.论集体私分国有资产罪[J].检察理论研究,1997(6):224.
❷ 沈维嘉,金泽刚.试论私分国有资产罪的司法认定[J].政治与法律,2004(1):106.

有机构成部分,无该部分行为亦无单位整体行为。

3. 私分行为的内部公开性

私分国有资产罪是行为人以单位的名义私分国有资产的行为。这种在内部划分财产的行为必然使得其具有一定的内部公开性,且受益主体应当具有一定的群体性。这里的公开性,不是指私分行为在大众视野予以公开,而是指私分的行为及情况在单位内部是可知悉的,是绝大多数成员知晓并且认可的。因为该罪的单位犯罪性质决定了私分行为必须经单位成员研究决定做出,即内部公开性。而共同贪污行为是各共犯人利用职务之便以侵吞、窃取、骗取或者以其他手段合谋将国家财产非法占为己有,因其行为本身就是非法的,加之共犯之间的合谋通常局限在各成员之间,即这种方式只有行为人知晓,因此在单位内部不可能处于公开状态,相反处于一个相对隐秘的状态。在行为实施后,行为人会尽可能地采取各种手段来掩盖自己的犯罪行为。本案中的被告人无论是套取国家资金还是私分资金,都是经过单位人员讨论决定的,所分发的资金采取列表签名发放,符合私分国有资产罪的公开性特征。

(三)"集体私分给个人"之认定

"全体说"认为:国有资产私分给个人,是指由单位负责人或者单位决策机构集体研究决定,将国有资产分给本单位的全部职员,说明非法占有国有资产的不是某个或某几个自然人,而是某个集体。换言之,集体私分给个人代表着单位内"人人有份"。

"多数说"认为:仅以单位人人有份来认定私分行为不合理并且现实可操作性弱,故应当深刻厘清集体私分给个人行为的实质,即私分行为是否在单位全体成员或绝大多数成员许可或默认的情形下进行。换言之,"人人有份"并不能在行为认定中起决定性作用,反之应当把握私分行为是否体现单位意志。

本书倾向于后者观点,只要是由集体商议后,在进行分配时能够体现出单位意志,无论是分发给一个人还是多个人,均为"集体私分给个人"。如果仅以"人人有份"作为本罪的认定基准,那么对于集体私分给多数人则是无法构成本罪的,这不仅会造成国有资产的损失,也会让行为人找到漏洞从而逃脱刑事制裁。另外,基于第二种观点的理解还可作为本罪区别于共同贪污行为的另一关键点,本罪的犯罪行为是基于"单位意志"为基础的,相反共同贪污中并不体现"单位意志"而是以个人意志为出发点并以个人利益为落脚点的行为特征。在认定"以单位名义"的形式要件的同时应当对其进行实质解释。基于此,如果私分国有资产行为体现出单位意志,那么无所谓私分人数之多少,只要其体现的是单位意志,那么仍然可评价为私分国有资产行为。

(四)本案行为分析

综合以上对单位犯罪的理解与认识,本书对本案分析认为:

其一,在农村厕所改造与"除四害"的工作中,本案被告人李某红、唐某柏、卢某生、朱某兰、张某安5人共同商讨,采取冒充村民签名和冒充投药员签名申报领取国家厕所改造资金和除"四害"资金,目的是为了本单位即某区爱卫会能够顺利开展工作以及补足项目资金。由于中央拨付的厕所改造资金不足,地方财政无法解决,又自筹不到资金,五被告人基于该情况下才冒充村民签名套取国家厕所改造资金和除"四害"资金,其目的是弥补资金缺口。另外,五被告人犯意的产生是在套取厕所改造资金与"除四害"资金绝大部分用于实际项目和单位其他项目开支后有剩余的情况下产生的。也就是说,本案五被告人骗取国家资金的主观目的不是非法占有公共财物(贪污)而是为单位(小集体)获取资金以开展工作。就该区爱国委员会所虚假冒领的国家厕所改造资金与"除四害"资金中,绝大多数资金用于了单位开支。在除去开支尚有结余的情况下,该区爱卫会才决定以发放补助、招待费名义制作表册、签名分给本案5人,以此说明了本案五被告人没有基于非法占有目的套取国家厕所改造资金与"除四害"资金的主观故意。

其二,单位犯罪的意志源于个人意志的发展与兴起,最终决定私分国有资产的态度及行为方式等是由单位领导层、决策机构或是单位内部职员共商共谋的。即是在个人犯意的基础上形成和发展起来的,只是这个形成和发展的过程需要单位的负责人或单位成员集体经过一定的机构、程序来完成。根据前述所称:第一,私分的决定应当由单位商议决定,体现了此行为在单位成员内部具有公开性;第二,刑法规定私分应当以单位名义进行,虽然对所采取的具体形式并未予以明确指定,但所采用的具体形式必须牢牢把握"以单位名义"的要求,总之不管是以哪种形式决定,单位的其他成员对于这一私分行为始终是知情的。本案中,某区爱卫会在主任李某某的召集下,全体人员参加研究剩余资金的处置,决定以发工作补助、招待费等名义将剩余的50.2万元分给个人,本案的私分行为在经过单位共同商议后,某区爱卫会又以补助、招待费的形式满足"以单位名义"要求进行私吞国有资产的行为符合"私分"要旨。综上,本案虚假申报领取国家厕所改造资金和"除四害"资金并侵吞剩余资金的行为应认定为以单位名义"私分"国有资产。除此之外,被告人李某红是单位负责人,具有决定性作用,属直接负责的主管人员。被告人唐某柏掌管、分发资金;被告人卢某生、朱某兰、张某安参加开会决定私分资金,是其他直接责任人员。换句话说,本案李某红、唐某柏、卢某生、朱某兰、张某安等人亦符合私分国有资产罪的犯罪主体。

从实施犯罪的整体角度考量,犯意的产生到以单位名义决定,再在单位意志支配下进行的私分行为,从完整的犯罪活动现实化过程来看,均是在单位意志的控制下实施的,个人行为是单位的有机构成,该行为在法律上应属于单位之行为。换言之,本案李某红、唐某柏、卢某生、朱某兰、张某安5人在某区爱国卫生运动委员会任职期间,套取并私分国家厕所改造和"除四害"剩余资金的行为应予认定为私分国有资产行为。

四、结论

私分国有资产罪与共同贪污犯罪行为两者客观层面都有多个行为人共同集体实施非法侵占公共财产、国有资产的行为表象,这也是司法实务部门在认定此类行为时争议较大的原因之一,而两者间的界分主要囿于单位意志之体现。集体行为并不简单等于单位行为,集体行为往往是个人意志的叠加综合,只有当这种集体行为达到或者上升到在单位意志支配下实行方能认定为单位行为。故司法认定中应牢牢把握经集体同意是否蕴含着单位意志,并结合具体事实认定构成要件,此乃区分二者的重要先决条件。

如实供述罪行使行贿人受刑事追究是否属于"避免特别严重后果发生"

——罗某国等受贿罪案

肖露露 常 城

【裁判要旨】 行为人到案后如实供述受贿事实致使行贿人受刑事追究,该行为仅为如实供述的组成部分,但不能成为避免特别严重后果发生的根据,应适用"坦白"从轻处罚条款。

【关键词】 如实供述 坦白 避免特别严重后果发生

一、基本案情[1]

被告人罗某国案发前任某市某区水利局局长,李某某任某市某区经济贸易局行业综合股副股长,两人系夫妻。罗某国任职期间多次利用职务之便帮助他人承接某区所辖村镇的有关农村饮水工程、水库除险加固工程和水管所管理房工程。各位受助者为表示感谢送给罗某国金额不等的好处费。2008—2009年,罗某国与李某某共同收受李某忠人民币25万元。2008—2013年,本案被告罗某国又先后收取李某忠、莫某合、叶某崭、江某明、韦某扭、杨某、陶某善、李某光、孟某华、覃某、韦某厚、林某君、周某伦、伍某钊14人好处费共计132万元,涉案金额共计157万元。2013年8月25日,某县人民检察院根据某市纪律检查委员会提供其他相关材料,发现罗某国有收受贿赂人民币53万元的嫌疑,次日该院通知罗某国到案接受讯问。2013年9月7日某县人民检察院对罗某国采取监视居住的强制措施,同年9月15日至25日罗某国向办案机关供述尚未掌握的上述受贿事实,还动员李某忠等向司法机关供述向其行贿的事实。

本案系二审生效案件。[2]一审法院认定被告人坦白所犯罪行的行为致使行贿人被追究刑事责任,应当认定属于坦白中的"避免特别严重后果发生"。抗诉机关则对该情形持

---

[1] 本案来源于北大法宝网,(2014)来刑二终字第39号,https://www.pkulaw.com/pfnl/a25051f3312b07f3dcd10568156bfcb8e087b18d4cbfb8a3bdfb.html,2020年05月07日访问。

[2] 二审法院判决如下:一、维持某县人民法院(2014)武刑初字第53号刑事判决的第二项、第三项,即"二、被告人李某某犯受贿罪,免予刑事处罚。三、被告人罗某国、李某某共同退出的赃款人民币157万元,由扣押机关没收上缴国库";二、撤销某县人民法院(2014)武刑初字第53号刑事判决的第一项,即"一、被告人罗某国犯受贿罪,判处有期徒刑八年,并处没收个人财产人民币38万元";三、原审被告人罗某国犯受贿罪,判处有期徒刑十一年,剥夺政治权利一年,并处没收个人财产人民币38万元。

不能成立的抗诉意见,认为一审判决认定事实存在偏差并导致法律适用错误,量刑畸轻。经过二审法院审理后,二审法院支持检察机关的抗诉意见,对一审判决予以纠正,认为本案被告人罗某国的行为不能成为"避免特别严重后果发生"的根据,即不能适用坦白中"可以减轻处罚"情节。

二、案件争议问题

我国《刑法》第67条[1]是对自首与坦白制度的规定。本案被告人罗某国在被采取强制措施之后如实交代自己的罪行,且全部退赃,并使相关行贿人员受到刑事追究,虽然不符合自首情节的认定,但是就被告人的该行为是否符合坦白制度中"避免特别严重后果发生"的要求或者能否适用坦白减轻处罚情节是本案的主要争议问题。

三、问题分析及阐述

坦白制度系属刑法总则中规定的影响刑罚轻重的刑罚裁量制度,分为"可以从轻"处罚和"可以减轻"处罚两种刑罚裁量情节。在"宽严相济"刑事政策下,犯罪嫌疑人一般只要有坦白行为至少可获得从轻处罚。而坦白制度中"减轻"裁量情节的适用依据在于其坦白行为是否"避免特别严重后果的发生"。这也是解决本案问题的关键点。

(一)"因其如实供述自己罪行,避免特别严重后果发生"的法理依据

刑罚的正当化根据在于报应的正当性以及预防的合理必要性。张明楷教授指出:犯罪后如实供述自己罪行,避免特别严重后果发生,既是减少预防刑的情节,又是减少责任刑的情节,还有刑事政策的理由。[2]《刑法》第67条第3款规定如果行为人符合"因其如实供述自己罪行,避免特别严重后果发生的"情形时即可获得减轻处罚。坦白条款的出现旨在以明确的法律条文为依托进而鼓励有关犯罪人员主动坦白其罪行,积极实现刑法的教育与惩戒功能,同时加快追诉时效、节约司法成本、提高司法效率。

1. 责任刑降低

影响责任刑的情节主要在于行为人侵害法益的事实,法益侵害事实可表明罪行轻重的程度。刑法的目的是保护法益,实施刑罚在于对侵害法益的行为施加惩戒,那么降低法益侵害的事实则可降低责任刑。从法益的视角下理解《刑法》第67条第3款,坦白制度中

---

[1] 《刑法》第67条:"犯罪以后自动投案,如实供述自己的罪行的,是自首。对于自首的犯罪分子,可以从轻或者减轻处罚。其中,犯罪较轻的,可以免除处罚。被采取强制措施的犯罪嫌疑人、被告人和正在服刑的罪犯,如实供述司法机关还未掌握的本人其他罪行的,以自首论。犯罪嫌疑人虽不具有前两款规定的自首情节,但是如实供述自己罪行的,可以从轻处罚;因其如实供述自己罪行,避免特别严重后果发生的,可以减轻处罚。"

[2] 张明楷.责任刑与预防刑[M].北京:法律出版社,2015:349.

之所以对"避免特别严重后果发生"的如实供述行为可以减轻处罚,实则是在尽可能地实现对处于危险状态的法益的保护。行为人基于自己的意志避免特别严重后果发生实质是对法益的保护或者恢复法益,反映行为人主观恶性与客观违法性的降低,从该层面考量其阻止了相应法益的损害,保障国家、社会以及他人利益的行为应予之肯定,故其相应的责任刑可以减轻。

2. 特殊预防必要性降低

倘若刑罚只是为了报应,那么公权力施行的恶与个人之间实施的恶实乃如出一辙。特殊预防刑罚观是一种具有积极意义的刑罚观念——刑罚应当是一种善。特殊预防必要性的大小是在责任刑之下最应当重视的量刑因素。在责任主义的要求之下,从特殊预防角度出发,"如实供述自己罪行,避免特别严重后果发生"表明行为人反思自己罪行,其主观恶性减少,人身危险性降低,其特殊预防必要性减少,从而其应科处的刑罚亦应相应降低,促进量刑均衡方可实现刑法公正。

3. "宽严相济"刑事政策的倡导

合理的刑罚设置是"宽严相济"刑事政策得以有效良好运行的前提。在"该宽则宽、当严则严、宽严并举、宽严相济"的价值指引下,坚决打击行为人犯罪活动是"严"的内涵,在此基础之上对行为人"如实供述并且避免了特别严重后果发生"的行为采取减轻处罚,实则是"宽"的精髓体现,意味着公权力主体以发展的眼光对待行为人,体现了刑法的包容性。该类政策性的褒奖以及宣示作用极大鼓舞引导行为人"浪子回头"与积极挽回损失的决心。

(二)"因其如实供述自己罪行,避免特别严重后果发生"之界定

法律条文能够得到真实、稳定、准确的理解,是该条文能走向司法实践,发挥指导司法实践作用的关键点。因此正确理解、界定坦白制度中的"特别严重后果"等相关问题,关乎着在司法实践中能否正确认定并适用自首制度。

1. "特别严重后果"之厘清

如上所述,适用减轻处罚情形的关键在于对"特别严重后果"予以准确界定。但目前相关司法解释中并没有对坦白制度中"特别严重后果"作出明确释义,而仅在刑法分则某些罪名的司法解释中对个罪中的"特别严重后果"作出了相应规定。如有专门的司法解

释[1]就针对生产、销售不符合安全标准的食品罪中的"后果特别严重"予以清晰释义。

在刑法学界,各位学者凭借学术理论与实践知识发表不同观点。支持以重大法益为准的学者认为"特别严重后果"一般是指人员有重大伤亡、财产遭受特别重大损失、危害国家安全与利益以及其他特别严重后果。[2]这种观点立足于保护重大法益为核心基础。第二种观点则是根据现有各罪及其相关司法解释为例对该种后果予以概括:一人以上死亡、三人以上受重伤的或者三十万元以上的财产损失等情况。[3]第三种观点则对"特别严重后果"设定固定的认定标准:"一是仅当刑法分则各罪中处于刑种最重的最高量刑幅度中所设置的情节时适用该后果;二是刑种最重的刑期须设定一个最小值,可以明确为10年以上的有期徒刑;三是侧重于国家安全与公共安全,人身、财产等权益和国防利益等受到侵犯的犯罪中适用。"[4]

"特别严重后果"往往带有较强的主观性质,所以上述学界观点存在各执一端的解释。有观点认为坦白条款的减轻处罚情节不适用于贪污贿赂案件,本书对此很难予以赞同。2021年出台的有关行贿案件的司法解释中[5]明确行贿罪可以适用坦白的减轻处罚情节。另外,该解释也并未限制行贿罪适用坦白"可以减轻处罚"裁量情节时,需要满足行贿行为达到该罪量刑幅度中最重量刑档次所对应的情节。换言之,"特别严重后果"以某罪的量刑幅度为条件是不可取的。众所周知,国家安全、人身财产权利等是刑法所保护的重要法益,虽然刑法保护的法益无法将各类法益进行等级高低的排列与划分。但是,刑法针对该类法益都规定了比较重的法定刑,如我国《刑法》第115条[6]。因此根据这种理解,支持以法益为主的观点则认为法益的重要性决定了犯罪的程度,由此可以认为,保护该类法益不受侵犯,也就制止了特别严重后果的产生。但是本书对此不予赞同,认为"特别严重后果"不仅应当从法益保护的角度进行考量,而且从维护社会秩序的价值考量也应该把严重

---

[1] 最高人民法院、最高人民检察院《关于办理危害食品安全刑事案件适用法律若干问题的解释》第4条:"生产、销售不符合食品安全标准的食品,具有下列情形之一的,应当认定为《刑法》第134条规定的'后果特别严重':(一)致人死亡或者重度残疾的;(二)造成三人以上重伤、中度残疾或者器官组织损伤导致严重功能障碍的;(三)造成十人以上轻伤、五人以上轻度残疾或者器官组织损伤导致一般功能障碍的;(四)造成三十人以上严重食物中毒或者其他严重食源性疾病的;(五)其他特别严重的后果。"

[2] 段启俊,刘源吉.《刑法修正案(八)》新增坦白制度的理解与适用[J].法学杂志,2012(7):106;贺卫,李小文,杨永勤.坦白条款"避免特别严重后果发生"的认定[J].法学,2012(9):154.

[3] 杨新京.对《刑法》第67条第3款"坦白从宽"纳入自首的理解与适用[J].中国检察官,2011(8):43.

[4] 孙建保.坦白从宽:探疑与探微[J].人民司法,2013(23):38.

[5] 最高人民法院、最高人民检察院《关于办理行贿刑事案件具体应用法律若干问题的解释》第8条:"行贿人被追诉后如实供述自己罪行的,依照刑法第六十七条第三款的规定,可以从轻处罚;其如实供述自己罪行,避免特别严重后果发生的,可以减轻处罚。"

[6] 《刑法》第115条:"放火、决水、爆炸以及投放毒害性、放射性、传染病病原体等物质或者以其他危险方法致人重伤、死亡或者使公私财产遭受重大损失的,处十年以上有期徒刑、无期徒刑或者死刑。"

危害社会的情形纳入该后果的范畴,单纯以法益保护的价值对"特别严重后果"进行单一认定存在片面化。另外,"特别严重后果"的界定切不可简单等同于"特别重大损失"是值得肯定的,因为后者很可能更注重利益的损失,容易导致贪污贿赂犯罪中犯罪人将退还的赃款认为是"避免重大损失",进而符合坦白的减轻处罚情节,不利于打击该类腐败犯罪。而界定前者的后果除此之外还可以囊括整体视角下的社会影响程度这一因素。

2."避免特别严重后果发生"之认定

与上文所述内容相承接,对特别严重后果能够"避免"的问题依然存在不同观点。多数学者认为坦白制度中的"特别严重后果"应当定性为绝对没有发生。换言之,由于行为人如实供述犯罪事实后,对可能发生或者即将发生的这种结果及时加以阻止或者果断采取措施予以制止,最终避免该结果发生。[1]与之对立的观点则从恢复性司法的提倡角度认为:"如果特别严重后果已经发生,但因犯罪嫌疑人的坦白,而使特别严重后果得以消除的,也应该予以同等评价,只有如此,才能鼓励犯罪嫌疑人积极作为,挽回损失,消除后果,恢复和谐的社会关系。"[2]

从文义解释角度,"避免特别严重后果发生"是指该后果暂时仍尚未产生,但是倘若不进行制止或者不对之干预,该后果将会发生。另外,按照后者观点认为消除已发生的特别严重后果与避免该种结果发生的情形须予以同等评价,有扩大对该条款解释的嫌疑。恢复性司法最重要的价值在于促成被害人与犯罪人之间的和解,恢复被侵害的社会秩序。虽然该观点以恢复性司法理论作为支撑,但是坦白制度对这种结果明确冠以限定词"避免",主要旨在能够发挥对严重危害结果的阻断力与制止力,消除不等于"避免","避免"强调的是对未发生的或者将要发生的结果进行强制隔绝。所以对该部分观点本书觉得确有斟酌的必要。

除此之外,阻止了部分后果发生的情形能否认定"避免特别严重后果发生"。其一,坦白条款之所以将坦白行为与"避免特别严重后果发生"结合从而适用减轻处罚情节,很大程度上是为了保护法益不受侵犯以及避免造成某些特别严重的社会影响。自然,这里应当要求完完全全制止特别严重后果的产生,才能实现设置坦白制度的初衷。其二,倘若将制止部分特别严重后果的产生纳入坦白减轻处罚情节难免会造成该条款没有真正实现其法律价值,形同虚设。更为重要的是,"避免特别严重后果发生"中所涉及的后果亦只可以界定为由犯罪嫌疑人实施犯罪行为后产生的,倘若如实交代行为避免的是其他特别严

---

[1] 周其华.刑法修正案及配套解释理解与适用[M].北京:中国检察出版社,2012:402;段启俊,刘源吉.《刑法修正案(八)》新增坦白制度的理解与适用[J].法学杂志,2012(7):106.

[2] 张军,胡云腾,等.《刑法修正案(八)》条文及配套司法解释理解与适用[M].北京:人民法院出版社,2011:89.

重后果,如恰巧阻止他人实施重大犯罪活动,那么则需根据事实有可能在立功方面对其进行界定(重大立功除可以减轻处罚外,还存在免除处罚的情形)。同时该坦白制度中所包含的"特别严重后果",一般指直接结果,倘若将间接结果纳入范畴,将导致坦白制度中减轻处罚情节适用的泛化。

(三)"如实供述自己罪行"和"避免特别严重后果发生"之因果关系

《刑法修正案(八)》第8条新增的坦白制度虽然带有犯罪嫌疑人因到案后不得已的妥协性质,但是犯罪嫌疑人能坦白也反映了其人身危险性的变化,符合罪责刑相适应的原则因而有利于实现刑罚公正。这种人身危险性变化的体现则必须肯定现行坦白条款中已然明确了先行为和被制止的后果两者之间的因果关系。避免特别严重后果发生之所以能够成为坦白减轻处罚情节的条件之一,主要在于犯罪行为实施后,该特别严重后果会随着时间逐步向前推移,但正是基于行为人能够如实交代其犯罪事实,该后果的发生因提前介入的制止行为而受到明显阻断。基于因果关系,须将这里的"避免特别严重后果发生"加以限定,即并非所有制止该严重后果的产生都可以适用坦白减轻处罚情节。因为根据坦白的内涵即犯罪嫌疑人人身危险性降低,那么该种后果的阻断只能来源于行为人的如实供述行为。

通过上述分析,"特别严重后果"很难对其进行统一而又明确的标准认定。由于刑法存在各个罪名的区分、具体案件的形态各异、法益保护的差异、社会危害性的不同等情况下,各罪在适用坦白制度中的"特别严重后果"时倘若机械地套取同一个固定的模式是一种过于理想化的假设。

(四)本案行为分析

本案区别于普通案件的一点,是在对向犯的场合下探析行为人的坦白行为是否可以适用坦白条款的减轻处罚情节,即是否避免了特别严重后果的产生。刑法中的对向犯是以犯罪人双方行为对立但又以两者参与为必要条件。本案受贿行为和与其相关联的行贿行为则属于典型的对向犯。根据对向犯的特殊性质,一方行为以对方行为的存在为前提并且密切相关,那么本案作为受贿方的被告人罗某国在如实供述自己罪行时势必需要供述行贿人的罪行,此时已然满足坦白制度中"可以从轻处罚"的适用,但由此导致行贿人受刑事追究,能否适用坦白中的"可以减轻处罚"则需要联系前述有关"避免特别严重后果发生"进行认定。本书认为被告人罗某国如实供述了办案机关尚未掌握的本案大部分犯罪事实致使行贿人被追究刑事责任不属于避免特别严重后果发生。

其一,根据前述内容,在否定消除已发生的后果可以与未发生的后果进行同等评价的情形下,倘若想要制止特别严重后果的出现,那么先决条件是确有特别严重后果随着时间处于向前发展的事实。受贿罪所保护的法益不管是国家工作人员职务行为的不可收买性还是职务行为的公正性,但可以肯定的是该行为产生的社会后果不容小觑。而本案的被告人罗某国收受贿赂已然侵犯了上述法益,也就是说本案行为人造成的后果已经完成,不能认为可以对已发生的后果进行消除后再将其与后果未发生的情形予以同等评价。

其二,"特别严重后果"包含但不限于人员伤亡、财产损失以及其他特别严重后果,例如社会危害程度或者社会影响程度也可纳入其范畴。在本案中,被告人罗某国在任水利局局长职务期间先后收取14人好处费,受贿金额达157万元。水是生命之源,水利工程建设关乎民生,作为水利局局长的被告人收受贿赂将农村多个饮水工程建设、水库除险加固工程和水管所管理房工程以不正当手段承包给前述14人,被告人实施的多次行为威胁到基本民生问题,造成的社会危害性特别严重。但根据前述行为这些后果均已发生,也就不讨论能否避免的问题。另外,本案被告人罗某国主动交代并动员行贿人交代犯罪事实,协助办案机关追究行贿人员相关责任并积极全部退赃的行为,虽然导致有关行贿人员被追究责任进而防止其再次或者继续腐蚀国家工作人员等后果的发生,同时维护了国家的司法权威,但是仅凭上述行为不能评价为防止特别严重后果的发生。一是本案受贿人行贿人业已完成犯罪,造成的"特别严重后果"已然形成,虽然行贿人已受到刑事追究进而防止行贿人继续腐蚀国家工作人员,但是基于上述对向犯的特殊性质,此举必然导致行贿人受追究。而对于其他社会危害性而言,该结果已然发生,无法避免,本书亦不支持对消除该后果进行同等评价。二是被告人罗某国到案之后除了坦白犯罪事实,还有全部退赃的行为。全部退赃行为属于对已产生的后果进行消除,不能评价为避免该后果的产生,再者已经存在相关法律条文对有关退赃行为产生的法律效果予以明确。简言之,本案行贿人被追究刑事责任不属于"避免特别严重后果发生"的情形。

综上所述,本案被告人有坦白犯罪事实和全部退赃的从轻处罚情节,但不具备坦白中的减轻处罚情节。也就是说,本案罗某国如实供述致使行贿人被追究刑事责任不能认为是避免特别严重后果的发生,即不适用坦白的减轻处罚情节。

四、结论

坦白制度本身系属刑法总则中的刑罚裁量制度,因而具有普遍适用的性质,但无奈司法实践中因不同犯罪行为种类的差异、法益间的区别、社会影响程度的不同,所以在各种类型案件中对"避免特别严重后发生"并没有统一评判标准,只能根据实际情况来把握。如前所述,我国《刑法》第67条第3款设置在我国刑法的总则部分,所以在对坦白情节予以界定时,需要联系各罪具体分析。相反,"特别严重后果"的界定与把握应按照各罪名、案件事实深入探析,目前尚无法规定一个简单固定的模板进行套用。

专题四
农村低保金的申领与管理

"失地"农村居民最低生活保障金是否属于贪污罪从重处罚情节中的"特定款物"
——谢某田贪污案

匡修宇 常城

【裁判要旨】 本案"失地"农村居民最低生活保障金系当地政府为征用土地,以办理农村居民最低生活保障金的违规方式给村民的土地补偿,实质上不具有救济、扶贫的性质,不是贪污"特定款物",不属于我国《刑法》第383条第1款规定的其他较重情节。

【关键词】 贪污罪 "失地"农村居民最低生活保障金 征地补偿款 特定款物

一、基本案情[1]

2011年年初,某县西北出入口建设项目征地过程中,经县委、县政府研究决定在该县谢某镇谢某村征用土地作为墓地。县拆迁指挥部在征用该县谢某镇谢某村的部分土地建公墓过程中,按每亩2.8万元支付村民土地补偿款,被征用土地的村民认为补偿过低,为使征地工作顺利进行,经某某县谢某镇党委、政府领导班子研究口头决定,除按每亩2.8万元支付村民土地补偿款外,再按村民失地的情况,为失地村民办理农村居民最低生活保障作为补偿。具体征地补偿及办理"失地"农村居民最低生活保障的统计、上报、领取工作,交由当时担任村委会副主任的被告人谢某田负责。2012—2017年,谢某田利用职务便利,通过冒名虚报享受农村居民最低生活保障的村民人数,采取隐瞒截留等方式,将多名村民名下的最低生活保障金共计54 410元非法据为己有。

一审法院认为,被告人谢某田利用担任村委会副主任的职务便利,在协助人民政府办理农村居民最低生活保障申报、领取工作中,采取隐瞒、截留和虚报冒领等方式,将最低农村居民生活保障金54 410元非法占有,属于《刑法》第383条第1款规定的"其他较重情节",判处谢某田犯贪污罪,有期徒刑1年6个月。被告人谢某田提出"本案农村居民最低生活保障金并非救济款,实质上是征地补偿款",认为法院量刑过重,提出上诉。

二审法院认为,本案涉及的农村居民最低生活保障金是当地政府为征用土地,以办理

---

[1] 本案一审判决来源于北大法宝网,(2017)鲁1722刑初284号,https://www.pkulaw.com/pfnl/a25051f3312b07f37c912365afa463bd6e79b419dca9617cbdfb.html,2020年05月30日访问;本案二审判决来源于北大法宝网,(2018)鲁刑终264号,https://m.pkulaw.com/pages/details/detail?topicId=1469238631653838848&columnId=1469238638159204352&gid=a6bdb3332ec0adc4c07b7e7b41ea8609f3978510498d1b32bdfb,2020年05月30日访问。

农村居民最低生活保障的违规方式给予的土地补偿,不具有救济、扶贫性质,不属于《刑法》第383条第1款规定的"其他较重情节",一审法院判决对该情节认定事实不清。因此,二审法院对"本案农村居民最低生活保障金并非救济款,实质上是征地补偿款"的辩护意见予以采纳,判决维持一审法院刑事判决,并对被告人谢某田宣告缓刑2年。

二、案件争议问题

在本案中,一审判决认为被告人谢某田将农村居民最低生活保障金非法占有,属于贪污罪中其他较重情节;而二审法院认为本案涉及的农村居民最低生活保障金不具有救济、扶贫的性质,不属于贪污罪中其他较重情节。结合本案案情,主要争议的焦点在于本案"失地"农村居民最低生活保障金是否属于贪污罪中从重处罚情节中的"特定款物",如果不属于,本案就不存在其他较重情节,根据本案的犯罪事实、性质及情节,考量犯罪行为的危害性程度,综合考虑被告人谢某田的认罪态度,决定是否对其从轻处罚并判处缓刑。

三、问题分析及阐述

行为人贪污"特定款物",不仅对该"特定款物"所属的专项工作造成影响,而且可能对社会生活造成一定威胁,与侵占其他财物相比,具有更大的社会危害性。因此,本书旨在对贪污罪从重处罚情节中的"特定款物"进行阐述,以此分析本案所涉"失地"农村居民最低生活保障金是否属于"特定款物",进而认定本案被告人的犯罪情节性质。

(一)刑法"特定款物"概述

近几年,国家大力扶持农村建设,大量救灾、抢险、扶贫等款物被拨付至基层由政府运作。在管理资金时,个别基层公务人员禁不住财物的诱惑,构成贪污、挪用特定款物等职务犯罪。由于贪污、挪用特定款物等职务犯罪所涉及的资金与民生息息相关,所以此类案件也是百姓最为关注的。疫情期间的捐赠物资属于抢险、救灾、救济物资,我国法律对抢险、救灾、救济物资有专门的规定,如《刑法》第273条规定了挪用特定款物罪。不难看出,刑法将用于"救灾、抢险、防汛、优抚、扶贫、移民、救济款物"定义为"特定款物",并对挪用特定款物的行为予以严厉打击。❶"特定款物"不仅包括国家预算为实施上述用途安排的民政资金,其他由国家或者人民群众为上述用途筹集的款物也包含在内。❷由于"特定款

---

❶《刑法》第273条:"挪用用于救灾、抢险、防汛、优抚、扶贫、移民、救济款物,情节严重,致使国家和人民群众利益遭受重大损害的,对直接责任人员,处三年以下有期徒刑或者拘役;情节特别严重的,处三年以上七年以下有期徒刑。"

❷ 周道鸾,张军.刑法罪名精释(下册)[M].北京:人民法院出版社,2013:665-666.

物"属于公私财物的特殊种类,所以不仅挪用特定款物会被追究刑事责任,一般侵财性犯罪的行为也会涉及"特定款物",其在刑法中是属特殊犯罪对象,例如在有关盗窃罪的司法解释中其界定为"救灾、抢险、防汛、优抚、扶贫、移民、救济款物";❶在有关抢夺罪的司法解释中将其界定为"救灾、抢险、防汛、优抚、扶贫、移民、救济款物";❷在有关掩饰、隐瞒犯罪所得罪的司法解释中将其界定为"救灾、抢险、防汛、优抚、扶贫、移民、救济款物";❸《关于办理贪污贿赂刑事案件适用法律若干问题的解释》第1条将其界定为"救灾、抢险、防汛、优抚、扶贫、移民、救济、防疫、社会捐助等特定款物"。❹

据以上关于"特定款物"的相关规定及司法解释,"特定款物"一般是指"救灾、抢险、防汛、优抚、扶贫、移民、救济款物",而贪污罪的"特定款物"范围不仅包括这七类,还包括"防疫、社会捐助"两类,并用"等"字进行归纳。❺"特定款物"不同于普通款物,其具有的特殊属性意味着其使用事项或对象有一定的要求,必须具备紧迫性和重要性,此类犯罪体现出严重的实际危害性。为了将此类犯罪扼杀在"摇篮"中,刑事立法以此为准绳来评估犯罪的社会危害程度,并予以从重处罚,发挥刑法的一般预防功能。对贪污特定款物的行为予以从重处罚既是对贪污贿赂犯罪的严厉打击,也与罪责刑相适应原则的内在价值相一致,该原则不但要求刑罚赋予的处罚与犯罪人行为的社会危害性相适应,还要与行为者的刑事责任大小符合,才能体现刑罚的公平正义。"救灾、抢险、防汛、优抚、扶贫、移民、救济款物"与广大百姓的生命财产安全密切相关,与其他款物相比,其重要性不言而喻,因而在贪污特定款物的情形下,其对社会的危害程度更加严重,将贪污特定款物作为法定从重处罚情节,可以有效预防和惩治犯罪,达到刑法的一般预防功能。

(二)贪污从重处罚情节中"特定款物"的概念与内涵

厘清贪污罪中"特定款物"背后所蕴含的内容对界定"特定款物"的性质起到指导性作用。《关于办理贪污贿赂刑事案件适用法律若干问题的解释》明确了9种"特定款物"的类

---

❶《关于办理盗窃刑事案件适用法律若干问题的解释》第2条第(七)项:"盗窃救灾、抢险、防汛、优抚、扶贫、移民、救济款物的。"

❷《关于办理抢夺刑事案件适用法律若干问题的解释》第2条第(八)项:"抢夺救灾、抢险、防汛、优抚、扶贫、移民、救济款物的。"

❸《关于审理掩饰、隐瞒犯罪所得、犯罪所得收益刑事案件适用法律若干问题的解释》第1条第(三)项:"掩饰、隐瞒的犯罪所得系电力设备、交通设施、广播电视设施、公用电信设施、军事设施或者救灾、抢险、防汛、优抚、扶贫、移民、救济款物的。"

❹《关于办理贪污贿赂刑事案件适用法律若干问题的解释》第1条第(一)项:"贪污救灾、抢险、防汛、优抚、扶贫、移民、救济、防疫、社会捐助等特定款物的。"

❺卢宇蓉,建军.社会保险基金属于贪污罪中的"特定款物"——《最高人民检察院关于贪污养老、医疗等社会保险基金能否适用〈最高人民法院、最高人民检察院关于办理贪污贿赂刑事案件适用法律若干问题的解释〉第1条第2款第一项规定的批复》理解与适用[N].检察日报,2017-08-28(003).

型,第一,"救灾"款物,国家发放给因自然灾害受影响区域群众的款物;第二,"抢险"款物,国家分配给遭受自然灾害带来的损害急需抢救地区的款物;第三,"防汛"款物,指国家拨出专项资金和物资用于防洪防汛;第四,"优抚"款物,国家拨出款物用于厚待优抚对象;第五,"救济"款物,国家将专款用在社会救济等方面;第六,"移民"款物,该款物是由国家发放用于移民安置;第七,"社会捐助"款物,是自然人、法人或其他社会团体出于善意,自愿将财产实物赠给公益性社会团体、公益性非营利单位、某类群体或个人;[1]第八,"防疫"款物,国家在面对卫生防疫工作情况比较急迫时拨出的款物;第九,"扶贫"款物,是国家用于扶贫救助的专款专用。上述"特定款物"的含义都是通过该类款物的来源及用途理解,在认定其他款物时,应当遵循相关的法律法规,结合款物的来源用途来分析,确认某种款物是否与上述9类款物具有实质的相当性。

贪污罪中从重处罚情节的"特定款物"所包含的类型较广,不仅包含了挪用特定款物罪中所具有的类型,还包括"防疫"和"社会捐助"两类。贪污罪中在罗列了特定款物的种类之后还有"等"字,对于该"等"字作何理解,没有相关条文及解释予以说明,但在司法实践中,案情纷繁复杂,要判断所贪污的对象是否属于"特定款物",对"等"字的理解就显得极其重要。由于"特定款物"不是一个详尽式的概念,随着社会的持续发展,其外延也在随之扩大,故刑法条文不能将其详细罗列。在定义"等"字时,要严格服从罪刑法定原则,将"等"背后所蕴含的某款物与"救灾、抢险、防汛、优抚、扶贫、移民、救济、防疫、社会捐助"等款物进行比较,具有实质相当性才能归为同一类,这样能合理限制本罪范围,符合刑法谦抑性精神,实现对"特定款物"的特有保护。[2]通过分析以上9种类型款物的性质,可以概括"特定款物"所具有的特征,以此来判断贪污罪中的"特定款物"。

第一,"特定款物"背后承载着保障民生的功用,具有社会救济意义。社会救济的含义是社会维持特定群体的基本生存权,这意味着国家为遭遇自然灾害、失去劳动能力的人或较低收入者提供物质援助,以民生为根本,保障其基本生活需要。如"扶贫、救济"款物用于保障贫困人群的最低生活水平,"救灾、抢险、防疫"款物主要用于应对险情、灾情和疫情,即使在如此恶劣的情况下,也能保障公民享受饮食、医疗等基本权利。

第二,"特定款物"是分配给社会中的弱势群体,一般是因自然灾害、失去劳动能力等原因而使其生活难以维持的弱势人群。这类群体生活质量不高,处于社会边缘处,常常困于缺衣少食的境地,因此这时国家需要站出来给予物质帮助,将"特定款物""送到"其手中。

---

[1] 张一献.略论刑法中的"特定款物"——兼议贪污罪中若干"特定款物"的认定[J].湖北警官学院学报,2018(4):44.

[2] 赖正直.强农惠农资金是否属于贪污罪加重情节中的特定款物[N].人民法院报,2017-05-17(006).

第三,"特定款物"的发放情形一般处于现实紧迫性中。这意味着使用"特定款物"的时间是特定的,不是在所有的时间里都会发生使用需求紧迫的情形。现实紧迫性也意味着时间的特定性,在特定的时间里如果不及时将款物送至需要方,可能会造成不可估量的损害后果。例如,如果救灾资金不及时用于灾民,扶贫资金不及时用于贫困户,灾民、贫困户将持续处于贫困状态,甚至比之前情况更糟,其基本生存权将受到现实、紧迫的损害。"救灾、抢险、防汛"款物只能在发生灾情、险情、汛情时,根据规定的制度进行使用,不得随意挪用。

总之,《关于办理贪污贿赂刑事案件适用法律若干问题的解释》涉及"特定款物"的相关规定,对认定贪污的对象是否属于"特定款物"具有实质性意义。判断某种款物是否属于"特定款物",首先要看其是否属于法律明确规定的9种类型,如果符合条文列举的类型,就不用考虑与"等"字的关系,可以直接认定为"特定款物";如果不符合明文列举的款物类型,则要将其与条文规定的"特定款物"的性质相比较,刑法谦抑主义精神应当在解释过程中加以贯彻。在贪污罪中,由于"特定款物"并不是采取严格限定的方式,为了确保对其进行解释在本罪的立法语义内,且不超越刑法规定的立法范围,在分析贪污的对象是否为"特定款物"时,不能随意扩大法律条文的含义,应当将该款物与法律列举的9类"特定款物"进行实质相当性判断。

(三)贪污"特定款物"情节之适用

在1997年《刑法》中,贪污贿赂罪仅以数额作为定罪量刑的标准。《刑法修正案(九)》将仅以数额作为定罪量刑的标准改为"数额或情节"模式的标准。随后《关于办理贪污贿赂刑事案件适用法律若干问题的解释》又将"数额或情节"模式细化为"数额"标准或"数额+情节"标准,并列举了6种从重情节。[1]在这种模式下,它赋予了从重情节两类功能,即构成犯罪和升格法定刑,其中贪污特定款物属于从重情节之一,若贪污、受贿数额达到"数额+情节"模式中的数额要求,同时又具有从重情节的,应当认定为"其他较重情节""其他严重情节"或者"其他特别严重情节","数额+情节"标准中特定情节的适用存在定罪与法定刑升格两个方面。

首先,就定罪而言,在贪污数额处于1万元以上3万元以下这一区间时,若同时具备贪污"特定款物"情形的,可以认为达到了犯罪成立标准。这意味着当存在一定的犯罪数额但未达到"数额"标准中所对应的"数额"时,若存在贪污"特定款物"从重处罚情节,该情节可以弥补数额未达到犯罪成立标准的缺陷,形成"数额+从重情形"的定罪模式。在贪污数额达到10万元但不满20万元、达到150万元但不满300万元时同样适用。

---

[1] 罗开卷.贪污受贿犯罪中从重情节的适用——以《贪污贿赂解释》为切入点[J].法律适用,2017(1):84.

其次，就法定刑升格方面，根据《关于办理贪污贿赂刑事案件适用法律若干问题的解释》的规定，贪污数额在20万元以上300万元以下这一区间的，对应的刑期是3年以上10年以下，在10万元以上20万元以下这一区间时，原本适用3年以下的量刑，如果存在有贪污特定款物等情节的，则可适用该升格的量刑档次，所以在存在一定的犯罪数额但没有达到刑罚升格的"数额"标准时，若具备贪污特定款物等从重处罚情节，则可以实现法定刑升格；❶《关于办理贪污贿赂刑事案件适用法律若干问题的解释》虽然没有对贪污特定款物是否从重处罚作出明确规定，但是在犯罪成立标准上的不同就反映了在数额相同的情况下，贪污特定款物的量刑应当重于贪污一般款物，也就是说司法解释中蕴含着一条贪污特定款物从重处罚的量刑原则。

最后，在适用从重处罚情节时不能重复评价，若从重情节已经发挥了上述两种功能，在进行量刑评价时就不能再将其予以考虑。❷如贪污农村居民最低生活保障金在1万元以上3万元以下的、10万元以上不满20万元或者150万元以上不满300万元，根据贪污特定款物这一从重情节，使上述贪污行为具有"其他较重情节""其他严重情节"或者"其他特别严重情节"，从而入罪或者升格法定刑，具体量刑时就不应再对该从重情节予以评价。此外，在案件中若存在贪污特定款物的情节，应当严格适用缓刑或免予刑事处罚。❸

(四)本案款物性质分析

农村居民最低生活保障金作为农村低收入人群的重要收入来源，它直接关系到这部分群体的日常生活，关乎着生存利益。"失地"农村居民最低生活保障与农村居民最低生活保障不属于同种概念。农村居民最低生活保障是国家为了保障低收入农村居民的基本生活而出台的制度。符合条件的农民有权从当地政府获取基本生活物质保障，其设立的目的是保障贫困人群的生活质量，具有救济、扶贫的性质，与是否失地的关系不是太大。能够享受农村居民最低生活保障的农民收入应当低于最低生活保障线，须严格按照规定的程序进行申请，通过审查程序后才能享受农村居民最低生活保障的待遇；然而本案"失地"农村居民最低生活保障特指农民在失地后所享有的补偿，失地农民如果经济条件较好或有其他优越的收入来源，就不具备申请农村居民最低生活保障的条件。

---

❶ 王瑞剑,张兆松.贪污贿赂犯罪二元定罪量刑标准的情节适用问题——基于贪污贿赂犯罪司法解释的分析[J].天津法学,2017(2):34.

❷ 罗开卷.贪污受贿犯罪中从重情节的适用——以《贪污贿赂解释》为切入点[J].法律适用,2017(1):86.

❸ 根据2012年最高人民法院、最高人民检察院《关于办理职务犯罪案件严格适用缓刑、免予刑事处罚若干问题的意见》的规定，具有下列情形之一的职务犯罪分子，一般不适用缓刑或者免予刑事处罚：……（六）犯罪涉及的财物属于救灾、抢险、防汛、优抚、扶贫、移民、救济、防疫等特定款物的……

1. **本案"失地"农村居民最低生活保障金是否属于"特定款物"**

在本案中,县拆迁指挥部在征用该县谢某镇谢某村的部分土地建公墓过程中,按每亩2.8万元支付村民土地补偿款,被征用土地的村民认为补偿过低,为使征地工作顺利进行,经某县谢某镇党委、政府领导班子研究决定,除按每亩2.8万元支付村民土地补偿款外,再按村民失地的情况,为失地村民办理农村居民最低生活保障作为补偿。按照上述总结的"特定款物"所具备的性质,对本案中的"失地"农村居民最低生活保障金是否属于"特定款物"进行分析:

其一,"失地"农村居民最低生活保障金不具有社会救助性质,不是对遭受自然灾害、丧失劳动能力或低收入者提供的社会救助,也不是保障最低生活水平的举措,而是对失地农民失地后给予的一定经济补偿。本案中还有为了让征地工作顺利开展而实施的目的,但也不可否认一些无生活来源的农民在失地后,就会陷入种田无地、生活没有保障的境地,不能一概而论。

其二,"失地"农村居民最低生活保障金的发放对象不一定是生活困难的弱势群体。就本案而言,由于村民认为补偿价格过低而不同意土地征收,随后某县谢某镇党委、政府领导班子答应给失地的村民办理农村居民最低生活保障作为补偿。能够获得最低生活保障的村民是否确实生活困难在所不问,但是,可以说本案中"失地"农村居民最低生活保障金发放的对象并非全都是弱势群体。

其三,该"失地"农村居民最低生活保障金的使用需求不具有扶贫济困资金的紧迫性。对一些有收入来源的农民来说,即使一时拿不到该失地生活补助,也不会对该农民的基本生活造成重大影响。为加大对失地农民权益的保障力度,我国还专门设立了失地农民养老保险制度。2019年我国已经将失地农民养老保险纳入《中华人民共和国土地管理法》,根据《中华人民共和国土地管理法》第48条,❶国家征收农民承包地的,农民除了依法享有征地补偿外,还享受失去土地的社会养老保险补贴。

通过上述分析,可知本案中的"失地"农村居民最低生活保障是某县谢某镇党委、政府领导班子为了顺利征用农民的土地,除了以每亩2.8万元支付村民作为土地补偿款外,还为失地农民办理农村居民最低生活保障,其重要性、紧迫性与从重情节中规定的9类款物所要求的程度不同。此类款物不属于专款,不具备专用的特点,与条文明确规定的特定款物类型没有实质相当性,没有扶贫、救济属性,因此不属于贪污罪从重处罚情节中的"特定款物",故本案不存在"其他较重情节",二审判决对该情节的认定正确。如果将本案"失地"农村居民最低生活保障金认定为特定款物,就忽略了特殊款物所具备的特殊性质,将特殊款物与普通款物混为一类而作出处罚,与罪责刑相适应原则背道而驰。

---

❶ 县级以上地方人民政府应当将被征地农民纳入相应的养老等社会保障体系。

2. 征地补偿款的性质

针对二审法院提到的"辩护人提出本案涉及的款物并非救济款，实质上是征地补偿款的辩护意见，本院予以采纳"，实质上也是对征地补偿款与救济款等特定款物作区分。对于征地补偿款，一般是指国家在建设征地时，根据土地的原用途给予被征地单位的补偿费用，具体分为土地补偿费、安置补助费、地上附着物和青苗补偿费。那么征地补偿款是否属于本罪中的"特定款物"？

一方面，地上附着物和青苗补偿费不具有贪污罪中"特定款物"的保障性。根据《中华人民共和国土地管理法实施条例》第26条的规定，❶这两项费用归地上附着物和青苗所有者所有，可以是该土地所属集体组织的成员，也可以仅是承包土地耕种的非集体组织成员，因耕种农作物或构筑建筑物而获得相应的财产所有权。❷当地上附着物及农作物因征地工作而受损或灭失时，相应的所有权人能够获得对应的补偿，因此这两项费用可以作为一种行政补偿，❸因合法行政行为给被征地一方的合法权益造成损失而给予的补偿，旨在促使双方利益平衡，保证征地工作的公平合理。因此，一般来说，地上附着物和青苗补偿费不属于本罪中的"特定款物"。

另一方面，土地补偿费和安置补助费具有贪污罪中"特定款物"的保障性。土地补偿费主要是农民因集体成员的身份而获得的对集体土地所有权丧失的补偿，与是否支出劳动无太大关联，是因丧失基本权利而获得的补助，因此具有保障基本生活条件的性质。农民是根据土地的流转、投入和收益等方式来实现对土地的保障功能，换言之，农民利用土地作为生产要素来为自己创造价值，保障自己的基本生活，这是建立在农民拥有集体土地所有权的前提之下。因此，土地补偿费属于对农民失去保障性权利的补偿，目的是通过资金来补偿原土地集体所有权的丧失，产生延续被征用土地的保障功能；安置补助费是对农民集体土地被征用后，对那些以土地为主要生产资料并以此取得基本生活来源的农业人口，因失地造成基本生活困难所给予的补助费，其本质是通过发放资金以保障失地者的生活需要，帮助失地农民进行风险预防、转移和补偿，是采取另一种方式来替代失地者原来具有的土地保障。事实上，这在现实的征地政策中已有体现，例如在征地过程中实施的以土地换取保险等政策，将被征地农民纳入社会保险体系，用另一种方式来保障农民的基本

---

❶《中华人民共和国土地管理法实施条例》第26条："土地补偿费归农村集体经济组织所有；地上附着物及青苗补偿费归地上附着物及青苗的所有者所有。需要安置的人员由农村集体经济组织安置的，安置补助费支付给农村集体经济组织，由农村集体经济组织管理和使用；由其他单位安置的，安置补助费支付给安置单位；不需要统一安置的，安置补助费发放给被安置人员个人或者征得被安置人员同意后用于被安置人员的保险费用。"

❷ 张一献.略论刑法中的"特定款物"——兼议贪污罪中若干"特定款物"的认定[J].湖北警官学院学报,2018(4):44.

❸ 行政补偿是指行政主体基于社会公共利益的需要，在管理国家和社会公共事务的过程中合法行使公权力的行为致使公民、法人或其他社会组织的合法权益遭受特别损害，依公平原则，对遭此损害的相对人给予合理补偿的行为。

生活,切实保障被征地农民的合法权益。因此,土地补偿费、安置补偿费具有保障性和救济性,属于贪污罪中的"特定款物"。由此可见,即使本案是征地补偿款,其是否属于文中所述的"特定款物"也不能一概而论。

四、结论

《关于办理贪污贿赂刑事案件适用法律若干问题的解释》之所以将上述9类款物规定为"特定款物",是考虑到这类款物与民生息息相关,侵害这类款物对社会具有严重的现实危害性,不仅会使特定群体生活困难,会影响社会的整体发展,而且将导致特定款物未能按照其自身具备的特定功能发挥其特定作用,致使灾害面积扩大。一旦实际危害后果超出人们的控制,未来面对的危害不可预测,这将对公民的生命健康造成极大的威胁。《刑法》对"特定款物"给予特殊的保护,挪用特定款物罪便证实了这点。因此,在判断某款物是否属于贪污罪中从重处罚情节的"特定款物"时,需要围绕该款物是否具有救助性质、发放对象是否弱势群体、使用需求是否迫切、是否具备专款专用等特点来进行分析,区分普通款物与"特定款物",才能对案件进行准确的定罪量刑。

行为人受指使虚报农村居民最低生活保障金能否认定为主犯

——张某新贪污案

匡修宇 常城

【裁判要旨】 村委会主任受他人指使实施犯罪,由他人决定享受农村居民最低生活保障的人数和套取款项的数额及如何分赃,应当认定其在共同犯罪中起次要作用,属从犯。

【关键词】 贪污罪 受指使 农村居民最低生活保障金 主犯 实行犯

一、基本案情[1]

张某新在任某县某镇庆某村村委主任期间,协助上级政府负责申请、报送、发放庆某村农村居民最低生活保障金工作。时任某镇民政办主任陆某勇提出在发放农村居民最低生活保障金过程中,采取虚报农村居民最低生活保障金人数的方式套取保障金,时任镇民政办助理曾某荣赞成并主动与张某新联系,张某新也表示同意。于是,在2011—2012年期间,张某新利用职务便利,在发放庆某村居民最低生活保障金的过程中,伙同某镇民政办主任陆某勇、镇民政办助理曾某荣(另案处理)[2]在确定庆某村部分居民最低生活保障户人员名单时,未经民主评议而采取虚报增加享受农村居民最低生活保障人数的方式以套取保障金,由农村居民最低生活保障户将虚报增加的最低生活保障金领取后交给张某新,或由张某新持最低生活保障户的存折,私自领取虚报的最低生活保障金,共取得虚报的保障金103 845元。张某新将其中的85 962元分多次交给陆某勇、曾某荣,余下17 883元由其个人非法占有。

法院一审判决认为,张某新利用职务便利,伙同他人贪污公款,数额在10万元以上,其行为构成贪污罪,并且积极实施犯罪,系主犯,依法应按所参加的全部犯罪处罚,判处其犯贪污罪有期徒刑7年。宣判后,张某新不服提出上诉,认为其在共同犯罪中属从犯,

---

[1] 本案来源于中国裁判文书网,贺州市中级人民法院(2014)贺刑终字第25号,https://wenshu.court.gov.cn/website/wenshu/181107ANFZ0BXSK4/index.html?docId=ZrYSEN3V1Xxb9+gCNogzdsE4nLERoyAEwqPXgnDEnYEzsavEZN3gXvUKq+IEo4IVfV/ktx1WjPM/17vU+UrY8PEn0RQNbATKQ7VGr1LiCExnqJQabngVJpX0Av4mX,2020年04月26日访问。

[2] 本案来源于中国裁判文书网,昭平县人民法院(2013)昭刑初字第200号,https://wenshu.court.gov.cn/website/wenshu/181107ANFZ0BXSK4/index.html?docId=vUmy3C2ryoko2CjXKcT1qkBzY0yMZTfergPKk1F8ghocKudJ7ynTfUKq3u+IEo4IVfV/ktx1WjPM/17vU+UrY8PEn0RQNbATKQ7VGr1LiCEixnqJQabnv3w6iBHGXq7,2020年04月26日访问。

原判量刑过重。二审法院审理认为,在共同犯罪中张某新是受他人指使伙同实施犯罪行为的,在共同犯罪起辅助作用,属从犯,依法可以减轻处罚,原判决认定为主犯,属于认定情节不当,故撤销一审刑事判决,判处其有期徒刑5年。

二、案件争议问题

本案主要对张某新是否为主犯存在争议,其在共同犯罪中是实行犯,但要准确界定是主犯还是从犯,需要考虑该实行行为在共同犯罪中起到什么作用,所处的犯罪地位如何。正确区分共同犯罪的主从犯,可以平衡犯罪人的量刑,准确界定每个共同犯罪人的刑事责任,体现罪责刑相适应原则与刑罚个别化的要求。

三、问题分析及阐述

本书将以实行犯是否为出发点,对实行犯与主犯、从犯的相关理论进行阐述,分析本案张某新在共同犯罪中处于何种地位,以便准确界定其刑事责任。

(一)犯罪参与体系中实行犯的归属问题

犯罪参与体系的归属是共犯理论体系研究的基础性前提。在共犯体系选择上,大陆法系刑法理论一直存在单一制与区分制之争。单一制论者认为,所有参与犯罪者皆为正犯,只是就正犯类型是否需要再作划分以及正犯成立是否受必要限制又形成形式的单一制与功能性单一制之别。[1]单一制在不法层面上不对正犯和共犯进行区分,所有参与实施犯罪的人都为正犯,再以各自的罪责程度处罚进行处罚,正犯人相互之间是独立的;而在区分论者看来,可将参与行为的表现形式分为正犯、教唆犯、帮助犯,后两者构成狭义上的共犯,前者正犯居于核心地位,共犯从属于正犯。根据限制的正犯概念,正犯是指实行了构成要件行为的人,因此与实行犯的意思一致。德日刑法在共犯立法上采取了区分制模式。按照德日传统的形式客观说,正犯等于实行犯,仅仅参加共谋而没有分担实行行为的人不成立正犯。然而,在司法实务中,日本首先肯定共谋共同正犯的成立,日本判例认为,即便存在没有共同实施构成要件行为的事实,有时也可认定为共同正犯。[2]在德国,与之相类似的组织犯是根据犯罪事实支配理论来解决的,[3]只要对犯罪构成具有支配力,

---

[1] 高桥则夫.共犯体系和共犯理论[M].冯军,毛乃纯,译.北京:中国人民大学出版社,2010:38-42.
[2] 西田典之.日本刑法总论[M].刘明祥,王昭武,译.北京:中国人民大学出版社,2007:266,转引自丁胜明.共同犯罪中的区分制立法模式批判——以正犯、实行犯、主犯的关系为视角[J].刑法理论,2013(2):39.
[3] 西田典之.日本刑法总论[M].刘明祥,王昭武,译.北京:中国人民大学出版社,2007:266,转引自丁胜明.共同犯罪中的区分制立法模式批判——以正犯、实行犯、主犯的关系为视角[J].刑法理论,2013(2):39.

没有实施构成要件的行为,仍然可以成立共同正犯。这样一来,传统的形式客观说已经瓦解,当前理论中的正犯概念已经远远超出了实行犯的范畴,但认定正犯仍然要以实行为中心,共同犯罪中实行犯和实行观念对定罪量刑的基础性作用仍然值得重视。

我国刑事立法并未明确规定犯罪参与体系的归属,因此学界中存在不同观点。有观点认为我国是采用单一制,[1]同时也有观点认为我国是分工标准定性与作用标准量刑的双层区分制,[2]我国刑法并未像德国刑法在条文中明确规定正犯与帮助犯,[3]仅在《刑法》第29条第1款、第2款规定了教唆犯。[4]刑法中并不存在明确的正犯概念,也未明确规定共同正犯、帮助犯等犯罪参与类型。事实上,在我国司法审判实践中,处罚共同犯罪人的逻辑是,首先确定共同犯罪的成立,然后在共同犯罪人中区分主犯与从犯,在对主犯定罪量刑的基础上,再根据我国从犯从宽的处罚原则,对从犯进行定罪量刑。因此,在我国无主犯则无从犯,而非无正犯则无共犯。以分工为标准,共犯可分为实行犯、组织犯、教唆犯、帮助犯四类;以作用为标准,共犯可分为主犯、从犯、胁从犯三类。但是,共犯的法定分类只有主犯、从犯、胁从犯和教唆犯,组织犯、实行犯和帮助犯只是理论上的分类。我国理论和实践中都承认实行犯,实行犯是实施了构成要件行为的人,是相对于非实行犯而言,而正犯是相对于共犯而言,主犯则是相对于从犯而言。实行行为是罪状建构的基础,在行为构成何罪的判断上实行行为意义非同小可,行为是否具有该罪所要求或预设的实行行为的属性、是否满足实行行为的类型性,无疑是认定行为是否满足该判断要求的最直接条件。这种定罪依据,可以帮助判断该行为是否构成犯罪,以及构成刑法分则中具体哪一个罪名。[5]

(二)实行犯与主犯

根据我国《刑法》第26条、第27条的规定,[6]刑法对于主犯的认定是以行为人在共同犯罪中的作用为主要标准,以行为人在共同犯罪中的分工情况为辅助标准。分类与分工并非毫无关联,例如组织犯在犯罪集团中是以组织、领导为分工,根据法条规定,这种分工又体现了其在共同犯罪中的主要作用,因此分工与作用标准不是相互排斥而是有一定的

---

[1] 刘明祥. 中国特色的犯罪参与体系[J]. 中国法学,2013(6):119.
[2] 钱叶六. 双层区分制下正犯与共犯的区分[J]. 法学研究,2012(1):130.
[3] 德国刑法总则第二章第三节为"正犯与共犯",第25条、第26条、第27条分别规定了正犯、教唆犯和帮助犯的概念和处罚原则。
[4] 《刑法》第29条:"教唆他人犯罪的,应当按照他在共同犯罪中所起的作用处罚。教唆不满十八周岁的人犯罪的,应当从重处罚。如果被教唆的人没有犯被教唆的罪,对于教唆犯,可以从轻或者减轻处罚。"
[5] 黄渝景. 犯罪实行行为论[D]. 重庆:西南政法大学,2011:17.
[6] 《刑法》第26条、第27条:"组织、领导犯罪集团进行犯罪活动的或者在共同犯罪中起主要作用的,是主犯";"在共同犯罪中起次要或者辅助作用的,是从犯"。

联系的,但区分主从犯还是以行为人在共同犯罪中的作用大小为分类标准。在司法实践中,司法实务人员往往结合主客观要素对行为人在共同犯罪中的作用进行综合判断,包括行为人实际参与程度,对损害结果发生的因果关系大小等因素。但作用标准对共同犯罪人进行分类并非"完美无缺"的,它存在着主观化的倾向,法官需要从整个案件事实中综合所有的主客观因素来进行判断。由于评价标准模糊,会出现一些你认为是主犯而我认为是从犯的争执,本书的案例就是这种情况,所以如何精确和细化主从犯作用区分标准是我们应该研究的重要问题。

1. 主犯中"主要作用"的认定

根据我国的刑法规定,主犯包括犯罪集团中的首要分子以及除了犯罪集团首要分子以外的,在共同犯罪中起到主要作用的犯罪分子。[1]前一类主犯法律上有明确的规定,所以对其认定没有太大争议,而后一类关于主要作用的认定标准不明,具有一定的难度。有学者曾经提出过一些判断主从犯的方法,一是地位与角色分析法,主犯在共同犯罪中处于领导、支配的地位的人;二是主观与客观相结合分析法,根据共犯的主观故意与客观行为相结合;三是全过程分析法,主犯在共同犯意的产生、犯罪准备、犯罪行为实施整个犯罪过程中起主要作用的人;四是原因力大小分析法,主犯对社会危害性的发生起到最大原因作用;五是犯罪利益分析法,主犯一般是违法犯罪所得的赃款、赃物的较大数额占有者。[2]这些方法对我们认定犯罪分子是否起到主要作用有一定的借鉴意义。一般情况下,在认定主犯时可以参考以下因素。

第一,共同犯罪犯意的发起者。犯罪侵害刑法保护的法益,而人是使法益受到侵害的主体。人性是一个很复杂的东西,不管人性是善还是恶,犯意的发起者会使本没有犯罪意图的人产生犯罪的可能性,或使本来有犯罪意图但未实施犯罪行为的人加大犯罪的可能性,这些都给法益造成了一定的风险,因此,犯意的发起者对犯罪结果的发生具有重要作用。

第二,犯罪构成要件行为的支配者。犯罪构成要件行为是刑法中抽象规定的具有导致法益侵害结果或危险发生的行为类型。没有实施构成要件的行为,就不会对法益造成损害,实施构成要件行为对犯罪发生具有决定性意义,支配了构成要件的行为人就掌握了整个犯罪过程的"船舵",可在一定程度上探究行为人的主观意图,因此,这也是需要参考的一个因素。

第三,对犯罪结果发生具有最大原因力的人。因果关系对于定罪有很大的影响,是危害行为与结果之间一种引起与被引起的关系,行为具有导致结果发生的可能性,而因果关

---

[1] 首要分子指在犯罪集团或者聚众犯罪中起到组织、策划、指挥作用的犯罪分子。
[2] 吴光侠.主犯论[M].北京:中国人民公安大学出版社,2007:193-201.

系是能够把该行为与结果联系起来的中介,使这种结果的发生从可能性变为现实性。在一个共同犯罪中,可能会有数个行为造成一个结果的情况,究竟哪一个行为是造成结果发生的最主要原因是值得思考的。另外,虽然因果关系不以人的意志为转移,但是人们可以选择最终由哪种因果关系发生作用,即人们可以选择实施某一行为造成结果发生,也可以选择实施另一行为造成结果发生,行为人选择并实施符合某一因果关系要求的原因行为,才能最终导致因果关系的结果发生,因此因果关系的选择者以及原因行为的实施者对于犯罪结果都是起到最大原因力的人。

第四,犯罪结果的最大受益人。犯罪人通过实施犯罪行为最终获得犯罪结果的最大收益,这间接表明了犯罪人实施犯罪行为过程中态度非常积极,毕竟"努力付出"就会获得相应的"回报",当然这种"回报"不仅包括物质性的,也包括非物质性的比如在某些方面获得支持等。在贪污案件中,由于该罪主要是对财产的侵害,所以一般可以根据犯罪人最终获利的多寡作为衡量在共同犯罪中所起作用多少的一个参考因素。

以上四个因素依序判断也是关于犯罪过程中法益逐渐被侵害的过程,从犯意的发起、行为的实施、结果发生可能性的转化到最终的结果发生,这是一个完整的过程,对每一阶段具有支配力的人其作用都是值得考量的,应当将其人身危险性与社会危害性结合起来考虑。由于主犯的认定直接关系到犯罪主体刑事责任的承担问题,所以不能随意扩大主犯的范围,否则就有失法律的公正。

2. 实行犯与主犯的关系

在共同犯罪中,根据共犯的分工或行为形式,可以划分为实行犯、教唆犯、帮助犯和组织犯,而主犯是依照行为人在共同犯罪中所起作用进行的划分,其对应的是从犯、胁从犯,实行犯与主犯二者分属于各自不同领域,具有明确的界限。因此,我国刑法中实行犯与主犯的概念与功能是相互分离的。实行犯只表明行为人实施了分则所规定的构成要件的实行行为,并不体现犯罪人在共同犯罪中的作用力,实行犯与主犯之间并不存在一一对应关系。在大多数情况下,实行犯是主犯,但也有可能是从犯,具体而言要根据实行犯在共同犯罪中所起到的作用来界定,起到主要作用的实行犯为主犯,需要结合在案件中行为人实施行为的具体情况进行分析。

(三)实行犯与从犯

1. 从犯的分类

根据我国《刑法》第27条,从犯包括以下两种类型:

其一,在共同犯罪中起到次要作用的犯罪分子。关于次要作用的认定,无论在理论上还是在实践中,都很难对认定标准进行总结和统一。此类从犯虽然直接参与共同犯罪,实施特定犯罪要件的行为,但在整个犯罪活动中仅起到次要作用,受主犯的组织、指挥或领导。判断次要作用,不能片面强调行为人的某一方面而忽略其他方面,要根据其在整个犯罪的参与情况来确定。一般认为,次要的犯罪分子具有以下特点:一是对犯意的形成起次要作用,对主犯的犯罪意图表示附和或服从;二是在具体实施犯罪过程中处于被支配地位;三是没有实行犯罪中的一些关键和重要情节,对犯罪结果所起的作用较小;四是在经济犯罪中,不能主持分赃或者分得赃物较少。[1]具有以上特征的罪犯在整个犯罪活动过程中相对于主犯来说仅是起到较次要的作用,如果认为实行犯都是主犯,就不符合罪责刑相适应的原则。

其二,在共同犯罪中起辅助作用的犯罪分子。该类从犯比起到次要作用的从犯较易认定,其未直接实施具体犯罪构成客观方面的犯罪行为,而是为他人实施犯罪行为提供机会、创造条件。理论上认为帮助犯一般是从犯,与上一类从犯的主要区别在于没有实行行为,帮助犯虽并未直接参与犯罪实施,但为共同犯罪提供了一定的便利条件,比如给行为人望风,为实行犯顺利实施犯罪行为提供工具,提前探测犯罪地点,为实行犯打听收集一切对犯罪实施有利的信息等。该类犯罪分子的帮助行为本身不具有严重的社会危害性,其作用与构成要件的实行行为相比总是次要的。另外,为应对社会风险的提高以及日益复杂的犯罪,我国刑事立法将一些帮助行为明确规定为独立的罪名,不再适用总则有关共同犯罪的帮助犯的规定。

2. 实行犯中主从犯的区分

一般来说,对于同案犯都是实行犯的情形下,主从犯的认定就显得尤为重要,却也更为艰难。鉴于此,总结以下因素可对主从犯的认定提供一定的借鉴作用:

首先,要考察行为人是否是犯意提起者,即是否是造意犯。如果是,可以根据以下情况处理:第一,行为人提出犯罪意图,并参与具体犯罪的,一般不认定为从犯。第二,虽然行为人提出犯意,但却未参与具体犯罪的实施,应当根据其提出的犯意对直接实施犯罪者的影响程度进行处理。一般来说,如果没有行为人对实施者的教唆,实施者根本不可能实施犯罪行为,在此情况下,行为人发起犯意在共同犯罪中起到主要作用,一般不应视为从犯。第三,如果实施者本来就有犯罪意图,行为人提出的犯罪意图对实施者实施犯罪的决定影响不大,也即就算没有行为人的教唆,实施者仍然会实施犯罪行为,并且行为人事后不参与具体犯罪的实施,一般可认定为从犯,但集团犯罪的首要分子或者有组织犯罪中的组织犯除外。

其次,分析各实行犯在案件中的具体分工、地位、作用。第一,对各实行犯具体分工的分析,主要是指具体行为与犯罪构成客观方面的关联程度,一般来说,相关性越接近,就

---

[1] 李小文.主从犯认定的若干问题研究[J].上海大学学报(社会科学版),2008(2):130.

越不可能是从犯。杀人行为是故意杀人罪中最主要的客观因素,如果甲实施了杀人行为,而乙为甲提供杀人工具或者为甲实施杀人而望风,因甲的杀人行为与杀人罪构成要件的客观方面关系十分紧密,乙的提供杀人工具或望风行为与客观方面关系较为疏远,在此意义上,一般认为甲为从犯的可能性较小,乙为从犯的可能性较大。第二,对实行犯地位的考察,主要是行为人在共同犯罪中是否指挥或者服从其他同案犯。如果其行为是由其他同案犯指使,则很可能被认定为从犯;相反,如果是其指挥他人犯罪,原则上不应认定为从犯。第三,对各实行犯作用的考察,考察行为人的具体行为与犯罪后果之间的因果关系。行为人的分工一般与犯罪后果有关。若行为人不直接实施犯罪构成行为的,其行为与犯罪后果的关联度一般小于直接实施犯罪构成行为的行为人。因此,因果关系也是认定主、从犯的重要因素。

最后,注意每个实行犯参与犯罪过程的时间长短。行为人参与案件过程的时间长短也是认定主从犯的一个重要因素。在同一案件中,甲参与了共谋、踩点、准备作案工具、实施具体犯罪、销毁赃物等全过程,乙仅参与案件的某一阶段,在甲乙双方分工、地位、作用相当的情况下,如果案件确实需要区分主从犯,那么参与案件时间较短的乙方一般可被认定为从犯。

(四)本案被告人犯罪地位分析

首先,在犯意产生方面。张某新不是犯意提起者,其是受到指使而虚报农村居民最低生活保障金。陆某勇提出在发放过程中,采取虚报最低生活保障户人数的方式套取数额。曾某荣(另案被告人)表示同意并且与被告人张某新联系。虽然张某新具有共同犯罪的故意,但其故意的形成是在他人提出犯意之后表示赞同,随即将他人的犯罪意图转化为自己的犯罪意图,因而在共同犯意形成的过程中,张某新具有犯意形成的被动性。

其次,在案件中的具体分工、地位、作用方面。在分工中,张某新是以虚报农村居民最低生活保障金的方式,由最低生活保障户将虚报的保障金领取后交给张某新或由张某新持最低生活保障户的存折,私自领取虚报的最低生活保障金,其行为与贪污罪的犯罪构成客观方面的关联程度很紧密。在共同犯罪地位中,张某新是听命于其他同案犯,其行为受到其他同案犯的指挥,虚列的能够享受农村居民最低生活保障的人数、套取的款额大小及具体如何分赃,均是由他人决定的。在共同犯罪中张某新是听从他人的犯罪意图,服从他人的具体安排,在实施犯罪过程中是属于被支配的地位。在作用中,张某新直接实施贪污罪的构成要件行为,与犯罪后果具有因果关系,起到一定的作用,虽然其行为是共同犯罪结果发生的原因之一,但其在共同犯罪结果的作用中是次要的,且根据分赃的情况看,其共套取最低生活保障金103 845元,自己仅分得17 883元,余下的85 962元分多次交给陆某勇、曾某荣,并非犯罪结果的最大受益人。

最后,在参与犯罪过程的时间方面,张某新全程参与了套取最低生活保障金的过程,单从这一层面来看,张某新确实是在犯罪中起到较为重要作用的犯罪分子。但在认定主从犯时,需要结合所有的案情进行分析,不能单独根据某一因素加以判定。

综上,张某新在本案共同犯罪中应属从犯,是起次要作用而非主要作用的实行犯。尽管由其直接实施贪污罪的构成要件行为,全程参与了套取最低生活保障金的过程,但是在陆某勇和曾某荣的指使下实施犯罪行为的,在犯意形成中是属于被动的;共同犯罪中张某新听从他人的犯罪意图,服从他人的具体安排。关于涉案的核心情节如虚列的能够享受农村居民最低生活保障的人数、套取的款额大小及具体如何分赃,均是由他人决定,张某新并无自主决定权。虽然其行为是共同犯罪行为的一部分,甚至是不可缺少的一部分,但在共同犯罪的实施过程中,是根据他人的指挥、暗示以及活动来确定自己的行为,跟随他人进行犯罪活动,在实施犯罪过程中是属于被支配的地位。且根据分赃的情况看,也只是分得较少部分,不是犯罪结果的最大受益人。对此,一审判决存有问题,张某新只是起到次要的作用,不能认定为主犯。另外,对于二审判决所提及的"上诉人张某新在共同犯罪中只是起辅助作用,因此属从犯",同样存在不妥之处。本案张某新是实行行为人,在犯罪过程中是直接实施行为者,在共同犯罪中是起次要作用而非辅助作用。

四、结论

对于行为人受他人指使实施实行行为在共同犯罪中是主犯还是从犯的问题,不能一概而论。在共同犯罪中,受他人指使者与指使他人者两者相比,前者所起的作用往往比后者小,若其在具体犯罪行为实施过程中起到主要作用,对造成犯罪结果起到主要原因,仍然属于主犯;若其在共同犯罪中是属于受支配的地位,是在其他主犯的指挥、领导下具体实施犯罪行为的,判定该犯罪分子的主次作用应当结合整个犯罪情况进行综合判断。对于实行犯的主从犯认定,主要是看其是否起到主要作用,通过其犯罪行为所起到的作用来认定在共同犯罪中所处的地位。

总之,在司法实践中,无论是简单共同犯罪还是复杂共同犯罪,应结合各共同犯罪人在实施共同犯罪中所处的地位、参加犯罪的程度、对犯罪结果发生的作用等各因素全面进行分析,以便准确地定罪量刑。实在难以划分、作用相当的,例如在都是实行犯的情况下,行为人的作用相当、情节性质同等程度时,不必划分主从犯,根据各共同犯罪人所犯罪行的具体事实、犯罪情节和社会危害程度,依法判处刑罚。根据综合情况对不同的犯罪参与人处以不同的刑罚处罚,不仅彰显了罪刑均衡原则和刑法的正义观,同时又兼顾了刑法的报应论观念,在明确主犯宣告刑的基础上对从犯从宽,实现对共同犯罪参与人的区别量刑,体现了刑法的谦抑性原则。

贪污农村居民最低生活保障金等特定款物是否属于"犯罪情节较轻"

——陈某侠贪污案

常 城 匡修宇

【裁判要旨】 缓刑适用条件之一的"犯罪情节较轻",综合反映犯罪分子所犯罪行的社会危害程度和主观恶性大小,是对刑罚执行方式的评价。行为人利用其经手、管理农村居民最低生活保障户的职务便利,将他人最低生活保障金占为己有,属于从重处罚情节。"犯罪情节较轻"与从重处罚情节在评价目的、评价内容和参照标准上有所不同,需要依照主客观两方面综合认定。

【关键词】 贪污罪 特定款物 犯罪情节较轻 缓刑

一、基本案情[①]

被告人陈某侠为某省某县叱某镇分管民政工作的政府工作人员,在2008—2014年期间,陈某侠利用其在某省某县叱某镇民政站经手、管理农村居民最低生活保障资金的职务便利,虚构叱某镇刘某村一名最低生活保障户"刘某乙"的信息申领最低生活保障金,将31 350元陆续取出据为己有,用于自己日常开支。另外,其利用叱某镇安某村王某乙的身份信息,为王某乙办理农村居民最低生活保障,但并未将相关手续交给王某乙本人或家属,而是自己持有王某乙的存折,并向信用社出具自己书写的王某乙委托授权书,私自加盖镇民政站的印章,将王某乙名下的最低生活保障金31 350元取出占为己有。在案发前,陈某侠在得知检察机关调查刘某村居民最低生活保障金问题后,找到叱某镇刘某村时任书记李某乙,将3.2万元交给李某乙,由李某乙组织人员将该笔钱款发放给刘某村贫困户;陈某侠并且找到王某乙之子安某某,一次性退还安某某居民最低生活保障金1.86万元。

一审法院审理认为,陈某侠犯贪污罪,判处有期徒刑1年6个月,宣告缓刑2年。某县人民检察院认为对陈某侠适用缓刑不当,提起抗诉:(1)起诉书指控陈某侠贪污农村居民最低生活保障金共计62 700元。根据司法解释规定,贪污扶贫款项属于从重处罚情节,被告人陈某侠的贪污行为不属于"犯罪情节较轻";(2)陈某侠是在开始调查之后,企图逃避

[①] 本案来自中国裁判文书网,咸阳市中级人民法院(2018)陕04刑终255号,https://wenshu.court.gov.cn/website/wenshu/181107ANFZ0BXSK4/index.html?docId=5VaREd42XNfpuGWRT3eCn0KA83SQux0vfAHacs4r8Kp0izzZLjD9fUKq3U+IEo4IVfV/ktx1WjPM/17vU+UrY8PEn0RQNbATKq7VGr1LiCEixnqJQabnk4ZnIso9ej2,2020年06月10日访问。

刑事责任,才将以"刘某乙"名义骗取的最低生活保障金31 350元交给他人发放,导致了国家农村居民最低生活保障金的流失。另外,案发后并未将王某乙民政账户上的最低生活保障金全部返还。据此情节,陈某侠的行为不属于"犯罪情节较轻";(3)陈某侠未能如实供述自己的犯罪行为,拒不认罪,无悔罪表现。根据我国刑法及最高人民法院和最高人民检察院司法解释的规定,某县人民法院判决适用缓刑不当;二审法院审理后认为,陈某侠贪污数额62 700元,不属于数额巨大,且案发前退还了被害人部分款项;其归案后能如实供述其犯罪事实,对本人行为性质的辩解不影响如实供述的成立;根据其犯罪情节、性质、后果、悔罪表现等综合考虑,原审对陈某侠适用缓刑并无不当。

二、案件争议问题

从上述司法部门不同意见可以看出,对于陈某侠是否适用缓刑,最大的争议焦点在于陈某侠贪污农村居民最低生活保障金的行为是否属于"犯罪情节较轻"。一审法院及二审法院都认为陈某侠适用缓刑并无不当,然而某县人民检察院认为其贪污对象是特定扶贫款,属于从重处罚情节,而适用缓刑的条件之一是犯罪情节较轻,再结合被告人退款等情形来看,认为陈某侠不符合适用缓刑的条件。

贪污受贿犯罪历来是我国刑法打击的重点,而缓刑作为刑罚轻缓化与人道主义的产物,在弥补监禁刑的弊端中发挥着不可取代的作用。在司法实践中,对于贪污特定款物如何适用缓刑没有明确标准,各地司法部门对此类案件判决意见也各不相同,例如在四川省乐山市马边彝族自治县人民法院审理的武某东、徐某明贪污案中,[1]一审法院认为"因本案涉案款项系农村居民最低生活保障金,属扶贫款,故二被告人提出判处缓刑的辩护意见,不予采纳";在湖南省常德市中级人民法院审理的蔡某明贪污案中,[2]二审法院认为"某县人民检察院抗诉提出:蔡某明贪污的款项系民政救济资金,一审判决对蔡某明适用缓刑不当,对于该抗诉意见,本院予以支持"。在上述两个案件中,当地法院都认为农村居民最低生活保障金属于特定款物,因此对被告人不适用缓刑。结合本案及相关的司法案例,可以看出对贪污农村居民最低生活保障金等特定款物从重处罚情节能否适用缓刑并未得出统一的结论,其主要原因在于贪污农村居民最低生活保障金等特定款物的情节性质,是否属于缓刑适用条件之"犯罪情节较轻",存在着一定的争议。

---

[1] 本案来自中国裁判文书网,马边彝族自治县人民法院(2015)马边刑初字第51号,https://wenshu.court.gov.cn/website/wenshu/181107ANFZ0BXSK4/index.html?docId=939Am1YaUQ8uai39ZCn87jvjd8oTxwHEjK4QLBpqSMK2pUM06CC/UKq3U+IEo4IVfV/ktx1WjPM/17vU+UrY8PEn0RQNbATKQ7VGr1LiCEixnqJQabnk3Ab6QMSB8k,2020年06月10日访问。

[2] 本案来自中国裁判文书网,常德市中级人民法院(2018)湘37刑终398号,https://wenshu.court.gov.cn/website/wenshu/181107ANFZ0BXSK4/index.html?docId=9BPnDf6f76e5Vi6odk6wJd9thW9C715ouM5rNSkGyz8f9UmCFZgRPUKq3u+IEo4IVfV/ktx1WjPM/17vU+UrY8PEn0RQNbATKQ7VGr1LiCEixnqJQabngDzg0MQGa,2020年06月10日访问。

三、问题分析及阐述

为了避免出现司法不公的现象,本书将对贪污特定款物的行为性质进行阐述,并结合缓刑适用条件之"犯罪情节较轻"进行分析,探讨本案陈某侠能否适用缓刑。

(一)贪污特定款物的性质及情节适用

1. 贪污特定款物的性质

根据2016年《关于办理贪污贿赂刑事案件适用法律若干问题的解释》第1条的规定,[1]在贪污罪中主要将特定款物界定为"救灾、抢险、防汛、优抚、扶贫、移民、救济、防疫、社会捐助"等9类性质的款物,当然并不局限于这9类,其他款物若与这9类款物性质相当的,也可被视为法律规定的特定款物。特定款物可大致分为两个特征:

其一,形式特征。在形式上,特定款物具有特定性,不仅在使用对象上特定、使用事项上特定、使用时间上特定,而且在使用方式上也必须是特定的,特定款物有其独有、严格的使用制度,最直接的特点就是专款专用,不能被恣意使用。

其二,本质特征。在本质上,特定款物具有保障性,主要表现在对特定群体的基本生活的保障上,如扶贫、救济、社会捐助用于保障生活困难群体的基本生活,移民款物用于保障移民的日常生产生活,优抚款物用于保障军烈属、残疾军人等群体的生活;还表现为保障公众的生命、健康和安全,如救灾、抢险、防汛、防疫款物用于应对险情、灾情、汛情和疫情,以保障在此情况下公民基本生活、医疗等基本权利,具有社会保障的功能。

2. 对贪污特定款物"从重情节"的理解

特定款物不同于普通款物,其具有的特殊属性体现出侵占此类款物的行为具有严重的实际危害,为了惩罚和预防将此类犯罪,刑事立法对此类行为予以从重处罚,发挥刑法的一般预防功能。对贪污特定款物的行为予以从重处罚既是对贪污贿赂犯罪的严厉打击,也与罪责刑相适应原则的内在价值相一致,该原则不但要求刑罚赋予的处罚与犯罪人

---

[1] 2016年最高人民法院、最高人民检察院《关于办理贪污贿赂刑事案件适用法律若干问题的解释》第1条:"贪污或者受贿数额在三万元以上不满二十万元的,应当认定为《刑法》第383条第1款规定的'数额较大',依法判处三年以下有期徒刑或者拘役,并处罚金。贪污数额在一万元以上不满三万元,具有下列情形之一的,应当认定为《刑法》第383条第1款规定的'其他较重情节',依法判处三年以下有期徒刑或者拘役,并处罚金:(一)贪污救灾、抢险、防汛、优抚、扶贫、移民、救济、防疫、社会捐助等特定款物的;(二)曾因贪污、受贿、挪用公款受过党纪、行政处分的;(三)曾因故意犯罪受过刑事追究的;(四)赃款赃物用于非法活动的;(五)拒不交代赃款赃物去向或者拒不配合追缴工作,致使无法追缴的;(六)造成恶劣影响或者其他严重后果的。受贿数额在一万元以上不满三万元,具有前款第二项至第六项规定的情形之一,或者具有下列情形之一的,应当认定为《刑法》第383条第1款规定的'其他较重情节',依法判处三年以下有期徒刑或者拘役,并处罚金:(一)多次索贿的;(二)为他人谋取不正当利益,致使公共财产、国家和人民利益遭受损失的;(三)为他人谋取职务提拔、调整的。"

行为的社会危害性相适应,还要与行为者的刑事责任大小符合,才能体现刑罚的公平正义。

2016年《关于办理贪污贿赂刑事案件适用法律若干问题的解释》将《刑法修正案(九)》规定的"数额或情节"定罪量刑模式细化为"数额"标准或"数额+情节"标准,并列举了6种从重情节,贪污特定款物是其中之一。根据《关于办理贪污贿赂刑事案件适用法律若干问题的解释》的规定,就定罪而言,在贪污数额处于1万元以上3万元以下、10万元以上20万元以下、150万元以上300万元以下时,若同时具备贪污特定款物的情形,应当分别认定为具有"其他较重情节""其他严重情节""其他特别严重情节",达到犯罪成立的标准。意味着当存在一定犯罪数额但未达到"数额"标准中所对应的"数额"时,若具备贪污特定款物等从重处罚情节,该情节可以弥补数额未达到犯罪成立标准的不足。另外,虽然司法解释没有明确规定贪污特定款物在数额相同的情况下,量刑应当重于贪污一般款物,但是从犯罪成立标准上差别来看,司法解释中蕴含着贪污特定款物从重处罚的量刑原则。因此,贪污数额在20万元以上300万元以下这一区间的,对应的刑期是3年以上10年以下,在10万元以上20万元以下这一区间时,原本适用3年以下的量刑,如果存在有贪污特定款物等情节的,则可适用该升格的量刑档次,所以在存在一定的犯罪数额但没有达到刑罚升格的"数额"标准时,若存在贪污特定款物等从重处罚情节,可以法定刑升格;[1]另外,根据2012年最高人民法院、最高人民检察院《关于办理职务犯罪案件严格适用缓刑、免予刑事处罚若干问题的意见》第2条的规定,[2]贪污特定款物一般不适用缓刑或者免予刑事处罚,同时根据第5条的规定,[3]对于有第2条规定的情形的,需要适用缓刑的,要经过严格的程序。从上述的行为特征可知,贪污特定款物的行为相比贪污普通款物来说,带来的社会危害更加严重,该行为在社会中的评价更低,这也是相关司法解释对该行为从重处罚的原因。而缓刑是适用于人身危险性较小的罪犯,呈现出刑罚轻缓化的特征,法律规定对于贪污特定款物等行为适用缓刑必须更为严格与谨慎。

(二)"犯罪情节较轻"的认定

缓刑制度体现了罪刑相适应原则和"宽严相济"的刑事政策,该制度旨在强化刑罚的

---

[1] 王瑞剑,张兆松.贪污贿赂犯罪二元定罪量刑标准的情节适用问题——基于贪污贿赂犯罪司法解释的分析[J].天津法学,2017(2):34.

[2]《关于办理职务犯罪案件严格适用缓刑、免于刑事处罚若干问题的意见》第2条:"具有下列情形之一的职务犯罪分子,一般不适用缓刑或者免予刑事处罚:……(六)犯罪涉及的财物属于救灾、抢险、防汛、优抚、扶贫、移民、救济、防疫等特定款物的……。"

[3] 根据全案事实和量刑情节,检察机关认为确有必要适用缓刑或者免予刑事处罚并据此提出量刑建议的,应经检察委员会讨论决定;审理法院认为确有必要适用缓刑或者免予刑事处罚的,应经审判委员会讨论决定。

开放性,体现刑罚执行的人道性,正确适用缓刑可以避免短期自由刑的交叉感染,对预防其再次犯罪起到有效作用。刑罚的目的不仅是惩罚犯罪,还包括预防犯罪。缓刑适用条件之一是"犯罪情节较轻",本书将重点对其进行阐述。

犯罪情节依据功能的侧重点不同,可以分为定罪的情节与量刑的情节两种,定罪的情节的主要功能是区分罪与非罪、此罪与彼罪,其在司法认定中发挥定性的作用,并且评价对象主要是犯罪行为,多为刑法直接规定所以相对较客观;而量刑的情节的主要功能是判断犯罪人是否应当处以刑罚,以及处以何种刑罚或其他刑事制裁措施,在司法认定中发挥着定量的作用,并且评价对象主要是具体的犯罪人,故此更多地考察与犯罪人主观恶性相关的内容。缓刑作为刑罚具体运用制度中的一种,且结合缓刑之教育矫正犯罪人的目的,缓刑所考察犯罪情节的范围,大体与量刑情节的范围一致。在缓刑适用的实质性条件的考察中,需要从这些危害反映出的犯罪人人身危险性程度的角度入手,并结合犯罪行为客观危害的严重程度,来判断犯罪人是否具备"犯罪情节较轻"这一条件。有学者提出如果犯罪人主观恶性较大,客观危害较小可以认定为犯罪情节较轻的观点。❶ 这种观点具有一定的片面性,因为缓刑适用与否的决定性因素,重点在于对犯罪人人身危险性的考察,其中主观评价的要素占据重要地位,因此客观行为危害性的轻微,并不绝对说明人身行为危险性的不严重,也就不能成立缓刑适用意义上"犯罪情节较轻"。相反,如果客观行为危害性严重,也并不绝对说明人身危险性的严重,得出绝对不适用缓刑的结论。缓刑适用实质条件中,"犯罪情节较轻"事实上可以解释为,反映犯罪人人身危险性水平较低的与犯罪有直接因果联系的主客观情节总和,可以依照主观、客观方面进行探讨。在司法实践中判断"犯罪情节较轻"一般考虑以下几个方面。

1. 主观方面

其一,从犯罪动机的角度出发。犯罪动机在一定程度上能够反映犯罪分子的主观恶性与人身危险性。例如,同样是盗窃犯罪,无劳动能力的人基于生活所迫而去偷盗,与基于好逸恶劳贪图享受而去盗窃是不同的,前者因为在犯罪动机领域有值得同情与可以原谅的成分所在,因此基于犯罪动机的因素可以成立前种犯罪样式的情节要轻于后者。基于值得同情的犯罪动机而成立的犯罪,该犯罪的犯罪情节较轻。

其二,从主观罪过的角度出发。主观罪过有故意和过失,过失犯罪的犯罪人,主观上并不希望乃至是促进犯罪行为与结果的发生,主观层面上构成犯罪的理由并不是同故意犯罪那样,具有企图危害他人或国家、社会等在主观心理上的"恶",而是对于某些可能导致严重危害结果的行为,抱有疏忽大意或过于自信的态度。因此,从主观恶性上来考察,过失犯罪的主观恶性明显小于故意犯罪,因此反映出来的人身危险性程度也相对较低,相

---

❶ 赵秉志.刑法修正案(八)理解与适用[M].北京:中国法制出版社,2011:115.

应地对过失犯罪的犯罪人采用缓刑制度的主观方面的理由也最充足。

其三,从主观恶性的角度出发。如果能够反映人身危险性较低,则其主观恶性应当是极小或者基本没有,这种情况主要是指在犯罪的主观层面考察,虽然形式上具有犯罪故意,但实际上主观恶性较小。能基于这种理由适用缓刑的状况一般有两种:防卫过当与避险过当,正当防卫与紧急避险两种行为本身是刑法所允许的,甚至是鼓励与支持的。通过行为人自己的努力与争取,与犯罪行为或是危险状态进行斗争,从而保证自身或他人的合法权益,本身并不具有任何的主观恶性,相反是一种充满良善与正义的行为。但一旦超出防卫、避险必要限度造成严重损失时,也就具有了纳入刑法处罚的基础。即便如此,从行为人的主观恶性层面上来考察,无论是否造成严重危害结果,其主观恶性并没有发生质或量的变化,因此基于其较小的主观恶性程度,对此类的犯罪人适用缓刑是具有合理性的,同时也能获得良好的社会效果。

2. 客观方面

犯罪的客观方面可以反映犯罪人的人身危险性程度。如果犯罪行为没有造成严重的社会危害,被害人的身心也未受到严重损害,或者能够取得被害人的谅解的犯罪行为,可以考虑认定为"犯罪情节较轻"。如果犯罪后果没有发生,或者虽然已经发生,但已经得到全部或大部分赔偿的,也可以考虑"犯罪情节较轻"。简而言之,判断犯罪情节是否符合缓刑适用条件之"犯罪情节较轻",既要依照刑法分则或者司法解释规定的量刑情节,也要在犯罪行为自身情节性质的基础上,考察是否有特殊事实可以支撑选择较为宽松的刑罚执行方式。

(三)"从重处罚"情节与"犯罪情节较轻"

1. "从重处罚"情节与"犯罪情节较轻"的关系

一般而言,"其他较重情节""其他严重情节"或者"其他特别严重情节"通常是对需要加重法定刑处罚犯罪行为的描述。实际上,在我国《刑法》中"恶劣情节""特别恶劣情节""情节严重""情节特别严重""后果特别严重"等表述通常被用于区分对犯罪行为应处罚适用于不同的法定刑幅度。如果认为只有刑法分则条文中明文规定"情节较轻"这一情节才符合缓刑的适用条件之"犯罪情节较轻",即若采取刑法条文中具体的字面表述来认定是否成立"犯罪情节较轻"的话,那么可以适用缓刑的罪名会很少,这显然是不符合司法实际的。可以认为,"犯罪情节较轻"只是提示性规定,旨在限制缓刑的适用,将那些社会危害性较重、主观恶性大的排除在外。虽然贪污特定款物这一"从重处罚"情节对评价犯罪分子的社会危害性、人身危险性具有参考意义,但它并非适用缓刑的排他性因素。

另外,在最高人民法院编著的《刑事审判参考》(总第55集)中第1003号指导案件:谭某良非法持有枪支案提到过,"情节加重犯中的'情节严重'是与该罪的基本构成相比较而言的……本质上属于量刑层面的问题,一般情况下与刑罚的执行方式关联不大。"[1]可见,贪污特定款物这一从重处罚情节同缓刑适用的"犯罪情节"不能等同,对于犯罪嫌疑人的犯罪情节是否"较轻"的问题,应当综合考量犯罪分子的主观恶性、人身危险性等才能得出结论。

2."从重处罚"情节与"犯罪情节较轻"的区分

一是在评价目的和参照标准方面。贪污特定款物等从重处罚情节是与该罪的犯罪构成相比较而言的,即以某个犯罪的基本构成特征作为参照,来认定某个犯罪行为在具备该罪基本构成特征的基础上,是否还具有加重的犯罪情节,从而决定对被告人是否适用加重法定刑。通过上述分析,贪污特定款物与贪污一般款物相比较,前者将会更加影响特定群体的基本生活,造成更加恶劣的社会影响,因此,贪污特定款物属于贪污罪中的从重处罚情节,本质上属于量刑层面的问题,一般情况下,与刑罚的执行方式关系不大;而作为缓刑适用条件之"犯罪情节较轻",它是在确定行为人构成犯罪并判处相应的刑罚基础上,对刑罚的执行方式进行评价,因此从重处罚情节与缓刑适用条件之"犯罪情节较轻"具有不同的性质。如果量刑时已经充分考虑了犯罪情节的轻重,那么在决定刑罚执行方式时,不应再对上述量刑情节进行评价,将其作为缓刑适用条件之"犯罪情节较轻"的认定因素。可以认为,"犯罪情节较轻"界定为立法的特别提示性规定较为合适。因为,"判处拘役、3年以下有期徒刑"是刑法总则第72条规定的缓刑适用的前提条件,但符合这一要件的犯罪分子显然很多,因此为了限制缓刑的适用范围,犯罪情节应当符合"犯罪情节较轻"。

二是在评价内容方面。鉴于贪污特定款物的社会危害性较大,贪污特定款物从重处罚也是法律规定中蕴含着的一条量刑原则;而在评价犯罪分子是否符合缓刑适用条件的"犯罪情节较轻",应当综合评价犯罪分子的主客观方面。对量刑情节的判断,应当严格限制在法律框架和案件事实的范围内,是否选择采取缓刑的刑罚执行方式,还需考虑一般公众的认知程度和刑事政策说蕴含的精神。即使在量刑意义上属于情节较轻的贪污受贿犯罪,从社会公众和刑事政策的角度来看,也要严格把控"犯罪情节较轻"的认定。例如,根据2012年最高人民法院、最高人民检察院《关于办理职务犯罪案件严格适用缓刑、免予刑事处罚若干问题的意见》第2条的规定,"一般不适用缓刑或者免予刑事处罚"不是明确规定贪污这类款物一定不能适用缓刑或者免予处罚,只是一般不能将其界定为符合缓刑条件的"犯罪情节较轻",需要结合案情进行谨慎分析。

---

[1] 参见最高人民法院编著,2015年法律出版社出版《刑事审判参考》(总第55集)中第1003号指导案例:谭永良非法持有枪支案。

(四)本案犯罪情节分析

1. 是否属于"犯罪情节较轻"

判断陈某侠的行为是否属于"犯罪情节较轻",需要从主客观两方面考察。在主观上,陈某侠是故意犯罪,主观恶性对于一般过失犯罪来说较大,但主观恶性并不是决定犯罪情节的唯一因素。在客观上,陈某侠贪污数额6.27万元,不属于数额巨大,应当判处3年以下有期徒刑或者拘役,且在案发前,陈某侠在得知检察机关调查刘某村居民最低生活保障问题后,找到某某镇刘某村时任书记李某乙,将3.2万元交给李某乙,由李某乙组织将该款发放给刘某村贫困户;并且找到王某乙之子安某某,一次性退还安某某居民最低生活保障金1.86万元。虽尚未全部退还,但弥补了大部分损失。另外,原审法院认定陈某侠利用职务便利,虚报最低生活保障户"刘某乙"身份信息,将该虚构"刘某乙"所能享有的最低生活保障金据为己有这一事实,仅有陈某侠的供述及证人李某乙的证言,并无相关的书证材料,而证人李某乙陈述也是听陈某侠说的,因此原审认定陈某侠利用职务便利,虚报最低生活保障户信息的事实缺乏充分证据证实,虽然对认定陈某侠构成贪污罪并无影响,但可在量刑时予以考虑。故不能因为贪污特定款物从重处罚而与"犯罪情节较轻"完全对立。

2. 本案适用缓刑的其他条件分析

第一,陈某侠是否具有悔罪表现,其到案后能如实供述主要犯罪事实,即使对自己行为性质进行辩解,但并不影响如实供述的成立。坦白可以作为缓刑适用中判断人身危险性程度是否减低的一个因素,陈某侠对于其犯罪行为侵占的最低生活保障金。在案发前就积极退回,是否是基于害怕被发现在所不问,都是犯罪人悔罪的表现,可以作为缓刑适用的因素来考察。

第二,陈某侠适用缓刑后是否会危害社会,应当以其犯罪情节与悔罪表现为考察基准。证明没有再犯风险的因素之一是犯罪人的悔罪表现,犯罪人的悔罪表现是否真诚深刻,能够反映其对于自己犯罪行为的否定程度,通常情况下,真诚悔罪的犯罪人再犯可能性较小。因此,适用缓刑的实质条件都是相互关联的,陈某侠是初犯,具有真诚悔罪表现,往往再犯的可能性就小。

综上所述,本书认为对陈某侠适用缓刑并无不当,一审法院与二审法院的判决并无不妥之处。值得一提的是,有观点认为,适用从重情节应禁止重复评价,最高人民法院、最高人民检察院《关于办理职务犯罪案件严格适用缓刑、免予刑事处罚若干问题的意见》出台时,该从重处罚情节并不具有影响判断构成犯罪的功能,所以在量刑时考虑该情节不予适用缓刑或者免予刑事处罚,不存在重复评价的问题。但在当前该从重处罚情节作为犯罪成立标准的背景下,对该情节一般不适用缓刑或者免予刑事处罚,实际上就是对该从重处罚情节进行重复评价,缺乏一定的合理性。[1]该观点在当今司法实践中具有一定的借鉴意义,也值得司法工作人员在以后的司法活动中重视。

四、结论

在市场经济高速发展的今天,如何建设一个低犯罪率的和谐社会,推进法治建设进程,日益为人们所重视。以改造罪犯为重要内容的缓刑制度,是适应时代潮流的罪犯改造方式之一。在司法实践中,应当正确考察犯罪是否符合"犯罪情节较轻",贪污特定款物虽然是贪污罪中的从重处罚情节,但从重处罚情节与"犯罪情节较轻"并不对等,二者在评价目的和参照标准及评价内容等方面都有所不同,判断行为人的行为是否属于"犯罪情节较轻",还需要结合整个案情,从主客观两方面进行考察,若犯罪人符合适用缓刑的条件,则仍应当对其宣告缓刑。

---

[1] 罗开卷.贪污受贿犯罪中从重情节的适用———以《贪污贿赂解释》为切入点[J].法律适用,2017(1):87.

受理低保业务时故意拖延办理并暗示行贿是否属于索贿
——徐某贪污受贿案

周 琦 李彬如

【裁判要旨】 在国家低保补助资金的发放过程中,国家工作人员利用办理农村最低生活保障、福利儿童生活补助、五保户生活补助以及残疾人补助等职务上的便利、非法收受他人财物,为他人谋取利益,构成受贿罪。收受贿赂中具有索贿情节,应从重处罚。

【关键词】 受贿 索贿 暗示行为 行贿 谋取利益

一、基本案情[1]

被告人徐某,担任某市某区灰某镇民政所助理员,其在职期间,利用办理农村最低生活保障、福利儿童生活补助、五保户生活补助以及办理残疾人补助的职务便利,多次向灰某镇的村民索取或非法收受现金及财物,折合人民币共计46.63万元。徐某同时还在三家敬老院任职,徐某利用管理敬老院的职务便利,采取虚报管理人员工资的方式套取现金共3.4万元,被其个人占有用于自己开支。

经县法院审理认为被告人徐某身为国家工作人员,利用职务上的便利,多次索取或者收受所在职村村民的财物折合人民币共计46.63万元,数额巨大,其行为成立受贿罪;采取虚报人员工资冒领的方式侵吞公款行为已构成贪污罪,应当对其进行数罪并罚。最终,法院判决徐某有期徒刑3年9个月,并处罚金41万元;对其受贿与侵吞公款所得人民币33.73万元、2000元购物卡继续依法予以追缴。

二、案件争议焦点

在案件审判过程中,被告人徐某在侦查阶段供述其在村民前来办理低保与孤儿证事项时会以暗示的方式进行索贿。对于不具备申请资格的村民,会告知其不具备相应条件,但会在之后给办事村民受理单用于准备相应材料,表示只有在村民将材料备齐之后再进行手续办理。在此期间村民便需要主动联系被告人徐某,并向其赠送财物。之后被告人徐某便会将相关事项办理完结。对于符合相关条件批准的人员,徐某会故意拖延办理进度,迫使办事村民向其赠送财物。

---

[1] 本案来源于中国裁判文书网,某省某县人民法院(2017)皖1323刑初463号,https://wenshu.court.gov.cn/website/wenshu/181107ANFZ0BXSK4/index.html?docId=18f57ee4e7764b399ceda857011a79b4,2020年04月07日访问。

法院认为被告人徐某明显具有索贿的主观故意,同时客观上也实施了索贿的行为;被告人徐某所提出的不构成索贿的辩解以及其辩护人提出的辩护意见,法院作出不予采纳的决定。

由上述内容可得到本案争议焦点在于:被告人徐某以暗示态度指示村民行贿的行为能否归属于受贿罪中的索贿情节。

三、问题分析与阐述

本案所提低保是指我国最低生活保障制度。本书认为,农村低保可用"生存兜底"这一词语来表述。农村最低生活保障制度救济功能明显,充分显现了社会救助功能,为我国的乡村振兴、社会平衡和保障困难群众的生活提供了实质性保障。

根据我国最高人民法院、最高人民检察院2016年联合发布的《关于办理贪污贿赂刑事案件适用法律若干问题的解释》第1条第3款❶规定中所包含的"多次索贿"情节,本案被告人徐某在民政所任职期间行为符合受贿罪构成要件,徐某利用职务上处理低保事务、福利儿童生活补助事务、五保户生活补助事务以及办理残疾人补助事务的便利多次收取和索要村民财物构成受贿罪。受贿罪侵犯的主要客体是职务行为的公正廉洁性、不可收买性,其中首要是作为国家工作人员行使职务行为的不可收买。

在为村民办理最低生活保障申请业务时,徐某知悉对方希望得到低保资格,不仅直接向村民索要财物,随之利用职务便利为对方违规申请低保资格的行为,符合受贿罪从重处罚的情节,并且对被告人暗示村民向本人行贿的行为也需要进行评价,对此将在下文进行展开阐述。

(一)索贿概念认定及特征分析

索贿不是一个独立存在的犯罪,而是受贿罪从重处罚的一个量刑情节,使用主动索取他人财物的手段收受钱财依然构成受贿罪,属于情节从重犯。关于索贿的概念,我国刑法学界与各职务部门有不同看法,有学者认为"索取"应该与"勒索"有相似性,提出"索贿显然包含勒索性、胁迫性"。❷也有学者认为索贿行为实质上和一般的敲诈勒索相似。❸还

---

❶《贪贿案件适用法律解释》第1条第3款:"受贿数额在一万元以上不满三万元,具有前款第二项至第六项规定的情形之一,或者具有下列情形之一的,应当认定为《刑法》第383条第1款规定的'其他较重情节',依法判处三年以下有期徒刑或者拘役,并处罚金:(一)多次索贿的;(二)为他人谋取不正当利益,致使公共财产、国家和人民利益遭受损失的;(三)为他人谋取职务提拔、调整的。"

❷ 邹志宏.论索贿犯罪[J].中国刑事法杂志,2001(4):45.

❸ 陈兴良.刑法疏议[M].北京:中国人民公安大学出版社,1997:633;同样观点见储槐植.完善贿赂罪立法[J].中国法学,1992(5)。转引自邹志宏.论索贿犯罪[J].中国刑事法杂志,2001(4):45.

有学者认为索贿如若不需要以为他人谋利成为必要的条件,就无法呈现权钱交易性质的局面,是无法全面评价的❶。还有学者认为,为他人谋取利益和行为人利用手中职权之间密不可分,利用职务之便的首要目的就是为他人谋取利益,而非用职权实施其他行为。❷更有学者认为"索贿以他人想要谋取利益请托行为人帮助完成,行为人借此契机向行贿者主动提起财物回报"。❸本书认为,索取行为与勒索行为不同,勒索行为通过明示或者暗示的方式强迫行贿人给予财物,相比索取行为在手段上更具有威胁性,给行贿人以如若不进行贿赂将会承担不利后果的明示或暗示,对行贿人意志进行压迫,使其不得不进行贿赂行为。

索贿具有主动性、索取性和交易性的特点。首先,其主动性表现为行为人先行作出索要行为,而非消极等待他人给予财物;其次,索取性是行为人以自己所拥有的权力为资本,向对方表达自己的意图,造成对方心理上的压力,随后迫使其向自己交付财物;第三,交易性是指,经过先行的索要行为收获财物,行为人即以自身拥有的权力进行作为或不作为的方式进行权钱交易。

(二)本案行为解析

正如前文所述,贿赂犯罪的形式大多都以行贿者和受贿者之间的权钱交易来体现。和普通受贿相比,犯罪人主动索贿更加体现其内心有强烈的腐败欲望、主观恶性大。客观上,国家机关本是公正廉洁的化身,这将导致人民百姓对公权力的不信任,从而给机关形象造成损害。

本案被告人徐某不仅有主动向村民索要贿赂的行为,还具有暗示村民指示其向自己索贿的行为。例如,判决书中检方指控第96条:2012年3月,被告人徐某在为曹某村陈甲某办理低保过程中,收受陈甲某送的现金1000元。2015年清明节前,陈甲某的低保补助款下来后,徐某向陈甲某索要现金600元。证人证言提到:2012年3月,因为该证人意图办理低保,就在徐某办公室送给徐某1000元现金,徐某将此收下。2015年清明节前,该证人的低保资金刚分发下后,徐某就暗示其给钱,于是证人依照其意思把粮食补贴卡上刚发下来的600元取出来,在徐某办公室交给徐某;在被告人供述中也提到2015年清明节前,陈甲某行贿为了向其表示感谢,但并未提及自己暗示索贿一事。

需要注意到,《刑法》第385条对受贿罪中索贿行为的描述采用的是"索取"一词,但是

---

❶ 陈兴良.刑法疏议[M].北京:中国人民公安大学出版社,1997:632;同样观点见储槐植.完善贿赂罪立法[J].中国法学,1992(5);郭占新,杨迎泽.刑法分则适用疑难问题解[M].北京:中国检察出版社,2000:440。转引自邹志宏.论索贿犯罪[J].中国刑事法杂志,2001(4):45.

❷ 刘光显,张泗汉.贪污贿赂罪的认定与处理[M].北京:人民法院出版社,1996:295.

❸ 赵秉志.刑法新教程[M].北京:中国人民大学出版社,2001:839.

在第389条对行贿罪的"除外"规定里使用的是"被勒索"的表述。本书认为,不可依照此种表述就认为受贿者"索取"等同于行贿者"被勒索",必须要厘清的是,受贿罪并非一定要"为他人谋取利益",也不可片面地认为"所谋利益"就是"不正当利益"。行贿罪的"除外"规定着重指出"被勒索"这一条件,其意思表明被迫行贿者内心上难以推脱,以至于不得不交付财物的一种被胁迫感,正因如此,立法者设定被迫行贿方可以免除刑事责任;而"索取"只是强调收受方的主动提起角度、强调其索取财物欲望强烈的方面。

本案行为人的暗示行为能否认定为索贿,有必要对索贿进行更深入的理解。把索贿和勒索性、胁迫性捆绑在一起实际上是将"索取"的概念局限化,认定为"勒索"从而没能合适理解索贿的范围。事实上,索取与勒索的概念相差甚远,两者的内涵与外延有明显的不同:索取具有向请托者讨要财物的心态,然而勒索的表现形式是逼迫他人给付财物,使得对方内心受到威胁达到难以抗拒的程度。在勒索逼迫贿赂的情形里,行贿者内心不想不愿交付财物;但遇到索取贿赂情况,行贿者给付财物或许内心并不抗拒,相反很有可能是希望受贿者收下财物。站在受贿者的立场上,索贿与勒索并无多大区别,实际体现了索贿的重要特征;若从行贿者的立场出发,因为心中知晓对方掌控职权或许会损害自己的利益,因此需要依靠给付财物的方法确保自己的利益可以不受阻碍地获取,从而被迫形成内心的担忧。

索取并非要和勒索画等号,但也可以用勒索的方式进行索取,学界一般将索贿行为定义为两种类型:"勒索型"索贿与"非勒索型"索贿。首先,"勒索型"索贿有两类表现形式:一是以如若不给付财物,拥有公权力的一方便会利用自身优势对另一方进行打击报复相威胁;二是如果不给付财物就延缓办理甚至不为其办理应当办理的事项。其次,"非勒索型"索贿,也包括两类表现形式:一是行为人利用对方对自己有所请求的心理,主动提出需支付财物,但同时也为其谋取利益。由于对方交付财物是在内心衡量轻重之后做出的自由选择,并且其因为行贿得到了自己想要的甚至更好的结果,所以最终依旧是双赢的局面,这只不过是两者都有利可图的交易,不属于勒索;二是行为人只是单方面利用职务便利索取财物但内心其实没有为行贿方谋利的具体打算,而对方虽没有具体的请托事项,但为以后铺垫毫无勉强之意交付财物,这种索贿非常纯粹,不掺杂其他要求。

因为贿赂犯罪的本质上属于对行性犯罪,所以一开始分析贿赂行为的主观方面,就需要进行全方位考虑,不可片面地只关注一方主观犯意。这就意味着,要把行贿者和受贿者的主观方面同时分析,才可以正确认识索贿的主观方面与普通受贿的区别。一般来说,通过正当流程或者合法程序即可办理事项便不会出现额外支付财物的情况。但在部分情况下,行为人为顺利办理事项或者希望通过额外支付财物得到预期利益或者更多利益时,便会促使行为人去额外支付费用。因此,要想区分索贿和一般受贿主观上的不同就要充分考察行贿者因何原因交付财物。一般受贿的行贿意图是行贿人或根据具体情状,或根据所谓"潜规则"自发形成,索贿的行贿意图则是由于索贿人施加了勒索性或胁迫性的客观行为或言语后被动形成的。❶

具体来说,本书认为被告人徐某暗示、指示让村民向其行贿在本质上较之明示索贿来看,都给被迫行贿方造成心理压力,都让行贿人以一种不得已的方式送去财物,虽表面形成一种被动收取贿赂的情形,但实质上也使得有资格正常办理低保时却无法顺利办理的村民内心形成压迫,最终积极主动地行贿,可以认定为索贿;但反之对于本就缺乏资格办理低保的村民来说,因其本身想为自身谋取的利益就是不正当利益,被迫性不会如此强烈,反而会形成本就主动愿意行贿的心理,但正好与被告人的暗示行为相呼应,相对前一情形而言,对于行贿一方心理感受恶劣性实质上降低了一些,本书认为此种情况的暗示行贿行为与一般性受贿差异不大,可不将其归为索贿。

(三)关于"暗示型"贿赂情节量刑的认识

受贿行为的定罪量刑标准与惩治贪污受贿犯罪的力度和成效紧密相连,成为我国当前刑事司法认定中关注度较高的理论和实践问题,我国《刑法修正案(九)》进一步对腐败犯罪的刑法规范进行了必要的完善。由于个罪的社会危害性主要通过行为人的主观方面、犯罪行为侵犯的客体、行为的恶劣性、犯罪后果以及时间、地点、等因素显现出来,受贿罪社会危害性的衡量,不仅要看犯罪数额的多少(虽然这是一个重要的方面),还需要整体结合考虑犯罪行为的预备、实行以及实施行为后各个环节的所有主客观因素才能综合决定的案件情节之轻重。有学者认为,"立法者把'索取'与'收受'相提并论,是将行为人有无主动提出为必要要件,这就形成两种受贿行为方式,一类是主动的要求,另一类是被动的接收。之所以要区别对待,是因为这两种行为对社会风气和对被害方的内心冲击有着很大区别,主动索取要比被动收受更严重地损害国家机关的形象,造成的后果更恶劣。"❷

但是本书认为,如若仅从索贿一方看待问题无法全面、客观地认识贿赂犯罪,需要将行贿方联系起来看待才可对此问题进行全面把控。特别是由于本案被告人的暗示行为,也需要结合具体行贿情况具体分析,若行贿人本身想获取的就是正当利益,却因行为人的暗示行为不得不行贿,那么此种情况可按照受贿罪的索贿情节量刑;若是行贿人一开始就想谋取的是不正当利益,则不宜认定为"索贿"加重情节。

对于本案法院所做的受贿罪从重处罚的判决,本书认为是科学合理的,也是切合实际

---

❶ 李凯."索贿"构成特征的反思与重述[M]//杜文忠.西南法学述.北京:社会科学文献出版社,2018:112.
❷ 邹志宏.论索贿犯罪[J].中国刑事法杂志,2001(4).

的。农村居民最低生活保障制度是我国社会保障体系的重要组成部分,在维护社会稳定和确保大多数低收入甚至无收入群体的生计方面发挥着重要的作用。由于不断推进国家社会保障制度的发展,最低生活保障制度的照顾群体也随之增加,包括城市和农村最低生活保障、农村五保供养、社会帮扶、其他困难群众临时救助、子女就学资金救助等。而作为国家工作人员的徐某利用职务上的便利不仅其多次主动索要财物构成索贿,而且其利用手中掌握权力索取财物但没有为他人谋取利益的情形也同样构成索贿,均需以受贿罪从重处罚。

四、结论

农村基层国家工作人员职务犯罪中,依仗职权以及村民对法律知识了解不全面,通常直接侵害农村居民的直接利益,特别是涉及农民最低生活保障的犯罪直接侵犯了国家工作人员职务行为的廉洁性。对索贿情节施以严重处罚既是刑法的明确规定又符合刑法的规范目的,但是从重处罚并不等于扩大处罚,进行限缩解释并不意味着对其他解释结论的排斥,只有如此才能明晰一般受贿与索贿之间的差异性,使索贿之定义更具有正当性。

介绍贿赂过程中截取贿赂款行为是否独立成罪
——黄某某介绍贿赂案

唐 亮 李彬如

【裁判要旨】 介绍贿赂人利用其自身影响力,明知他人有请托、贿赂之意,而从中向国家工作人员介绍、联系并传递钱款,促使行贿受贿得以实现,并多次介绍贿赂,情节严重的,该行为应以介绍贿赂罪论处。介绍贿赂人接受行贿方委托后,截取一部分贿赂款据为己有,剩余贿赂款交付受贿方,该截取行为在整个环节中需独立评价。

【关键词】 介绍贿赂 取贿赂款 行贿 贿赂款 刑法评价

一、基本案情[1]

被告人黄某某与时任某市某社区主任的杨某某是邻居,关系较好。某区永某社区居民刘某三、张某二等10余人知悉被告人黄某某有能力帮忙办理居民最低生活保障金,遂于2011年秋至2013年 月期间,先后找到黄某某求其联系办理居民生活最低保障金事务,期间黄某某先后共收上述10余人共计人民币3.85万元贿赂款。黄某某从中抽取2.9万转交给邻居杨某某(已判刑),剩余9500元被其占有。案发后,黄某某将所得赃款9500元在检察机关退赃,并于2013年12月28日到检察机关投案,如实供述犯罪事实。

某市某区人民法院认为被告人黄某某利用其自身影响力,明知他人有请托、贿赂之意,从中向国家工作人员介绍、联系并转递钱款,促使行贿与受贿行为得以实现,并多次介绍贿赂,情节严重,已构成介绍贿赂罪。被告人黄某某犯罪后自动投案,如实供述自己的罪行,构成自首;多次为多人联系、介绍贿赂作为量刑情节考虑。被告人归案后认罪悔罪,退还非法所得,认定被告人黄某某构成介绍贿赂罪,判处有期徒刑一年,缓刑二年。

二、案件争议焦点

本案中,由于被告人黄某某与时任某市某社区主任的杨某某是邻居而且关系较好,某区永某社区居民刘某三、张某二等10余人知悉其有能力帮忙办理居民最低生活保障金后,于是,希望其居中帮忙找杨某某办理居民最低生活保障金。黄某某在收到刘某三、张某二等10余人送来,想请其居中找杨某某帮助办理居民最低生活保障金的贿赂款共计

---

[1] 本案来源于中国裁判文书网,某省某市南岔区人民法院(2015)南刑初字第1号,https://wenshu.court.gov.cn/website/wenshu/181107ANFZ0BXSK4/index.html?docId=e4d9bb49d00a4da794a7a126ea6ecbbc,2020年05月18日访问。

3.85万元后,从中抽取9500元为其个人占有,案发后被告人黄某某将所占有的9500元在检察机关退赃。法院认为,被告人黄某某促使行贿受贿得以实现,并多次介绍贿赂,情节严重,该行为已构成介绍贿赂罪。但在本案中,人民法院却未对行为人截取贿赂款行为作出评价。学界目前对该行为应否独立评价存在争议,实践做法不一。因此,行为人截取贿赂款行为应否独立评价是本案主要争议问题。

三、问题分析与阐述

从打击和预防行贿受贿犯罪来看,介绍贿赂人截取贿赂款的行为应当受到刑法处罚。首先,在整个犯罪脉络之中,介绍贿赂人起到了牵线搭桥的作用,促成贿赂犯罪。在"老虎苍蝇一起打"的反腐治理政策指引下,将介绍人截留贿赂款并促成贿赂犯罪的行为纳入刑法规制是实现惩治和预防行为受贿犯罪的有力举措。其次,将介绍贿赂人截取贿赂款的行为纳入刑事处罚范围,不仅对行为人产生震慑作用,行为人会因为害怕承担刑事责任,从而消减内心催化犯罪实施完成的意图,减少介绍贿赂犯罪的发生,而且将介绍贿赂人截取贿赂款的行为纳入刑事处罚范围,一定程度上也可鼓励民众检举、揭发相关涉案人员,起到阻碍犯罪实现的作用,利于调查和惩治贿赂犯罪。

(一)"截取贿赂款"行为应予独立评价

就介绍贿赂人"截取贿赂款"行为是否需要予以刑法意义上的独立评价,以及怎样进行评价问题一直是学界以及实践中讨论的重点,存在着否定说、区分说以及肯定说三种不同观点。介绍贿赂人所"截取的贿赂财物或财产性利益是否值得刑法保护"是上述三观点争论的焦点。否定说以介绍贿赂人所截贿赂款不存在刑法法益受侵害为出发点,认为介绍贿赂人"截取贿赂款"的行为不构成犯罪。区分说则基于不同情况,从不同的视角出发分析本问题,部分学者在研究外国理论的基础上将该行为划分成不法原因给付和不法原因寄托,提出当介绍贿赂人出于违法意图交付财物时,其截取贿赂款的行为不构成侵占,不应予以单独评价,而在不法原因寄托之时才构成。另外一部分学者把介绍贿赂人"截取贿赂款"的行为分为三类,分别是诈骗行为、侵占行为和事后不可罚的行为。最后肯定说认为,介绍贿赂人"截取贿赂款"的行为具有法益侵害性,需要受到刑法处罚,但在处罚方式上又有各种见解,存在着认定为"受贿罪预备犯的共犯"[1]"介绍贿赂罪中量刑情节"[2]"诈骗罪"[3]以及"有条件地区分诈骗罪和侵占罪"[4]等不同主张。

---

[1] 于志刚,郭旭强.财产罪法益中所有权说与占有说之对抗与选择[J].法学,2010(8):66.
[2] 牛克乾.介绍贿赂未实现但拒不交还财物行为的处理[J].中国审判,2013(2):98.
[3] 李文峰.贪污贿赂犯罪认定实务与案例解析[M].北京:中国检察出版社,2011:560.
[4] 杨兴国.贪污贿赂犯罪认定精解精析[M].北京:中国检察出版社,2015:287.

本书支持区分说的观点。与肯定说不同,区分说支持法秩序一元论,认为对于介绍贿赂人"截取贿赂款"行为而言,应当予以刑法意义上的单独评价。原因在于,区分说区分了不法原因给付行为和不法原因委托行为,在一定意义上能够更好地评价行贿者交付财物的行为性质。当行贿者向中间人发出转交财物的请求时,该行为的最终目的是实现行贿,整个行贿过程中行贿者主观上不会表现出将贿赂款的所有权转移给中间人的意思,中间人不会产生自己拥有这些财物所有权的误解,行贿方仅仅是希望中间人可以转交财物至受贿方达成行贿的最终目的,所以行贿方并不会因财产转移后被中间人截取据为己有而丧失返还原物请求权和对财物的所有权。

本书认为,仅将截取贿赂款的行为归属至介绍贿赂罪中,而不独立处罚,是无法有效惩治该行为的。或许会有人持反对观点认为,刑法即使没有明文规制截取贿赂款的行为,但司法实践中大多都没收了中间人所截取的贿赂款,所以对于该行为而言,不予以单独评价也无妨。本书不认可此种观点。首先,从《刑法》第64条之规定可以看出,把介绍贿赂人在介绍贿赂过程中截取的不法款项视为非法所得进行收缴,是基于已将委托财物定性为赃款的前提之上。但司法实践中,当介绍贿赂人占有受托财物,未给予受贿人时,该财物还无法与贿赂款画上等号,原因是此时仅具备主观行贿意图,缺少转交行为的构成要件。并且,只有在案件查处之后才可收缴介绍贿赂人所占财物。如果忽视截取贿赂款行为的刑法评价,很有可能增强行为人的投机意图,弱化刑法对此种行为的打击力度,放任该行为。因此,本书认为,应当将介绍贿赂人在介绍贿赂过程中所实施的截取贿赂款行为予以单独评价。

(二)"截取贿赂款"行为评价定性应充分考虑主观犯意

介绍贿赂人截留贿赂款的行为依照具体的情况可能成立侵占罪、诈骗罪、介绍贿赂罪,抑或是贿赂犯罪的共犯,对其定性需要依照刑法分则对犯罪构成要件的规定,再考虑截取贿赂款行为主观犯意、目的和具体客观行为作出整体判断。

评价"截取贿赂款"行为需着重注意行为人主观犯意产生的时间节点,若是行为着手前产生了截取贿赂款的主观犯意,可能出现以下行为类型。首先,是介绍人主观上明知自身并不具备"牵线搭桥"的能力,无法为行贿人转交贿赂款的前提下,依然对行贿人谎称自己有能力帮助,使得行贿人陷入错误认识,或者是在行贿人误以为中间人具备介绍能力,中间人在知晓后故意维持行贿人的错误认识,在此时,介绍贿赂人非法占有的主观意图在实施转交贿赂款前就已产生,主观上存在着诈骗的故意,此种情况符合诈骗罪的构成要件;其次,若行为人具有"介绍能力",在向行贿人传达受贿者希望的贿赂款数目时进行虚报,私自提高数额,并从中截取多出来的贿赂款项,行为人的主观犯意是不单纯的,其使用虚假的意思表示让行贿者出现错误认识并因此处分了自己的财产,此种行为也应按诈骗罪评价,并且行为人客观上既实施了诈骗行为同时也进行了介绍贿赂,构成介绍贿赂罪,应以数罪并罚进行处理。

对于事后产生截取贿赂款的主观犯意,指的是中间人在接受行贿人委托时并未出现非法占有的意图,而是在行贿人将不法款物转交至中间人时出现的截取贿赂款犯意,可能出现两种情形,一个是收后少送的行为,另一个是退后占有的行为。其中收后少送的行为是指行贿人在转交贿赂款项给中间人占有后,介绍人未能完全实现行贿人之受托请求,而是私自对行贿人转出的贿赂款实施了全部占为己有或部分非法占有的行为,在此种情形下中间人具有两种不同的主观意图,即与行贿人达成委托合意后帮助行贿人与受贿者介绍贿赂的主观犯意,以及非法占有他人财物的侵占故意,基于这两种故意介绍人客观上也实施了两个行为,其一是在行贿受贿者双方之间搭建"交易桥梁"的犯罪行为,其二是将行贿者的贿赂钱财非法据为己有的犯罪行为。行贿者与介绍人之间存在不法委托关系,在这一前提下,所涉及的财物可以分为两类,一类是出于行贿目的最终送至受贿者之处的贿赂款,另一类是介绍人出于非法占有目的截留的钱财。需要明确的是,在这一系列的行为过程中所涉财物的所有权都应归属于行贿者,但介绍人将全部或部分的财物得以控制,通过向受贿者隐瞒实际贿赂款数目从而最终将贿赂款占为己有的行为,符合侵占罪的构成要件,可按侵占罪定罪处罚。退后占有的行为是指介绍人进行介绍贿赂后,行贿对象因一定的原因没有接收贿赂款,或者在接收后又将其退回,在此时介绍人产生了非法占有的主观意图而将财物据为己有,此种情形也符合侵占罪的构成要件。此处的介绍贿赂行为已实施完毕,行为人截取贿赂款的主观意图是在行贿对象拒绝接受贿赂款并退回至介绍人控制范围内才产生的,所涉及的财物性质虽已具备不法性,本质上依然不属于介绍人所有,而是作为犯罪行为的工具需要予以没收处置,但前行为与后行为之间具有不可分的紧密联系性,本书认为此时的截取贿赂款可以不进行独立评价,应当认定为事后不可罚情形,将其考虑作为介绍贿赂罪的量刑情节即可。

(三)本案分析

正如前所述,对于介绍贿赂人截留贿赂款的行为依照具体的情况可能成立侵占罪、诈骗罪、介绍贿赂罪,抑或是贿赂犯罪的共犯,对于本案行为黄某某的行为本书分析如下。

1. 黄某某截取财物的性质分析

就行为过程中所截取的款物性质究竟应认定为普通财物还是贿赂款将会直接影响截取行为的定性,根据区分说的观点,不法原因给付与不法原因委托之间的区分应当以交付行为是否发生终局性为标准。结合到本案,不法原因给付是作为财产所有权人的行贿方基于将财物终局性地转移给受托人为目的的行为,换句话说,当社区10余名居民将行贿款转交给黄某某后就彻底丧失了财物的所有权,相对地,黄某某也获得了行贿款的所有权,而在不法原因委托下,财物的转移不具有终局性,社区10余名居民出于向社区主任行贿的目的将行贿财物转交给黄某某,仅是一种暂时性的转移,并非将财物的所有权彻底转移给黄某某,双方之间的委托关系不会因为行贿原因的违法性消失,财物的所有权仍然属于10余名社区居民,客观上的委托信赖关系仍然需要受到刑法保护。

有观点认为,行贿者在向介绍人交付款物时,财物的性质就已变成贿赂款,此时行贿人依此丧失该笔财物的返还请求权,也因此无法提起民事诉讼追回财物。也有观点认为,应该将截取的款物看作整个犯罪过程的工具性财物或者违法所得,贿赂款实质上是促成行贿目的达成的犯罪工具。支持违法所得观点的学者认为,介绍人利用自身便利获得不法利益,应将截取的贿赂款界定为不法利益。也有观点认为所截取财物的性质需要结合介绍人的行为分析,当行贿者转交至介绍人后,还未交付给行贿对象之时,财物的性质因实行行为还未实现,则仍然属于行贿方的一般财物,介绍人截取行为的主观意图出现节点决定其行为的定性。

就本案来看,黄某某所截取的财物具备犯罪所用与违法所得的双重属性,众所周知,我国刑法是以处罚预备为原则,不处罚为例外,当10余名社区居民与黄某某之间达成不法委托之时,一旦居民将行贿款转交至黄某某,则已经构成了行贿罪的预备行为,该节点下此财物的性质已产生了变化,将社区10余名居民的委托或给付行为排除在考虑范围之外实属不妥,此时的财物已经具有犯罪工具的性质,从黄某某的角度出发,因自身主观上具备非法占有意图,将本该用于行贿的款物据为己有,很明显其贪图的是贿赂款的财产性质,虽然案发后黄某某主动退赃,但是,如果黄某某没有退还赃款,国家机关可以因其截取贿赂款行为所得的9500元在案发后视作违法犯罪所得予以追缴。

2. 黄某某"截取贿赂款"行为分析

就截贿行为无须独立成罪仅将其认定为贿赂罪共同犯罪的观点,只靠永某社区居民的不法委托很难认定与黄某某构成贿赂共同犯罪,因为仅凭委托行为形成合意,而此时黄某某后续是否会实施转交行为无法确定,假设黄某某在还未着手转交给杨某某之前就案发,双方的行贿委托虽然可能构成贿赂犯罪的共犯,但双方委托达成之时,黄某某的主观意图无法判断,很难认定其达成合意目的是诈骗还是行贿;仅存在10余名社区居民和黄某某之间不法委托的行为,还未评价黄某某截留财物的行为,因截贿行为会侵害刑法所保护的法益,所以行为人占有意图的出现和所截款物的性质会决定属于何种犯罪。如前文所述,黄某某与10余名居民达成委托之时,截留行为应成立诈骗罪还是侵占罪,需根据行为人的主观占有意图何时出现来判断,如果一开始就以占有目的假意接受委托,假意提出能够促成贿赂犯罪的发生,但是实际并不认识杨某某或者私下与其交恶,主观上无法或者不愿帮助社区居民,此时属于虚构事实欲非法占有他人财物,应成立诈骗罪;但根据本案判决书的认定,黄某某非法占有的意图是在已经接收社区众居民的委托之后出现的,没有按照事先与社区居民合意转交贿赂款,而是截取9500元后为自己占有的,应成立侵占罪。

对于本案黄某某的行为,定性为侵占罪更为合适。介绍贿赂人截取贿赂款行为成立侵占罪的依据在于前文所提的区分说,具体到本案,黄某某受10余名社区居民之托向杨某某行贿时,10余名社区居民本意并非将财物的所有权转给黄某某,双方仅达成非法委托关系,若是把寄托行为与不法给付相提并论,那么黄某某在转交贿赂款行为以前都不成立犯罪,有违常理。如果出于不法原因给付的观点,行贿方将贿赂款转托给黄某某的时候便丧失了所有权,随后黄某某的截取占有行为则属于处分自身占有的财物,不成立犯罪,按照这种条件10余名社区居民因为自己的不法行为导致财物的损失,黄某某却从中获利,还会受法律保护,这显然无法说通。不能说因其犯罪行为得到不法利益就不受刑法处罚,就违法性的本质而言,黄某某截取委托贿款的行为侵犯了合法权益。出于不法原因委托的观点,10余名社区居民转交财物的行为与黄某某之间达成了附条件的非法委托关系,无法得到法律保护,但此时贿赂款的处分权仍然还在10余名社区居民处,未经10余名居民的同意擅自处分受委托的款项侵犯了居民的财产所有权。若是盲目地将该行为认定为不法给付,否认10余名居民对钱款的所有权,则其合法财产权不能得到全方位保护,甚至会助长介绍贿赂人理所当然非法占有他人财产的嚣张气焰。对黄某某的"截取贿赂款"行为如果认定为侵占罪,理论上具有合理性,但在具体实践应用上具有不可忽视的难题。依照《刑法》第270条对侵占罪的规定,此罪为亲告罪,即"告诉的才处理",若涉案10余名社区居民不主动提起诉讼,国家司法机关也无法对黄某某的行为进行规制,考虑到贿赂款项性质特殊,10余名社区居民不需要也不可能提起诉讼讨回已脱离控制财物的权益,这便形成了刑法在操作中的实际困难,至此,本书认为刑法对黄某某此种侵占行为增加公诉追诉路径可得到完善规制。

四、结论

针对只需收缴不必独立定罪的主张,本书认为合理性基础不足。进行收缴的先决条件是将所涉财物定性为赃款,意味着需要行为人在进入贿赂犯罪的预备阶段才可将财物视为应被没收的赃款;如果黄某某在预备行为之前就进行截取占有,便不会收缴此时所得,如果不对此类行为进行恰当规制,有违刑法预防和打击犯罪的目的,甚至还会纵容此种行为,助长犯罪发生。

专题五

救灾、扶贫、助农资金的使用与发放

挪用救灾款用于"送礼"能否定性为贪污行为
——黄某某挪用特定款物案

常 城

【裁判要旨】 村委会主任作为协助政府实施公共管理事务的人员,违反法律关于特定款物"专款专用"的管理规定,将扶贫资金用于其他用途,包括用于村务开销、修路以及送礼等。符合《刑法》第273条规定的挪用特定款物罪构成要件,情节严重,致使国家和人民群众利益遭受重大损失,应以挪用特定款物罪论处。

【关键词】 挪用救灾款　送礼　归个人使用　不退还　非法占有目的

一、基本案情[①]

被告人黄某某原任某县某镇某村村民委员会主任,在2010—2017年期间,被告人任村民委员会主任期间,在申报、管理移民建房补助、灾后重建补助和扶贫项目资金的过程中,违背国家法律关于特定款物"专款专用"的相关规定,挪用国家移民、救济、扶贫、农村公路建设款等共计292 062.92元,用于某小学至某村公路建设、新村部办公楼建设,以及所谓的"公务开支"——红包送礼上。其中,所挪用的各项救灾款项中,根据证人证实,2012年到账某村的扶贫项目工程建设资金86.08万元,村委会实际用于扶贫项目工程的资金为60万元,另有26.08万元被村委会主任挪用作当年村上其他开销;2013年国家下拨的修建丰某部某段公路的10万元农村公路建设专项资金,村委会实际使用8万元,余款2万元用作村上其他开支;2015年国家支持村集体进行高产油茶林改建项目的20万元,村委会实际花费188 737.08元,余款11 262.92元用作村上的其他开支。据证人证实,村里的所谓的其他开支包括逢年过节给上级机关有关领导和工作人员送红包、买礼品等,以及给村委会成员发放交通补助和其他津贴等,其他所余救灾款项用于村上其他各方面公共建设开支。其中,从2015年开始至2017年案发,村委会主任黄某某共挪用公款4万元给上级有关领导和工作人员送红包和买礼品。

2017年3月28日,被告人黄某某接到某县人民检察院电话后,主动前往指定地点某县森林公安局某派出所接受讯问,并如实供述了挪用特定款物的事实。之后法院审理认

[①] 本案来源于北大法宝网,某省某县人民法院(2017)赣0926刑初63号,https://www.pkulaw.cn/case/pfnl_a25051f3312b07f308cca4f60a25702e81256fb9f15dd6c9bdfb.html?keywords=%E6%95%91%E7%81%BE%E8%B5%84%E9%87%91&match=Exact,2020年05月21日访问。

为黄某某构成挪用特定款物罪。

二、案件争议问题

本案中,被告人黄某某挪用救灾扶贫款用于公务开支,审理法院判定为挪用特定款物罪并无争议。但在所挪用的特定救灾款中,其中存在4万元是用来给上级机关部分领导和工作人员逢年过节时"包红包""送礼"。显然,这部分款项并不是用来公务开支,那么将其纳入挪用特定款物罪中是否准确?换句话说,救灾扶贫款也属于公款范畴,对于挪用救灾扶贫款项用作"送礼"之行为能否归到挪用公款罪中的"归个人使用",或者是否属于贪污行为,亦是本案的争议所在。挪用的款项用于给领导"送礼"的行为是否具有非法占有的目的以及该行为能否认定为贪污行为。

三、问题分析及阐述

本案中,存在两种实行行为,一是挪用救灾资金用于其他公务开支,二是挪用救灾资金用于"送礼"。挪用救灾资金用于其他公务开支自然是属于挪用特定款物罪中的实行行为,通过上述对本案的梳理,主要争议所在是将挪用救灾资金用于"送礼"的行为定性为挪用特定款物罪是否准确?这一行为可能涉及的罪名包括挪用特定款物罪、挪用公款罪与贪污罪,因此,在解决本案争议之前,有必要厘清这三个罪之间的内在逻辑关系,从而准确把握该行为的法律性质问题。该行为与"归个人使用""不退还"具有什么样的内在逻辑以及是否具有非法占有的目的亦是本书讨论重点所在。

(一)"送礼"行为分析

"送礼"一词严格意义上并不属于刑法学概念,在当前现行有效的法律法规中也没有明确规定,可以说更多的是指在中国语境下一种社会现象。中国自古以来是一个发达的小农经济国家,同时也是一个具有强烈人情文化的社会,自古以来就有"礼仪之邦"之称,亲缘关系、地缘关系等各种关系纽带形成了错综复杂的人情社会。如若在逢年过节时与领导、同事、长辈等进行正常的"人情走动",表达及增强彼此间的情感是无可厚非的。中华民族的传统美德之一就包括崇尚礼节,通过正常"人情走动"来表达彼此之间的深情厚谊,促进感情交流,是维系亲情、友情的纽带,只要是不带有功利主义色彩,属于正常的"人情往来"当然是可以阻却犯罪成立的。对于基于"人情往来"间的"送礼",不需要对往来的时间和财物价值进行严格的限定,只要是在社交规范意义上,双方基于一种人情世故的"往来预期"就可以否定对价关系,排除贿赂犯罪的构成要件。❶当然,这种送礼是不能带有一定目的性,比如是想让对方为自己办事情,以获取非法利益,所送礼物金额也不能超过一般人所理解的表达心意的范畴。

那么,具体到本案,行为人是用救灾的特定款物来给上级机关部分领导与工作人员"送礼",即"公款送礼"。根据这一词语的字面含义,进行文义解释以及根据在现实生活中所涵盖的意义,通常情况下"公款送礼"是指单位或个人为了谋取利益,利用公款给相关单位、个人赠送财物的社会现象。"公款送礼"这种行为是不能视为正常的"人情往来",而是行为人的一种"感情投资",以便日后为谋取不当利益使对方基于这种长久的"情感"而不好推辞。当下,"公款送礼"已成为腐败的一种重要表现形式之一,是一种严重损害人民群众与国家利益的社会现象,其实质是慷国家之慨,是对国家的践踏,用纳税人的钱达到自己的非法目的。但是,我国现行刑法及司法解释中并未对"公款送礼"的相关问题进行明确的解释和规定,这样,问题就出来了,针对"公款送礼"之行为所涉及的问题主要包括:是属于违法犯罪行为还是属于违反纪律行为,倘若以违法犯罪论处,那么该以何种罪名认定等问题,从而在一定程度上引发了诸多的争议。因此,厘清"公款送礼"行为性质,准确定罪量刑具有十分重要的现实意义。

(二)对行为可能所涉罪名之解析

1. 挪用特定款物罪与挪用公款罪

我国《刑法》第273条❷规定,挪用特定款物罪的法定刑期最高是7年有期徒刑,刑罚刑期低于挪用公款罪的法定最高刑,按照一般理解,实施挪用特定款物行为的社会危害性必然大于实施挪用公款行为的危害,但出现上述法定刑期的规定,意味着挪用特定款物罪中的"挪用"并不是用于个人使用,理解为"挪作其他公用"的解释更为恰当。另外,《刑法》第384条第2款❸规定,在挪用特定款物罪中的"挪用"并不是指国家工作人员挪归个人使用的情况,而应理解为"挪作其他公用"。

在本案中,被告人黄某某所挪用的救灾扶贫款中,除了用于"送礼"的款项外,其他款项均用于村中其他公务开支,黄某某并未非法侵占或者用于个人使用,那么,这部分款项定为挪用特定款物罪无任何争议。问题在于,对于用于"送礼"的款项也纳入到挪用特定

---

❶ 车浩. 贿赂犯罪中"感情投资"与"人情往来"的教义学形塑[J]. 法学评论(双月刊),2019(4):35.

❷《刑法》第273条:"挪用用于救灾、抢险、防汛、优抚、扶贫、移民、救济款物,情节严重,致使国家和人民群众利益遭受重大损害的,对直接责任人员,处三年以下有期徒刑或者拘役;情节特别严重的,处三年以上七年以下有期徒刑。"

❸《刑法》第384条:"国家工作人员挪用特定款物归个人使用的,依照挪用公款罪,法定最高刑为无期徒刑,从重处罚。"

款物罪中是否准确是值得商榷的。根据上文分析,挪用特定款物罪所"挪用"的款项必须要用于其他公务,而非"个人使用""他用"。给领导"送礼"无论如何解释也不能说明是用于其他公务,按照社会一般理解,这一行为至少是属于非法行为(暂且不讨论是否属于行贿行为),因此,对于这一行为能否认定为"归个人使用"是判断是否属于挪用公款行为的关键。

2. 挪用公款罪与贪污罪

通过对比我国《刑法》第382条[1]和第273条规定可以发现,挪用公款罪和贪污罪之间的关系,从犯罪构成来看,是具有包容性关系的两个罪名,而不是对立排斥的关系。从立法历程来看,挪用公款罪起源于贪污罪,这两个罪在犯罪主体、对象等方面具有相同或类似的地方。司法实践中,由于挪用公款罪与贪污罪之间的内在联系,挪用公款的行为也可以转化为贪污,转化的标志就是行为人在主观上已由准备以后归还、不打算永久占有,转变为永久占有其挪用的公款、不打算归还。[2]关于二者的区分,刑法理论通说认为,两罪的最大区别是行为人在主观上是否具有永久非法占有公款的目的。

如若按照通说观点,仅仅依据主观上是否具有永久性非法占有目的,那么本案中,被告人黄某某所挪用的用于"送礼"的那部分款项,行为人是否具有永久非法占有的目的是判定这一行为是否属于贪污行为的关键。

(三)对是否属于挪用公款行为的分析

1. 对"归个人使用"的理解

从刑法条文规定来看,挪用公款罪的行为类型包含三种:(1)挪用公款归个人使用,进行非法活动;(2)挪用公款归个人使用,数额较大、进行营利活动;(3)挪用公款归个人使用,数额较大、超过三个月未还。这三个行为方式主体都是国家工作人员,均利用职务便利;从上述三个行为类型来看,挪用公款"送礼"是属于非法活动,看似是符合第一个行为类型的,那么,挪用公款"送礼"是否属于"归个人使用"是亟待解决的问题。

首先,如何理解"个人"。自从刑法关于挪用公款罪的规定开始实施以后,司法实践和刑法理论均认为,"归个人使用"中的"个人"是指公款利用人,[3]如果按照这种观点理解,"归个人使用"中的人则不包含公款挪用人,这样显然不具有合理性。根据相关司法解

---

[1] 《刑法》第382条:"国家工作人员利用职务上的便利,侵吞、窃取、骗取或者以其他手段非法占有公共财物的,是贪污罪。"
[2] 崔建民,周远洋.如何定性挪用公款购买公车供个人使用的行为[N].中国商报,2019-04-18(A03).
[3] 李强.挪用公款罪中"归个人使用"的解释逻辑[J].法学,2015(2):118.

释[1]规定,可知,"归个人使用"中的个人则包含公款挪用人。

其次,如何对"归个人使用"进行正确理解,换句话说,挪用特定款项用于"送礼"这一行为方式能否归于"归个人使用"范畴。根据相关司法解释规定[2],基本上解决司法实践中关于"归个人使用"的争议问题。其中规定一些行为方式是属于挪用公款"归个人使用"以及《全国法院审理经济犯罪案件工作座谈会纪要》,就挪用公款罪的法律适用问题,给出了主要意见。[3]纵观关于挪用公款罪"归个人使用"现行有效的司法解释,并未对行为人挪用公款用于"送礼"的行为进行规制。

通过上文的分析,行为人挪用公款用于"送礼"的行为纳入挪用特定款物罪中不符合此罪的立法本意。那么,就要转向其他罪名,在挪用公款罪中,刑法以及相关司法解释对"归个人使用"的规定并不包含挪用公款用于"送礼"的行为。通过解释,也不能将行为挪用的款项"送给他人"解释为"归他人使用",因为这是移转所有权而不是移转使用权,只能站在挪用人的立场来去理解"归个人使用",即是挪用人自己使用,依据罪刑法定原则,不能将挪用公款用于"送礼"的行为纳入挪用公款中的"归个人使用"。另外,本案中被告人黄某某用于"送礼"的特定款项一直并未返还,此时具有非法占有之目的。

2. 对"不退还"的理解

对于挪用公款罪中"挪用公款数额巨大不退还的,处十年以上有期徒刑或者无期徒刑"中的"不退还"如何进行理解。最高人民法院《关于审理挪用公款案件具体应用法律若干问题的解释》第5条明确:"挪用公款数额巨大不退还的,是指挪用公款数额巨大,因客观原因在一审宣判前不能退还的。"至此,将挪用公款罪中的"不退还"可以理解为"客观原因不能论"。按照"客观原因不能论",将"不退还"理解为"不能退还"则是更为贴切的,原因在于"不退还"从字面意义上看是不予退还,在内涵上包含着主观层面和客观层面,指的是基于主观上的故意而不退还的行为,基本上和"拒不退还"的含义一致;"不能退还"从字面上指的是对行为人不具有退还能力,也就是因不具有退还能力而没有退还的结果,与行为人的主观意图没有直接关联。当我们提出退还或者不退还这样的质疑时,一

---

[1]《关于审理挪用公款案件具体应用法律若干问题的解释》,就"归个人使用"做了如下规定:《刑法》第384条第1款规定的"挪用公款归个人使用",包括挪用者本人使用或者给他人使用;挪用公款给私有公司、私有企业使用的,属于挪用公款归个人使用。

[2] 根据《关于〈中华人民共和国刑法〉第384条第1款的解释》规定,有下列情形之一的,属于挪用公款"归个人使用":(一)将公款供本人、亲友或者其他自然人使用的;(二)以个人名义将公款供其他单位使用的;(三)个人决定以单位名义将公款供其他单位使用,谋取个人利益的。

[3]《全国法院审理经济犯罪案件工作座谈会纪要》中对于挪用公款供其他单位使用行为的认定。在司法实践中,对于将公款供其他单位使用的,认定是否属于"以个人名义",不能只看形式,要从实质上把握。对于行为人逃避财务监管,或者与使用人约定以个人名义进行,或者借款、还款都以个人名义进行,将公款供其他单位使用的,应认定为"以个人名义"。"个人决定"既包括行为人在职权范围内决定,也包括超越职权范围决定。

定要注意的是以行为人具备退还能力为前提的,倘若行为人根本就没有退还能力,则讨论"是否退还"这样的问题在法律层面是没有任何意义的。[1]因此,这种"不退还"的原因是行为人没有退还的能力而不退还,如经济收入能力达不到而不退还等,主观动机暂不考虑。有观点认为,如果主观上根本就不想退还,即具有了非法占有的目的,就可以转化为贪污行为。这一观点是不准确的,不能将为挪用公款罪和挪用公款后转化的贪污罪划清界限的任务寄托于对挪用公款"不退还"的理解,那么对于行为人挪用公款后是否转化为贪污罪的问题,判断的依据与标准只能是贪污罪的犯罪构成。即在客观方面,是否实施了侵吞公款的行为;在主观方面,行为人是否转化为非法占有的故意,无须对"不退还"的概念进行详细界定。

本案中,被告人黄某某挪用用于"送礼"的4万元救灾扶贫款,虽然一直没有退还,但从"客观原因不能论"观点出发,行为人并不存在现实的客观原因不能退还这笔款项,根据一般人的收入能力,行为人从2015年开始实施挪用公款4万元进行"送礼"至2017年案发,这期间有两年的时间足以归还其所挪用的公款,因此,不符合挪用公款罪中"不退还"的情形。另外,4万元也不能达到挪用数额巨大的标准。

(四)是否属于贪污行为的分析

对于实施挪用公款行为转化贪污的问题,最高人民法院曾在2003年对这一问题进行专门讨论并形成了纪要,即上述《全国法院审理经济犯罪案件工作座谈会纪要》[2]。从此纪要的规定来看,司法实践中对这两罪区别的关键在于主观上是否具有非法占有公款的目的,在认定主观方面时主要有两种方法:一种是根据行为人的供述直接认定;另一种是根据与行为人有关的客观事实进行推定。[3]有的学者认为,贪污与挪用公款罪的关键区别并非在于是否是以永久性地"非法占有"或者以一时性地"非法占用"的主观状态,而是在于行为人将公款非法置于自己的控制支配下的状态,是否严重妨碍了单位即公款所有权人对于公款的利用支配。[4]本书认为,对挪用公款行为转化为贪污行为的认定关键还是要遵循上述纪要所指出的,按照主客观相一致的原则,具体判断和认定行为人主观上是否具有非法占有公款的目的。需要注意的是,在认定是否具有非法占有目的时,应进行综合判断,即遵循主客观相统一原则,全面考虑行为人的客观行为、经济收入水平、公款风险状

---

[1] 刘国平.关于挪用公款"不退还"的重新解释[J].江西警察学院学报,2019(2):91-96.
[2] 《全国法院审理经济犯罪案件工作座谈会纪要》中指出,"挪用公款罪与贪污罪的主要区别在于行为人主观上是否具有非法占有公款的目的。挪用公款是否转化为贪污,应当按照主客观相一致的原则,具体判断和认定行为人主观上是否具有非法占有公款的目的"。
[3] 张冬然.挪用公款转化为贪污罪"非法占有目的"之认定[J].中国检察官,2018(9):27.
[4] 陈洪兵.贪污罪与挪用公款罪的界限与竞合[J].中国海洋大学学报(社会科学版),2015(3):102.

态及收益处置等因素,综合分析判断,而不是仅仅以行为人供述的个人主观意图为定案根据。否则,如若行为人均宣称无非法占有公款目的,贪污罪则无适用余地。[1]

对"非法占有目的"进行综合判断时,首先,要把握行为人的客观行为。行为是内心的外在表现,因此在判断行为人的主观目的,则要结合其客观行为。如果行为人有部分归还款项的行为或者切合实际的计划,则能体现其挪用的意图;如果行为人采取平账、销账等掩饰隐瞒证据等行为,则说明其具有非法占有的目的。其次,要看行为人的经济状况或者还款能力,如果行为人经济收入低微,并不能说明其主观上不想还款,而是没有能力还款,这体现其挪用的意图;如果行为人有还款能力而不归还或者明知不具有归还能力而挪用数额巨大公款,挪用后进行挥霍,这样就很难说他不具有非法占有的目的。最后,还要考虑公款的风险状况,如若行为人挪用公款后进行大肆挥霍或者用于非法犯罪活动,使得公款"一去不复返",这种情况下推定行为人主观上不是暂时挪用公款,而是不打算归还,具有非法占有的目的。还有学者进行细化分析,如何家弘教授认为,判定行为人是否具有非法占有的目的,不仅要符合行为人利用职务便利,不如实上报或者假冒他人等手段骗领公款,还要符合一些行为方式。这些行为方式包括:第一,公款用于生活、个人支出或为亲友或其他人谋取利益;第二,将公款进行私分的;第三,公款不退还、长时间不予归还或者案发时才迫于归还;第四,将公款隐匿起来的;第五,将公款用于理财或者存入以他人名义开立的账户并实际控制;第六,与他人进行交易或者进行变卖的;第七,携带公款潜逃的;第八,将公款汇往国外账户的。

通过上述分析,本案问题关键在于对行为人挪用特定款项用于"送礼"行为是否具有非法占有的目的。这笔钱用于"送礼"明显是归于自己的"开支",从行为人的内心里压根就没有打算归还该笔款项。同时,对行为人黄某某的行为方式、还款能力与公款风险状况等进行评估,将挪用款项送予他人谋取利益,长时间不予归还甚至案发时也未予归还,足以说明其非法占有该笔款项的目的。虽然现行法律法规与司法解释并未明确对该类行为进行明确解释,但根据刑法理论的分析可得出一个较为合理的结论,即只要能够认定行为人挪用公款或专款并用于"送礼"具有非法占有该笔款项的主观目的,将这样的行为认定为贪污行为更为恰当。并且,这种行为是不能视为正常的"人情往来",而是行为人的一种"感情投资",以便日后为谋取不当利益使对方基于这种长久的"情感"而不好推辞。

四、结论

社会进步发展的同时,必然会带来法律法规的一定时段的滞后,当法律未对某些危害

---

[1] 李鹏飞.如何认定挪用公款罪与贪污罪的主观目的及转化[N].中国纪检监察报,2019-06-19(8).

社会的行为进行明确规制时,并不意味着对这些危害行为进行放纵、置之不理。在本案中出现的挪用专款给领导"送礼"的行为,不属于正常的"人情往来"行为,而是一种"感情投资",以便日后获取不当利益,具有非法占有公款之目的以及明显的社会危害性。倘若采取将该行为与其他实行行为混合在一起进行评价,而不进行细致合理的论证,将会有悖于刑法的基本理念与基本原则,造成刑事法律认定的混乱,也不会使人信服。面对这种情况,需要做的就是根据现有的刑法理论与法律规定对该行为进行解释论证,通过合理且符合逻辑的解释将该行为归到现有的法律规定中去。这样不仅得出的结论使人信服,也有利于维系整个刑事法律平稳地适用。

挪用扶贫款申报国家扶持项目是否构成刑事不法
——英某登、涂某英、赵某雷等贪污案

常 城

【裁判要旨】 村委会主任等村干部在项目申报中挪用扶贫款项转入自己注册的合作社来获取申请国家扶持项目财政支持的资格,但仅挪用三天就将该笔扶贫款转出归位。该行为是否属于非法活动,与赌博或走私等行为的实质违法性并不相同。在认定《刑法》第384条规定的"挪用公款归个人使用,进行非法活动"中的"非法活动"应指与"赌博、走私"等行为相当的行为,体现为目的非法性,行为本身的非法性。不应认定为挪用公款归个人使用,进行非法活动。

【关键词】 挪用扶贫款 申请行政许可 行政不法 刑事不法

一、基本案情[1]

被告人英某登、涂某英、赵某雷分别系某自治旗某镇某村村委会主任、村党支部书记、村委会副主任兼会计。2010年4月16日,英某登、涂某英、赵某雷等八户村民注册成立了某自治旗某镇友谊养殖农民专业合作社,英某登为合作社理事长、法人代表。该合作社成立后,各合作社成员分散开展生猪养殖,但效益不好。2013年10—11月,该合作社通过某自治旗财政局向上级财政部门申请了生猪养殖猪舍改扩建国家财政扶持项目。按照申请扶持项目的要求,该合作社银行账户需存有80万元合作社成员的自筹资金,并需提供70名合作社成员自筹资金明细表,用以体现合作社的经营状况和规模。为了顺利申报并最终能获得该扶持项目的审批,三人决定利用英某登管理扶贫资金的职务便利挪用扶贫款。于2013年10月29日三人私自将80万元扶贫项目款转入该合作社银行账户中(三天后将此款转出),以此80万元公款代替合作社成员自筹资金使用,并提供了虚假的70名合作社成员自筹资金明细表,用于该农民专业合作社申请国家扶持项目。该合作社因此于2015年1月9日获得上级财政扶持资金70万元用于猪舍建设。友谊合作社属于提供虚假材料骗取营业登记,已于2015年11月5日被某自治旗市场监督管理局撤销登记。其非法骗取的上述财政扶持资金形成的固定资产已被某自治旗财政局收回。

---

[1] 本案来源于北大法宝网,某自治区高级人民法院(2019)内刑再6号,https://www.pkulaw.cn/case/pfnl_a6bdb3332ec0adc4cc8f86e78481e76ef6462c8a3e3b804fbdfb.html?keywords=%E8%8B%B1%E6%81%A9%E7%99%BB&match=Exact,2020年05月28日访问。

一、二审法院认为三名被告人将80万元扶贫款转入该合作社,不属于进行非法活动,应属于挪用公款归个人使用,但挪用公款仅三天,此行为不构成挪用公款罪。检察院抗诉认为,原审未认定三被告人共同挪用扶贫特定款80万元的事实,导致对三人适用法律错误,量刑畸轻。

抗诉机关认为,第一,该合作社不符合申请国家财政资金扶持项目要求,为了套取该项目资金,采取了欺诈手段。友谊合作社不具有合法的农民专业合作社的法人资格,不符合申报项目的主体资格;不符合生猪养殖扩建项目补助对象的条件。第二,三名原审被告人为了达到套取扶贫资金的目的,利用英某登管理扶贫资金的职务便利,挪用扶贫项目款80万元,虽仅使用三天,但因其目的是用于套取扶持资金的非法目的,故应认定为"用于非法活动"。

再审法院认为,本案的关键在于三原审被告人在项目申报中的行为是否属于非法活动。认为本案应结合案件的实际情况予以认定,虽然2015年某自治旗财政局基于检察机关的建议书,收回了友谊合作社修建的猪舍等固定资产,但并不足以以此证明三原审被告人的行为即属刑法意义的非法活动。挪用公款归个人使用,进行非法活动中的"非法活动"应指与"赌博、走私"等行为相当的行为,体现为目的非法性,行为本身的非法性。本案中三被告人的行为与赌博或走私等行为的实质违法性并不相同。

二、案件争议问题

本案中,被告人英某登、涂某英、赵某雷利用职务便利,挪用扶贫款项转入自己注册的合作社来获取申请国家扶持项目财政支持的资格,但仅挪用三天就将该笔扶贫款转出归位,如何评价此行为是本案的关键所在。同时,本案的最大争议是三名被告人通过此种方式申报国家扶持项目能否评价为刑法意义上的不法行为。严格来说,申报国家财政资金扶持项目的行为应属于申请行政许可行为,这亦涉及行政不法与刑事不法的区分。

三、问题分析及阐述

本案中,首先要明晰的是申报国家财政资金扶持项目的行为是否属于行政许可,行政许可属于行政法的范畴,所以在讨论行政许可在刑法上的性质,即获得行政许可而实施的行为如何阻却犯罪的同时,首先应当明确行政许可在行政法上的性质。在行政法学界,认为行政机关的职责是维护社会秩序、保护公民利益,所以行政许可是行政机关为了保护社会公共利益、行政相对人的利益而必须履行的对某些事项的审查职能,而不是国家赋予行政机关授予权利的权力,行政许可是对法律一般禁止事项的解除。《中华人民共和国行政许可法》对行政许可采用了"审查""批准""核准"等词语进行界定。申报国家财政资金扶持项目的行为是需要上级行政机关的审核与批准,同时亦涉及社会公共利益、行政相对人的利益,该行为是符合申请行政许可的要件。行政许可应当都是构成要件符合性的阻却事由,但在本案中行为人申报国家财政资金扶持项目的行为是存在不法性的,即属于具有瑕疵的行政许可。

对挪用公款,归个人使用进行非法活动中"非法性"的理解是解决本案的核心问题,因为在本案中,被告人英某登利用职务便利,将扶贫款项挪用用于获取申请生猪养殖猪舍改扩建国家财政资金扶持项目的资格,需要注意的是,其挪用行为仅仅持续了三天,就将该笔款项返还;也就是说其挪用该笔扶贫款的目的是获取行政许可的资格,即以欺骗的方式申请行政许可。这一行为,显然不符合挪用公款罪中的挪用公款,归个人使用,三个月未归还的行为方式。问题在于,这一行为是否符合挪用公款进行非法活动的行为方式?这就需要对"进行非法活动"进行全面理解。而本案的特殊之处又在于行为人挪用公款的目的是通过欺骗的方式申请行政许可,以达到获取生猪养殖猪舍改扩建国家财政扶持项目的资格。这又涉及行政不法与刑事不法之间的界限,这样一种行为是属于行政不法抑或属于刑事不法,对案件的认定结果可谓是天壤之别。以欺骗的方式来获取行政许可在学理上可以理解为是具有瑕疵的行政许可,那么,具有瑕疵的行政许可对出入罪有何影响则是本案关键所在。

(一)挪用公款进行"非法活动"的理解

关于使用公款从事非法活动中"非法"性质的界定,学界存在两种观点。一种观点认为"非法"要达到实质违法性,即要达到符合犯罪构成程度;另一种观点认为,应当是指广义的违法性,既包括犯罪行为,也包括一般的违法行为,一般的违法行为即使没有到达犯罪的程度,但较营利活动和其他活动相比仍具有较大的社会危害性,因此将一般的违法行为也列入此处的"非法"范围内,符合刑法内部的逻辑关系。"一般违法行为"指挪用公款者使用公款进行的活动,违反的是除刑法外的其他规范性文件;而"犯罪行为"是指挪用公款者利用公款进行了严重威胁社会秩序的犯罪活动,违反的是国家的刑事法律。对于这一问题,最高人民法院也作出了回应,在最高人民法院《关于审理挪用公款案件具体应用法律若干问题的解释》中也明确了非法活动的一部分范围:一旦发现公职人员私自挪用公款从事开设赌场、进行走私贩卖、贩毒等非法活动的情况,应立即通知相关部门,不得包庇。本案中的再审法院也是基于此规定做出的判断:挪用公款归个人使用,进行非法活动中的"非法活动"应指与"赌博、走私"等行为相当的行为,体现为目的非法性,行为本身的非法性。再审法院认为挪用公款进行非法活动中的"非法活动"要达到犯罪的程度,一般的违法行为,如违反行政法规等则不能视为"非法活动",本案中的行为人以欺骗的方式获取行政许可的行为没有达到犯罪的程度,仅属于一般的违法行为,故不能认定为这里的"非法活动"。

本书认为,对最高人民法院《关于审理挪用公款案件具体应用法律若干问题的解释》的规定不应作如此狭义的理解,一般的违法行为即使没有到达犯罪的程度,但较营利活动和其他活动仍具有较大的社会危害性,因此将一般的违法行为也列入此处的"非法"范围内,符合刑法内部的逻辑关系。虽然对该问题做出了司法解释,但似乎解释得又不那么"具体",以至于造成"仁者见仁,智者见智"的局面。如果将"非法活动"作出类型化分析,可以将其分成非营利性非法活动和营利性非法活动,前者是指行为人采取的行为目的不是获取高额利润,而是使用公款满足自己的私欲;后者是指行为人进行该类活动的一般是为了获取金钱利益,获得大量资金。按照此种分类,对于挪用公款,骗取申请行政许可资格难以此判断此行为是为了营利或非营利。这就需要对该问题进行深入考察与理解,骗取行政许可资格是属于行政不法行为还是刑事不法行为,是接下来要讨论的。

(二)行政不法与刑事不法的界限

"行政不法"与"刑事不法"都是对规范的违反,但由于其违反的具体规范不同,从而产生了性质截然不同的不法行为。长期以来,中外法学界在对"行政不法"性质的定位上差异甚大。从形式的角度看,对于相同或者相似的不法行为,根据其危害社会程度的区别,存在着两个独立的法律评价:一是行政法意义上的违法行为,二是刑法意义上的违法行为。与此相对应,存在着两种相互独立的"法律事实":一是"行政不法事实",二是"犯罪事实"。在行政不法行为向犯罪转化过程中,刑事追诉机关经常将"行政不法事实"与"犯罪事实"混为一谈。[1]对行政不法与刑事不法之间的区别进行比较法学上的考察,并在此基础上探讨我国如何设立行政不法与刑事不法评价标准,以明确行政不法与刑事不法之间的界限。

1. 国外理论之梳理

德国理论关于行政不法与刑事不法之间属性差异主要有三大阵营:具体包括"量的差异说""质的差异说"和"质量差异说"。日本理论存在"违法一元论""违法多元论"以及"缓和的违法一元论"。

(1)"量的差异说"认为,行政不法与刑事不法之间没有"质"的区别,仅具有"量"的差

---

[1] 陈瑞华.行政不法事实与犯罪事实的层次性理论——兼论行政不法行为向犯罪转化的事实认定问题[J].中外法学,2019(1):78.

异,即数额、情节、后果等方面的差异。[1]主要代表人物是德国的贝林,认为无论是刑事不法行为还是行政不法行为都具有危害社会的质,而行政不法行为只是一种比刑事不法行为具有较轻的危害性的不法行为。"质的差异说"认为行政不法与刑事不法的区别在于"质"的差异,即行政不法与刑事不法属于本质上不同的行为;由于"质"的种属上存在差异,两者的"量"也就不具有可比性。主要代表人物是德国学者特希密特。该学说认为,行政不法侵害的是行政利益和行政秩序,这种行为造成的损害后果并非个人损害,仅仅是一个特定的社会损害,而刑事不法则是对普遍的社会利益的侵害,是对整个社会法益的侵害,具有社会伦理上的可非难性。因而行政不法与刑事不法两者不属同一种类的不法行为。[2]"质量差异说"目前是德国学界通说,该说认为,行政犯中部分属于刑法核心领域的犯罪行为,部分属于刑法核心领域外的一般违法行为。[3]刑事不法与行政不法在"质"和"量"上均有所不同,刑事违法不仅在"量"上具有直接的法益侵害性或社会危害性,而且在"质"上具有较为严重的伦理问题,具体表现为具有反社会性;而行政违法在量上和质上均不同。"质量的差异说"是对上述两种学说修正的折中理论,消除了其他两种学说自身的缺陷,本书认为,该学说较为准确地表达了刑事不法与行政不法的区别,认识到了"质"与"量"对于二者的区别都存在影响,因此,该学说具有更大的借鉴意义。

(2)"违法一元论"认为无论是违法行为还是合法行为在整体法秩序内部具有统一性。[4]统一法秩序下的各部门法领域在违法和合法层面均应保持一致,在如何行为方面给国民以明确的指引。对于违法性的评价判断应从整体法秩序立场进行统一理解,法律作为规范公民行为、调整社会生活的重要手段,理应保持其统一性和稳定性。"违法多元论"主张,各不同部门法基于其存在的目的,产生不同的法律效果,违法性的判断就只能是相对的,无须必然要求完全保持一致。只要在法秩序目的所蕴含的范围内,尽可能地消除矛盾即可,没有必要将其绝对排除。"违法一元论"主张违法性在整个法秩序之下判断的完全统一,难免在司法适用中会遇到不可避免的问题,其妥当性受到了质疑。形成了"缓和的违法一元论"。该理论提倡以"一般违法性+可罚的违法性"这一双重判断结构来对违法性进行实质的评价,其能够为司法实践中刑事违法性的判断提供更加清晰的指引,"缓和的违法一元论"以行为规范为起点,站在社会一般人的角度考虑,认为违法的本质是违反规范,而"违法相对论"则是以制裁规范为基点,立足于法官、检察官等法律人的角度思考问题,认为违法的本质是法益侵害。[5]

---

[1] 闻冬梅.论刑事不法与行政不法区别的理论基础[J].学术交流,2013(9):52.
[2] 李晓明.行政犯罪的确立基础——行政不法与刑事不法[J].法学杂志,2005(2):46.
[3] 孙国祥.行政犯违法性判断的从属性和独立性研究[J].法学家,2017(1):50.
[4] 张明楷.行政违反加重犯初探[J].中国法学,2007(6):64.
[5] 先德奇.行政犯的违法性研究[D].成都:西南财经大学,2017:44.

2. 我国行政不法与刑事不法的关系

行政处罚权和刑罚权是国家公权力结构体系中的重要保障,合理界定两者的调整范围,是建设中国特色社会主义法治体系的重要内容之一。我国行政处罚权与刑罚权在调整范围上存在着交叉和重叠的现象,因而有必要清晰地界分两种不同性质公权力作用范围的基本范围,即区别刑事不法与行政不法。然而,行政不法与刑事不法的性质及范围的区别在我国法学界一直未得到明确,这与德国所坚持的"质量的差异说"和日本所坚持的"缓和的违法一元论"不同。我国学者对于刑事不法与行政不法的内涵和性质的理解大致存在两种观点:一是刑事不法即为犯罪,其包括引起刑罚后果的一切不法行为;而行政不法仅指违反行政法律规范而尚不构成犯罪的行为。二是行政不法不仅包括引起行政处罚后果的行政不法行为还有引起刑罚后果的行政不法行为;而刑事不法仅指其他引起刑罚后果的不法行为。❶第一种观点类似于德国的主流观点,第二种观点类似于日本的主流观点。本书较为赞同第一种观点,我国刑法中的犯罪构成采取的是既定性又定量的立法模式与整个刑事立法量化思维,对具有社会危害性的不法行为的打击是全方位的,作为犯罪构成要件的重要组成部分,大量行政不法构成要件在相关法律中创立出来,以实现国家公权力对具有社会危害性行为的无缝隙的制裁。❷虽然行政处罚与刑罚处罚有着性质上的区别,但这种区别只具有相对意义。这种相对性主要表现在行政不法与刑事不法的互相转化,行政不法与刑事不法能够互相转化的前提是两者具有同质性,即在行政不法与刑事不法交错的行政犯罪领域,两者的不法内容即侵犯的法益是同质的,差异在于不法内容的量的不同。也就是说,在法益侵害层面行政不法与刑事不法本质上是一致的,其差异性体现在不法内容量上、程度上的不同。

(三)具有瑕疵的行政许可对出入罪的影响

在本案中,行为人英某登等人本不具有申请获取生猪养殖猪舍改扩建国家财政资金扶持项目的行政许可的资格,其挪用公款并提供了虚假的70名合作社成员自筹资金明细表,以获取资格该项行政许可的申请资格,这种行为系通过欺骗的方式来获取行政许可,在学理上被称为有瑕疵的行政许可。刑法理论界对行政许可具有阻却犯罪功能已达成共识,没有什么争议;但是诸如通过欺骗、胁迫、贿赂等手段获得的瑕疵行政许可是否对定罪量刑产生影响,尚未形成统一的意见。由于我国刑事立法对行政不法性与刑事不法性的关系立场不明确,导致对行政违法行为构成犯罪的标准不统一;还有我国对行政犯的立

---

❶ 闻冬梅.论刑事不法与行政不法区别的理论基础[J].学术交流,2013(9):51.

❷ 王莹.论行政不法与刑事不法的分野及对我国行政处罚法与刑事立法界限混淆的反思[J].河北法学,2008(10):26.

法模式大多采取空白罪状,这就导致了对行政违法行为的构成犯罪依据不明确,这些都是对瑕疵行政许可刑法规制需要解决的问题。

行政许可具有阻却刑事不法,在理论上无争议。那么瑕疵行政许可作为行政许可的下位概念,是否就意味着瑕疵行政许可也当然具有阻却刑事违法性即出罪的功能呢?目前学界存在两种观点:一是"肯定说",该观点肯定其具有阻却犯罪的功能,认为只要瑕疵行政许可没有被撤销,因其在行政法上是有效的,所以刑法也应当肯定其有效性。二是"否定说",该观点否定其具有阻却犯罪的功能,认为行政法与刑法对具有瑕疵行政许可的效力判断标准是不一致的,只有当行政许可在没有任何瑕疵时才具有阻却犯罪功能;而通过欺骗、胁迫或者贿赂等手段取得的行政许可,虽然其在行政法上可能是有效的,但是该行政许可的取得由于是行为人滥用权利的结果,所以其在刑法上是无效的,该瑕疵行政许可不能阻却刑事违法性,不具有阻却犯罪功能。还有一部分学者如张明楷教授等认为瑕疵行政许可是否可以阻却犯罪不能一概而论,应当根据瑕疵行政许可的种类进行具体分析。本书赞同这一观点,对有瑕疵的行政许可是否可以阻却犯罪应遵循行政法的原理为逻辑起源。行政法上无效的瑕疵行政许可是不具有出罪功能,只有在有效的瑕疵行政许可才有阻却犯罪成立的可能性。在行政法理论上,瑕疵行政许可是否具有有效性关键在于其是否被撤销,一旦瑕疵行政许可被撤销,则其自始无效。是否可以撤销应从实体法的角度,对行政许可的瑕疵进行实质判断:一是如果该瑕疵是重大且明显的,社会一般人即可凭生活常识进行判断,那么无须通过有权机关撤销来否定其效力,行政相对人就可以直接认定其无效而不受其拘束;二是如果是一般瑕疵,有权机关原则上应当予以撤销;三是为了公共利益,具有瑕疵的行政许可可以认为是有效的。我国对瑕疵行政行为的效力采取"无效"与"可撤销"的二元划分,然而对于是否可撤销,我国并未赋予行政相对人对瑕疵行政行为效力判断的权利,仅法定国家机关具有确认瑕疵行政许可并撤销瑕疵行政许可的权力;同时,对如何界定公共利益,目前法律也尚未作出较为细致的规定,但这并不妨碍对未被撤销的瑕疵行政许可在行政法上可以认为是有效的。

既然具有瑕疵的行政许可在行政法上可以认为是有效的,那么刑法是否也应该肯定其效力并进而肯定其具有阻却犯罪功能呢?本书认为,有效性与合法性是两个不同层面的问题,行政法上肯定瑕疵行政许可的效力,并不意味着肯定其合法性,所以刑法对一个具有行政违法性的行政许可的效力做出否定评价,并不违反法秩序的统一性原理和刑法的谦抑性。效力与违法性是不同层面的问题,刑法虽然可以承认瑕疵行政许可有效,但并不意味着刑法否定通过欺诈、贿赂等非法手段获得许可而为的行为的刑事违法性。换言之,具有阻却犯罪功能的瑕疵行政许可必须具有有效性,但具有有效性的瑕疵行政许可不一定都能够阻却犯罪。

四、结论

首先,被告人英某登等人设立的友谊合作社已被相关行政部门撤销登记,该组织已不存在,其取得的行政许可自然也就是无效的,也就不具有阻却刑事不法性。即使不考虑这一要素,被告人英某登等人通过欺骗的方式来获取相关行政许可,显然是符合瑕疵行政许可要件,应当撤销从而肯定其行政不法性。其次,被告人英某登等人挪用扶贫款项转入自己注册的合作社来获取申请国家扶持项目财政支持的资格,虽然仅仅挪用三天就将该笔扶贫款转出归位,但对该行为的评价应当进行实质的违法性判断,对挪用公款归个人使用,进行非法活动中的"非法活动"不应拘泥于司法解释当中对进行非法活动应与"赌博、走私"等行为相当的行为,体现为目的非法性,行为本身的非法性。但本案被告人为了达到套取国家扶持资金的目的,利用英某登管理扶贫资金的职务便利,挪用扶贫项目款80万元,虽仅使用三天,但因其目的是用于套取扶持资金的非法目的,故应认定为"用于非法活动",符合刑事不法要素。

举报他人侵吞扶贫项目款经查证属实但对犯罪主体举报错误能否认定为立功

——李某贪污案

常　城　武文锦

【裁判要旨】 检举人为立功而向检察机关检举他人侵吞扶贫奖励资金的犯罪事实，检察机关经调查后发现确有该贪污的犯罪事实，但是检举的贪污主体与检察机关发现的贪污主体并不为同一人。在检举他人侵吞扶贫项目款项经查证属实但是存在被检举人身份错误的情形时，检举人的行为应认定为立功。

【关键词】 侵吞　扶贫款　举报　立功

一、基本案情[1]

2010年8—12月，被告人李某在担任某某自治旗宜某办事处项目员期间，利用负责龙某村2010年整村推进扶贫项目（项目总金额70万元）的申报、实施、报账的职务之便，通过伪造龙某村购买830只扶贫羊发放登记表及分配明细表，并向某自治旗扶贫办理核销平账的方式，将扶贫项目款53 750元据为己有。

2010年8月12日，被告人李某利用负责实施龙某村2010年市级配套项目30万扶贫项目的职务之便，在未实施该扶贫项目的情况下，通过向某自治旗扶贫办虚假报账核销该项目款的方式，侵吞扶贫项目款30万元。

案发后，被告人对犯罪事实供认不讳，并且被告人在接受某自治旗人民检察院审查讯问期间，向检察院提交举报宜某镇政府办公室主任李某涉嫌贪污40万元的材料。某自治旗人民检察院通过李某的举报线索未能发现宜某镇政府办公室主任李某贪污犯罪事实，而是通过其他渠道，经过检察机关自行侦查发现宜某镇政府办公室主任李某确有贪污犯罪行为。但是，某自治旗人民检察院根据被告人李某的举报线索却发现龙某村原村主任刘某，在2012年发放龙某村40万扶贫奖励资金过程中存在贪污犯罪行为。

一审法院已经过庭审质证证实某自治旗人民检察院出具的关于李某检举他人犯罪情况说明、被告人李某自书的举报材料，证实李某举报宜某镇政府办公室主任李某涉嫌贪污

---

[1] 本案来源于中国裁判文书网，某市中级人民法院（2017）内07刑终172号，https://wenshu.court.gov.cn/website/wenshu/181107ANFZ0BXSK4/index.html?docId=78827210ea014c7d90ee4bad2c765b61，2020年06月10日访问。

40万元,某自治旗人民检察院根据此线索经初查发现龙某村村主任刘某在发放2012年龙某村40万扶贫奖励资金过程中存在贪污犯罪,经查证属实;但是,被告人李某检举易某镇政府办公室主任李某涉嫌贪污线索尚未查实。

一审法院对被告人李某检举行为是否成立自首未作出判决,被告人李某认为其检举行为引发龙某村原主任刘某贪污扶贫奖励资金犯罪行为被发现,应属于"具有立功表现",而法院认定事实不清、量刑过重,因此提起上诉。二审法院认为李某提出的"具有立功表现"的上诉理由,其揭发的犯罪事实与查实的犯罪事实不具有关联性,根据刑法对立功制度的规定,李某的检举行为不构成立功,故不予采纳其上诉事由。

二、案件争议问题

本案中李某举报宜某镇政府办公室主任李某涉嫌贪污40万元,然而某自治旗人民检察院通过李某的举报线索,却发现龙某村村主任刘某在发放2012年龙某村40万扶贫奖励资金过程中存在贪污犯罪,并经查证属实。但对于李某检举的宜某镇政府办公室主任李某涉嫌贪污线索却尚未查实。故本案争议焦点在于被告人举报的犯罪事实虽经查证属实,但对该犯罪主体举报错误能否认定为立功表现?

三、问题分析及阐述

(一)立功制度的沿革

我国立功制度源于20世纪三四十年代我党的早期刑事政策,1934年出台"有功绩者可以减轻刑罚"刑事政策,1943年出台了相关办法:建树抗日功绩者,得依汉奸自首条例免其罪行。1947年出台解放军宣言:对蒋方人员区别对待,实行"首恶者必办,胁从者不问,立功者受奖"政策,并提醒"已经做过坏事的人们,赶快停止作恶,悔过自新,脱离蒋介石",准其将功赎罪。1951年将立功正式从刑事政策变成法规,即立功制度被正式纳入刑事法律规范中。1956年立功制度发展为两种类型,根据检举事实的轻重程度也就是被检举人所犯罪行的社会危害性程度,分为一般情形的立功以及重大情形的立功。1979年《刑法》规定犯罪行为人实施犯罪行为后自首,即使其犯罪行为性质非常严重,只要实施立功采取检举他人犯罪事实的行为,即可对其从轻或者减轻处罚。

1984年最高人民法院、最高人民检察院和公安部《关于当前处理自首和有关问题具体应用法律的解答》第4部分规定:立功是指揭发检举其他犯罪分子的重大罪行并得到证实,或者提供重要线索、证据从而侦破其他重大案件,或者协助司法机关缉捕其他罪犯等情形;该文件第一次正式解决了立功制度在司法实践中的操作问题,规定揭发他人犯罪行为或者为揭发他人罪行提供线索使得机关查证属实,以及虽然没有积极主动去投案自首在被采取强制措施后才实施立功行为,这三种情形都做了详尽规定可以按照立功对行为人从宽处理。

1990年出台的针对毒品犯罪的单行刑法中,明确规定了行为人实施毒品犯罪后如何做以及做到何种程度,可以成立立功的情形并得到从宽处理。即只要将自己所知道的其他人实施的毒品交易违法行为向有关机关报告,就可以依法从轻、减轻甚至免除处罚。1993年法律明确将立功细化为一般的立功以及重大的立功,并给予间谍罪犯者悔改的机会,只要其积极主动自首或者实施一般情形立功行为或者重大立功行为,可获得相应奖励。1994年《中华人民共和国国家安全法实施细则》第23条对"立功"和"重大立功"表现进行进一步的具体解释,客观上使得有关立功的刑罚裁量更加精细。全面修订后的1997《刑法》对于立功制度的创新在于将立功建立起独立的体系,使其与自首分开而独立存在。规定只要犯罪行为人揭发他人犯罪事实或者向侦查机关提供线索使得案件得以侦破的,就可以按照刑法中规定的立功情形相应从轻、减轻或者免除处罚。

1998年紧随着社会不断涌现的新问题,最高人民法院对立功制度出台了相关解释,对立功制度进行补充以适应社会发展,在解释中规定共同犯罪中的同案犯揭发其同伙可以按照揭发行为带来的积极作用酌情考量是否从轻处罚。从以上对立功制度的演变中可以发现,立功制度的内容逐渐细化,其实质即为追求更好更快侦破案件节约司法资源。1951年《中华人民共和国惩治反革命条例》出台之前的立功制度,在很大程度上体现为一种军事和政治方面的策略,缺乏稳定性和体系性;1951年《中华人民共和国惩治反革命条例》将立功写入刑事法规,初步具备稳定性,但直至1997年刑法典全面修正前,立功制度均依附于自首制度而存在,缺乏独立的地位,体系性程度并不高;1997年修正之后的《刑法》正式将立功制度独立规定,使其具备了稳定性和体系性,在法律体系中的地位大为提升。立功制度最初成立是想要达到犯罪行为人与侦查机关双赢的局面,一方面给予犯罪行为人悔改以及改过自新的机会,另一面为减轻侦查机关工作人员的刑事侦查工作量。因此,最初立功制度要求行为人要被认定为立功就必须同时满足主观上悔改且客观上检举行为有效的双重条件。

最后综上通过分析立功制度的沿革可以发现,立功制度在不断的发展过程中,越来越重视犯罪行为人对自己犯罪行为危害性的认识及真心悔过程度,以及通过犯罪行为人的检举、揭发促使其他犯罪行为被发现和侦破,以节约司法资源并提高打击犯罪效率。

(二)立功制度的本质

量刑视野下的立功制度作为我国刑法重要的刑罚裁量制度,其本质在当前理论界众说纷纭,学者们主要的观点有:人身危害性减少说、主观恶性减少说、社会有益行为说、基于悔罪的有益行为说、社会危害性减少说、法定正义行为说以及功利主义说。学者们基于各自的学说立场,对立功制度的本质进行了不同侧重的分析,其结论各有其道理与不足,但从该制度的设计及其目的来看,本书认为"功利主义说"真正触及了问题的关键。

功利主义的代表人物之一约翰·密尔则把功利原则归纳成"最大幸福原则",即政府和社会应把追求最大多数人的最大幸福作为基本职能[1]。在量刑视野下,立功制度的存在对于犯罪分子和国家来说是一个双赢的结果,犯罪分子可以通过立功来减轻刑罚,国家也通过这一立法行为能够进一步维护社会稳定,促进整个社会的幸福。立功制度使得国家和犯罪分子实现了各自的追求目标,对于追求多数人的最大幸福这一基本职能的实现是极为有利的。

立功制度作为一种量刑情节,其设立最根本的目的就是为了以最少的司法成本来实现国家刑罚权,但对于犯罪分子本人的情况考虑得还不够充分与全面。这种略为重视行为后果,但对犯罪行为人主体考察设计不够全面与详尽,也是立功制度功利主义倾向的一定程度体现。

(三)立功制度的价值评判

功利价值,即人们对物质利益或生活中的实际利益追求和认可的价值,又可归结为主体与客体关系意义上的价值[2]。立功制度的本质具有一定功利性,具有一定程度的功利价值,其功利价值可以从国家和犯罪人两个角度进行阐述。

第一,犯罪人通过立功制度获得预期利益。我国的刑罚裁量情节包括法定情节和酌定情节,犯罪人若想获得从宽处罚的待遇,必然要具有某种从宽处罚的情节。在从宽处罚的量刑情节中,诸如从犯、胁从犯、犯罪中止、犯罪未遂等情节都存在于犯罪过程之中。时间具有一维性,犯罪造成的后果在犯罪完成后是无法改变的。然而,立功却是一种犯罪后的在主观上对自己所犯罪行有悔改之意支配下的一种积极补过行为,犯罪人在到案后还可以凭借立功行为获得从宽处罚的待遇,使其犯罪行为所对应的刑罚具有从宽处罚的可能。立功制度所规定的从宽处罚的幅度,对于犯罪人来说更是一种可预期的利益。

第二,从国家视角分析立功制度设立的价值基础。根据张明楷教授的观点,刑法立功制度背后的国家原意也即立功制度的目的有两个,第一个是行为人检举他人犯罪行为可

---

[1] 王梦婕.以民主法治为视域解读德沃金的权利思想[J].清江论坛,2016(4):56.
[2] 龚群.论道德价值与功利价值[J].哲学动态,2014(8):68.

以说明其认识到了行为的错误性,有助于降低犯罪人刑满释放后再犯可能性。第二个是犯罪行为人检举没有被司法机关掌握的他人犯罪事实后,司法机关可以顺藤摸瓜查出事情真相,节约司法机关的时间去办理其他的案子[1]。说明了立功制度设立的目的。立法者设立立功制度,无外乎出于两种功利价值的考虑:一是要充分实现我国的国家刑罚权,二是最大限度地节约我国司法资源[2]。所谓刑罚权,指的是国家对犯罪人科处刑罚的权力,是国家主权的一部分。而刑罚权的实现是要付出一定的刑罚成本。所谓刑罚成本,从国家或社会的角度来说,指的是国家动用刑罚所必然或可能支出的费用和代价,一般包括立法成本、司法成本以及刑罚运用不当所支出的成本[3]。实现刑罚权的成本是高昂的,如何以更小的刑罚成本来更好地遏制犯罪便成为立法者需要考虑的问题之一。立功制度作为一种量刑情节,其功利价值就在于它能够使司法机关以更少的人力、物力的投入,获得更高的预防、惩治犯罪的"收益",不仅节约了司法资源,也能够确保国家刑罚权最充分地实现。因此,尽管实践中很多立功行为是犯罪人出于利己的动机而为,但却在客观上产生了利他的效果。

第三,立功制度的另一功利价值还体现在有利于刑罚目的的实现。我们知道,刑罚的目的在于预防犯罪,它包括一般预防与特别预防。一般预防针对的是社会上的不稳定分子,立功制度的存在,让许多犯罪人为了立功而去揭发、披露他人的犯罪事实或犯罪现象,这就对社会上的潜在犯罪人造成了威慑,让其出于担心自己的犯罪行为被其他犯罪者揭发而不敢犯罪,并且破除逃避刑罚处罚的侥幸心理,形成心理上的强制。而特殊预防针对的对象则是犯罪人,通过刑罚对其进行教化,以期其真诚悔罪,不再犯罪。立功制度的设立,让犯罪人能够通过其立功行为表明自己与国家合作的态度,国家也能通过对犯罪人的从宽处罚实行感化和教育,让其明白国家的宽大,有效消融他们的对抗心理。此外犯罪人在揭发他人犯罪的同时,也不免担心自己若再次犯罪也将有被他人揭发的可能,以此也可以削弱犯罪人的犯罪意志。

(四)本案分析

本案中对李某检举揭发他人实施贪污犯罪的行为是否构成立功形成了尖锐的意见分歧。一种看法认为:行为人只要凭着立功的功利主义思想检举他人犯罪行为,而该犯罪行为被查证后为事实。按照刑法的规定,行为人只要采取了这种检举他人的行为的措施,然后经相关机关调查取证确实为客观事实,此时应属于立功。本案中李某采取了检举宜某

---

[1] 张明楷.论犯罪后的态度对量刑的影响[J].法学杂志,2015(2):2.
[2] 蒋成连.论立功制度的本质——功利主义说之提倡[J].广西政法管理干部学院学报,2016(2):94.
[3] 陈正云.论刑罚成本与刑罚效益[J].法学家,1997(2):49.

镇政府办公室主任李某涉嫌贪污40万元的行为,经相关机关自行侦查调查取证后发现此贪污犯罪行为也确实存在,其行为符合刑法对立功的规定。另一种看法认为李某的行为不应当认定为立功。虽然李某的检举行为使得龙某村村主任刘某的贪污行为被发现,使得人民利益少遭受损失,但立功制度的成立意义在于鼓励犯罪者积极主动悔改,从而节约司法成本,本案中李某到案后检举揭发宜某镇政府办公室主任李某贪污行为,某自治旗人民检察院通过李某的举报线索,却发现龙某村村主任刘某在发放2012年龙某村40万扶贫奖励资金过程中存在贪污犯罪行为。虽然该贪污犯罪事实经调查是确实存在的,但李某只是检举了犯罪主体错误的犯罪事实,相关机关在调查核实时并没有因为李某提供的线索减轻工作负担从而发现政府办公室主任李某的犯罪行为,李某的犯罪事实被揭露完全是侦查机关积极主动调查的结果。故对犯罪行为人李某的检举行为不应该认定为立功。

本案中虽然李某的检举行为针对的对象并没有实施其举报对应的贪污犯罪行为,然而检察院正是通过李某的举报线索才发现了龙某村村主任刘某在2012年贪污40万扶贫奖励资金。本书认为李某的举报行为成立立功。首先,李某的举报行为符合立功的成立条件,即揭发他人犯罪且查证确有该犯罪事实存在。其次,李某的举报行为符合立功制度的成立本意,即节约司法资源,李某的举报使得检察院发现了刘某的贪污行为,其举报行为对于刘某贪污案件的侦破具有重大意义。如果李某没有实施举报行为,刘某的贪污行为也将不会很快被发现,这种贪污行为若不被尽早发现并给予严重惩治,人民利益将会受到极大的损害。最后,立法机关设定立功制度的目的是多重的,既希望通过立功制度鼓励犯罪分子悔过自新,也希望通过犯罪分子的检举立功行为为司法机关侦破案件提供帮助,实现经济司法和提升犯罪治理能力,进而实现刑罚的教育矫正功能与预防功能之融合。本书认为本案中李某的举报行为以及举报行为达成的后果满足立功制度的设立意义,因此李某的举报行为构成立功。

四、结论

立法机关设定立功制度的实践目的是多重的,既希求通过立功制度鼓励犯罪分子悔过自新,也希望犯罪分子的检举立功为司法机关侦破案件提供帮助,实现经济司法和提升犯罪治理能力,进而实现刑罚的教育矫正功能与预防功能之融合。因此在司法实践中对于行为人是否成立立功的情形应当更多地从立功制度的立法原意来全面考量。

虚构合同资料申请助农奖励是否构成贪污罪
——侯某某贪污、诈骗案

邓燕虹 唐 亮

【裁判要旨】 行为人虽然虚构了合同资料,但事实上符合相关文件要求,从而利用职权提交资料申报国家奖励金的行为,不属于"利用职务便利骗取公共财产",不构成贪污罪,应认定为无罪。

【关键词】 骗取 虚构合同 贪污

一、基本案情[1]

2013年7月,为鼓励农民创业就业,为农民增收,某省某县委、县政府下发相关文件至各乡镇,要求统计上报2013年助农增收奖励补助情况。各乡镇人民政府接到通知后,及时将文件传达到各村。某县某镇新某村的名单统计上报工作由时任该村村支部书记的被告人侯某某负责。侯某某创办了益某园艺场,并聘用了村民帮工,符合农民就业创业、为农民增收的要求,但因文件要求提交吸纳就业的农民工的"劳动合同等就业证明材料复印件",侯某某并无相关证明资料,因此侯某某找罗某为其编制了虚假的劳动合同、工资表等资料之后,也将其本人列入增收奖励补助名单中,向某县农委办领取了农户就业创业奖励资金1万元。本案一审法院判决被告人侯某某成立贪污罪,二审法院改判无罪。

二、案件争议问题

一审法院认为,在以上事实中,侯某某没有与农民工签订劳动合同,为获取国家奖励补助资金,伙同他人虚构材料,利用职务便利办理并领取了奖励资金1万元,应认定为贪污罪。对此问题,侯某某的辩护人提出,侯某某在上报申请个人助农增收奖励补助资金过程中,仅是采取了虚报编制了其吸纳就业的农民工的劳务合同和工资表等材料,其他助农增收行为都属实,不应认定为犯罪。二审法院认为,虽然侯某某虚构了合同资料,但是农村企业用人没有签订劳务或劳动合同是普遍现象。侯某某确实开办了益某园艺场,且也实际找农民为其帮工,侯某某本人符合文件中鼓励农民创业就业、为农民增收的奖励条

---

[1] 本案来源于北大法宝网,某省某市中级人民法院(2017)川11刑终81号,https://www.pkulaw.cn/case/pfnl_a25051f3312b07f3927efadc0e49932ba8483b9afc435793bdfb.html?keywords=%E4%BE%AF%E6%9F%90%E6%9F%90%E8%B4%AA%E6%B1%A1%E3%80%81%E8%AF%88%E9%AA%97%E6%A1%88&match=Exact,2020年04月20日访问。

件,因此对该案件中侯某某的行为改判为无罪。

综上可知,两级法院的分歧在于侯某某编造虚假劳动合同办理并领取国家助农创业奖励资金的行为是否构成贪污。进一步说,是否只要涉及"虚构"的行为,都属于贪污罪中的"骗取"行为?

三、问题分析及阐述

(一)贪污罪中的"骗取"行为

对于是否只要涉及"虚构"的行为,都属于贪污罪中的"骗取"行为这一问题,对"骗取"的不同认识会得出不同的结论。本书将从"骗取"的定义、应具备的要素,以及"骗取"的外在形式与实质等方面,对贪污罪中的"骗取"概念进行阐释,此外,从规范违反说及法益侵害说的角度,对"骗取"行为应当满足形式要件抑或实质要件进行说理论证,力求对贪污罪中的"骗取"行为作尽可能详尽的分析。

1. 对"骗取"的理解

日常用语中的"骗取",通常指利用欺骗等手段获取有价值(多数情况下是财产价值)的东西。我国《刑法》第382条第1款规定了贪污罪的构成要件,现有文献对贪污罪中"侵吞、窃取、骗取或者其他手段"做了一定的研究,区分了这几种行为的不同之处,以及它们对罪与非罪、此罪与彼罪的影响。但是,对于其中的"骗取"行为,除了前述研究内容以及对其的定义以外,未有过多深入分析,对于与本案类似的案件,在认定相关行为是否属于"骗取"时无专门解释,实践情况也不尽如人意。对贪污罪中的"骗取"行为作出合理认定,对于区分罪与非罪而言,在理论与实践中均具有重要意义。

我国刑法教科书中,对于贪污罪中"骗取"的理解也存在着一定分歧,代表性的表述有:(1)"骗取,是指行为人利用职务上的便利,采用虚构事实或者隐瞒真相的方法非法占有公共财物"[1];(2)"所谓骗取,是指行为人利用职务上的便利,采用虚构事实或者隐瞒真相的方法,非法占有公共财物"[2];(3)"所谓骗取是指利用职务上的便利,采取欺骗手段,通过使具有处分权的公共财物管理人、经手人、支配人等产生认识错误而处分并将其交付给行为人而达到对公共财物的占有"[3];(4)"骗取,是指假借职务上的合法形式,采用欺骗手段,使具有处分权的受骗人产生认识错误,进而取得公共财物"[4]。由此可知,学者们对

---

[1] 高铭暄,马克昌.刑法学[M].5版.北京:北京大学出版社,高等教育出版社,2011:621-622.
[2] 苏惠渔.刑法学[M].5版.北京:中国政法大学出版社,2012:552.
[3] 谢望原,赫兴旺.刑法分论[M].2版.北京:中国人民大学出版社,2011:403.
[4] 张明楷.刑法学[M].4版.北京:法律出版社,2011:1046.

于"骗取"行为的欺骗性已然达成共识,这也是该词的应有之义,然而,少有学者对"骗取"作形式与实质的区分,外在形式违法性与实质违法性处于混淆状态,不利于准确认定行为性质。

本书认为,贪污罪中的"骗取",应具备两个要素,即"具有虚构事实或隐瞒真相的方式",并在此前提下"使财产处分人产生错误认识",前一要素决定了贪污的罪与非罪,后一要素则是犯罪达成既遂的原因力之一。虚构事实通常表现为杜撰、捏造、编造某种根本不存在的事实,隐瞒真相通常指不履行对事实本身的告知义务。

本案中,侯某某确实创办了园艺场,且雇用农民帮工,就这一实质行为,不存在任何的"虚构事实或隐瞒真相",从这一意义上来说,侯某某的行为不属于"骗取"。而从提交吸纳就业的农民工的劳动合同等就业证明材料复印件这一形式上的行为来看,侯某某"具有虚构事实或隐瞒真相的方式",其行为属于"骗取",这引申出了一个争议焦点,即贪污罪中的"骗取"行为,是否包含具有外在形式违法性的骗取?

本书认为,诈骗是指用虚构事实或者隐瞒真相的方法骗取公私财物的行为。欺诈通常指夸大事实或虚构事实的行为。因此,结合上述"骗取"概念的阐述,无论是刑法还是民法,大多数情况下,提及"骗取""诈骗""欺诈"等行为,其所表达的内容为对事实本身的扭曲。本案对贪污罪的认定中,如果行为人的行为具有实质违法性,毫无疑问属于"骗取"行为,在满足贪污罪其他构成要件的情形下,对此行为的定罪不存在太大的争议。但在本案侯某某的助农增收行为实质上是真实的事实,但外在形式上存在骗取行为的情形则不然。

"骗取"应是指具有实质违法性的骗取,即对事实本身作出了虚构或隐瞒行为,具有外在形式违法性的"骗取",只说明行为具有瑕疵。如果对仅具有外在形式违法性的"骗取"也进行刑法调整,一方面,将极大扩大刑法的适用范围。刑法的保障法地位及其谦抑性决定了在适用刑法时应当慎重,只有具备严重违法性的行为才能以刑法进行规制,行为仅具有瑕疵,易言之未达到犯罪程度,则不应当纳入刑法的评价范围,如有必要,以其他部门法进行规制更佳。另一方面,从人自身出发,一般在认为自己受骗的情况下,人们在意的是实质的事实与其认识是否相符、相符的程度如何,而对于形式的事实与其认识不相符的部分,人们通常会展现出极大的包容心。一般而言,实质被骗较之形式被骗更严重,对于形式被骗接受度高许多,此时以刑法介入,不仅司法资源消耗巨大,侵犯公民权益的风险也将大大增加。

2. 贪污罪中"骗取"的实质违法性辨析

本案中,在侯某某的行为外观符合贪污罪构成要件的情形下,依照犯罪理论,应辨别其行为是否具有违法性。违法性是刑法学极其重要的基础理论,是犯罪论体系中刑法评价的第二层面,是所有犯罪成立的必要要素。通常所说的违法性,是指行为违反法律及行为不为法律所允许。[1]违法性理论总体分为形式违法性与实质违法性,在德、日等国家,两种学说至今仍然对立。形式违法性仅从行为是否在形式上符合法律规定的构成要件从而认定该行为违法或适法,这一理论使得罪与非罪的分水岭更为直观,操作性强,但是忽视了犯罪行为的本质。实质违法性更加注重行为的实质分析,对于认定犯罪更为合理公正。因此,本书主要以实质违法性为基点讨论贪污罪中的"骗取"行为。实质的违法性学说主要分为规范违反说以及法益侵害说。

规范违反说和法益侵害说是判断行为违法性的两种不同理论,虽然二者同属探究实质违法性的学说,在发展过程中互相吸纳借鉴,但总的来说,仍然相互对立,确定使用哪一理论,等同于采取何种价值观来构建整个刑法体系。本书无意对两种学说的优缺点作出比较,引入该两种学说的理由在于,虽然规范违反说及法益侵害说整体上相对立,但是,在许多讨论行为违法性的问题上,二者能够得出相同的结论。在认为贪污罪中的"骗取"仅限于具有实质违法性的"骗取"的前提下,本书试图从规范违反说及法益侵害说两个角度释明本案被告人的行为。

(1)规范违反说视角。

规范违反说认为刑法背后以最低限度的社会伦理规范为基础,行为违法性的实质主要是对社会伦理道德规范的违反。这一学说更加重视刑法的行为规制功能,因而引申出行为无价值论。"行为无价值是指行为由于违反了社会伦理规范,就必须要受到否定性评价,以显示行为本身不值一提,不值得他人学习、效仿。该理论从行为是否与法所设定的规范秩序(社会相当性)标准有所脱离、行为人是否无视规范这一视角对行为的违法性入手进行判断。"[2]在行为无价值论中,除了行为人因违反社会伦理规范体系而导致的行为违法性以外,要考虑的另一重要侧面是,通过行为人的行为,对行为人本身所表现出来的社会危害性进行一定判断,并以此反映其主观恶性。

对于本案件所围绕讨论的贪污罪客观行为中的"骗取"而言,从规范违反说的角度来看,行为人在事实上不存在"具有虚构事实或隐瞒真相的方式"这一要素的情形下,可以认为行为人并未违反社会伦理规范,或者说,其违反的社会伦理规范不足以触发刑法的保障功能,行为人的行为是不具备违法性的,更遑论对社会造成的危险性及行为人的主观恶性。因此,在实质上是真实事实而外在形式存在骗取行为的情形中,从规范违反说的角度,不应对行为人科处刑事处罚。

---

[1] 陈家林.外国刑法理论的思潮与流变[M].北京:中国人民公安大学出版社,2017:259.
[2] 周光权.行为无价值论之提倡[J].比较法研究,2003(5):27-38.

（2）法益侵害说视角。

法益侵害说认为行为违法性的实质在于对法益造成侵害或危险状态。这一学说更加着重于刑法的法益保障功能，重视行为最终造成的结果，因而与结果无价值论紧密相连。"结果无价值是指行为在造成法益侵害或者引起危险时，才给予否定性评价，以凸显被侵害的法益（结果）自身的重要性。"[1]法益侵害说认为，犯罪的本质在于行为对法益的侵害，因此，认定行为是否具有违法性，应严格从法益侵害的角度进行判断，行为的违法性与法益受侵害程度呈正相关关系。

学界对于贪污罪所侵犯的法益略有争鸣，但主流观点为双重法益说。贪污行为作用的客体是公共财物，主体是国家工作人员，因而贪污罪的法益是国家工作人员职务的廉洁性和国家公共财产所有权。两种法益是相辅相成，同时存在的。就本案案情来看，国家的助农奖励金应当给予帮助农民本人创业，增加其他农民收入的人，符合这一条件的侯某某领取了奖励金，国家公共财物并未遭受损失，也即国家对公共财物的所有权并未受到侵害，廉洁性自然无损。贪污罪所保护的法益未受侵害，则该行为不具有违法性。

从该部分的讨论中可知，无论是规范违反说，还是法益侵害说，在论及贪污罪中的骗取行为时，如仅涉及外在形式性的骗取，是不具有违法性的。

（二）本案评析

审理本案的两级法院认定罪与非罪的逻辑进路具有明显的差异。从一审法院的判决中可知，其认定贪污罪的逻辑在于，因通知文件中要求附有所吸纳的农民的就业证明材料，侯某某与其所雇佣的农民间并未签订任何劳动合同或其他相关文件，因此侯某某不符合奖励金的申领条件，也就不具有申领资格。然而，由于侯某某伙同他人虚构了劳动合同等资料，并利用自身负责统计上报工作的便利条件，将本人列入申领名单中，最终侯某某顺利领取了原本并不属于其的奖励金，因此，侯某某的行为符合贪污罪的构成要件。

二审法院认定无罪的逻辑在于，通知文件中已表明，该项奖励金目的是"鼓励农民就业创业、为农民增收"，侯某某实际上有创业行为，同时达成了为农民增收这一条件，因此侯某某符合通知文件的要求，具有申领奖励金的资格。在农村地区，由于各方面客观原因，雇佣农民时不签订劳动合同或劳务合同是常态。因此，侯某某即使没有与农民签订任何就业文件，也不影响其具有申领奖励金资格这一事实。既然有无合同均不影响其申领资格，就更不能因其虚构合同这一行为就对该资格进行否定。

本书认为，一审法院对贪污罪的认定过于机械化，没有考虑行为是否具有实质违法性。二审法院区分了骗取行为的外在形式违法性与实质违法性，基于被告人所处的农村

---

[1] 周光权.行为无价值论之提倡[J].比较法研究，2003（5）：27-38.

地区用工现状,考虑到各方面客观原因,不签订合同是常态,被告人实质上符合相关文件要求,其行为不构成贪污罪。就此意义上,可以认为二审法院相较于一审法院的判决更具合理性。然而,二审的判决理由也不是能令人完全信服的,仍有值得商榷之处。从二审法院的表述来看,被告人无罪的理由是"上诉人侯某某本人确实开办了益某园艺场,且也实际找农民为其帮工,农村企业用人没有签订劳务合同是普遍现象",从反面来推论,如果本案发生在城市地区,就不能这样认定了吗?显然这种说理是不具有说服力,因此,本案中认定被告人侯某某无罪的理由,不应是农村地区不签合同属普遍现象因而不认为侯某某有罪,而是从刑法理论上推导出行为人的行为不具有违法性这一结论。

此外,从社会角度来看,法律是需要具有一定"人情味"的。在司法活动中,具体表现在判断一行为是否具有违法性时,应当结合所处社会的实际情形进行考察。从实质上认定违法性,这不仅有助于认识违法犯罪活动本质并作出适宜的制裁,还有助于得出令大众信服的结论,有效树立普通群众对法律的信仰,彰显法律的权威。群众对于贪污类犯罪反响巨大,公众及媒体对此给予了极大的关注,究其原因,是由于行为人获得了不属于自己的公共财产,损害了群众追求公平公正的原始情感。而对于本该获得的财物,如只是形式上有瑕疵,以社会一般人的角度不会对其进行口诛笔伐,人们会表现得更为包容,在此类情形下,比起形式,实质更为重要。就本案而言,在普遍注重合同事实而忽视签订合同的必要性的农村,对违法性的认定应当更为慎重,不顾实质事实而以形式瑕疵对行为人作出有罪判决,会使当地群众颇感困惑,判决难以服众。以实质事实认定行为性质,更能兼顾法理与情理,合理化解"法"与"情"之间的矛盾。

四、结论

贪污罪客观方面所涉及的"骗取",仅表示对实质事实本身的虚构或隐瞒,对于展现该事实的形式,即使具有"欺骗性",也不应当认定为贪污罪中的"骗取"行为。从行为无价值及结果无价值理论上看,这种行为既未违反社会伦理规范,也未实际侵害法益,因此不具有违法性,不属于犯罪。农户就业创业奖励资金设置的目的在于"鼓励农民创业就业,为农民增收",创办园艺场等相关创业行为,实际上也雇用农民,帮助所雇佣农民在农业劳作之外有了其他收入,满足为农民增收条件,在这一实质问题上行为人的行为是值得肯定与鼓励的,其瑕疵在于为了证明以上事实而虚构了劳动合同、工资表等资料这一具有形式性的行为上,据此,应当认定相关行为不属于贪污罪中的"骗取"。

挪用村扶贫互助协会资金行为是否成立挪用公款罪
——李某、侯某、李某乙挪用公款案

何成会　周　琦

【裁判要旨】 扶贫互助协会并不是协助基层人民政府从事行政管理工作的基层组织，该协会理事长也不属于法律规定的"其他依照法律从事公务的人员"，扶贫互助资金属于全体村民所有，性质上并非公款。因此，扶贫互助协会理事长挪用扶贫互助协会资金的行为不成立挪用公款罪。

【关键词】 挪用公款罪　扶贫互助协会　扶贫互助资金

一、基本案情[1]

2016年7月，被告人李某在城某镇梁某村召开的村民代表大会上被选举为村扶贫互助协会理事长，其主要职责是负责互助资金的运行和管理，并对村扶贫互助协会互助资金向村民贷款进行把关审核。该村扶贫互助协会规定村民入会费为每人100元，村民每人最多能向村扶贫互助协会借款1万元。同年，某县城某镇政府向梁某村扶贫互助协会专户拨款扶贫互助资金20万元。

2017年2月底，同村村民被告人侯某和李某乙与被告人李某商议，准备向互助协会贷款用于经营活动，李某答应提供帮助。于是，李某联系并征得村里部分互助协会会员的同意，最终促成被告人侯某以其联系的5名会员的名义一共贷款5万元，用于经营农家乐；被告人李某乙以自己和其他三名会员的名义贷款一共4万元，1万元用于栽种核桃树，3万元用于其在某县开的小矿洞开发项目。案发后，被告人侯某、李某乙各自将以他人名义贷取的扶贫互助贷款本息全部退交至梁某村扶贫互助协会专户。

某省某县人民法院一审认为，被告人李某作为村基层组织人员，协助人民政府管理梁某村扶贫互助资金，属于其他依照法律从事公务的人员。被告人李某与被告人侯某、李某乙共谋，非法挪用村扶贫互助资金9万元用于侯某、李某乙进行营利活动，数额较大，其行为均已构成挪用公款罪，某县人民检察院指控的罪名成立。判决生效后，被告人李某、侯某、李某乙三人向某县法院提出申诉，三人的辩护人提出申诉理由为，一是扶贫互助协会属非营利性的民间群众扶贫互助组织，李某作为村扶贫互助协会的理事长，不是国家公职

---

[1] 本案来源于中国裁判文书网，某省某县人民法院（2019）甘1221刑再1号，https://wenshu.court.gov.cn/website/wenshu/181029CR4M5A62CH/index.html，2020年06月17日访问。

人员,更不是"村基层组织人员协助政府管理扶贫基金"的人员;二是"涉嫌挪用"资金性质上不属于公款。某县人民法院经过再审采纳了被告人李某、侯某、李某乙及其辩护人提出无罪的意见,改判被告人李某、侯某、李某乙无罪。

二、案件争议问题

村扶贫互助协会是否属于协助基层人民政府从事行政管理工作的基层组织?李某作为梁某村扶贫互助协会理事长,在管理政府拨付的扶贫互助资金时是否属于拟制的国家工作人员?扶贫互助协会管理的扶贫互助资金是否属于公款?是本案的主要争议问题。

三、问题分析及阐述

随着农村经济发展和城镇化建设对于国家经济建设正向牵引力的不断增强,同时国家资金向农村建设的需要倾斜,使得农村基层组织开始管理大量来自集体财产收益或者是来自国家补贴等多种类别的资金,并在此基础上又产生了新的基层组织形式。由于现行法律及相关司法解释缺乏对协助基层人民政府从事行政管理工作的基层组织的明确规定,导致司法实践中管理该类资金的基层组织人员是否属于协助人民政府从事行政管理工作存在较大争议。扶贫互助组织管理人员将扶贫互助资金予以挪用是否属于挪用公款罪将成为本书的主要分析问题。

(一)扶贫互助组织的性质

依据全国人大常委会《关于〈中华人民共和国刑法〉第93条第2款的解释》之规定,村民委员会等村基层组织人员协助人民政府从事七类行政管理工作时,属于《刑法》第93条第2款的"其他依照法律从事公务的人员",应"以国家工作人员论"。但在司法实务和理论中,对于该规定中的"村基层组织"到底包括哪些基层组织,还存在较大的争议。从目前农村基层实践经验来看,农村地区的村基层组织主要包括:村委会及其下设的各部门委员会、各村民小组,村党、团支部等村级党团组织,村内经济合作社、村内经联社等村级经济组织。理论与实务界关于农村基层组织的范围众说纷纭,基本上以村委会为原点逐级扩大范围,形成了从狭义到广义的各种观点。

主要代表观点有以下几种:第一种观点认为,只有村委会属于农村基层组织;[1]第二种观点认为,农村基层组织的范围仅限于村委会和村党支部两个组织,而不包括其他村级组织;[2]第三种观点认为,在把握农村基层组织的范围时,应秉持两个原则,一是对立法解释

---

[1] 张建军.规范刑法学视野中的农村基层组织人员[J].法学论坛,2016(3):72.
[2] 魏从平,张友刚.析村级基层组织人员的职务犯罪[J].人民检察,2003(5):8.

不能随意作扩大解释,二是解释结论要符合农村实际情况,基于这两个基本立场,农村基层组织包括村党支部、村委会和村集体经济组织;[1]第四种观点认为,农村基层组织的外延广泛,应由村委会、村党支部、村集体经济组织和村民委员会下设的村民小组和下属委员会四部分组成。[2]纵观上述观点,可以发现,学者们对于村民委员会和村党支部属于农村基层组织并无大的分歧,学者们争论的焦点在于村民委员会下设的村民小组、村集体经济组织等是否也属于农村基层组织。由于村民委员会及其下设组织的设立与管理受《中华人民共和国村民委员会组织法》调整,所以,明晰农村基层组织的内涵及外延需从上述规定中探寻立法解释规定的要义。

《中华人民共和国村民委员会组织法》是保障村民自治,发展基层民主最核心、最基础性的法律规范,因此可以通过《中华人民共和国村民委员会组织法》的规定为农村基层组织行使职权提供法律依据,作为衡量其是否具有形式法定性的标准。首先,《中华人民共和国村民委员会组织法》从制度上确认了村委会与村党支部在农村基层工作中占据的地位,实践情况一如法律规定,村党支部的地位更高,在基层工作中充当领导核心,具有更大的决策权。其次,根据《中华人民共和国村民委员会组织法》的规定,村民小组和各下属委员会的设立与否由村民委员会根据需要决定,也就是说村民委员会有权依法设立下属机构并下放其职权,其权责和执行功能一并下放至下设机构,下设机构负责人的职责属于村民委员会的职责范畴。最后,根据《中华人民共和国村民委员会组织法》相关规定,村级经济合作社履行村集体经济管理职能,承担资源开发利用、资产经营管理等职能。实践中,往往与村民委员会的职责呈交叉或包含关系,根据全国人大常委会法制工作委员会的答复,依照法律属于农民集体所有的土地,应当由本村集体经济组织经营管理,如果本村并未成立村级集体经济组织,由村民委员会履行该职能。

在农村基层社会管理实践中,农村集体经济组织与村委会决策机制相似,职能内容重合,都投向对基层农村社会经济生活的管理与服务,往往内部人员交叉,实质上为"政社合一"。《中华人民共和国村民委员会组织法》以法律的形式规定了村委会民主管理基层群众,领导村委会等内容。因此农村基层组织范围界定的标准是"这一组织享有、行使的'协助行政管理'职权的依据是否具有法定性"。其中,职权依据的法定性包括实质的法定性和形式的法定性。前者是指该人员履行的职权应当来源于明确的法律渊源,具有法律依据;后者是指职权的获得应当经由正当的法定程序。

农村扶贫互助协会是农村资金互助合作组织的一种形式,由国务院原扶贫开发领导

---

[1] 曾洪艳.农村基层组织人员职务犯罪案例研究[D].哈尔滨:黑龙江大学,2012:5.
[2] 陈马林,彭迪.农村基层组织人员贪污贿赂犯罪立法解释适用问题研究[J].西南政法大学学报,2013(3):116-117.

小组办公室(现更名为国家乡村振兴局)倡导发起,在性质上属于农民合作经济组织,被告人李某通过村民代表大会被选举为城某镇梁某村村扶贫互助协会理事长,其程序正当合法。虽然农村扶贫互助协会应当属于农村基层组织,但扶贫互助协会管理政府拨付的扶贫互助资金是否属于协助政府从事行政管理工作还需进一步探讨。

(二)"协助行政管理工作"的范围

2003年11月13日,最高人民法院发布了《全国法院审理经济犯罪案件工作座谈会纪要》,在《全国法院审理经济犯罪案件工作座谈会纪要》第4项明确规定从事公务的范围,❶该条规定的内容与《关于〈中华人民共和国刑法〉第93条第2款的解释》的内涵具有部分重合性,但从事公务的范围显然要大于协助政府从事行政管理工作的范围,两者在外延上不相一致。农村基层组织根据政府的要求协助政府工作,属于政府公务活动延伸的一种形式,《关于〈中华人民共和国刑法〉第93条第2款的解释》将农村基层组织人员属于执行公务的范围限定在七个内容方面,但第7项采用了兜底条款的形式来表述,由于农村基层组织人员身份的双重性,厘清农村基层组织人员的行为何时属于《关于〈中华人民共和国刑法〉第93条第2款的解释》中的"公务"行为,何时属于村集体自治行为,是认定农村基层组织人员犯罪性质的重点。

从农村基层组织协助行政管理工作的性质来看,这一管理活动体现的是一种国家权力,是以国家机关的名义对社会公共事务的管理。❷这是判断基层组织人员的行为是管理村集体事务还是协助政府进行行政管理的关键。若村基层组织人员实施的是建设和修复村集体基础设施、村集体经营活动等属于村级事务,就不具有国家权力的性质和内容。从执行的依据来看,协助政府行政管理依据的是国家公权力,代表了国家意志。❸这一特点决定了农村基层组织协助政府工作时必须要根据法定的权限和程序进行,不能够根据个人意志放弃和行使权力。❹而村集体事务体现的是村民的自治权,村委会根据村民的意志可以决定是否实施和如何实施。从实施的名义来看,由于农村基层组织是协助政府实现

---

❶《全国法院审理经济犯罪案件工作座谈会纪要》第4条:"从事公务,是指代表国家机关、国有公司、企业、事业单位、人民团体等履行组织、领导、监督、管理等职责。公务主要表现为与职权相联系的公共事务以及监督、管理国有财产的职务活动。如国家机关工作人员依法履行职责,国有公司的董事、经理、监事、会计、出纳人员等管理、监督国有财产等活动,属于从事公务。那些不具备职权内容的劳务活动、技术服务工作,如售货员、售票员等所从事的工作,一般不认为是公务。"

❷ 杜国强.渎职罪主体立法解释评析与完善探究[J].检察实践,2004(2):3.

❸ 苏敏华.论村官职务犯罪性质之厘清[J].华东师范大学学报(哲学社会科学版),2018(3):169.

❹ 尹振国.农村职务犯罪法律适用困难及其对策[J].湖南农业大学学报(社会科学版),2016(4):67.

国家的意志和职能,其行为是以国家或政府的名义实施的。[1]农村基层组织之所以参与到管理事务中,一方面可以弥补国家机关人员不充足、对农村情况不熟悉的情形,另一方面可以充分发挥农村基层组织的自治能力和优势。但归根结底,农村基层组织人员从事体现政府管理意志的工作只是暂时性的,并不属于真正的国家工作人员。如在退耕还林政策实施过程中,村委会对本村耕地和荒山荒地情况更加熟悉,在统计和监督各户退耕还林时,也负责退耕还林补贴款项的发放,但一旦退耕还林工作结束,政府的管理意志得以实现,村委会工作人员就不再属于拟制的国家工作人员,其协助政府工作的职责也将自然解除。从追求的目标来看,村基层组织人员协助政府行政管理和村基层组织人员的村务管理活动都是追求公共利益的实现。但前者追求的是国家和社会的公共利益,而后者追求的是村集体的公共利益或全体村民的利益,维护的是村集体的秩序和自治权。

综上所述,要符合《关于〈中华人民共和国刑法〉第93条第2款的解释》第7项"协助人民政府从事的其他行政管理工作",应当满足以上四个特点,即村基层组织人员协助政府行政管理,须根据法定的权限和程序,以国家或政府的名义,代表国家的意志对公共事务进行管理,从而维护国家或社会的公共利益,才属于公务的范畴,才有成立挪用公款罪的可能。

(三)村基层组织管理财产之属性

一般而言,犯罪主体所侵害的对象直接或间接反映了刑法所保护的法益。例如,挪用公款罪与职务侵占罪的主要区别之一就是所保护的法益不同。挪用公款罪中国家工作人员侵犯的是国家公共财产的所有权,而职务侵占罪侵害的是行为人所在公司、企业的单位财产。犯罪客体也是帮助准确判断行为人犯罪行为符合哪一构成要件的重要标尺,尤其是对于身份上具有特殊性和双重性的农村基层组织人员,有助于判断村基层组织人员的管理行为属于协助政府的工作还是村集体事务的处理。

由于目前我国相关法律法规和司法实践中,对于农村基层组织管理的各类财产的性质没有明确的界定,因此本书对《关于〈中华人民共和国刑法〉第93条第2款的解释》中规定属于村基层组织人员公务的行为进行分析,试图探寻村基层组织管理财产之属性,以进一步分析城某镇政府向梁某村扶贫互助协会专户拨款的扶贫互助资金20万元是否属于公款。

以土地征收、征用补偿费用的管理为例,《中华人民共和国土地管理法》第47条和《中

---

[1] 马庆炜,张冬霞.对刑法第93条中"从事公务"的理解——兼论国家工作人员的立法完善[J].中国人民公安大学学报(社会科学版),2005(5):147.

华人民共和国土地管理法实施条例》第32条对土地征收可获取的补偿费用范围[1],以及该部分补偿所有权的归属有明确规定[2]。由此可见,在土地征收、征用领域,既包括村集体土地的所有权也包括个人对土地的使用权。相对应的补偿款项自然涉及村集体土地所有权和个人土地使用权的补偿,这就需要对不同类型的补偿分别进行讨论。

一是国家拨放各种补贴款和资助金后,当这部分款项尚未发放到位时,农村基层组织人员利用协助人民政府管理该部分财产的职务便利,侵占该部分财产,此时该部分财产为公款。但一旦补偿款进入村集体或个人账户后,该部分补偿就属于村集体财产或个人财产,村集体和村民有权根据村集体意志和个人意志进行处置。此时村基层组织人员协助政府管理土地征收补偿款项的公务活动随即结束,村基层组织人员在随后管理村集体财产和村民财产的过程中实施的犯罪行为,不构成挪用公款罪、贪污罪等要求犯罪主体是国家工作人员的罪名。即使是针对个人的土地补偿款在进入由村委会管理的银行账户的情况,也只是由村委会暂时进行管理,政府对该部分款项的使用情况进行的监督与该部分补偿款的所有权没有必然关联,政府对该部分款项的管理职责也转为了村集体或村民自治事务的范围。此种情况下,村基层组织人员不再具有利用执行"公务"的便利实施侵害国家或社会公共利益的条件,也就不再属于《关于〈中华人民共和国刑法〉第93条第2款的解释》规定的从事公务的人员。且最高人民检察院于2000年6月5日发布了关于贯彻执行《关于〈中华人民共和国刑法〉第93条第2款的解释》的通知,其中明确规定村基层组织人员从事村民自治范围的经营、管理活动不属于从事公务,这表示村基层组织在自治范围内的经营活动涉及的财产不属于公款。

二是如果村基层组织人员利用其协助政府管理土地征收相关事宜而具有的职务便利,通过伪造、虚报资料骗取土地补偿款,或挪用土地补偿款的,即使政府下拨的补偿款进入村集体财产账户或村民个人账户,行为人再从村集体账户或村民账户中获取,行为人实施犯罪行为获得的财产仍然计为公款,以贪污罪、挪用公款罪等侵害国家财产的罪名定罪量刑。比如,村委会成员在协助政府开展退耕还林工作的过程中,如果利用协助政府测量荒山荒地面积以便于计算退耕还林补贴时,将村集体未承包到户的部分荒山、荒地虚设到个人名下,伪造和虚报资料而得到了数额巨大的补贴款,此时行为人的骗取行为符合贪污罪的构成要件。

三是如果村基层组织将管理的各项资金混同保管和使用,导致不能区分行为人侵害的财产哪部分属于村集体,哪部分属于国家财产时,根据存疑时有利于被告人原则,将行

---

[1]《中华人民共和国土地管理法》第47条:"征收土地的,按照被征收土地的原用途给予补偿,征收耕地的补偿费用包括土地补偿费、安置补助费以及地上附着物和青苗的补偿费。"

[2]《中华人民共和国土地管理法实施条例》第32条:"地上附着物和青苗等的补偿费用,归其所有权人所有。"

为人侵害的财产认定为非公款。这是刑法的谦抑性和罪刑法定原则的应有之义。

综上可归纳为：一是国家拨放各种补贴款和资助金后，当这部分款项尚未发放到位时，农村基层组织人员利用协助人民政府管理该部分财产的职务便利，侵占该部分财产，此时该部分财产为公款。但一旦补偿进入村集体或个人账户后，该部分补偿就属于村集体财产或个人财产，村集体和村民有权根据村集体意志和个人意志进行处置。二是行为人若采取套取、谎报申请资料等手段骗取国家公共财产时，即使该财产进入村集体账户或个人账户，仍然以行为人侵犯国家公共财产论处。三是村基层组织将管理的各项资金混同保管和使用，导致不能区分行为人侵害的财产哪部分属于村集体，哪部分属于国家财产时，根据存疑时有利于被告人原则，将行为人侵害的财产认定为非公款。

（四）本案分析

首先，农村扶贫互助协会是农村资金互助合作组织的一种形式，由国务院原扶贫开发领导小组办公室倡导发起，在性质上属于农民合作经济组织，由民政部门登记注册，从广义上理解，农村扶贫互助协会属于村基层组织范畴，扶贫互助协会发放的资金主要用于贫困户发展种植、养殖等特色产业，同时由专业合作社引领产业，鼓励专业合作社扩大生产、吸纳更多的贫困户参与生产合作、信息资源共享和生产要素的优化组合，大大提高了贫困农民的组织化程度和抗风险能力，让更多的贫困会员在扶贫互助协会的强力支持和专业合作社积极引导下走上快速致富的道路。扶贫互助协会在运行过程中坚持参与式扶贫，通过会员自我管理、自我监督来实现扶贫互助协会的运行和发展。所以梁某村扶贫互助协会属于农村基层组织。

其次，关于村扶贫互助协会的理事长李某管理城某镇政府向梁某村扶贫互助协会专户拨款扶贫互助资金20万元的行为定性。某县人民检察院出庭检察官认为，被告人李某在管理互助协会资金的过程中履行的是协助政府管理扶贫款物的职责，该理由并不充分。一是被告人李某通过村民代表大会被选举为城某镇梁某村扶贫互助协会理事长，主要负责互助资金的运行和管理，把关借款审批。整个过程体现的都是村民自治，而非代表国家意志协助政府管理。二是扶贫互助协会的成立和运行是为了村民的利益而非国家或社会公共利益。因此，扶贫互助协会并不是协助基层人民政府从事行政管理工作的基层组织，该协会理事长也就不属于法律规定的"其他依照法律从事公务的人员"。

最后，关于某县城某镇政府向梁某村扶贫互助协会专户拨款扶贫互助资金20万元是否属于公款的争议。一审认为该笔扶贫互助资金实质上属于国家财政资金，即使这一观点成立，根据以上分析，当这20万元专项拨款进入城某镇梁某村村扶贫互助协会，所有权转移的法律效果便已实现，之后对该款项的处理已经属于村扶贫互助协会的自治事务处置,被告人李某等人借用他人名义贷款的财产不再属于公款。

因此,本书支持法院再审采纳了被告人李某、侯某、李某乙及其辩护人提出无罪的意见,改判被告人李某、侯某、李某乙无罪。

四、结论

农村基层组织作为乡村振兴中异常关键的一环,作为将政府与基层群众联系起来的桥梁和纽带,必然在身份上具有特殊性和复杂性。在司法实践中,对村基层组织人员的犯罪行为进行定性,应当首先明确行为人所在组织是否属于《关于〈中华人民共和国刑法〉第93条第2款的解释》中的村基层组织,其次需根据村基层组织人员的行为特点判断其属于协助行政管理还是村集体事务管理,即行为性质是否具有国家权威性,执行根据是否是国家公权力,是否以国家或政府的名义进行公共事务的管理,以及保护的客体是否属于国家或社会的公共利益。在涉及财产的犯罪时,还应当准确判断侵害财产的性质,即属于公款还是村集体财产。只有正确认定村基层组织人员的身份、犯罪的对象和客体,方能在罪责刑相适应原则的基础上准确认定村基层组织人员犯罪行为的性质,以保障实体正义。

专题六

征地补偿款与强农惠民补贴资金的申领与管理

农村基层组织人员贪污罪与职务侵占罪的界限
——刘某某职务侵占案

张 超

【裁判要旨】 农村基层组织人员没有协助人民政府从事行政管理工作,或没有受委托管理、经营国家财产,利用职务便利,将本单位财物非法占为己有,应以职务侵占罪论处。

【关键词】 土地征用补偿款 农村基层组织人员 贪污罪 职务侵占罪

一、基本案情[1]

被告人刘某某原为某镇沈某村村委会报账员,在2007—2012年期间,被告人涉及被指控的犯罪行为如下:其一,2007年年底远某房地产开发有限公司在国有土地使用权拍卖出让中竞得一宗土地使用权,占用了某镇沈某村的部分土地。2009年沈某村决定对此批被征土地补偿问题进行清理,村委会主任朱某丙安排时任村报账员的刘某某具体负责安排发放本村8位村民未领取的青苗补偿费事宜,其中包括村民朱某甲在内的5万多元青苗补偿费。在此项工作开展中,刘某某负责给镇政府打报告,并制作领取青苗补偿费的人员发放表格,并通知有关村民领钱。被告人刘某某在未征得村民朱某甲本人同意的情况下,私自代朱某甲在青苗补偿费发放表领取人一栏上签字,非法占有朱某甲的青苗补偿费57 795元;其二,2005年以来,沈某村委会和当地水电供应公司签订临时总表用电合同,部分村民的水电费由沈某村村委会统一收取后再上交水电供应公司。沈某村的水电费由村报账员刘某某汇总后上缴至某镇沈某村财政结算中心账户,之后再按实际水电使用量缴费至水电供应公司。2010年1月至2012年12月期间,刘某某利用经手和管理财务的便利,私自截留并侵占水电费207 784.06元。

当地人民检察院认为被告人刘某某作为村委会报账员,利用职务上的便利,将应发给他人的青苗补偿费57 795元代为领出后并据为己有,数额较大,其行为涉嫌构成贪污罪。当地法院审理认为,本案中的青苗补偿费在发放前应属于沈某村集体财产,被告人行为应构成职务侵占罪,因此,对公诉机关贪污罪的定性不予支持。法院并对辩护人提出被告

---

[1] 本案来源于中国裁判文书网,某省某市某区人民检察院诉刘某某等贪污罪案(2013)八刑初字第00076号、(2015)淮刑终字第00091号、(2017)皖04刑再2号, https://wenshu.court.gov.cn/website/wenshu/181107ANFZ0BXSK4/index.html?docId=5aa56943d24345b9a3cd40adcdf3aabd, 2021年04月10日访问。

刘某某不具有国家工作人员主体资格,不构成贪污罪的辩护意见,认为有事实和法律依据,予以采纳。

当地法院对公诉机关指控被告人刘某某的第二项犯罪行为审理认为,当地水电供应公司与沈某村达成代收电费协议,委托沈某村代收电费,是平等主体之间的一种民事法律关系,而非受委托管理、经营国有财产。据此不能认定被告人构成贪污罪。因此,对公诉机关指控刘某某构成贪污罪的定性,不予支持。法院认为被告人刘某某是利用担任村财务管理集体经济事务的便利,侵占了村集体沈某村的单位集体财产所有权,构成职务侵占罪。

二、案件争议问题

本案的争议问题是被告人刘某某的侵占土地征用青苗补偿费和截留水电费的行为是构成贪污罪还是职务侵占罪。争议的焦点主要有两点:一是刘某某侵占青苗补偿费的行为中,刘某某系村民委员会等农村基层组织人员,给村民发放土地征用补偿费用是否属于协助人民政府从事土地征用补偿费用的管理活动,是否应以国家工作人员论;二是刘某某截留水电费的行为中,刘某某是否系受委托管理、经营国家财产,是否符合国家工作人员身份。

三、问题分析及阐述

当前,纪检监察体制改革逐步推进,各地的纪检监察部门频频公布关于农村基层组织人员利用职务便利涉嫌贪污与职务侵占等相关案件,综合相关情节给予违纪处理或移送司法机关。司法机关在处理相关案件的过程中对上述行为的性质认定存在一定的分歧,最终影响定罪量刑,如适用法律不当,可能违背罪责刑相适应原则。争议一是主要集中在对协助人民政府从事行政管理工作方面,导致对主体身份的认定不同,实践中对于农村基层组织人员的行为是认定贪污罪还是职务侵占罪产生了较大争议。争议二是职务侵占罪和贪污罪都是利用职务上的便利,非法占有财物,由于非法占有的财产性质不同,分别触犯不同的罪名。认定农村基层组织人员的主体身份和非法占有的财产性质是区分此罪与彼罪的关键。本书主要通过对刘某某涉嫌贪污案进行分析,针对本案存在的争议焦点问题,分析农村基层组织人员构成贪污罪和职务侵占罪的定性关键,望能为司法实践中此类案件认定罪名提供相应的理论依据。

(一)刘某某非法占有青苗补偿费应成立贪污罪

1. 贪污罪的构成要件

根据我国《刑法》规定,内容涉及贪污罪主体的条文有《刑法》第93条、第183条、第271条、第382条。《刑法》第382条第1款和第2款规定了贪污罪的一般主体,从条文中可以概括出主要是指国家工作人员和受委托管理、经营国有财产的人员。与本案相关的是《刑法》第93条第2款的规定:农村基层组织人员协助政府从事行政管理工作,符合《刑法》第382条第1款和第2款规定的,以贪污罪论处。根据以上的规定,学术界对国家工作人员的认定有"身份说"和"公务说"两种。前者强调行为人必须具备国家工作人员的特殊身份,否则不能构成职务犯罪。后者强调行为人的行为具有国家工作人员履行公务的性质,不是一定要求行为人具备特殊身份。根据《刑法》第93条的规定可以看出目前我国刑法采取的是"公务说",贪污罪所保护的法益除了公共财产的所有权外还有国家工作人员的廉洁性,"公务说"更具有合理性,与现行刑法的规定相符。本书研究的重点是农村基层组织人员什么情况下构成贪污罪主体,有学者认为,"村基层组织中的会计、出纳、保管等工作人员能否认定为'立法解释'中的'村基层组织人员',关键看其从事的是公务还是劳务"[1]。另外,根据全国人民代表大会常务委员会关于《刑法》第93条第2款的解释释义,"行政管理工作"被细化为7类,在协助政府从事7项管理工作中村基层组织人员被授予了一定的管理权限。综上所述,认定村基层组织人员是否符合贪污罪的主体要件要确定两点:一是行为人是否是村民委员会等村基层组织人员;二是行为人是否从事《刑法》第93条第2款规定的协助政府的公共事务管理工作。

贪污罪在客观方面表现为利用职务的便利,采取侵吞、骗取、窃取和其他的方式非法占有公共财物。本案的争议焦点在于刘某某非法占有的征地青苗补偿费的性质认定。根据《中华人民共和国土地管理法》第48条及《中华人民共和国土地管理法实施条例》第26条的规定,实际上征地补偿费用包含土地补偿费、安置补助费以及农村村民住宅、其他地上附着物和青苗等的补偿费用三类,第一类费用归农村集体经济组织所有,第二类和第三类费用归地上附着物及青苗的所有者所有。由于土地补偿费的补偿对象一般是集体组织,所以补偿款划拨到集体账户时,这笔资金就成了农村集体经济组织的财产,非法占有此款的行为就不再是协助政府进行的公务行为。安置补助费以及农村村民住宅、其他地上附着物和青苗等的补偿费用最终的补偿对象是村集体有关成员,相关资金划拨到村集体后由农村基层组织人员进行管理和发放,本案中刘某某侵占的是应该发放给村民的青苗补偿费,实际上是协助政府从事公务,具有公务性。另外,根据《刑法》第91条第3款第

---

[1] 刘军. 村基层组织人员贪污贿赂罪主体研究——基于规范刑法学[J]. 广西政法管理干部学院学报,2020(4):53.

2项规定:"在国家机关、国有公司、企业、集体企业和人民团体管理、使用或者运输中的私人财产,以公共财产论。"本案中涉及的青苗补偿费一直处于未发放的状态,根据该款的规定,即"村民还未收到的相关补偿款即使属于私人财产,也仍以公共财产论。故此时的非法占有行为仍可构成贪污罪,而非职务侵占罪,更不是无罪或需要村民个人进行维权起诉才成立的侵占罪。"❶

综上所述,征地补偿青苗费的类别不同,导致在管理和发放的过程中相关村基层组织人员是否具有协助政府从事管理工作的公务性差异。虽然本案是对部分村民的征地补偿遗留问题进行清理,但是只要是该青苗补偿款没有真正发放到集体成员前,该协助工作实际没有结束,即使刘某某签收领取也不能否认其"国家工作人员的身份"。

2. 刘某某利用职务便利非法占有村民57 795元青苗补偿费应构成贪污罪

本案中刘某某是村报账员、文书,应属于农村基层组织成员的范围。如果刘某某从事《刑法》第93条第2款中所规定的协助政府的7种(包括土地征用补偿费用)工作时应以国家工作人员论,可以构成贪污罪的犯罪主体。根据本案的案情,沈某村主任朱某丙让刘某某负责制作青苗补偿费发放表格,并按表上人员和发放标准把遗留的青苗补偿费给村民,其中就包括村民朱某甲的5万多元。被告人在协助镇政府管理发放青苗补偿款的过程中具有代表国家机关履行组织、管理的职责,此时刘某某符合《刑法》第93条第2款第4项对土地征用青苗补偿费用的管理。因此,本案中的被告人刘某某属于依法从事公务的人员,应当以国家工作人员论,符合贪污罪的主体要件。另外,本案被告人非法占有青苗补偿款的行为不能定性为受委托管理、经营国有财产。实践中政府在发放征地补偿款时基本上是将钱款划拨到村集体经济账户,再由村集体将钱发放给每个村集体成员,在这个过程中农村集体经济组织是在履行协助政府管理、发放工作,不是受国家机关委托而管理国有财产的工作。

同时刘某某利用职务便利,代替朱某甲签字,非法占有其土地征收青苗补偿款。本案中的征地补偿费,法院认为系远某房地产开发有限公司按照与沈某村的协议支付给沈某村的,因此该款在发放前应属于沈某村集体财产,从而认定被告人刘某某利用担任村报账员的职务便利,非法占有本单位财物,构成职务侵占罪。但是结合前文分析,本书认为青苗补偿费在发放前,村基层组织人员管理此部分资金属于对"土地征用补偿费用的管理",具有协助政府从事行政管理工作的性质。青苗补偿费入账到村集体后该笔资金应当属于集体所有的财产,符合我国《刑法》第91条规定的公共财产的范围,被告人刘某某非法占有的行为不仅侵犯了公共财产所有权,也损害了公务行为的廉洁性。

---

❶ 崔维.农村基层组织人员贪污与职务侵占行为之认定——以贵州省黔南布依族苗族自治州为例[J].江苏警官学院学报,2020(2):60.

综上所述,被告人刘某某作为村委会报账员,协助政府发放青苗补偿费工作,属于利用管理村集体财务的职务便利,侵吞应该发放给村民的青苗补偿费的行为,应当构成贪污罪。

(二)刘某某私自截留水电费的行为构成职务侵占罪

1. 职务侵占罪的构成要件

我国《刑法》几经修改,立法者将职务侵占的行为从贪污罪中独立出来,放到侵犯财产章节中,可见职务侵占罪与贪污罪之间的构成要件是有所区别的。职务侵占罪主体上看是区别于贪污罪的特殊要求,不需要是国家工作人员,否则单独规定一个罪名就毫无意义。就本案来看,没有协助政府从事行政管理的村民委员会等基层组织人员符合职务侵占罪的主体资格。

"利用职务上的便利"一般认为是行为人在行使职权和执行职务中产生的经手、管理本单位财物的便利。一般认为本单位从事劳务的人员也包含在利用职务便利的人员的范围内,"职务侵占罪客观要件中利用职务便利的实质是行为人根据其工作职责能够占有、控制本单位财物,仅仅短时间内'握有'单位财物,或者是财物仅仅从行为人手中'过一下',而对该财物并无占有、处分权限的,不属于本罪的'利用职务便利',这种被告人可能构成盗窃罪。"[1]换言之,"利用职务便利"虽然包含临时性的劳务行为,因为从最终的犯罪结果来看行为人的行为侵犯的是单位财产利益,但不包括简单地对财物"过一下手"的情形。职务侵占罪的手段行为跟与贪污罪一样,包括有侵吞、窃取、骗取及其他方法。

一般来说,职务侵占罪犯罪的对象是公司、企业或者其他单位财产,为非公共财产,这不同于贪污罪的犯罪对象是公共财物。但实践中两罪的对象是有相互交叉情况的,如村民委员会等农村基层群众性自治组织应该包含在职务侵占罪的"其他单位"概念中,其所经手、管理的财产是劳动群众集体所有的财产,即属于公共财产。根据最高人民法院《全国法院维护农村稳定刑事审判工作座谈会纪要》中第3条的规定,对于村民委员会和村党支部成员利用职务便利侵吞村集体财产犯罪的行为,原则上当以职务侵占罪定罪处罚。换言之,贪污罪的犯罪对象一定是公共财产,而职务侵占罪却不一定都是私人所有财产,可以是公共财产(即劳动群众集体所有的财产)。

2. 刘某某截留水电费的行为构成职务侵占罪

本案中沈某村和某省某水电供应公司签订供电合同,约定沈某村使用临时总表供电。水电费经被告人刘某某汇总后上缴至村结算中心账户,之后再按实际水电使用量缴费至水电供应公司。根据合同约定,沈某村部分村民用电通过村里总表供电,即电费的收取以

---

[1] 周光权. 职务侵占罪客观要件争议问题研究[J]. 政治与法律,2018(7):49.

总表计数为准,并由村委会在规定期限内全额交清。合同效力截止时间暂定为总表拆除时。至案发前,被告人刘某某共计侵占水电费207 784.06元,公诉机关认为刘某某系受委托管理、经营国家财产,符合国家工作人员身份。

被告人刘某某是否符合受国家机关委托管理、经营国有财产的人员?根据最高人民法院《全国法院审理经济犯罪案件工作座谈会纪要》中规定:《刑法》第382条第2款规定的"受委托管理、经营国有财产",是指因承包、租赁、临时聘用等管理、经营国有财产。"'受委托管理、经营'行为是受托人基于合同关系,以国有财产的保值增值为目的,在受托范围内对国有财物以利用处分的经济行为,受托管理、经营行为的主动性和裁量性体现其职权属性。"[1]某水电供应公司与沈某村达成代收电费协议,委托沈某村代收电费,行为人刘某某对该费用进行管理不属于协助政府从事行政事务,不具有从事公务的性质。本案中刘某某的行为实质上是利用担任村财务管理集体经济事务上的便利,不属于"受委托管理、经营",刘某某可以构成职务侵占罪的犯罪主体,截留村集体村民上缴水电款的行为构成职务侵占罪。

从犯罪对象来看,法院认为某水电供应公司与沈某村达成代收电费协议,委托沈某村代收电费,是平等主体之间的一种民事法律关系,而非受委托管理、经营国有财产,且没有证据显示某水电供应公司的国有财产因此遭到损失。即便发生侵占行为,某水电供应公司亦可基于与沈某村所签订的协议,从沈某村得到补偿,而遭受损失的是沈某村。

综上所述,刘某某侵占水电费207 784.06元的行为严重侵害了村集体的经济利益,刘某某也不属于受委托管理、经营国有财产人员,其侵占的是其本单位沈某村的财产所有权,应当以职务侵占罪定性。

四、结论

农村基层组织人员在农村基层社会的治理中有着举足轻重的作用,近年来,农村基层组织人员的职务犯罪案件增多,但目前我国《刑法》对农村基层组织人员的范围规定较模糊,行为人侵犯的财产的性质较复杂,司法实践中争议较大,导致对认定贪污罪和职务侵占罪的界限不明晰。通过对本书案例的分析,本书认为对农村基层组织人员职务犯罪的性质认定关键是两点,首先从主体上看,行为人的工作是否具有协助政府从事行政管理工作的性质,如果是则构成贪污罪主体;其次是准确认定其利用便利侵犯的财产性质。

---

[1] 金小慧,王升洲."受委托管理、经营国有财产"的理解与适用[N].检察日报,2020-07-28(3).

骗取退耕还林补贴过程中的造林投入应否从犯罪数额中扣除

——田某清贪污案

何成会 周琦

【裁判要旨】 贪污数额的认定应以被告人实际骗取资金的数额为准。国家工作人员利用职务便利骗取退耕还林补贴而支出的犯罪成本若符合国家政策目的,减少了国家财产损失,应当从犯罪数额中扣除。

【关键词】 犯罪数额 犯罪成本 退耕还林补贴 扣除

一、基本案情[1]

2003年春,某县全面开展退耕还林工作。时任文某乡中某村党支部书记的被告人田某清与某县林业局设计人员肖某明、文某乡政府监督人员张某东共同商议,将中某村村集体未承包到户的部分荒山、荒地虚报到个人名下,三人合意在退耕还林补贴款兑现后平分。三人伪造资料将总面积180.8亩的荒山、荒地分派到8户虚假户名之上,予以上报后通过了审核。被告人田某清对180.8亩荒山、荒地进行了生态植树造林,购买化肥和支付人工工资的直接投入共计投入人民币5.05万元。从兑现退耕还林补助开始,被告人田某清、肖某明、张某东从2003年至案发共领取退耕还林补助款440 175.20元,其中田某清领取300 175.20元。

一审法院认为应以被告人实际骗取退耕还林补助资金的准确数额,即必须要确定被告人实际投入的具体数额,而投入应包括个人管护等费用的全部合理投入。二审法院经过审理查明,支持了某县人民检察院的抗诉理由。在贪污数额的认定上,二审法院认为被告人田某清骗取退耕还林补助款为300 175.2元,数额巨大,其如实供述自己罪行,退缴了部分赃款,可以从轻处罚。

二、案件争议问题

在本案中,一审法院认为在贪污数额中应当扣除田某清对植树造林的全部合理资金

---

[1] 本案来源于中国裁判文书网,某市中级人民法院(2017)鄂03刑终160号,https://wenshu.court.gov.cn/website/wenshu/181107ANFZ0BXSK4/index.html?docId=993199b0c8f34e9b94eca84701395179,2020年06月01日访问。

投入,以被告人实际骗取的退耕还林补助资金为犯罪数额,而二审法院认定被告人田某清贪污退耕还林补助款300 175.2元,即没有从贪污数额中扣除田某清的造林投入。一审和二审在田某清骗取退耕还林补贴过程中的造林投入应否从贪污数额中扣除问题上产生的争议,实质上是在犯罪成本与犯罪数额关系的认识和界定上产生了分歧。

三、问题分析及阐述

犯罪数额是犯罪事实的重要组成部分,是司法实践中认定被告人犯罪行为的社会危害程度的直接表征,也是关乎被告人定罪量刑的重要依据。刑法中的犯罪数额是指"能够表明犯罪的社会危害程度,以货币或其他计量单位为表现形式的某种物品的数量或者其经济价值量。"[1]"成本"与"收益"在经济学领域中往往相伴而生。"成本"在经济学中意为在生产经营活动中投入的一定资源,是相对于收益而言的一种耗费。在刑法中存在着这一情形,虽然行为人实施了财产犯罪,但被害人同时在客观上也取得了相应的利益。[2]对犯罪成本可分为广义和狭义,广义的犯罪成本包括了行为人在实施犯罪过程中付出的精神和物质耗费;[3]狭义犯罪成本仅包括行为人为实施犯罪而支出的物质性、财产性成本,排除了行为人的人力支出和非基于犯罪意志的支出。由于刑法中的犯罪数额是指物品的数量或经济价值量,那么对被告人定罪量刑直接影响的犯罪成本就应该为狭义上的"成本"。因此,本书以狭义的犯罪成本为出发点进行讨论。

(一)关于犯罪成本影响犯罪数额的相关法律规定

关于在认定犯罪数额时如何处理犯罪成本,本书并未找到具体明确的相关法律规定。但可以从相关司法解释和规范性文件中窥探犯罪成本对犯罪数额认定的影响,以此可以为司法实践活动解决这类问题提供一定参考性建设。

最高人民法院自于1996年发布《关于审理诈骗案件具体应用法律的若干问题的解释》。其第2条规定:"利用经济合同进行诈骗的,诈骗数额应当以行为人实际骗取的数额认定,合同标的数额可以作为量刑情节予以考虑。"虽然该司法解释已于2013年失效,但该解释明确了以实际骗取的数额来认定犯罪数额的处理路径,且该处理规则为后来的司法解释和司法实务提供了方向。2001年,最高人民法院发布《全国法院审理金融犯罪案件工作座谈会纪要》。该纪要表示,关于金融诈骗的犯罪数额认定,在没有新的司法解释之前,可参照1996年《关于审理诈骗案件具体应用法律的若干问题的解释》的规定执行,

---

[1] 张勇.犯罪数额研究[M].北京:中国方正出版社,2004:18.
[2] 郭自力,陈文昊.个别财产犯罪之贯彻[J].中州学刊,2017(2):21.
[3] 周路.当代实证犯罪学新编——犯罪规律研究[M].北京:人民法院出版社,2004:175.

以行为人实际骗取的数额计算诈骗数额。《最高人民法院关于审理非法集资刑事案件具体应用法律若干问题的解释》于2010年发布生效至今,同样遵循了最高人民法院《关于审理诈骗案件具体应用法律的若干问题的解释》中关于诈骗数额认定以行为人实际骗取数额为准的原则,行为人为实施集资诈骗活动而支付的广告费、中介费、手续费、回扣,或者用于行贿、赠予等费用,不予扣除。并进一步规定行为人为实施集资诈骗活动而支付的利息,本金未归还可予折抵本金的不予计入犯罪数额。

上述关于犯罪数额计算的相关规定主要是针对诈骗类犯罪,但其坚持和蕴含的处理规则,仍然可以为其他犯罪在处理犯罪成本和犯罪数额计算等问题时提供参考。可以从上述规定中得到一些结论:第一,对行为人诈骗数额的认定是以实际骗取的数额进行计算;第二,行为人为实施诈骗活动而支出的广告费、手续费、赠予等费用不从犯罪数额中扣除,但行为人为实施犯罪活动而支付的利息,如果本金未还且可折抵本金的不予计入诈骗数额。

显然可见,上述规定对行为人实施犯罪活动付出的犯罪成本的处理规则并不明确,一方面,虽明确了行为人的诈骗数额以实际骗取的数额计算,但并未明确"实际骗取"的含义。在司法实践中,有的以被害人实际遭受的法益侵害程度为标准,将被害人从行为人方取得的物质性利益从行为人的犯罪数额中扣除;有的以行为人直接从被害人方取得的财产数额或物质性价值来认定犯罪数额。前一种处理方式从行为人角度出发,将行为人为实施犯罪而付出的犯罪成本纳入犯罪数额的考量中,后一种并不考虑行为人的犯罪成本,而作出不利于行为人的决定结果。❶另一方面,上述规定只明确了对广告费、手续费等犯罪成本的处理方式,却未对司法实践中以其他表现形式存在的犯罪成本是否能参考上述规定作出规定,缺乏具体的判断标准,对于何种犯罪成本可以从犯罪数额中扣除不具有参考性。

(二)关于财产"损失"数额概念的理论分歧

犯罪的本质特征就是犯罪行为具有社会危害性,传统观点认为"就是指对法益的侵犯性,即《刑法》第13条所列举的行为对国家法益、公共法益以及公民个人法益的侵犯性"。❷显然,影响定罪量刑的犯罪数额应当反映行为人对国家、社会以及公民个人财产权益的侵犯程度。在行为人支出的犯罪成本使得被害人获取其他形式财产性利益的情况下,考虑行为人社会危害性,人身危险性以及罪责刑相适应原则等因素下,犯罪成本的数额是否应当从犯罪数额中扣除便产生了巨大争议,这使得犯罪成本影响犯罪数额的计算

---

❶ 张平寿.犯罪成本制约犯罪数额认定的路径审视[J].中国刑事法杂志,2018(5):49.
❷ 张明楷.刑法学[M].北京:法律出版社,2016:88.

成为可能。由于被害人财产法益受侵犯程度的直接表现是其财产损失程度,因此,对于被害人财产"损失"的理解,也就成为争议的重点。

1. 整体财产减少说

该说的观点是,犯罪数额的认定应当从整体上对财物的获取与丧失进行评价。也就是在计算犯罪数额时,应先将国家、社会、公民财产的损失和取得进行衡量,如果进行综合性评价以后,没有财产损失的发生,就不构成犯罪。此学说在考虑国家、社会、公民财产损失的同时,还考虑将丧失财物和获得财物之间的财产价值进行比较,从宏观上认定行为人的犯罪数额。有部分学者支持这一观点,如认为,我国在现阶段应以国家、社会、公民的"净财富"是否受到损失为判断依据,而且盗窃罪等以非法占有被害人财产为目的侵财类犯罪也应当像诈骗罪一样追求实质上的财产损害,以整体财产减少说来认定犯罪数额。[1]

2. 个别财产减少说

该学说认为,犯罪的成立应当以被害人丧失的个别财物认定犯罪数额,不需要将被害人丧失和获得的财物进行综合性衡量,行为人是否为实现犯罪目的而向被害人交付财产并不是认定犯罪的因素,只要被害人丧失了财物,其丧失的财物就是认定行为人犯罪数额的标尺。亦有学者主张和支持该学说,认为对于财产犯罪应当从行为人造成财产权侵害结果的那一刻对行为人进行追责,至于被害人在结果发生后对行为人的追偿并不是刑法讨论的问题。[2]在日本刑法中,个别财产减少说又可分为形式的个别财产减少说和实质的个别财产减少说。前者认为,只要发生财物或财产性利益的转移就是财产损失。后者认为,认定被害人财产的损失要求有实质上的损失,应当从实质上判断行为人是否侵害了被害人财产法益,并非单纯的交付就是财产损失。[3]

3. 折中说

折中说认为,一般情形下财产损失的认定应当包括客观上总体的损失情况和被害人个体的损失情况两个方面,也可以说对损失财产认定包括两个步骤。首先,采取整体财产减少说的观点,将被害人取得和丧失的财产进行比较,若被害人在处分财产后减少了财产总量,则被害人存在财产损失;若对被害人获取的财产性利益和丧失的财产性利益进行客观结算后,处于经济平衡状态,则需要进行下一步,即衡量被害人个体取得财产是否符合其主观目的,如果不符合,则肯定被害人存在财产损失。[4]

---

[1] 付立庆.论刑法介入财产权保护时的考量要点[J].中国法学,2011(6):135-136.
[2] 郭自力,陈文昊.个别财产犯罪之贯彻[J].中州学刊,2017(2):26.
[3] 张平寿.犯罪成本制约犯罪数额认定的路径审视[J].中国刑事法杂志,2018(5):51.
[4] 陈兴良.刑法各论精释[M].北京:人民法院出版社,2015:468-471.

(三)关于犯罪成本制约犯罪数额的评析

不同学者对于财产损失认定的争论,实际上是对行为人为实施犯罪而转移给被害人的财产性利益与犯罪数额认定的关系探讨,也就是讨论行为人投入的犯罪成本与犯罪数额的关系。

1. 成本数额与犯罪数额关系之论析

若对犯罪数额的认定一律不扣除犯罪成本,虽然有助于案件事实的认定和司法效率的提高,进而有助于强化法益保护和打击犯罪。但这一处理方式所带来的弊端也不容小觑,其一,难以真正体现行为人侵害法益程度的大小。不法行为是否具备应刑罚性,首先应考虑不法行为所破坏法益的价值与程度,这是对于不法行为的结果非难[1],国家、社会和公民个人在遭受财产法益侵害的同时,也从行为人处接受了部分犯罪成本利益,转移的这部分利益实际上发挥了调整法益损害程度的作用,尤其是行为人支付的犯罪成本财物可以直接弥补被害人财产损失,或犯罪成本财物可以简单转换成经济利益的情况,此时仍然以犯罪行为所指向之财物计算犯罪数额,难以客观公正地评价法益受侵害程度,有违背罪责刑相适应原则之嫌。其二,可能存在认定的犯罪数额超出行为人主观故意范围的情形。行为人主观方面只具有非法占有投入成本与骗取财物的差价的犯罪故意,其对自己犯罪行为和法益侵害结果均有清楚的认知。在骗取被害人财物前,给予被害人部分财产,是一种以少换多的心态,对于支出的犯罪成本部分的财物不具有犯罪故意。因此,若一律不从犯罪数额中扣除犯罪成本,这与主客观相统一原则相背离。其三,不符合社会普通人的思维方式。被害人在遭受法益侵害后,一般人都会对自己的损失进行衡量和比较,如果从行为人处获得的财物符合其心理期待,通常会将其损失财物的计算进行一定程度的抵消。尤其在诈骗案件中,如行为人先以少数现金骗取被害人多数现金的情况,此时被害人获得少数现金正是其期待的价值目标,如果忽略对成本数额的考量,一律从犯罪数额中扣除,这与一般被害人的心理状态不相符合,在常情常理上也难以让社会大众信服。

若将行为人的犯罪成本一律从犯罪数额中扣除,有利于从被告人的角度保障其权益,限制了对其适用较重刑罚的认定和执行。但显而易见,适用整体财产减少说会导致审判结果缺乏正当性和合理性。其一,这一处理方式容易造成对被害人的法益保障失衡,忽视被害人的实际损失。将被害人丧失的财物和其从行为人处获取的财物进行衡量,均是审判机关基于一般人立场做出来的经济价值是否相当的判断,这一做法忽视了被害人在具体个案中对犯罪成本的真实想法。行为人为达到犯罪目的而支出犯罪成本的案件中,虽然可能存在被害人接受行为人的财物得以弥补损害的情形,但不得不正视,必然有部分被

---

[1] 林山田.刑法通论(上册)[M].北京:北京大学出版社,2012:106.

害人从心理上不能接受行为人的财物,甚至犯罪成本的形式客观上就不能与被害人丧失的财物进行经济价值的衡量。若行为人支出的犯罪成本不能为被害人所利用,或者完全违背被害人的主观意图,此时并不能客观真实地反映被害人财产的受侵害程度。其二,过于保障被告人权利会放纵行为人实施犯罪,不利于社会秩序的维护。如果审判机关基于一般人视角来决定犯罪成本与犯罪数额的关系,将行为人交付给被害人的犯罪成本广泛地评价为具有经济价值,进而从犯罪数额中扣除,这种忽视被害人实际需求和真实主观意图的方式,无疑会助长行为人实施犯罪的气焰,行为人可以更轻易地达到犯罪目的,同时又可减轻处罚,甚至还可能跨越罪与非罪的判断标准,使犯罪行为人逃避刑法的追责。

综上所述,一律将犯罪成本计入犯罪数额或扣除于犯罪数额,都会带来司法不公。折算说正是考虑到整体财产减少说和个别财产减少说的缺陷而提出,既考虑了被害人丧失财物与行为人支出犯罪成本的整体价值波动,也考虑了被害人的个体因素。但折算说先采取整体财产减少说来处理,在一律扣除犯罪成本后,若法益保护明显失衡,才有采用个别财产减少说的余地。一方面,这种以整体财产减少说为重的观点,总体上还是带有一律扣除犯罪成本的弊端;另一方面,该说可能会导致罪责刑不相适应,如通常情况下,行为人支出的犯罪成本数额少于被害人丧失的财物数额,此时第一步骤就可处理犯罪数额认定的问题,当行为人对被害人支出的犯罪成本数额与被害人损失财物数额均衡时,考虑被害人对从行为人处获取的财物是否符合其主观期待,那么就可能出现被害人损失财物数额同等的情况下,由行为人支出的犯罪成本数额决定最终的犯罪数额,甚至得出数额相差极大的结果。这与刑法保护受侵害法益,犯罪数额代表社会危害程度的原意相背离。

因此,在司法实践具体判断时,应当如何平衡被害人个体因素和总体经济价值,如何处理犯罪成本和犯罪数额的关系,还需要进一步探索。

2. 成本数额与犯罪数额关系之处理

法益平衡通过对犯罪事实的评价,从根本上对危害结果修正和影响定罪量刑。[1]从犯罪数额的角度,结果无价值论相对于行为无价值论来说,是对法律规范所明确规定的法益的客观、静态的保护,更接近于法益损害结果的本意。但司法实践中,唯结果论无法完美地平衡当事人双方利益和客观公平地评价损害结果。

有学者提出,将被告人的犯罪成本作为影响量刑的因素,以被害人损失的财产来认定犯罪数额,适用最低档法定刑。[2]虽然这一处理方式兼顾了被害人个体因素和行为人犯罪成本因素,但实际可操作性不强,不同数额的犯罪成本是否一样适用最低档法定刑不明确,以及如何平衡犯罪成本数额相差较大的情况也不清晰,不利于保障实体公正。

---

[1] 艾静.涉财产犯罪成本的相对法益评价[J].法学杂志,2017(9):130.
[2] 付立庆.财产损失要件在诈骗认定中的功能及其判断[J].中国法学,2019(4):283.

本书认为,首先,应当考虑行为人支出的犯罪成本能否在法律规范框架下合法的让渡给被害人。即行为人和被害人能否合法的处分犯罪成本,否则不具有考虑是否将犯罪成本从犯罪数额中扣除的前提。其次,应当考虑被害人对犯罪成本是否具有意思表示。根据被害人意图,可以将财产型犯罪分为两类:一类如诈骗犯罪,被害人由于行为人虚构事实或隐瞒真相而陷入错误认识,主动地处分自己的财物,对从行为人处获取的财物当然具有合意性;一类如盗窃犯罪,被害人对自己财物完全无意思表示,整个犯罪过程处于被动地位,此时应当考量犯罪成本的转化收益程度和被害人对行为人的犯罪成本的接纳程度。若犯罪成本无法转化成被害人的收益,则排除从犯罪数额中扣除的可能,犯罪成本应当可以直接转化或者可间接转化成被害人收益。在将犯罪成本折算为被害人收益后,再考虑转化收益是否符合被害人内心期待。若转化收益与被害人期待利益相符合,则可以将犯罪成本扣除于犯罪数额;若转化收益只有部分符合被害人期待利益,符合部分可以直接从犯罪数额中扣除,不相符合的部分可以经被害人确认是否接受转化收益,被害人是否接受该部分转化收益,决定了该部分犯罪成本是否从犯罪数额中扣除。若转化收益完全不符合被害人内心期待,可以不经被害人确认而计入犯罪数额。如此既考虑了被害人个体的因素又可对犯罪涉及的财产进行全面评价,还可相对平等地保护被害人与被告人双方的法益,又符合刑法惩罚犯罪的立法目的。

(四)本案分析

本案中,被告人田某清身为文某乡中某村党支部书记,在退耕还林工作中,通过伪造资料将180.8亩荒山、荒地分派到虚假户名之上,被告人田某清对180.8亩荒山、荒地进行了生态植树造林,共计投入人民币5.05万元。

第一个问题是,如何认定本案中被告人的犯罪成本数额。田某清对180.8亩荒山、荒地植树造林,是为了满足获得退耕还林款的条件而进行的投资,可谓是犯罪成本,一审法院认为田某清的投入应计算包括个人管护等费用的全部合理投入,不止于田友清估算的购买化肥和支付人工工资的直接投入50 500元。根据上述阐述,被告人田某清自身的人力支出不应计入犯罪成本,其犯罪成本数额只包括田某清直接投入的5.05万元。

第二个问题是,应不应该从田某清骗取的退耕还林补助款中扣除作为犯罪成本的造林投入。一审法院认为应当扣除,二审法院未扣除。上文中虽然从被害人的角度进行了说明论证,但犯罪数额反映的是行为人对国家、社会以及公民个人财产权益的侵犯程度,因此,对田某清贪污数额的认定,也就是对国家财产的侵害程度的认定。一方面,田某清通过伪造资料进行申报,使相关国家机关陷入错误认识而拨发数额巨大的退耕还林补助款;另一方面,退耕还林补助款的发放用途就是为了因地制宜地植树造林,恢复森林植被。田某清的造林投入实质上符合退耕还林款的目的,总体上减少了对国家财产的侵害。因此,对田某清贪污数额的认定,应当扣除造林投入的5.05万元,也就是被告人田某清利用职务便利骗取的退耕还林补助款为249 675.2元,仍属数额巨大范围。

四、结论

犯罪的本质在于具有一定的社会危害性,而社会危害性的内容是对合法权益的侵犯。[1]刑法的目的就是保护合法权益、惩罚犯罪。本书从案例出发,对犯罪成本和犯罪数额的关系进行了思考和探索,希望能为司法实务工作者,在分析、认定此类型案件时,提供具有一定参考、借鉴价值的观点与建议。准确和合理认定犯罪数额,是实现刑法目的的应有之义,也是罪责刑相适应原则的必然要求。随着经济社会的发展,犯罪手段和犯罪形式必将随之不断翻新,且每一起案件都有其特殊性。但法律的滞后性导致在法律制定时能预测的犯罪情形是有限的,法律对于社会发展出现的新情况难免有无法顾及之处。因而对该类案件的处理,应当在现有法律规定的框架下,对相关法律规定进行科学的解释,以期得到符合立法目的的解释结果,进而实现法律的公平正义,维护司法的权威性和公信力。

---

[1] 张明楷. 新刑法与法益侵害说[J]. 法学研究,2009(1):26.

诈骗粮食补贴款既遂、未遂并存情形下如何量刑
——陈某荣诈骗案

周 琦 何成会

【裁判要旨】 诈骗既有既遂,又有未遂,分别达到不同量刑幅度的,依照处罚较重的规定;达到同一量刑幅度的,以诈骗罪既遂处罚。村民通过虚报、重复申报粮食种植亩数,套取国家粮食补贴款,当骗取的部分补贴款由于财政局暂扣而未遂时,若诈骗数额既遂部分与未遂部分达到同一量刑幅度,则应当以既遂部分对应的量刑幅度确定为全案的量刑幅度。

【关键词】 未遂 既遂 粮食补贴款 量刑

一、基本案情[1]

2008—2011年,被告人陈某荣利用其承包的耕地,伪造土地租赁合同和虚报粮食种植亩数,分别在清某县和太某县申报种植亩数,重复领取相应补贴款,共套取国家粮食补贴款149 015.92元。2012年5月8日,由于清某县财政局暂扣2011年度粮补资金40 360元到财政粮食的风险基金专户,因此,被告人实际领到手的国家粮食补贴款为108 655.92元。2014年3月,陈某荣将领到的国家粮食补贴款退还。

一审法院认为被告人陈某荣通过虚报、重复申报种植亩数,骗取了数额巨大的国家粮食补贴款,但清某县财政局暂扣的40 360元国家粮食补贴款属犯罪未遂,因此可以比照既遂,对被告人陈某荣减轻处罚。综合全案其他量刑情节,一审法院认定被告人构成诈骗罪,判处被告人有期徒刑2年,缓刑3年。一审宣判后,清某县人民检察院提起抗诉。其抗诉理由是,被告人陈某荣骗取国家粮食补贴款149 015.92元,即使其中40 360元属犯罪未遂,但既遂部分仍属数额巨大,清某县人民法院对陈某荣之量刑畸轻。经二审审理查明,认为清某县人民检察院的抗诉具有合理性,撤销原审判决量刑部分裁决,对陈某荣改判为有期徒刑3年,缓刑3年。

二、案件争议问题

行为人通过虚报、重复申报粮食农作物种植亩数,骗取数额巨大的国家粮食补贴款,

---

[1] 本案来源于中国裁判文书网,某省某市中级人民法院(2016)晋01刑终461号,https://wenshu.court.gov.cn/website/wenshu/181107ANFZ0BXSK4/index.html?docId=df5727c5a0a94737a7fda81501846e7c,2020年05月22日访问。

其中部分数额由于被财政局暂扣未能得手。诈骗套取国家粮食补贴款部分既遂,部分未遂,在此情形下如何量刑是本案的主要争议问题。

三、问题分析及阐述

随着近些年我国全面推进乡村振兴,通过虚报、重复申报以骗取国家相关补贴的犯罪行为在农村建设中时有发生,诈骗财产数额既是定罪要件之一,也是量刑的影响因素。因此,诈骗罪中既遂、未遂并存的情形下,诈骗数额的计算方法会对行为人的量刑产生重大影响。

(一)数额犯既遂、未遂并存时量刑的观点分歧

在数额犯中,既遂与未遂并存的情形包括同种数罪中既遂、未遂形态并存和单纯一罪中的犯罪数额既遂与未遂并存两种情形。结合本案案情,本书仅着重分析单纯一罪中既遂与未遂并存的情形。根据张明楷教授的观点,单纯的一罪是指一个行为只侵犯一个法益的情形。[1]单纯一罪中犯罪数额既遂与未遂并存是对犯罪数额实现与否的评价,在实施一犯罪行为后,犯罪数额既遂部分是行为人主观上具有犯罪故意与客观上获得相应财产数额相一致,犯罪数额未遂部分由于外部的因素而主客观不能统一,即主观上仍有追求犯罪数额的故意。[2]这与同种数罪中的既遂、未遂形态并存有实质上的区别,行为人实施仅符合一个构成要件的犯罪是不可能同时存在既遂形态与未遂形态的。[3]因此对单纯一罪中既遂、未遂并存情形下的量刑问题,学界存在着不同的观点,主要有"整体说""吸收说""折算说"三种。

1. 整体说

支持"整体说"观点的学者认为,应当将犯罪既遂数额与未遂数额累加后进行整体评价,当只有既遂数额部分可以达到犯罪标准时,将两部分数额累加后以既遂形态评价,再因为未遂部分被既遂形态吸收而酌情减轻处罚。当只有未遂数额部分可以成立犯罪时,将两部分数额累加后以未遂形态评价全案,再以既遂部分作为全案的量刑情节确定基准刑和宣告刑。[4]也就是主张以整体既遂或者整体未遂论处,对于另一部分则不追究刑事责任或者只作为量刑情节考虑。具体到本案,被告人陈某荣未遂部分数额为40 360元,既遂部分数额为108 655.92元,两部分累计149 015.92元。根据《关于办理诈骗刑事案件具体

---

[1] 张明楷.刑法学[M].北京:法律出版社,2016:462.
[2] 陈建清.论数额犯[D].广州:华南理工大学,2016:63.
[3] 高明暄,马克昌.刑法学[M].北京:北京大学出版社,2016:139.
[4] 刘宪权,张巍.销售假冒注册商标的商品罪停止形态研究[J].法学杂志,2012(4):83.

应用法律若干问题的解释》第1条,被告人诈骗既遂、未遂部分数额以及累计数额都属于"数额巨大"范围,这就出现了"整体说"无法规制的尴尬境地。

2. 折算说

"折算说"认为,在犯罪数额既遂、未遂并存的情形下,应当按照一个科学的比例将未遂部分数额折算为既遂数额,最后统一按既遂形态量刑处罚。并且有学者提出未遂的犯罪数额折算为既遂数额的三分之一是一个合适的比例。❶具体到本案即:将被告人陈某荣诈骗未遂部分数额40 360元折算为13 453.3元的既遂数额,再加上陈某荣诈骗既遂的108 655.92元,那么,本案被告人犯罪数额为122 109.22元,最终的量刑幅度为3年以上10年以下有期徒刑。

3. 吸收说

"吸收说"认为,应当先对既遂与未遂数额相对应的量刑幅度进行比较,然后在两个量刑幅度中选择较重的作为全案的量刑幅度,且以较重量刑幅度对应的既遂或未遂部分作为全案的犯罪形态;若两者比较后处于同一量刑幅度,则以既遂论处。这一观点表现为重刑吸收轻刑,既遂吸收未遂。本案判决正是采取了吸收说的观点。

(二)司法实务中的处理规则

对于数额犯既遂与未遂并存的情形,司法解释对不同犯罪做了不同规定,主要处理方式为两种。

一是采取"吸收说"观点。参考最高人民法院、最高人民检察院发布的《关于办理诈骗刑事案件具体应用法律若干问题的解释》第6条和《关于办理盗窃刑事案件适用法律若干问题的解释》第12条规定,❷可以推断,司法实务中实际上采用了吸收说的观点处理诈骗和盗窃犯罪中既遂、未遂并存情形的量刑问题。本书认为上述司法解释既包括了同种数额罪中既遂、未遂并存的情形,也包括了单纯一罪中部分数额既遂、部分数额未遂的情形:其一,当犯罪数额既遂部分达到的量刑幅度高于未遂部分时,以既遂的处罚规定进行处罚,当犯罪数额未遂部分的量刑幅度高于既遂部分时,则以未遂量刑处罚;其二,当既遂数额、未遂数额所对应的量刑幅度一致时,则以既遂处罚。因此,当诈骗或盗窃的犯罪数额既遂、未遂并存时,首先需要分别确定既遂、未遂部分的法定刑幅度,继而通过比较得出全案该适用的量刑幅度。而刑法分则中的法定刑幅度是针对既遂犯设置的,对于未遂犯的量刑幅度没有明确规定。

---

❶ 庄绪龙,王星光.销售假冒注册商标的商品罪中"既、未遂形态并存"的司法认定反思——"折算说"理念的初步提出[J].政治与法律,2013(3):63.

❷《关于办理盗窃刑事案件适用法律若干问题的解释》第12条:"盗窃既有既遂,又有未遂,分别达到不同量刑幅度的,依照处罚较重的规定处罚;达到同一量刑幅度的,以盗窃罪既遂处罚。"

2016年6月30日,最高人民法院将《王新明合同诈骗案》作为第62号指导案例予以公布❶,在该指导案例中,被告人实施犯罪行为后,有30万元诈骗金额既遂,70万元诈骗金额未遂,法院经过审理全案,认为未遂部分应当得以减轻处罚,减轻处罚后的量刑幅度与既遂部分对应量刑幅度一致。法院最终以既遂的犯罪事实对应量刑幅度为标准,未遂部分的犯罪事实作为量刑情节,对犯罪行为人从轻处罚。在此可以作以下两点理解:第一,未遂的犯罪事实只能决定未遂部分是否减轻处罚,在比较既遂、未遂量刑幅度前予以适用,而非作为全案的减轻情节;第二,当确定适用既遂部分的量刑幅度后,未遂部分的犯罪事实与案中其他情节一同作为量刑情节来确定基准刑。当适用未遂部分的量刑幅度时,那么既遂部分也同样应当在确定整体量刑幅度后作为量刑情节影响基准刑。

第62号指导案例进一步明确了诈骗犯罪既遂、未遂并存时的量刑规则,解决了仅因存在部分未遂就认定整个犯罪属于未遂的困境,也解决了确定未遂部分的量刑幅度问题,以及如何减轻处罚等具体问题,也是最高人民法院发布的首个与量刑规范化紧密相关的指导性案例,对类似案件的处理具有较强的指导意义❷。

二是参照了"整体说"观点。最高人民法院、最高人民检察院分别于2010年和2011年发布了《关于办理非法生产、销售烟草专卖品等刑事案件具体应用法律若干问题的解释》和《关于办理侵犯知识产权刑事案件适用法律若干问题的意见》,对非法生产、销售烟草和知识产权类刑事案件的犯罪数额计算问题作出了回应,❸这两个司法解释实质上表达了以下判断规则:当既遂、未遂数额部分均不能达到犯罪标准,但合并的数额可以达到犯罪未遂标准时,确定全案停止形态为未遂。当既遂部分与未遂部分在同一犯罪中均可达到犯罪标准时,与诈骗和盗窃犯罪对该问题的处理方法类似,同样以比较后较重的量刑幅度为最终量刑范围。可以说,在既遂、未遂数额部分均不能达到犯罪标准的情况下,司法解释实际上参考了"整体说"的观点。

---

❶ 北大法宝,https://www.pkulaw.com/gac/f4b18d978bc0d1c7266d883d590fd7f0a6609490dd75999dbdfb.html?keyword=%E7%8E%8B%E6%96%B0%E6%98%8E%E5%90%88%E5%90%8C%E8%AF%88%E9%AA%97%E6%A1%88,2020年05月25日访问。

❷ 吴光侠,罗鹏飞.《王新明合同诈骗案》的理解与参照——数额犯中既遂与未遂并存的量刑[J].人民司法(案例),2017(23):20.

❸《关于办理非法生产、销售烟草专卖品等刑事案件具体应用法律若干问题的解释》第2条第1款:"伪劣卷烟、雪茄烟等烟草专卖品尚未销售,货值金额达到刑法第140条规定的销售金额定罪起点数额标准的三倍以上的,或者销售金额未达到五万元,但与未销售货值金额合计达到十五万元以上的,以生产、销售伪劣产品罪(未遂)定罪处罚。"《关于办理侵犯知识产权刑事案件适用法律若干问题的意见》第8条:"假冒注册商标的商品部分销售,已销售金额不满五万元,但与尚未销售的假冒注册商标的商品的货值金额合计在十五万元以上的,以销售假冒注册商标的商品罪(未遂)定罪处罚。"

(三)既遂与未遂并存处理规则的评析

我国学者对处理数额犯既遂、未遂并存情形的观点分歧,"整体说"的处理方式只考虑到既遂部分或未遂部分成立犯罪的情形,不能涵盖既遂数额部分与未遂数额部分同时可成立犯罪的情形。虽然这一观点在司法实践中简单易操作,但将既遂部分和未遂部分累计后作为整体犯罪数额处理,模糊掉了既遂与未遂的区别,二者简单相加忽略了既遂与未遂所代表的社会危害性不同的特征,并不能全面而充分地评价全部客观犯罪事实。折算说的方法虽简单明了,易于操作,但根据我国刑法基本理论分析,这一学说无疑存在科学性和理论基础的不足。一方面,犯罪数额并不能完美地评价被告人犯罪行为的社会危害性,犯罪数额也不能作为定罪量刑的唯一依据。因为对未遂与既遂的人身危险性和社会危害性的综合考量是一个复杂的问题,难以证明既遂的人身危险性和社会危害性是未遂的三倍,也就是难以证明该折算方式具备科学性;另一方面,折算说无法合理地评价仅既遂部分或仅未遂部分达到追究刑事责任标准的情形,也无法处理未遂部分数额相对应的法定刑幅度更重的情形,若此种情形下,仍将未遂部分折算为既遂进行评价,这在本质上有违刑法的谦抑性。因此,该观点可作为下一步研究出发点,但目前用于司法实践中还不成熟。

关于司法实务中对数额犯既遂、未遂并存时的处理,我国在司法实务中对数额犯单纯一罪中既遂、未遂并存的处理未形成一致意见,有着不同的处理模式。因此,有学者以盗窃罪为例对我国在诈骗和盗窃罪中采取吸收说的观点处理既遂、未遂形态并存时的量刑问题表示质疑,认为这一观点仅仅解决了既遂、未遂均成立犯罪情形下的处罚问题,并没有解决只有既遂成立犯罪或仅未遂成立犯罪,又或者既遂与未遂均不构成犯罪情形下的处罚问题,这很容易引起认识上的分歧和执法中的随意性。❶

以上述观点为代表的质疑并不具有充分的合理性,第一,单纯一罪中既遂、未遂并存问题,采用"吸收说"可以涵盖仅既遂部分数额成立犯罪或只有未遂部分数额成立犯罪情形的处理,当只有既遂部分或者只有未遂部分构成犯罪时,既遂部分或未遂部分的犯罪数额便决定全案量刑幅度的数额,不足以构成犯罪的部分可以作为量刑情节影响宣告刑的确定。"吸收说"表现为重刑吸收轻刑、既遂吸收未遂,根据当然解释的表现形式,❷在只有部分数额成立犯罪或仅未遂部分数额成立犯罪的情形下,以成立犯罪的部分数额作为全案量刑幅度的数额符合"吸收说"的原则。第二,对于既遂部分与未遂部分均不构成犯罪的情形,可以分为两种情况,其一是既遂部分与未遂部分单独均不构成犯罪,合并数额仍不构成犯罪的情况。其二是既遂部分与未遂部门单独均不构成犯罪,但累计数额可达到

---

❶ 黄勇鹏.盗窃既遂、未遂并存时数额累加问题刍议[N].西部法制报,2016-04-12(4).
❷ 孔祥俊.法律解释与适用方法[M].北京:中国法制出版社,2017:427.

犯罪成立标准。针对第一种情况时,刑法作为保护法益的最后手段,只有当其他部门法不足以抑止某种危害行为时,才能由刑法来规范。[1]即当既遂部分数额与未遂部分数额合并后仍达不到犯罪成立标准时,刑法就不应当去规制。

综合以上分析,本书比较认同采用以"吸收说"为主,仅当既遂部分与未遂部分均不成立犯罪,但累计数额可达到未遂标准时,以未遂量刑处罚。以便在生产、销售类犯罪和财产型犯罪司法认定中有统一的标准和规定,避免实务界在数额犯类案件处理时出现混乱。

(四)本案分析

在本案中,被告人陈某荣通过虚报、重复申报粮食种植亩数,套取149 015.92元国家粮食补贴款,其中40 360元补贴款由于清某县财政局暂扣而未遂。被告人陈某荣套取国家粮食补贴基于一个犯罪故意,实施了一个犯罪行为,正是单纯一罪中数额部分既遂、未遂并存的情形。一审法院对被告人陈某荣量刑过低,显然是将未遂数额部分的未遂情节用于评价全案,进而对全案减轻处罚。根据我国《刑法》第266条的规定[2],被告人陈某荣诈骗国家粮食补贴款149 015.92万元,其中40 360元部分的数额未遂,108 655.92元既遂,既遂部分与未遂部分均可成立犯罪,且属于数额巨大的范畴,可以《关于办理诈骗刑事案件具体应用法律若干问题的解释》所采取的吸收说处理,参照最高人民法院发布的第62号指导案例王某明合同诈骗案,陈某荣诈骗粮食补贴款未遂部分所对应的量刑幅度可以降低一档为"3年以下有期徒刑、拘役或者管制",既遂部分对应的量刑幅度为3年以上10年以下有期徒刑,两者相比较,应当以既遂部分的量刑幅度为陈某荣诈骗罪案的量刑幅度。因此,一审法院对陈某荣诈骗行为判处有期徒刑2年,缓刑3年,并处罚金人民币5万元确属量刑畸轻,二审法院应当支持抗诉机关的抗诉理由,并撤销原审判决,在3年以上10年以下有期徒刑的量刑幅度内,综合本案其他量刑情节确定基准刑和宣告刑。

四、结论

在农村产业融合发展,美丽乡村建设取得了优异的成绩的同时,国家也加大了开发投入力度,在此过程中,农村基层组织人员和村民接触到各种补贴资金、扶贫物资和款项的机会增大,通过伪造资料虚报、重复申报粮食补贴款等扶贫款项的案件值得重视。从陈某荣诈骗罪案出发检视数额犯既未遂并存的问题,可以发现刑法理论界和司法实践对上述

---

[1] 张明楷.刑法学[M].北京:法律出版社,2016:20.
[2] 《刑法》第266条:"诈骗公私财物,数额较大的,处三年以下有期徒刑、拘役或者管制,并处或者单处罚金;数额巨大或者有其他严重情节的,处三年以上十年以下有期徒刑,并处罚金;数额特别巨大或者有其他特别严重情节的,处十年以上有期徒刑或者无期徒刑,并处罚金或者没收财产。本法另有规定的,依照规定。"

问题的解决实际上也并未形成共识。[1]一是学者们对单纯一罪中既遂、未遂并存情形下的量刑问题存有较大争议。二是司法解释对不同犯罪中既遂、未遂并存问题规定了不同的标准。关于生产、销售类犯罪中既遂、未遂并存情形,司法解释表示了对既遂数额与未遂数额予以累计认定的认可;而关于财产型犯罪,如最高人民法院、最高人民检察院《关于办理诈骗刑事案件具体应用法律若干问题的解释》第6条规定,将既遂、未遂部分所对应的量刑幅度进行比较,以重刑吸收轻刑、既遂吸收未遂的模式处理。因此,我国可以通过发布司法解释或指导性案例的形式来回应数额犯中既遂、未遂并存情形下的相关问题,尽量在数额犯的规定上保持统一,明确法官对"可以从轻或减轻"的具体法律依据,允许司法解释对"数额较大""数额巨大""数额特别巨大"等各档次数额进行更详细合理的规定。促使司法实务中对犯罪行为的惩罚尽量做到罪责刑相适应,实现法律的公平正义,维护司法的权威性和公信力。

---

[1] 张平寿.既遂、未遂并存情形下犯罪数额的处理[J].人民检察,2015(11):38.

虚报粮食补贴款但未获批付的行为能否认定为贪污罪的犯罪"着手"
——姚某康等贪污案

肖露露　常　城

【裁判要旨】 农村基层组织人员在协助人民政府工作中,利用职务上的便利,骗取国家资金并予以私分,其行为均构成贪污罪。因意志以外的原因未能着手实行犯罪,属于犯罪预备,可免除处罚。

【关键词】 贪污　虚假申报行为　着手

一、基本案情[1]

2013年7—8月,某县六某村村委会决定修建村内排水沟,由本村村民提供建材并施工,工程款通过村民集资6000元和该村委会虚报粮食补贴款得以解决。其间,该村村委会主任姚某康与村委会会计姚某春商议,以姚某春名义与六某村委会签订虚假排水渠承包合同,申报"一事一议"项目款5万元。2013年12月24日,"一事一议"项目款5万元拨付到被告人姚某春卡上,姚某康、姚某春、王某根(村委会党支部书记)私分该款。2014年7—8月,六某村村委会决定修建该村排水沟,被告人姚某康又以王某名义与六某村村委会签订虚假工程承包合同,申报"一事一议"项目款5万元。2014年12月30日,该笔项目款拨付到王某卡上(该卡实际由被告人姚某康持有并支配)。2015年1月4日,被告人姚某康指使本村信贷员取出4.8万元,用其中2.5万元解决其与一村民因换届选举产生的个人纠纷,余款及村民集资的900元支付了修建排水沟部分费用,不足部分以虚报粮食补贴款方式解决。2015年10月,被告人姚某康在申报本村秋粮补贴面积时,利用职务之便,给一村民虚报秋粮补贴面积158亩,合计粮食补贴款8662元,用以解决两人之间的个人纠纷,该款至今未拨付。

经某省某县人民法院审理,被告人姚某康、姚某春、王某根身为农村基层组织人员,在协助人民政府工作中,利用职务上的便利,骗取国家"一事一议"项目款,并予以私分,其

---

[1] 本案来源于北大法宝网,(2016)晋0830刑初120号,https://www.pkulaw.com/pfnl/a25051f3312b07f3a363f793062a291a61b152645e21ecdbbdfb.html,2020年08月14日访问。

行为均构成贪污罪。❶被告人姚某春、王某根如实供述犯罪事实,积极退赃,具有悔罪表现,因犯罪情节轻微,故免予刑事处罚。被告人姚某康自愿认罪,所得赃款部分已追回,可酌情从轻处罚。另外,被告人姚某康虚报粮食补贴款8662元后,有关部门于案发前尚未审批拨付此部分粮食补贴款,其因意志以外的原因未能着手实行犯罪,属于犯罪预备,可免除处罚。

二、案件争议问题

被告人姚某康于2015年虚报粮食补贴款,但有关部门尚未审批拨付此笔粮食补贴款,法院将该虚假申报行为认定为贪污罪犯罪预备,意指客观上被告人未能着手实行犯罪。而"着手"行为的认定在刑法理论界乃至司法实务界本身就呈现多元化标准。本案涉及贪污罪,所保护法益主要是职务行为的廉洁性与公共财产所有权。基于保护法益的刑法功能,有关侵犯该职务行为的廉洁性与公共财产所有权的行为均应被刑法所禁止。

换言之,本案中被告人姚某康虚假申报粮食补贴款但未获拨付的行为能否认定为贪污罪犯罪"着手"是本案的主要争议问题。

三、问题分析及阐述

我国《刑法》第22条第1款规定:"为了犯罪,准备工具、制造条件的,是犯罪预备。"第23条第1款规定:"已经着手实行犯罪,由于犯罪分子意志以外的原因而未得逞的,是犯罪未遂。"刑法将"着手"设置为犯罪未遂的前提性构成要素,同时也明确了该要素作为犯罪预备和犯罪未遂的区分标志。

(一)实行行为之"着手"的认定

"着手"是实行行为的起点,故而在讨论"着手"前需要对实行行为加以界定。目前在我国对实行行为的界定基本上是将其纳入具体的犯罪构成要件体系内讨论的。

1. **实行行为界定之理论争鸣**

"基本构成要件行为说"一般认为刑法分则所规定的行为是实行行为。它基于分则中基本构成要件行为的规定,将其作为判断实行行为的主要依据。如故意杀人罪的实行行为即是"杀人"行为,盗窃罪的实行行为即是"盗窃公私财产"的行为。❷换言之,刑法分则

---

❶ 法院判决结果如下:一、被告人姚某康犯贪污罪,判处有期徒刑一年,并处罚金人民币10万元;二、被告人姚某春犯贪污罪,免予刑事处罚;三、被告人王某根犯贪污罪,免予刑事处罚;四、在案扣押的"长安"牌晋MBTxxx小型轿车及赃款人民币8850元予以没收,上缴国库。

❷ 赵秉志.论犯罪实行行为着手的含义[J].东方法学,2008(1):15.

中各犯罪构成要件的表述通常由不同的实行行为这一构成要素加以区分。不言而喻,该观点否定了刑法总则中犯罪预备、未遂以及中止等修正的犯罪构成要件行为。

"构成要件行为说"则将刑法中所有规定的犯罪构成要件的行为全部纳入范畴,坚持将行为视为犯罪行为,使得总则中所规定的未遂犯的行为也属于实行行为。本书认为对之采取广义的理解值得商榷,纳入刑法评价的应当是无价值的行为,否则会不当扩大刑法的处罚范围。

双层一体的犯罪构成理论则认为构成要件行为只是犯罪构成客观要件的一个要素,将该行为上升认定为犯罪行为仍需其他犯罪构成要件要素加以辅助判断,换言之应当严格区分实行行为与犯罪行为。可以说,该观点是基于"基本构成要件行为说"的发展与完善,在肯定实行行为仅指分则规定的基本构成要件行为之外,又将刑法总则部分修正犯罪构成客观要件行为以及刑法分则所规定的加重或者减轻犯罪构成客观要件等行为通通纳入能为刑法所评价的行为之内。有学者认为:受刑法评价的是构成要件行为(包括实行行为与非实行行为),构成要件行为成立犯罪是分层次的综合性的评价结果。❶

基于上述观点,本书倾向双层一体的犯罪构成理论。实行行为不同于犯罪行为,二者并不具有同一性:一是符合刑法分则具体构成要件性行为未必具有违法性,如阻却违法事由的正当防卫行为则不属于犯罪行为;二是在不具有违法阻却事由情况下的教唆行为在我国刑法中依然是犯罪行为,但却并非刑法分则中的构成要件行为。我国刑法规范将犯罪行为拆分为刑法总则中修正的犯罪构成客观要件行为、分则部分的加重或者减轻的客观构成要件行为以及基本犯罪构成客观要件行为。前两者均是犯罪行为的非标准形态,而后者才可在犯罪行为中被评价为实行行为。换言之,没有基本构成要件作为基础,就不存在修正或加重减轻的构成要件,这也正是实行行为概念存在的意义。

2. 实行行为"着手"的认定标准

在《现代汉语词典》中,"着手"是指开始做某事。而刑法学语境中,"着手"是犯罪实行行为的起点,是指行为人已然准备实施刑法分则中所规定的某一构成要件的行为。另外,"着手"行为也是处罚犯罪未遂的起点,这一点无论在学术理论还是司法实务界都具有重要作用。在刑法理论界,对于"着手"的认定存在各执一端的局面。

(1)"主观说"认为着手即指犯意表现。该观点认为行为人的人身危险性是处罚根据,而行为不过是其人身危险性的外在现实化。如学者认为:犯罪实行的着手就是具有完成力的犯意的表示。故而在认定行为人责任时应从主观方面来考察。在本书看来,刑法惩罚的是行为而非行为人,主观说以行为人的危险性作为其承担刑事责任的基础有背离人权保障之嫌,极易侵犯公民的人身自由。

---

❶ 张小虎.犯罪实行行为之解析[J].政治与法律,2007(2):95.

(2)"客观说"与"主观说"针锋相对,主张以客观事实为基础来判断"着手"的时间,不得以行为人主观表意为依据,而应以行为人的行为所具备的客观性作为基准。该学说又有"形式的客观说"与"实质的客观说"之分。

其一,"形式的客观说"认为,当行为人准备实施刑法分则规定的某一构成要件行为时便是"着手"。该种观点把握住了犯罪构成要件在认定"着手"时不可替代的作用,强调了罪刑法定原则,这一点值得肯定。当然,该学说就哪些行为符合刑法分则基本构成要件行为这一问题上仍然存有疑问。

其二,"实质的客观说"不以刑法分则中的构成要件作为认定"着手"的标准,其主张以行为的现实危险性为依据判断"着手",据此该学说又可分为"实质的行为说"和"实质的结果说"。"实质的行为说"主要指,准备实施具有客观危险性的行为时,就是"着手"。在实质危险的判断上,实质的行为说以行为本身具有危险作为标准,重视行为无价值。而"实质的客观说"主张行为对法益直接造成一定程度的危险时(现实、紧迫的程度),即为"着手"。对实质危险的判断,实质的结果说以结果作为判断标准,重视结果无价值。就该学说,犯罪未遂只能是具有法益侵害的现实紧迫危险的行为,故该危险达到紧迫程度(发生危险结果)时,即为"着手"。换言之,未遂犯都是具体的危险犯。❶

上述各种观点依据不同标准产生了"着手"认定时点的差异,主要源于主观主义刑法与客观主义刑法之争。本书倾向于客观主义刑法观点,基于保障人权的基本要求,只有行为人外在的行为才可以成为刑法评价的对象。另外,基于刑法保护法益的目的,只有侵害法益的行为才是处罚的对象。也就是说,不同的实行"着手"标准体现了不同的刑法价值即人权与法益。刑法评价的核心在于行为及其实害,坚持以行为为中心的刑法才有利于法益保护和人权保障。所以在"着手"的认定标准上,"形式的客观说"虽然在明确"着手"是实施刑法分则的构成要件行为,这一点是值得肯定的,但是它忽略了刑法保护法益的目的,也就是说可能存在扩大刑罚处罚之嫌。最后基于"实质的行为说"与"实质的结果说"两者间的合理选择则完全基于刑法价值的选择,因此"实质的行为说"与"实质的结果说"两者间在处罚上往往会产生先后顺序的差异,前者相对于后者会提前处罚。

(二)贪污罪中犯罪"着手"的认定

1. **我国贪污罪的实行行为的立法演变**

1952年《中华人民共和国惩治贪污条例》中明确的贪污行为极为宽泛,不限于现今贪污罪中所含的四种实行行为,诸如受贿、索贿以及其他以权谋私等非法获利的行为都被纳入贪污行为之列。值得注意的是,为谋利而收买、盗取国家经济情报的行为也被认定为贪

---

❶ 张明楷.刑法学[M].4版.北京:法律出版社,2011:319.

污行为,由此可知当时只要利用职务便利非法谋求一切不正当利益的行径都可评价为贪污行为。而且该条例也并未对其中的"职务便利"这一构成要件要素的内涵予以界定,故可推定当时由职务获取一切便利都在该范畴之内。1979年《刑法》颁布,贪污罪构成要件行为逐步类型化,即指侵吞、盗窃、骗取或者以其他手段非法占有公共财物的行为,受贿、索贿等行为不再纳入;另外,"职务便利"也进行相应限制解释,即指职务上具有主管性质、管理性质的便利。但是1987年《〈关于挪用公款归个人使用或者进行非法活动以贪污论处的问题〉的修改补充意见》中仍将挪用公款的行为界定在贪污行为之内。不过1997年《刑法》具体细化了贪污贿赂的相关罪名,至此,贪污罪专指侵吞型、窃取型、骗取型及以其他方法的行为实施的犯罪。

从上述我国贪污罪立法转变过程来说,我国贪污罪打击对象与规制的行为日益明确。我国现行《刑法》第382条第1款[1],依据前述双层一体的犯罪构成理论,实行行为是刑法分则所规定的基本犯罪构成要件的行为,可知贪污罪的实行行为即侵吞、窃取、骗取或者其他手段。侵吞指将单位所有、自己依职权占有的财物变成自己所有;窃取指将自己没有占有的公共财物转移为自己占有;骗取是指行为人实施欺骗行为,使有处分权的人产生错误认识并处分公共财物,行为人因此取得该公共财物。行为人"着手"实行贪污犯罪行为,是指行为人业已准备利用职务上的便利(该职务便利要求利用的是职权即具有管理性而非一般便利,即该职权发挥了实质影响)非法占有公共财物。

2. 贪污罪实行行为"着手"的认定

我国刑法以处罚预备犯为例外,出于刑事政策指引、证据搜集困难以及刑罚公正等多重因素的考量,一般仅处罚重罪的预备犯。但是相对于贪污罪未遂行为而言,对之施加惩戒有利于反腐败斗争的积极展开与深入打击,有利于震慑徘徊在犯罪边缘地带的相关国家工作人员。在此基础上必须明确处罚贪污罪未遂犯的根据是什么,如此才可避免不当扩大处罚范围,利于人权的保障。基于前述的"着手"标准的理论争议,刑法学界对于未遂犯有"客观的未遂论"与"主观的未遂论"之分。"客观的未遂论",认为之所以处罚未遂犯,其法理依据在于这种行为仍然威胁到法益原本的完整性或者对法益造成了客观危险。故而当界定贪污罪的未遂,需以贪污行为的客观危险性(对职务行为的廉洁性与公共财产所有权造成现实危险)作为依据。"主观的未遂论",主张未遂的处罚根据源于行为人的人身危险性体现与现有法律体系不相融洽,故主张贪污罪未遂中,行为人的危险性是承担刑事责任的基础。贪污罪的预备行为与未遂行为所承受的法律后果不同则势必对二者进行准确区分,需要对其区分界限——"着手"予以认定,从而尽可能做到权利保障与法益保护

---

[1]《刑法》第382条:"国家工作人员利用职务上的便利,侵吞、窃取、骗取或者以其他手段非法占有公共财物的,是贪污罪。"

的平衡。在主客观相统一的原则下,基于贪污罪行为类型的不同,其"着手"的判断亦会存在差异。

(三)本案分析

在本案中,主要疑惑点在于对被告人姚某康虚报粮食补贴款8662元(有关部门尚未审批拨付)行为的认定。

1. 贯彻《全国法院审理经济犯罪案件工作座谈会纪要》的权利保障意旨

2003年最高人民法院发布的《全国法院审理经济犯罪案件工作座谈会纪要》中关于贪污罪既遂与未遂标准的认定采取"控制说",亦即二者形态区分以行为人是否取得对公共财物的实际控制为标准,而非理论上的"失控说"即权利人丧失该财物的可控制性。依据《全国法院审理经济犯罪案件工作座谈会纪要》意旨,主要是针对贪污罪未遂与既遂的认定采取了相对有利于行为人的标准,进而发挥了刑法中保障权利的功能,不可否认的是从贪污罪既遂的层面来讲刑法的确在处罚上予以限制了。这仅是基于犯罪在未遂与既遂之间的权衡,不过《全国法院审理经济犯罪案件工作座谈会纪要》所遵循的刑法谦抑性与保障权利功能是值得倡导的。另外,贪污罪保护的法益是职务行为的廉洁性与公共财物的所有权。进而该罪的客观危害有两方面:一是公职行为的廉洁性受到侵犯;二是公共财物的所有权遭到破坏。对于公职行为廉洁性而言,只要行为人开始实施犯罪,该法益即被破坏;对于公共财物的权属,须得公共财物的权利人失去了对其财物的控制才可能会破坏。基于《全国法院审理经济犯罪案件工作座谈会纪要》精神,在认定行为人是犯罪预备还是犯罪未遂时仍应体现其权利保障的价值,不可仅以保护法益立场对行为人施加严厉的惩罚。

2. 本案"着手"认定——以严格厘清"骗取型"贪污行为模式为前提

另外,贪污罪具有不同的行为类型,有"侵吞型""窃取型""骗取型"以及其他行为类型之分,从本案涉及的"骗取型"贪污行为来看,区别"侵吞型"贪污行为(财物处于行为人支配控制之下)在于其转移了公共财物;区别于"窃取型"贪污行为在于使第三人因为行为人利用职务便利而陷入错误认识。值得注意的是,其中的职务便利应当解释为行为人拥有的特定职权发挥的实质影响力。在"骗取型"贪污行为中,国家工作人员依照规定拥有处理相关财物事项的职权,但并没有直接处置该财物的权利,需要通过利用其职权让他人处分财物,从而使自己或者第三者取得该财物。换言之,"骗取型"贪污行为是行为人假借职务的合法形式掩盖其非法行为,导致权利人基于信赖行为人的职权行为而处分该公共财物。厘清"骗取型"贪污行为后,贪污罪中"骗取"这一行为要件即表明实施骗取行为是为了让有处分权的人产生认识错误并处分财物,行为人因此获取财物。在本案中,被告人所实施的行为是虚报粮食补贴款并且递交有关部门,其虚假申报行为符合贪污罪中骗取这一行为要件。被告人姚某康是村委会主任,其实施虚假申报行为意图使有关部门产生错误认识并处分该部分"粮食补贴款项",而有关部门正是基于对该村主任的职权行为信任,所以在对款项审批时其审查一般仅做形式审查。另外,本案行为人在实施上述系列行为时具有非法占有目的的故意,或者说具备了着手的故意。该被告人的行为首先侵犯了其职务行为的廉洁性,同时基于有关部门对被告人的信赖随时有将该款项进行批付的可能性,即公共财物所有权遭受到损害的危险。也即是使法益达到了现实、紧迫、危险的程度。综上,本书认为本案被告人的行为应当被认定为贪污罪犯罪"着手"。

四、结论

在探讨"着手"的认定过程中必须贯彻尽可能使保护社会秩序与保障权利两者之间保持动态平衡的理念。判断犯罪"着手"的标准,不仅对于区分犯罪预备和犯罪未遂具有重要作用,进一步来说,主体的行为一旦被认定为"着手",这就意味着行为人的行为已经进入犯罪实行阶段,行为人的行为对于法律所保护的法益造成了侵犯,应当受到法律的制裁。所以,犯罪实行行为之"着手"的认定,应以主客观相统一的标准进行判定。对行为本身所有的危险以具体的客观因素加以认定,同时,对该行为成立何种犯罪的"着手",则还需结合行为人主观的要素予以整体评价。

挪用征地补偿款帮助他人揽储能否构成挪用公款罪

——张某元等挪用公款案

龙鸾 周琦

【裁判要旨】 国家机关工作人员利用职务便利多次挪用公款帮人揽储,此行为属于挪用公款进行营利活动,应认定为挪用公款罪。揽储所得的利息属于公款的法定孳息,其性质应认定为公款,国家工作人员将揽储利息私分的行为,符合贪污罪的侵吞行为,应认定为贪污罪。

【关键词】帮人揽储 营利活动 挪用公款罪 国家工作人员

一、基本案情[1]

2003年7月被告人张某元任祁某县某镇财政所所长,被告人刘某芳、陈某阳为某镇财政所副所长,被告人谢某为某镇财政所一般干部,四名被告人均为祁某县乡镇财政管理局干部。2009年1月22日,祁某县非税收入管理局拨入祁某县某镇财政所基本账户"三安铁矿"征地款20 745 845元。某镇财政所将其中14 827 180元拨付给某镇田某村,余下5 918 655元拨付给某镇将某村,因将某村的征地手续未予办妥,即将该5 918 655元作为预付征地款留在镇财政所支出账户上。被告人张某元为帮助建设银行工作人员周某完成揽储任务,经请示时任某镇人民政府镇长的刘某同意后,2009年1月23日,张某元安排刘某芳、陈某阳通过网银转账将5 918 655元从某镇财政所支出账户转存到张某元在祁某县建设银行个人账户。2009年5月7日,张某元发现有近2万元利息,便将这一情况告诉了刘某芳、陈某阳和谢某。张某元等人考虑利息不好入账,便决定以发放公务补贴的名义进行私分,每人5000元。2009年6月29日,张某元又将1800元利息款据为己有。2009年7月20日,张某元与刘某芳结算后转账5 626 800元至某镇财政所支出账户用于归还此前转入的5 918 655元公款。2010年6月23日、24日、28日四被告分三次将存放在将某村名下的400万元转到了张某元在农业银行该个人账户上,帮助该行陈某完成揽储任务,期间共产生利息18 863.73元,被告人张某元从中取现2600元据为己有。2016年11月,张某元、刘某芳、陈某阳、谢某主动退还所分得的利息款共计59 300元到祁某县某财政所账户;2017年3月,张某元主动退还2750元;在祁某县纪委调查阶段,经核实,张某元上交了

---

[1] 本案来源于中国裁判文书网,某省某市中级人民法院(2018)湘04刑终484号,https://wenshu.court.gov.cn/website/wenshu/181217BMTKHNT2W0/index,2020年05月27日访问。

7049.1元到县纪委。张某元、刘某芳、陈某阳、谢某共退缴赃款69 099.1元(其中,张某元退赃25 299.1元、刘某芳退赃14 600元、陈某阳退赃14 600元、谢某退赃14 600元),被祁某县纪律检查委员会、祁某县监察局予以扣押。被告人张某元、刘某芳、陈某阳、谢某利用职务上的便利,将祁某县某镇财政所支出账户上"三安铁矿"预付征地款5 918 655元公款私存、将存款利息予以私分,并多次挪用帮助银行工作人员揽储。

一审法院判决张某元、刘某芳、陈某阳、谢某犯挪用公款罪、贪污罪。四被告人以其行为不应定性为挪用公款罪,其挪用占地补偿款的行为经过了镇长刘某的同意,属于镇政府和财政所的单位集体意志,不是个人意志,不具有挪用公款进行营利活动的主观故意,将案件上诉到了二审法院。二审法院审理认为一审法院认定事实清楚,证据确实充分,审判程序合法,量刑适当。上诉人张某元、刘某芳、陈某阳、谢某提出不构成挪用公款罪的上诉理由均不能成立,不予采纳。裁定驳回上诉,维持原判。另本案镇长刘某因同意四被告人挪用公款帮他人揽储而被组织处理。

二、案件争议焦点

本案中,国家工作人员为帮助他人揽储而擅自将占地补偿款以个人名义存入银行,虽没有危及公款安全,但其擅自转存公款的行为是否成立挪用公款罪?本案中,侵吞揽储所得的利息的性质如何认定?

三、问题分析及阐述

根据《刑法》第384条的规定,将挪用公款罪的客观方面区分成了三种类型:一种是"非法活动型",即挪用公款归个人使用,进行非法活动;第二种是"营利活动型",即挪用公款数额较大、进行营利活动;第三种是"归个人使用型",即挪用公款数额较大、超过三个月未还。本案针对被告人张某元等人挪用公款帮人揽储的行为是否属于挪用公款进行营利活动,以及侵吞揽储所得的利息的行为性质进行分析。

(一)挪用公款主观罪过

1. 挪用公款罪的罪过构成要素

挪用公款罪的罪过涵摄意志与认识两个最基础的内容,也是本罪最基础的主观罪过因素。意志内容主要是要求行为人应当认识到自己的行为性质是挪用行为,并且要如何去成就自己行为的意志,主要包括三个方面的意思:一是行为人确切地要进行挪用行为;二是明确了挪用的目标;三是行为人已经对挪用进行了计划。而认识内容则主要是指要求行为人认识到自己实施行为的性质和后果。具体到挪用公款罪,首先要求挪用人认识到其只是对公款进行暂时性的借用,过后需要归还而不是直接挪走了不归还,后一种认识应当属于非法占有目的;其次,要求挪用人认识到其挪用的是公款;最后,挪用人知道自己的挪用行为将会使单位失去对公款的支配权。

2. 挪用公款罪的犯罪目的

犯罪目的是行为人所追求的一种目标或结果,在挪用公款罪中,该罪的犯罪目的则是指挪用人进行挪用公款所要实现的结果或者希望发生的结果。犯罪目的是行为人所进行犯罪的内心思想活动,区别于动机,犯罪动机仅是指促使犯罪人实施犯罪行为的一种起始原因。在我国刑法理论中,成立某些犯罪要求具备实现某种后果的目的要素,这种目的要素在我国四要件体系中的主观方面中极为重要,不可或缺。因为犯罪目的往往会涉及对行为人主观恶性的评价,影响对行为人的定罪量刑。犯罪目的作为一种思想是不能直接体现于外物,需要通过犯罪人所实施的某种行为来推定犯罪目的,这种目的往往是详细具体的,是能够被他人所认识到的。犯罪目的作为行为人所追求的一种损害后果,也表明了是对某种社会关系的侵害。在刑法明文规定的某些犯罪中,犯罪目的是成立犯罪构成的必要要件,刑法将这种犯罪命名为"目的犯",例如《刑法》第五章中对于财产类犯罪的规定,这些犯罪的构成要件要求具有非法占有目的。对于"目的犯"来说,具备某一种特殊的目的是判断行为人成立罪与非罪,此罪与彼罪的重要标准。在挪用公款罪当中,挪用人实施挪用行为还必须要运用到其所执行职务的便利条件,挪用公款罪的主要目的就是使公款由自己支配,进而获取利益。"挪用"在《现代汉语词典》中的意思是将原定用于某方面的钱移作他用,目的是使用而不是占有。挪用公款罪中有三个行为目的:挪用公款归个人使用;挪用公款进行营利活动;挪用公款进行非法活动。[1]因此,在挪用公款中,行为人将公款挪用应只是对公款进行借用,挪用人是具有归还目的的,若挪用人是以不归还公款的目的进行挪用,则应当将挪用人的行为目的认定为非法占有。因此,在实践中,认定挪用公款罪要求考虑三个方面:是否故意非法使用;是否只是想暂时挪用;是否准备以后归还。

(二)挪用公款帮人揽储的法益侵害性

1. 揽储的概念

揽储是指银行、储蓄所、信用社等金融机构,给业务员制定目标,要求其招揽存款业务的行为,根据多数银行的通常做法,银行工作人员大部分都有揽储的任务,不同的是因银

---

[1] 孟庆华.挪用公款罪研究新动向[M].北京:北京大学出版社,2006:24.

行而异,任务大小不同。[1]某些银行工作人员为了完成自己的揽储任务,采用一些给储户提供法定利息以外的费用或者财物等不正当手段,这严重违反了《中华人民共和国商业银行法》的规定,对国家正常管理金融秩序有严重危害,更甚者将会造成金融市场的不正当竞争,也会给国家的宏观政策带来负面影响。另外,一些银行工作人员为了完成业绩任务,可能会向一些国家工作人员进行贿赂,要求其挪用公款帮助揽储人完成储蓄任务。总之,一些不正当的揽储行为,不仅会使金融秩序遭到破坏,也可能会滋生其他犯罪,不利于社会秩序的稳定。

2. 挪用公款行为的法益侵害性

挪用公款罪的犯罪客体是复杂客体,既侵犯国家工作人员的职务廉洁性,也侵犯公共财产的占有使用收益权。我国刑法将挪用公款罪放置于分则部分第八章贪污贿赂罪中,可见法律更倾向于保护国家工作人员的职务廉洁性。[2]国家工作人员的职务廉洁性应该认定为一种不可被侵犯的人民对国家工作人员的信任、民众对公职人员职权的一种尊重。因此,在挪用公款罪中国家的良好威信和信誉、职权的廉洁性应该比所被侵犯的公共财产的支配权更优先受到保护。挪用公款罪中挪用人的挪用行为不仅扰乱了国家机关的正常工作、管理秩序,而且还损害了国家工作人员在人民心中的良好形象,并侵害了国家机关公正性与廉明性。[3]本案中被告人张某元等人滥用职权,多次动用占地补偿款帮助他人揽储(谋利),明显是对其公职的廉洁性的亵渎和侵犯。

同时,被告人的挪用行为也侵犯了国家对公共财产的支配权。依刑法理论,挪用公款罪属于状态犯,公款一经被行为人挪出,法益已经受到侵害。[4]挪用公款行为虽然已经结束,但是法益却一直处于被侵害的状态,在行为人归还被挪用款项之前一直在延续。不论后续行为人如何处分所挪用的公款,法益仍是处于被侵害状态。

(三)挪用公款罪中的营利活动

1998年最高人民法院《关于审理挪用公款案件具体应用法律若干问题的解释》第2条第2款之规定:"挪用公款数额较大,归个人进行营利活动的,构成挪用公款罪,不受挪用时间和是否归还的限制。在案发前部分或者全部归还本息的,可以从轻处罚;情节轻微的,可以免除处罚。挪用公款存入银行、用于集资、购买股票、国债等,属于挪用公款进行营利活动。所获取的利息、收益等违法所得,应当追缴,但不计入挪用公款的数额。"在解释中,将挪用公款存入银行明文规定为进行营利活动。但在理论界,却对该规定存有不同

---

[1] 杜崇斌.关于高息揽储的成因分析及治理对策[J].西安金融,1998(6):3.
[2] 张原芳.关于李某挪用公款罪的案例分析[J].法制博览,2017(28):165.
[3] 涂晓军.挪用公款罪客体和对象的研究[J].咸宁学院学报,2010(8):43.
[4] 陈洪兵.论挪用公款罪实行行为[J].福建江夏学院学报,2015(3):48.

的意见。主要可以归纳为三种:第一种意见认为,存入银行虽然能够得利,但并不能算是在进行经营,况且存入银行的行为并没有对公款本身有危害,公款也并没有进入流通领域,所以挪用公款存入银行的行为不应该被认定为挪用公款进行营利活动,不能将该行为认定为犯罪,第一种意见为非罪说;第二种意见认为,挪用人将公款存入银行后将会产生利息,利息应当认定为公款的法定孳息,其属性应当还是公款,挪用人将利息予以私吞的行为应当认定为贪污罪,第二种意见为构成此外的其他犯罪;❶第三种意见认为在《关于审理挪用公款案件具体应用法律若干问题的解释》中直接将存入银行的行为一律认定为进行营利活动,而不考虑到挪用人是否具有主观故意,如果挪用人的主观上没有营利的故意,在客观上也并没有获得利益,如果将挪用行为一棍子打死,这违背我国犯罪认定的主客观相统一原则,第三种意见对《关于审理挪用公款案件具体应用法律若干问题的解释》存有争议,该意见认为为了帮助银行工作人员完成储蓄任务而将公款存入银行的行为,只要挪用人没有获得利益,就不能认定挪用人挪用公款进行营利活动,该说属于主观故意说。❷本书赞同第二种意见。如果行为人将公款孳息进行吞并,应当属于利用职务便利,侵吞公共财物,符合贪污罪的构成要件。单纯的存入银行的行为不能就此认为属于挪用公款进行营利活动,但如果超过挪用的三个月期限,且挪用数额达1万~3万元的,可用挪用公款归个人使用将该行为进行规制。此外,如果挪用人为了侵吞公款存储所得的利息而多次挪用公款帮人揽储,挪用人此时的主观上应当认定为具有非法营利的目的,此时可以用挪用公款进行营利活动对挪用人的行为进行认定。

(四)本案分析

1. 被告人的犯罪行为分析

挪用公款罪是指国家工作人员利用职务上的便利,挪用公款归个人使用,进行非法活动,或者挪用公款数额较大,进行营利活动,或者挪用公款数额较大,超过三个月未还的行为。本罪犯罪主体为国家工作人员,本案中,根据所查明的事实,被告人张某元任某镇财政所所长,系祁某县乡镇财政管理局干部;被告人刘某芳、陈某阳为某镇财政所副所长,系某县乡镇财政管理局干部谢某为某镇财政所一般工作人员。四被告人属于国家工作人员利用职务上的便利,将征地款私存,并以存款利息不入账以补贴公务费的名义私分,数额较大,其行为已构成贪污罪;被告人张某元、刘某芳、陈某阳与谢某还利用职务上的便利,多次挪用征地款为他人揽储进行营利活动,几名被告人的行为构成了挪用公款罪,情节严重,且系共同犯罪,应依法追究几名被告人犯贪污罪、挪用公款罪的刑事责任。

---

❶ 王作富.经济活动中罪与非罪的界限[M].北京:中国政法大学出版社,1993:311.
❷ 苏宏锦.挪用公款"进行营利活动"的判定[J].中国检察官,2016(16):78.

本案中，从主观方面看，几名被告人公款私存之目的在于帮助他人完成揽储任务，主观上不具有营利目的，但是根据所查明事实，几名被告人多次挪用公款帮人揽储，并多次将所得利息予以私分，其中可以推断出，几名被告人具有公款私存予以获利的主观目的，符合挪用公款进行营利活动的主观方面。

几名被告人上诉称挪用公款帮人揽储的行为不构成挪用公款罪，该挪用行为并不是个人的意志而是单位集体的意志。根据被告人张某元的供述：帮助他人揽储的行为已向时任镇长刘某汇报、请示是否可以将暂时没有支付给将某村的征地预付款590多万元存到建设银行帮银行揽储，刘某当时同意，但讲必须要保证本金安全，利息要入账归公。刘某同意后，张某元找到刘某芳和陈某阳告知要将所里暂时没有支付给将某村的590多万元征地预付款存到建设银行揽储，并告知此事已向镇里主要领导请示过，镇里主要领导同意，两人都没有反对。以及证人刘某等人的证言："财政所在将这笔钱拨付到支出账户之前，张某元向其汇报说这笔钱暂时不要拨付给将某村，便为银行揽储提供帮助，现记不清是哪家银行了。"刘某听后认为这笔钱从支出账户中支付出来存在银行能保证本金的安全，于是刘某就要张某元一定要保证本金的安全，利息必须要入财政所的公家账户。可知被告人挪用征地款帮人揽储的行为确已经镇长刘某同意。但根据我国法律规定决定集体单位事务需要单位集体的意志同意，但镇长刘某个人的意志并不属于单位集体的意志。实践中对于经过请示上级领导同意后再实施的行为能否归属于单位的意志，要从三个方面来考虑：(1)意志是否是单位做出的；(2)是否经过了单位意志的形成程序；(3)是否是为了本单位的利益。

最高人民法院《全国法院审理经济犯罪案件工作座谈会纪要》规定了关于"经单位领导集体研究决定将公款给个人使用，或者单位负责人为了单位的利益，决定将公款给个人使用的"情形，而本案中被告人张某元等人只是请示过镇长，该行为并不属于单位领导集体决定，且镇长刘某并没有决定将公款挪用帮人揽储的权限，即被告人以行为是经过镇长同意而属于单位意志的理由并不能阻却其成立犯罪。且在所查明的事实中也并没有体现出挪用公款帮人揽储是为了本单位的利益，即使最后所得到的利息也并没有在单位入账，而是由几名被告人进行私分。所以，几名犯罪行为人所提出的将公款私存是属于单位集体意志的上诉意见得不到支持。另本案中的镇长刘某有滥用职权之嫌疑，而司法机关却并未对刘某进行刑事追究，仅仅只是对其进行了组织处理，这是否具有放纵犯罪之嫌？

本案中张某元与刘某芳、陈某阳等人明知是公款而故意挪用存入个人账户，既没有经过镇政府和镇财政所的单位领导按法定程序集体研究，也没有经过合法程序审核、批准、授权，更不是为了单位的利益，镇政府个别领导和镇财政所几人作出将征地款私存的决定违反了决策程序，不具有合法性，不属于单位集体意志的体现。被告人张某元挪用公款存入个人账户,并伙同刘某芳、陈某阳等人侵吞挪用公款产生的利息,侵犯了公款的占有权、使用权和收益权,属于挪用公款进行营利活动。

2. 被告人行为所侵犯的法益

根据刑法规定挪用公款罪的犯罪客体为复杂客体,侵犯的法益是公款的占有权、收益权以及职务行为的廉洁性。[1]被告人张某元作为国家工作人员,本应为了单位利益恪尽职守,认真地、忠实地履行职责,但为一己私利,不公正地实施职务行为,其行为明显违反了职务行为的廉洁性。其身为国家工作人员,利用便利条件,私自挪用公款帮助他人完成揽储任务,侵犯了单位对这项公款的占有权、使用权和收益权。[2]本案中,四被告人的挪用数额特别巨大,且属于多次挪用,不论是按照"归个人使用型"认定其行为,还是使用"进行营利活动型"认定其行为,被告张某元等人均构成挪用公款罪,且数额巨大。

根据《关于审理挪用公款案件具体应用法律若干问题的解释》规定,挪用公款帮人揽储所获利息的性质不属于所挪用的资金。且根据《中华人民共和国民法典》的规定,银行利息属于法定孳息,法定孳息是指根据法律关系所产生的孳息。法定孳息的权属认定,理论界与实务界形成同一观点。学界和实务界一般认为应由原物的所有权人、持有人或原物的合法占有人收取。除法律另有规定或当事人另有约定外,孳息归原物的合法占有人收取。《中华人民共和国民法典》第460条也规定:"不动产或动产被占有人占有的,权利人可以请求返还原物及其孳息"。可见,公款所生利息应属于公款的所有权人即单位所有,从性质上讲也应属于"公款"。在这种情况下,侵吞公款私存所产生的利息数额未达到贪污罪立案标准与超过立案标准的情况要分情形讨论,对于侵吞利息数额未达到贪污罪立案标准的应当仅构成挪用公款罪,对于侵吞部分不予评价,而对于达到贪污罪立案数额的应当评价为贪污罪。

综上所述,本案中,即使被告人张某元最开始没有公款私存以获取利息的主观目的,但其多次挪用公款帮他人揽储并多次伙同他人私分公款利息的行为,可以推断被告人张某元具有谋取利息的目的,主要出于为亲友谋利而将巨额公款私存银行之行为,既侵犯了公共财产的使用权,更侵犯了公职人员的职务廉洁性,符合挪用公款罪的本质特征。二审法院认为一审判决认定的事实清楚,证据确实充分,审判程序合法,量刑适当,认同不采纳张某元、刘某芳、陈某阳、谢某提出不构成挪用公款罪的上诉理由的裁定。将公款私存所得利息进行私分的行为符合贪污罪的构成要件,已达贪污罪的立案数额,应将被告人行为认定为贪污罪。

---

[1] 王波峰,陈诏.挪用公款存银行用于完成存款指标的性质认定[J].中国检察官,2013(20):51.
[2] 张烽.用个人账户保管的公款购买理财产品如何定性[N].检察日报,2017-06-09(3).

四、结论

在经济高速发展的今天,挪用公款进行营利活动也不限于对公款存在减损可能性的情形,即使对于公款的安全性没有威胁,也有可能被认定为挪用公款进行营利活动。出于为亲友谋利而将巨额公款私存银行之行为,既侵犯了公共财产的使用权,也侵犯了公职人员的职务廉洁性,符合挪用公款罪的本质特征。故在认定该种情形时,要从行为所侵犯的法益和行为人的主观目的以及行为人的行为综合判断,做到不矫不枉。

贪污数额认定应否扣除公务支出
——李某保、闫某文、董某东贪污案

唐 亮

【裁判要旨】 农村基层组织成员在协助人民政府管理粮食补贴款的申报以及申报工作期间，非法占有国家公共财物，将赃款用于村委会公共开支的，不影响贪污罪的成立，该支出应计入犯罪数额，不予扣除。

【关键词】 粮食直补款 贪污数额 村务支出 扣除

一、基本案情[1]

被告人李某保、闫某文、董某东三人分别担任赵某村党支部书记、赵某村村委副主任、赵某村南某坡自然村会计。三被告人利用与原村委主任张某（已故）负责协助人民政府办理粮食补助款的审核、申报工作的职务便利，伙同张某共谋以签订虚假承包合同或相互默认分别虚报的方式，虚报粮食种植亩数，共套取国家补助款82 382.52元。其中，李某保共套取国家粮食补助款19 408.9元（期间用于村委会支付文化广场工程花架款1万元），闫某文共套取国家粮食补助款2817.6元，董某东共套取国家粮食补助款6628.52元，张某共套取国家粮食补助款53 527.5元。其中，村委会入账27 450元，由村委会支出；剩余26 077.5元由张某及家属侵吞。

本案争议焦点在于李某保用于村委会支出的1万元能否从贪污数额中扣除。一审法院认定李某保三人的行为构成贪污罪，李某保在犯罪期间将套取的1万元用于村委会支出，应计入犯罪数额，可不予退赔。被告人李某保不服一审法院判决，认为该1万元的支出应当在犯罪数额中予以扣除，于是提出上诉。二审法院认为，根据最高人民法院、最高人民检察院《关于办理贪污贿赂刑事案件适用法律若干问题的解释》第16条第1款的规定，国家工作人员出于贪污的故意，非法占有公共财物之后，将赃款用于单位公务支出的，不影响贪污罪的成立。上诉人李某保未耕种涉案土地，而上报领取粮食直补款，客观行为反映出其贪污的主观故意，据此，其所提"文化广场工程花架款1万元不应计入犯罪金额"的理由不能成立，维持一审判决。

---

[1] 本案来源于中国裁判文书网，某市中级人民法院（2018）10刑终353号，https://wenshu.court.gov.cn/website/wenshu/181107ANFZ0BXSK4/index.html?docId=ebce73a65256462bbbbaaa1e01844795，2020年04月05日访问。

二、案件争议问题

李某保作为村党支部书记,将其部分贪污所得用于支付村委会文化广场工程花架款,该行为能否认定为"将赃款用于单位公务支出"?如若可以认定为"将赃款用于单位公务支出",该笔支出能否从贪污数额中予以扣除,进而影响定罪量刑?是本案的主要争议问题。

三、问题分析及阐述

(一)相关概念厘清

本书所讨论案例争议的焦点在于,本案行为人将其部分贪污所得用于支付应当由村委会支付的文化广场工程花架款,该行为能否被认定为"将赃款用于单位公务支出",以及如若能够被认定为"将赃款用于单位公务支出",该笔支出能否从贪污数额中予以扣除的问题。因"公务支出"以及"贪污数额"在司法认定中存在较大争议。所以,在对上述问题进行探讨时,先对上述概念进行界定。

1. 贪污数额界定的不同观点

贪污数额即贪污犯罪数额。当前,学界对于贪污数额的界定,仍未达成一致,主要分为以下几种观点。第一种观点认为,贪污数额就是贪污罪中犯罪人实际非法所得的财物的数额。第二种观点则认为,贪污罪的数额应界定为,由行为人贪污行为所得到的对定罪量刑具有决定意义的法定数额。[1]第三种观点认为,贪污罪的数额应定义为,法律规定的决定贪污罪成立与否,并影响贪污罪量刑情节的以人民币为计算单位的一定量的金额。[2]对于上述观点,本书认为第三种观点最为妥当。原因在于,第一种观点只关注到了贪污罪的客观方面,而忽视了贪污罪的主观方面,带有较为明显的客观归罪倾向。如若采取此观点,则只能解决贪污犯罪在既遂状态下的数额认定,而无法解决犯罪预备、未遂和中止等情形下贪污数额的认定问题。而第二种观点则犯了逻辑错误问题,第二种观点认为贪污数额是指贪污罪的定罪量刑具有决定意义的法定数额。那么这里的数额就应当是指我国刑法中对于贪污罪的成立所规定的数额,该数额是权威的、确定的、不可变更的。但该观点的前部分却又指出,贪污数额是"行为人非法占有的公共财物"。也即该观点前半部分又认为贪污罪的数额是指因行为人行为而产生的事实数额。那么存在疑问的便是,贪污数额的性质到底是什么,是对事实的认定还是法律的直接规定。司法实践中,行

---

[1] 孟庆华. 贪污罪定罪量刑案例评析[M]. 北京:中国民主法制出版社,2003:142-143.
[2] 董邦俊. 贪污罪的数额解析[J]. 法学评论,2006(3):117.

为人非法拥有公共财产的数量因案件而异,不同的行为人在同一案件的不同阶段拥有的财产数量也是不同的。

根据最高人民检察院关于《人民检察院直接受理立案侦查案件立案标准的规定(试行)》中关于贪污罪定罪标准的规定可以看出,贪污罪的成立需要满足最低数额标准。这充分说明,达到一定的数额标准是贪污罪成立的条件。同时,我国《刑法》第383条也对贪污罪规定了三个不同的数额范围,分别对应不同的量刑档次,说明在我国刑法中,贪污数额是对贪污罪进行定罪量刑的标准。贪污数额决定贪污罪的定罪并给贪污罪的量刑施以重大影响,这说明贪污罪属于数额犯的范畴。刑法中的犯罪数额是指能够表明犯罪的社会危害程度,以货币或其他计量单位为表现形式的某种物品的数量或者其经济价值量。因此,贪污数额的概念应当体现出对贪污行为所造成的危害结果中有关物质上的损失的描述。也即,贪污数额应当是能体现出贪污行为所造成的物质损失的,与相关法律规定所关联的以货币或其他计量单位为表现形式的经济价值量。但正如前所述,将贪污数额界定为行为人非法占有的公共财物过于片面,而界定为由行为人贪污行为所得到的对定罪量刑具有决定意义的法定数额又存在一定冲突。所以,综合上述,将贪污数额界定为"法律规定的决定贪污罪成立与否,并能够影响贪污罪量刑情节的以人民币为计算单位的一定量的金额"较为妥当。

2. 公务支出概念简析

一般认为,公务支出是指国家机关在履行公共管理职能过程中产生的各类公务活动的经费支出。主要包括办公费、因公出国(境)经费、会议费、差旅费、培训费、劳务费等,以及其他资本性支出中的大型修缮、办公设备购置等支出。而所谓的"将贪污所得用于公务支出",则是指行为人在贪污犯罪行为得逞后,将违法所得用于单位上述公务开支的行为。需要特别说明的是,只有当支出项目符合公务支出的相关规定时,才能认定行为人的相关行为属于将违法所得用于单位公务支出。若支出项目属于违法行为,如超出标准的烟酒等或为单位利益花费的礼金、贿款等,不管其是否基于单位利益,相关支出均不能认定为公务支出。

(二)贪污数额认定需要厘清的问题

1. 贪污数额认定的理论分歧

犯罪数额是贪污罪犯罪事实的重要组成部分,其对贪污罪的定罪量刑有着重大的影响。[1]直接反映着行为人的主观恶性,行为的实行程度及社会危害性等方面。[2]当前学界

---

[1] 张平寿.犯罪成本制约犯罪数额认定的路径审视[J].中国刑事法杂志,2018(5):43.
[2] 丁晶,宁建新,马忠诚.如何从犯罪客体角度认定贪污、受贿数额[J].人民检察,2008(7):44.

对于贪污罪的数额认定主要有三种不同的观点,第一种为损失说,认为贪污罪的犯罪数额为公共财物的实际损失额;第二种观点为"控制说",即贪污数额的认定应以犯罪人实际控制的公共财产数额为基准;第三种观点为实得说,认为行为人犯罪后的实际得赃数额即为贪污犯罪数额。❶

本书认为,基于立法本意,对贪污罪犯罪数额的认定宜采取控制说。根据《全国法院审理经济犯罪案件工作座谈会纪要》之规定,贪污罪是一种以非法占有为目的的财产性职务犯罪。故而,其应当与盗窃、诈骗等侵犯财产类犯罪一样,以行为人是否实际控制了犯罪所得财物作为区分既遂与未遂的标准。犯罪人具有贪污的故意,以非法占有为目的,利用职务上的便利,实施了侵吞等非法手段,实际控制了公共财物的,即成立贪污罪(既遂),其实际控制的财物即为贪污数额。此处的实际控制并不以涉案财物被行为人直接占有为限,实务中应对其作扩大解释,只要财物处于行为人可控制范围内,均可认定为财物由行为人直接控制。如行为人在骗取国家公共财物时申报了一个不在其名义下的银行卡账户,事后贪污所得也转自转自该账户内。在此情形下,只要行为人对该账号具有控制力,能够任意处分该账户内的财产,就可以认定为行为人已实际控制该财产,公共财物转入该账户内时,行为人就已贪污既遂。

2. 贪污数额认定的基本规则

贪污数额认定应当坚持"法定标准规则"以及"当时当地规则"。如上所言,区分贪污罪既遂和未遂的标准是行为人是否实际控制了一定量的财物。因而,认定贪污数额应当根据犯罪的最终形态做区别判断。严格遵循法定标准,当犯罪处于既遂形态时,以犯罪人在犯罪既遂时实际控制的公共财物数额为基础进行认定。当犯罪处于未遂、中止形态时,行为人并未实际控制公共财物,客观上只存在公共财物损失的数额,公共财物并未受到损失,只是该贪污行为一定程度体现出行为人的社会危害性,当作为酌定量刑情节予以考量。❷

此外,贪污犯罪行为的查处具有一定的时间持续性,从贪污行为的发生到行为被发现,最后到案件审判,具有一个时间跨度。随着时间的变化,贪污财物的市值也会随着不断变化,贪污的补贴款等款项补助标准也会随着时间的变化而不断变化。在跨地域犯罪中,因经济发展水平不一,案涉财物的市场价格也不尽相同。如本案中犯罪人骗取的国家粮食直补款,每年的补贴金额均不一致。因此,司法机关在认定贪污数额时应当坚持"当时当地规则"。以贪污行为发生时行为人所实际占有的公共财物价值、以犯罪时实际补贴标准、行为发生地的市场价格等基准来准确计算贪污数额,且不将贪污所得的孳息等列入贪污总额。

---

❶ 徐清."贪污数额"认定中的若干疑难问题探究[J].中国检察官,2012(2):40.
❷ 薛长义.贪污贿赂案件中"公务支出"解读[J].河南社会科学,2017(10):101.

(三)对将贪污所得用于公务支出的定性讨论

1. 将贪污所得用于公务支出行为不能否认非法占有故意

我国刑法对贪污罪的成立要件做了明确规定,要求犯罪人主观上具有非法占有公共财物的目的,客观上具有利用职务之便侵吞、窃取、骗取公共财物的行为。即贪污罪的成立要求行为人主观上必须具有非法占有目的。部分观点认为,行为人将贪污所得用于单位公务支出或者社会捐献,说明行为人主观上并不想非法占有公共财物。[1]且在实践中,部分行为人也往往以其具有将贪污所得用于单位公务支出情节来否认自己在整个行为中的贪污故意。刑法理论一般认为,非法占有是指行为人实施犯罪行为时,客观上对财物的实际非法控制的状态和主观上企图通过危害行为达到对财物的非法控制的目的。[2]据此可见,非法占有并非指对财物的永久占有或一定仅属于非法行为人占有。当犯罪行为人以贪污手段非法取得财物,并已经实现对财物的实际控制时,该行为就已经反映出行为人具有贪污罪中的非法占有目的,不管行为人在犯罪后是否将犯罪所得用于公务支出,都不能否认其事先的非法占有故意。准确认定贪污罪中的非法占有公共财物,应当把握以下两点:一是行为人需具有贪污罪中的非法占有故意;二是行为人已经着手实行贪污犯罪行为,已将特定公共财物占为己有或共同占有。只有行为人具备贪污的故意,并实际非法占有了公共财物,其行为才能被评价为犯罪。不能因为行为人将其非法所取得的公共财物用于单位的公务支出或者是社会捐赠,就直接推定得出行为人不具有非法占有目的。而应当结合行为人实施贪污行为时的主观心态、行为方式等来进行考量,其事后的处置行为并不能反推其之前行为时的主观态度。在满足犯罪成立要件的情形下,行为人还需在贪污数额达到了法定额度且犯罪已既遂的形态下,才考虑行为人将贪污所得用于公务支出行为对量刑的影响等问题。

2. 将贪污所得用于公务支出行为应识别为量刑情节

对贪污所得的处置,并不是贪污犯罪的犯罪构成要件,而是犯罪完成后行为人的一个自由处置行为。从犯罪完成形态的角度来看,贪污罪是典型的结果犯,行为人如若使用非法手段使国家或集体失去了对公共财产的控制权,并将该部分财产处于自己的控制之下,那么就可以被视为犯罪既遂。[3]因此,基于前述,国家工作人员以贪污的故意,非法占有并实际控制公共财物后,就已构成贪污罪(既遂),在此之后,将已经由自己控制的犯罪所得用于公务支出,明显是贪污既遂后对赃款的事后处置行为。故而,行为人在贪污既遂后将贪污所得用于公务支出,与用于个人使用等并无本质区别,都使国家对公共财物失去了

---

[1] 陈正云,陈鑫. "赃款去向"之于贪污罪的刑法意义[J]. 人民检察,2015(11):11.
[2] 伍玉功,曹兴华. 受贿款用于公务支出或社会捐献的法理思考[J]. 求索,2008(6):152.
[3] 陈忠林. 刑法(分论)[M]. 北京:中国人民大学出版社,2003:192.

控制,造成了公共财产的损失。将贪污所得用于公务支出只是犯罪人犯罪后的犯罪后处分行为,其并不影响犯罪的成立与既遂。这种情形与犯罪后取得被害人谅解、积极退赃等情节一样,应当属于"罪后情节",❶且属于"罪后情节"中的影响量刑情节。量刑情节是指定罪情节以外的,与犯罪行为或非法行为密切相关,反映了行为的社会危害程度或犯罪者的人身危害程度的,影响着行为人是否需要被判处刑罚以及是否可以从宽处罚的各种具体事实情节。❷犯罪人将贪污所得用于单位公务支出,反映出犯罪人的人身危险性有所降低,再犯可能性较小。使其前行为所侵害的法益得到一定程度的修复。因而可以将其作为酌定量刑情节予以考虑,但是在司法实务中,用于公务支出情节在多大程度上影响量刑,应当结合具体案情予以考量。

3. 将贪污所得用于公务支出部分予以扣除不利于实现刑罚目的

从刑法的保护法益来看,贪污罪的保护法益为国家公职人员的职务廉洁性以及公共财物的所有权,犯罪人只要利用职务便利,实施了侵吞、窃取国家公共财物的行为,就已侵犯了贪污所保护的法益,其后的一切行为都不能导致该侵害事实的消失。我国刑法规定贪污达到一定数额就构成犯罪的立法本意,就在于该行为取得财物手段的违法性和对国家工作人员职务廉洁性的侵害。正常的单位公务支出是可以通过正常的财务审批程序而进行报销获取的,且各单位都有专门的财务经费用于公务支出,法律禁止以不合法的手段实现单位公务支出。

当前,我国司法机关对于扣除公务费用的认识不一,认定公务支出的标准不一。司法机关在办理此类案件时,有的司法实务部门采取扣除说,而有的司法实务部门又采取不扣除说,一定程度上造成了司法裁断混乱,缺乏具体的判断依据,也没有统一的判决标准。如若承认可以将用于公务支出部分从贪污数额中扣除,首先,在处理相关案件时,便可能出现徇私枉法、违规办人情案、关系案等问题。其次,将公务支出予以扣除,将会出现整个案件定性困难,增大串供翻证的可能性。司法机关并不能提前预判行为人是否还有未报销的单位支出,这将导致举证、调查难度的增加,行为人可能在财务报销与证人串供、内外勾结,虚开各类餐饮发票,虚报公务支出事项,为自己脱罪,加大贪污犯罪的查处难度。最后,将贪污所得用于公务支出部分予以扣除将使部分贪污犯罪行为合法化,不利于抑制贪污犯罪,给一些贪污行为人可乘之机,利用协助人民政府从事公务的职务便利,以非法占有为目的贪污国家公共财产。在犯罪事实被发现以后,将贪污所得用以补贴村级基层组织的办公经费,用以躲避刑事惩罚。我国《刑法》第383条第1款第3项规定,贪污

---

❶ 所谓罪后情节,是指产生于特定犯罪行为或结果出现之后,排除在个罪犯罪构成诸要素之外,但仍和特定犯罪具有一定关联,影响定罪量刑的主客观事实情况。

❷ 林竹静,徐鹏.论罪后情节[J].中国刑事法杂志,2004(3):13.

数额较大或者有其他较重情节的才对犯罪人予以刑事处罚。根据最高人民法院、最高人民检察院《关于办理贪污贿赂刑事案件适用法律若干问题的解释》之规定,贪污犯罪中的数额较大为3万元以上不满20万元,存在较重情节的贪污数额为1万元以上3万元以下。在处罚规定犯罪贪污数额本就较高的情形,再将公务支出在贪污数额中予以扣除,将会导致大量的违法犯罪行为合法化,对其免于处罚,带来不可估量的危险。削弱刑法预防和控制犯罪的功能,不利于农村贪污腐败犯罪的防控,给公共财产造成极大的损害。

(四)本案分析

本案中,李某保伙同闫某文、董某东以及原村委主任张某,利用协助人民政府办理粮食补贴的便利,采取签订虚假承包合同或相互默认分别虚报的方式,虚报粮食种植亩数,套取国家粮食补贴款。从李某保的供述来看,其套取国家粮食补贴款的目的在于将骗取的国家粮食补贴款作为干部工资补贴,可以据此推定其具有将公共财物据为己有的非法占有目的。客观上,李某保也实施了骗取国家粮食补贴款的行为,其未耕种涉案土地而上报领取国家粮食补贴款,客观上反映出贪污的主观故意,且所申报的粮食补贴款也已打款至个人账户上,在此时,李某保已实际控制相应公共财物,犯罪已经既遂,因此,李某保以贪污的目的,非法占有国家粮食补贴款,行为已构成贪污罪(既遂)。本案中,李某保代为支付的款项为村委会文化广场工程花架款,该笔款项作为村委会广场的维修费,应当由村委会予以支付,属于单位工作上开支。李某保将贪污所得用于支付该笔单位开支,可以认定为将贪污所得用于公务支出。但如上所述,李某保在以贪污的故意,非法占有公共财物时贪污犯罪就已既遂,应以犯罪既遂时其实际控制的财产数额为基准认定其贪污数额。其在贪污既遂之后将贪污所得用于公务支出只是犯罪既遂后对赃物的一个事后处分。根据最高人民法院、最高人民检察院《关于办理贪污贿赂刑事案件适用法律若干问题的解释》之规定并不能影响犯罪的成立,而只能作为量刑情节予以考虑。因此,本案中,李某保贪污罪既遂后,将贪污所得用于村委会支出的1万元并不能从贪污数额中予以扣除,但是可以将该行为作为量刑情节予以考量。

此外,本案还存在犯罪人张某骗取国家粮食补贴款,将部分款项直接汇入村委会,由村委会自由支配,但该部分款项却未予认定为贪污数额的事实。因张某已经死亡,故而刑事程序上并未对该行为予以认定,但因该行为与李某保的行为极其相似,本书拟对该行为予以刑法意义上的讨论,与李某保之行为作对比研究。

行为人非法占有的财产应否计入贪污总额,应当以行为人实施非法占有行为时是否具有贪污故意以及非法占有目的为判断标准。因张某已经死亡,只能从李某保等人的供述中来推测张某的犯罪故意,李某保、闫某文、董某东三人的供述以及村委会会议记录都表明，他们骗取国家粮食直补款的目的在于将粮食补贴款作为干部补贴。实际上张某等人也实施了将未耕种土地作为自己耕种土地上报骗取国家粮食补贴款的事实，据此，可以认定张某具有贪污国家公共财产的故意。

就直接转入张某银行卡账户，由张某实际控制的部分粮食补贴款而言，认定张某对该部分补贴款具有非法占有目的并无疑问。但就汇入村委会账户的该部分粮食补贴款，并不能认定张某具有非法占有目的。这是张某行为与李某保行为的最大区别，也是该部分粮食补贴款未能计入贪污数额的主要依据。原因在于，直接汇入村委会账户，由村委会自由支配的粮食补贴款，并未由张某经手，也不存在该部分补贴款转入张某账户上之后再由其转入村委会账户的情形。且张某对于村委会的账户也并不存在控制关系。虽张某在当时是村委会主任，但是村委会的账户系公共账户，并非张某的个人账户，并不能因张某系村委会主任就认定张某对该账户具有控制能力。最后，该部分粮食补贴款也并不由张某进行支配，而是由村委会进行支配并用于村委会公务开支的。综上，张某并未实际控制该部分财产也不存在控制该部分粮食补贴款的行为，张某行为的目的为村委会占有该笔款物，以补贴村委会办公经费。因而，并不能认定张某对该部分款物具有非法占有目的，也不能认定张某行为属贪污行为，也就不构成贪污罪，该笔款项自然不能认定贪污数额。就张某该行为性质而言，只能认定为张某违反财务管理规定，非法套取国家公共财产，用于单位事项。该行为在司法实务中常称为"小金库"，可以对其进行纪委调查，但是不能对其贪污罪论处。这与李某保的行为完全不同，李某保是在犯罪既遂之后处分了贪污所得，将其用于公务支出，这并不能影响他犯罪的成立以及贪污数额的认定。张某套取粮食补贴款后转入村委会账户的行为则不能推定其具有非法占有公共财物的目的。该行为不构成贪污犯罪，也就不存在是否计入贪污数额的问题。

四、结论

将行为人贪污所得用于单位公务支出部分在贪污数额中予以扣除，并不利于贪污犯罪的惩治与预防，有放纵犯罪之嫌疑。行为人将贪污所得用于公务支出只是行为人犯罪后的罪后情节，该情节并不影响犯罪的成立，而只能作为一个酌定量刑情节予以考量。

行为人在审查起诉时供述主要犯罪事实能否认定为如实供述

——吴某德贪污案

唐亮

【裁判要旨】 行为人自动投案后仅供述部分犯罪事实,在审查起诉时才如实供述全部犯罪事实,且在一审开庭时没有翻供的,应当认定为如实供述,成立自首。

【关键词】 贪污 青苗补偿款 审查起诉 如实供述

一、基本案情[1]

2012年9—11月,被告人吴某德在任某省天然气管网有限公司对外关系部征地协调专员期间,在负责该公司在某市某区龙某镇天然气管网征地拆迁补偿工作的过程中,利用职务之便,伙同某市某区龙某镇环保办主任兼某省天然气管网有限公司征地协调小组副组长侯某文、某市某区龙某镇新某村村委会书记、村委会主任陈某丁,由陈某丁负责虚构补偿户和虚构补偿项目,侯某文负责对虚构的征地补偿款进行审核,被告人吴某德负责对虚构的征地补偿款进行盖章确认,三人通过虚报冒领的手段共同骗取国家青苗补偿款共计人民币583 839元,其中被告人吴某德个人分得人民币16万元。2013年6月6日,被告人吴某德在其单位纪检部门领导的陪同下到检察机关投案,6月7日在讯问中供述其收受陈某丁、侯某文等人给予公司工作经费16万元,且该笔经费用于日常工作开支没有入账的行为。6月21日接受讯问时供述16万元工作经费是以虚开或虚报青苗补偿款的方式套取出来的,7月26日吴某德亲笔书写的悔过书,7月30日接受讯问时如实供述其伙同他人共同贪污58万余元的犯罪事实。案发后,被告人吴某德退出赃款人民币16万元。

本案争议焦点为行为人自动投案后仅供述了收取他人钱款事实,并对款物用途做虚假陈述。在检察机关审查起诉时,才供述其伙同他人采取通过虚报冒领的手段,共同骗取国家青苗补偿款犯罪事实的行为能否认定为如实供述。一审法院认为,被告人吴某德在其单位纪检部门领导的陪同下到检察机关投案,在检察机关提起公诉前如实供述上述的犯罪事实,依法应认定为自首,可予以减轻处罚。一审宣判后,某市某区人民检察院提出

---

[1] 本案来源于中国裁判文书网,某省高级人民法院(2015)粤高法审监刑再字第10号,https://wenshu.court.gov.cn/website/wenshu/181107ANFZ0BXSK4/index.html?docId=230ca0783c974a519f7b8837371a8820,2020年05月23日访问。

抗诉,某市人民检察院支持抗诉,认为吴某德并不符合自首的认定条件,原审法院将"如实供述"的时限截至"公诉前",于法无据。二审法院维持一审判决,认为原判认定原审被告人吴某德有自首情节并无不当。二审宣判后,某省人民检察院提出抗诉,抗诉提出:从投案之时直至被移送审查起诉近两个月的时间内,吴某福一直不如实供述其主要犯罪事实,不符合自首认定条件。其如实供述的时间不符合最高人民法院关于"如实供述"的时间规定,不能被认定为自首,故而吴某德的行为并不符合自首的认定条件,不能被认定为自首,二审法院认定事实错误。某省高级人民法院再审维持二审判决,认为原审法院认为刑法以及司法解释均没有明确规定如实供述的时间,应作对被告人有利的解释,吴某德主动投案,提起公诉前如实供述其伙同他人共同贪污的事实,且在一审开庭时没有翻供,吴某德符合自首认定条件意见并无不当。

二、案件争议问题

行为人在自动投案后仅供述了收取他人钱款事实,并对款物用途做虚假陈述。在检察机关审查起诉时,才供述其伙同他人采取通过虚报冒领的手段共同骗取国家青苗补偿款犯罪事实的行为,能否认定为如实供述,是否成立自首是本案主要争议问题。

三、问题分析及阐述

自首制度是我国刑法中一项极为重要的刑罚制度。正确理解和适用自首制度对于提高司法效率,节约司法资源具有极为重要的现实意义。[1]根据《刑法》规定,成立自首须同时具备"自动投案"和"如实供述自己罪行"(以下简称"如实供述")两个要件。即要求行为人在司法机关掌握其犯罪事实前主动投案,并如实供述自己罪行。但在司法实践中,由于司法机关对自首中"如实供述"情节时限节点的认定存在较大争议,导致部分应当被认定为成立自首的案件未能得到认定,一定程度上导致了个案量刑的失衡。"如实供述"作为自首成立的两个要件之一,其如何判断不仅影响到对自首成立与否的认定,更关涉到自首制度设立目的能否实现。[2]因此,对"如实供述"情节认定要素进行厘清,对于规范自首情节的认定,实现量刑公正而言具有重要意义。

(一)自首制度设立宗旨

1. 促进刑罚目的实现

对犯罪人施以刑罚的目的是惩罚和预防犯罪。现代学术界普遍认为,预防犯罪是刑

---

[1] 周加海.自首制度研究[M].北京:中国人民大学出版社,2004:22.
[2] 王飞跃.自首制度中"如实供述"的理解与认定[J].湘潭大学学报(哲学社会科学版),2009(5):47.

罚的基本目的。犯罪预防可分为一般预防和特殊预防。一般预防是指为了防止一般公众犯罪而对犯罪人施加惩罚；而特殊预防则是通过对犯罪人本人处以刑罚，震慑其不敢再犯罪。自首制度的设立对于实现刑罚预防目的具有极大的促进作用。正如学者所言，作为一项兼顾惩罚犯罪和教育改造犯罪重要功能的刑罚裁量制度，自首从宽之制"使刑罚目的的实现过程在一定程度上因犯罪人的自动归案而拓展到犯罪行为实施之后,定罪量刑之前,促使罪犯的自我改造更早开始"，从而为特殊预防之刑罚目的的实现打下了坚实的基础。❶当前司法实践也表明，自首制度的设立，对于鼓励犯罪行为人积极悔罪，自觉接受法律的制裁具有积极作用。许多犯罪人正是基于自首从宽制度的呼吁，走上了改过自新，遵守法律和积极改造的正确道路。在此基础上，一方面，自首制度在促进和实现刑罚特殊预防目的方面所具有价值和重要性是不言而喻的；另一方面，自首制度对实现一般预防的惩罚目的也具有重要价值。一般预防中最重要的事情是及时发现犯罪，及时惩治犯罪并公布处罚结果。这意味着越早发现并惩治犯罪，就越能起到预防和惩处的一般目的。❷如上所述，自首制度可以极大地鼓励罪犯在犯罪后主动悔罪，并在案发后自动投案。这有助于司法机构及时，顺畅地侦查和惩治犯罪，达到一般预防的目的。

2. 节约司法资源

自首制度最大的价值在于鼓励犯罪嫌疑人主动、尽早归案，认罪伏法，接受法律处罚，以节约司法资源。行为人在犯罪后自动投案，积极悔罪，一定程度上能够减轻司法机关办案压力，节省了司法机关对犯罪人进行追捕所要耗费的司法资源。成立自首要求罪犯真诚地承认主要犯罪事实，承认同案犯等犯罪事实，有利于司法机关及时和全面确认犯罪事实，快速、顺利地收集证据，抓捕和起诉其他同案犯，从而能顺利地分化、瓦解犯罪势力，极大节约司法资源，并提高司法工作效率。

(二)自首中"如实供述"时限节点的认定

"如实供述"是指行为人在国家司法机关（主动或被动）的控制下，愿意承担其行为的法律后果和刑事责任，主动如实供述自己所犯罪行。行为人只有如实交代自己罪行才能证成其认罪诚意，进而为司法机关追诉犯罪、对其从宽处理提供客观依据。虽然当前已出台多个相关司法解释，但由于未对"如实供述"的时间作出较为明确的规定，导致司法实践中对"如实供述"情节的认定仍较为混乱，影响了刑罚裁量的公正。而"如实供述"的时限节点直接影响着行为人的供述行为能否被认定为如实供述，成立自首。所以，准确认定

---

❶ 赵秉志.新刑法教程[M].北京：中国人民大学出版社,1994:348.
❷ 周加海.自首制度研究[M].北京：中国人民公安大学出版社,1997:23.

行为人是否成立如实供述,须先明确"如实供述"时限节点的认定条件。❶

1."如实供述"时限节点认定的相关法律规定

1998年生效的最高人民法院《关于处理自首和立功具体应用法律若干问题的解释》第1条第2款规定,如实供述犯罪事实是指在犯罪分子投案之后如实供述其主要犯罪事实。该规定意味着"如实供述"需在自动投案后作出。其基本含义是指行为人应在投案后如实认罪,悔罪,"如实供述"的时限节点最晚可以推迟到一审判决作出之前。如果自动投案后没有"如实供述",即使在审判期间作出了真正的供认,也不应将其视为"如实供述"。否则,在实践当中便会出现,行为人在归案后拒不承认自己的犯罪事实,但在审判中,发现自己的否认是没有意义的,进而承认自己的犯罪事实。在这种情况下,如若可以被认定为成立自首,显然太过于宽泛,不符合自首制度的立法宗旨。

2010年,最高人民法院印发《关于处理自首和立功具体应用法律若干问题的解释》,对1998年司法解释中"如实供述"的时间节点问题做了细化规定。该意见规定,"犯罪嫌疑人自动投案时虽然没有交代自己的主要犯罪事实,但在司法机关掌握其主要犯罪事实之前主动交代的,应认定为如实供述自己的罪行"。该规定在立法理念上基本上与1998年司法解释一致,其基本含义仍是行为人应在自动投案后立即如实承认自己罪行。最高人民法院《关于处理自首和立功具体应用法律若干问题的解释》中的突出之处在于,将归案后没有立即"如实供述"但仍可认定为自首的条件予以明确,将行为人自动投案后首次"如实供述"的时限节点明确为司法机关掌握其主要犯罪事实之前。根据上述司法解释之规定,行为人在接受了司法机关的教育后作出的供述行为也可以被认定为"如实供述"。但是,对该"如实供述"规定了期限,即必须在司法机关掌握其主要犯罪事实之前,如行为人在司法机关掌握其主要事实之后供述其犯罪事实,则不能被认定为"如实供述",不能成立自首。

2."如实供述"时限节点认定的理论观点

关于"如实供述"的时限节点,理论界存在着两种主流观点:"当即说"和"判决生效说"。"当即说"的观点认为,行为人应当在第一次接受讯问时就将其所知道的全部事实向司法机关交代;❷"判决生效说"的观点则认为,只要在判决生效前如实供述哪怕是二审阶段,也应当认定为"如实供述"。❸

本书认为,无论是"当即说"还是"判决生效说"均不符合自首制度设立宗旨。自首制度作为我国极为重要的一项刑罚制度,设立目的在于给予行为人改过自新的机会,进而促

---

❶ 吴占英.坦白成立要件"如实供述自己罪行"理解探微[J].法学杂志,2016(10):56.
❷ 福田平,大塚仁.日本刑法总论讲义[M].李乔,文石,周世铮,译.沈阳:辽宁人民出版社,1986:259.
❸ 最高人民法院刑事审判第一庭、第二庭.刑事审判参考[M].北京:法律出版社,2001:7.

进刑罚目的的实现以及节约司法资源。"当即说"要求行为人在第一次接受讯问之时就向司法机关如实交代自己全部的犯罪事实,显然是没有考虑到犯罪人实施犯罪行为之后的主观心理态度。人的本能是趋利避害的,当行为人在实施了相关犯罪行为之后,一般而言都具有侥幸心理,大部分都会逃避司法机关的侦查,拒不认罪,想逃避刑事处罚。且由于紧张、害怕或者拖延等心理因素影响,当行为人主动或者被动地处于司法机关的控制之下时,很少有行为人能够在第一次被讯问时就向司法机关如实交代自身的犯罪事实。"当即说"对于行为人的要求过高,在司法实践中极难适用,如若采用此种观点,自首制度或许会成为一种虚设的刑罚制度。"判决生效说"将如实供述的时间界定放宽至判决生效之前,该观点在一定程度上具有可取之处,但是也具有一定的缺陷。自首制度是我国极为重要的刑罚制度,通常应在侦查和起诉阶段予以确定,并在司法程序中进行审查,即通过司法审查和司法裁判来确认自首制度的重要性。如果一味地将"如实供述"的时间放宽,在司法实践当中便会出现延迟供述的情形,严重的情形下,行为人可能在二审阶段才向审判机关供述自己的犯罪事实,但是此时供述并不能在实质上帮助司法机关侦查、审判案件,反而会成为司法机关在处理案件过程中的障碍,并且司法机关还需要再核实其供述行为,降低了司法工作效率。将自首中如实供述的时间节点扩大到裁判生效之前,会不当地扩大自首制度的适用范围,导致部分并不能体现行为人认罪、悔罪态度的案件得以成立自首,导致量刑失衡。

3. 一般自首中"如实供述"时限节点的认定应符合立法本意

"当即说"与"判决生效说"对于"如实供述"时限节点的认定均存在一定的不合理之处,在实践中容易加重司法机关的工作任务,并可能导致个案的量刑失衡,违背自首制度的设立宗旨。因此,在司法实践中,对于"如实供述"时限节点的认定应当以《刑法》规定为根本准则,以自首制度的设立宗旨为指引进行实质判断。

由我国《刑法》第67条规定可知,特别自首中如实供述时间节点为行为人被动归案后,其罪行未被司法机关掌握前。也即尽管犯罪嫌疑人在被动归案后未如实供述相关犯罪事实,但在该犯罪事实被司法机关掌握前自愿供述的仍可成立自首。从该规定可以较为清晰地看出,特别自首中如实供述的时限节点为行为人犯罪事实未被司法机关掌握时前。这是因为,在行为人的犯罪行为未被司法机关掌握前,行为人如实供述自己的罪行,既体现出行为人认罪悔罪,自觉接受法律的制裁的悔罪态度,更有助于司法机关及时和全面确认犯罪事实,能极大节约司法资源。

就一般自首而言,只要行为人在自动投案后,在司法机关未掌握其主要犯罪事实之前如实供述了主要犯罪事实,均能成立自首。自首制度的设立宗旨在于预防犯罪目的的实现以及节约有限的司法资源,我国《刑法》第67条对于特别自首中如实供述时间节点的认定规则充分体现了节约司法资源以及促进刑罚目的实现的立法宗旨。因此,对于处于同一条规定中的一般自首而言,也应当以自首制度的设立宗旨为指导,即对于一般自首中如实供述时间节点的认定,也应以节约司法资源和促进刑罚目的的实现为判断基准。我国刑法一贯的立法精神在于,当刑法规定不明确时应作出有利于被告人的解释。故而在刑法未对一般自首如实供述时间节点予以明确规定的情形下,结合最高人民法院《关于处理自首和立功具体应用法律若干问题的解释》中对于一般自首如实供述时间节点例外情形的规定,应当对一般自首中如实供述的时间节点作出有利于犯罪人的解释,也就是说,只要犯罪者在自动投案之后且在执法部门掌握了犯罪的主要事实之前,已如实地承认犯罪的主要事实,则应确定成立自首。刑法设立自首制度,旨在鼓励罪犯积极接受司法制裁,以节省司法资源,从而提高案件处理效率。犯罪人在司法机关掌握其主要犯罪事实之前,如实供述主要犯罪事实,有利于侦查机关准确把握案情,补充证据、作出正确的案情认定,提出正确的量刑建议,更有利于实现刑罚之目的以及节约司法资源之价值。而犯罪人在司法机关已经掌握其主要犯罪事实后再如实供述其主要犯罪事实,并不能起到节约司法资源之目的,在此时,司法机关掌握的证据已经达到确实充分程度,犯罪人在此时如实供述其主要犯罪事实,已不能起到有利于侦查机关及时发现犯罪并及时抓捕同案犯或者更全面收集证据之作用。

(三)自首中"如实供述"其他内容的认定

1. 主要犯罪事实的认定

如实供述中的"主要犯罪事实"是可以证明其行为构成犯罪的基本事实,[1]或对确定行为人行为性质认定,对定罪,对行为人量刑等至关重要的事实和情节等。在实践中,主要犯罪事实的认定应当区别于行为人已经如实供述的犯罪事实和供述部分的危害程度,来确定是否供述了主要犯罪事实。[2]根据最高人民法院《关于处理自首和立功若干具体问题的意见》规定,认定行为人是否如实供述主要犯罪事实,主要根据其已交代的犯罪事实与未交代的犯罪事实的危害程度,并需要重点考查区分犯罪情节与犯罪数额两个具体标准,行为人如实交代的犯罪情节重于未交代的犯罪情节,或者如实交代的犯罪数额多于未交代的犯罪数额的,一般应认定为如实供述主要犯罪事实。

2. 如实供述身份的认定

犯罪人如实地认罪,除供认自己的主要犯罪事实外,还应包括其姓名、年龄、职业、地址、犯罪记录等。如果犯罪嫌疑人供认的身份和其他情况与实际情况有所不同,但不影响

---

[1] 张阳.论自首中"如实供述"的司法认定[J].河南财经政法大学学报,2013(2):96.
[2] 周峰,薛淑兰,孟伟.《关于处理自首和立功若干具体问题的意见》的理解与适用[J].人民司法,2011(3):24.

定罪和量刑的,也可以认定为如实供述自己的身份。如果犯罪嫌疑人在自动投案后掩盖了真实身份,从而影响了他的定罪和量刑,则不能假定他已如实供认了自己的罪行。如实供述身份的认定,应当以犯罪嫌疑人所供述的身份是否影响定罪量刑为认定标准,如犯罪嫌疑人谎报年龄,称自己23岁,实际26岁,但这并不影响犯罪嫌疑人的定罪量刑,也可以认定为犯罪嫌疑人如实供述罪行。

(四)本案分析

1. **自动投案的认定**

自动投案既要有投案的意图,也要有投案的行为。[1]本案中,犯罪人吴某德在其单位纪检部门领导的陪同下到检察机关投案,该自动投案行为并未受到其单位纪检部门强制,具有投案的自动性及自愿性。且在吴某德自动投案时,司法机关也并未掌握其犯罪事实,该自动投案行为也符合自动投案的时间条件。因此,吴某德的自动投案行为既符合自动投案的时间要件,也具有投案自动性及自愿性,应认定为自动投案。

2. **如实供述的认定**

(1)"如实供述"时限节点的认定。

本案主要争议焦点在于吴某德的供述时间是否符合"如实供述"的时限认定节点。如前所述,自首制度设立的宗旨在于节约司法资源以及促进犯罪预防目的的实现,本案中,吴某德在自动归案后第一次接受讯问时,如实交代了其部分贪污犯罪事实,在此时,检察机关并未掌握其犯罪事实,其自动交代部分贪污犯罪事实的行为一定意义上节约了检察机关司法资源。在其后的讯问以及吴某德书写的悔过书当中,吴某德均如实供述了其伙同他人共同贪污国家青苗补偿款的犯罪行为,体现出吴某德认罪态度较好,具有认罪伏法、自愿接受法律处罚的悔罪态度,这与自首制度的设立宗旨是相符合的,且当前我国刑法及司法解释均未对一般自首中如实供述的时间节点作出明确规定,故而,在刑法未明确规定时,根据我国刑法原理,应当作出有利于被告人的解释。因此,基于自首制度设立宗旨以及我国刑法原理,应当认定吴某德供述行为符合如实供述时间节点的要求。

(2)如实供述犯罪事实的认定。

从本案基本案情可以看出,吴某德6月6日到检察机关自动投案,在6月7日讯问中就已供述其收受陈某丁、侯某等人给予公司工作经费16万元,且该笔经费其用于日常工作开支没有入账的事实。此时吴某德所供述的事实已涉及贪污犯罪。随后,在6月21日接受讯问时供述16万工作经费是以虚开或虚报青苗补偿款的方式套取出来的,该次供述吴

---

[1] 徐安住.自首制度疑难问题的司法认定——基于《刑事审判参考》28个示范案例的实证分析[J].湖南大学学报(社会科学版),2012(1):150.

某德就已承认其部分犯罪事实。随后,吴某德在其7月26日亲笔书写的悔过书中以及7月30日接受讯问时,均如实供述其伙同他人共同贪污58万余元的犯罪事实,且在一审开庭时没有翻供。虽吴某德在6月7日讯问中所供述的贪污数额低于其总贪污数额,且未达到其总贪污数额58万余元的一半及以上,但是其在之后的供述中均如实供述了贪污58万余元的犯罪事实,应当认定为如实交代主要犯罪事实。一审、二审法院对于吴某德如实供述其主要犯罪事实也并无争议。

因此,综上所述,本案中吴某德在案发后自动投案,虽然在自动投案后仅供述部分犯罪事实,在提起公诉前才如实供述全部犯罪事实,但基于自首制度设立宗旨以及我国刑法原理,应当认定其符合如实供述的时间节点,满足自首成立要件,成立自首。

四、结论

司法实践中,由于各地司法部门对于自首中"如实供述"认定理念的不同,导致对相类似的案件存在不同的判决,影响了刑法的权威和自首制度积极性作用的发挥。设立自首制度的目的是节省司法资源,促进刑罚目的的实现。自首中如实供述时间节点的认定应当以自首制度的设立宗旨为指引,行为人在自动投案后,司法机关未掌握其主要犯罪事实之前,如实供述其主要犯罪事实的,可以成立自首。

参考文献

著作类

[1]高铭暄,马克昌.刑法学[M].北京:北京大学出版社,2011.
[2]毕志强,肖介清.职务侵占罪研究[M].北京:人民法院出版社,2001.
[3]黎宏.刑法学[M].北京:法律出版社,2012.
[4]魏东.刑法解释(第2卷)[M].北京:法律出版社,2016.
[5]张明楷.法益初论[M].北京:中国政法大学出版社,2011.
[6]张明楷.刑法学[M].北京:法律出版社,2016.
[7]曲久新.刑法学原理[M].北京:高等教育出版社,2014.
[8]马克昌.犯罪通论[M].武汉:武汉大学出版社,1999.
[9]张明楷.刑法分则的解释原理[M].北京:中国人民大学出版社,2011.
[10]赵长青.经济刑法学[M].北京:法律出版社,1999.
[11]张国轩.商业犯罪的定罪与量刑[M].北京:人民法院出版社,1999.
[12]张明楷.刑法学[M].北京:法律出版社,2003.
[13]周光权.刑法各论讲义[M].北京:清华大学出版社,2000.
[14]王作富.刑法分则实务[M].北京:中国方正出版社,2007.
[15]高桥则夫.刑法总论讲义案[M].东京:成文堂,2006.
[16]蒋小燕,王安异.渎职罪比较研究[M].北京:中国人民公安大学出版社,2004.
[17]张明楷.刑法学[M].三版.北京:法律出版社,2007.
[18]高铭暄,马克昌.刑法学[M].北京:北京大学出版社,2017.
[19]陈兴良.刑法疏议[M].北京:中国人民公安大学出版社,1997.
[20]陈国庆.新型受贿犯罪的认定与处理[M].北京:法律出版社,2007.
[21]张明楷.刑法学[M].北京:法律出版社,2011.
[22]高铭暄,马克昌.刑法学[M].北京:北京大学出版社,2016.
[23]高铭暄.刑法专论(上编)[M].北京:高等教育出版社,2002.
[24]张军.非公有制经济刑法规制与保护论纲[M].北京:中国人民公安大学出版社,2007.
[25]中华人民共和国最高人民法院刑事审判第一、二、三、四、五庭.《刑事审判参考》2010年第6集(总第77集)[M].北京:法律出版社,2011.

[26]赵震.职务犯罪重点疑难精解[M].北京:法律出版社,2013.

[27]张瑞幸.经济犯罪新论[M].西安:陕西人民教育出版社,1991.

[28]苏惠渔.刑法学[M].北京:中国政法大学出版社,1997.

[29]高铭暄.中国刑法学[M].北京:中国人民大学出版社,1989.

[30]高铭暄,马克昌.刑法学[M].北京:北京大学出版社,高等教育出版社,2004.

[31]陈兴良.共同犯罪论[M].北京:中国人民大学出版社,2006.

[32]陈兴良.规范刑法学[M].北京:中国人民大学出版社,2015.

[33]何秉松.刑法教程[M].北京:中国法制出版社,2000.

[34]陈兴良,周光权.刑法学的现代展开[M].北京:中国人民大学出版社,2015.

[35]周振想.公务犯罪研究综述[M].北京:法律出版社,2005.

[36]贾济东.渎职罪构成研究[M].北京:知识产权出版社,2007.

[37]赵秉志.中国刑法案例与学理研究[M].北京:法律出版社,2001.

[38]赵俊.贪污贿赂类罪认定标准与办案指南[M].北京:法律出版社,2019.

[39]王伟.村基层组织人员职务犯罪[M].武汉:武汉大学出版社,2016.

[40]周道鸾,张军.刑法罪名精释(下册)[M].北京:人民法院出版社,2013.

[41]张明楷.外国刑法纲要[M].北京:清华大学出版社,2007.

[42]赵秉志.刑法修正案(八)理解与适用[M].北京:中国法制出版社,2011.

[43]张明楷.刑法学[M].北京:法律出版社,2016.

[44]张勇.犯罪数额研究[M].北京:中国方正出版社,2004.

[45]周路.当代实证犯罪学新编——犯罪规律研究[M].北京:人民法院出版社,2004.

[46]陈兴良.刑法各论精释[M].北京:人民法院出版社,2015.

[47]林山田.刑法通论[M].北京:北京大学出版社,2012.

[48]陈忠林.刑法的界限——刑法第1-2条的理解、适用与立法完善[M].北京:法律出版社,2015.

[49]陈兴良,周光权.刑法学的现代展开Ⅱ[M].北京:中国人民大学出版社,2015.

[50]张明楷.刑法学[M].四版.北京:法律出版社,2011.

[51]刘建国.贪污贿赂罪渎职罪[M].北京:中国检察出版社,2008:68.

[52]周加海.自首制度研究[M].北京:中国人民公安大学出版社,2004.

[53]赵秉志.新刑法教程[M].北京:中国人民大学出版社,1994.

[54]福田平,大塚仁.日本刑法总论讲义[M].李乔,文石,周世铮,译.沈阳:辽宁人民出版社,1986.

[55]最高人民法院刑事审判第一庭、第二庭.刑事审判参考[M].北京:法律出版社,2001.

[56]吴光侠.主犯论[M].北京:中国人民公安大学出版社,2007.

[57]孟庆华.贪污罪定罪量刑案例评析[M].北京:中国民主法制出版社,2003.

[58]于志刚.自首制度适用中的疑难问题[M].长春:吉林人民出版社,2001.

[59]高锋志.自首与立功制度及司法适用[M].北京:中国人民公安大学出版社,2012.

[60]刘光显.贪污贿赂罪的认定与处理[M].北京:人民法院出版社,1996.

[61]赵秉志.刑法新教程[M].北京:中国人民大学出版社,2001.

[62]刘家琛.刑法分则及配套规定新释新解[M].北京:人民法院出版社,2000.

[63]国家法官学院.中国刑法教程[M].北京:中国政法大学出版社,1988.

[64]孟庆华.挪用公款罪研究新动向[M].北京:北京大学出版社,2006.

[65]王作富.经济活动中罪与非罪的界限[M].北京:中国政法大学出版社,1993.

[66]张仲芳.刑事司法指南[M].北京:法律出版社,2007.

[67]罗猛.关于受委派、受委托从事公务的人员的理解与适用[M].北京:法律出版社,2007:1-20.

[68]陈忠林.刑法(分论)[M].北京:中国人民大学出版社,2003.

期刊类

[1]张阳.论自首中"如实供述"的司法认定[J].河南财经政法大学学报,2013(2).

[2]周峰,薛淑兰,孟伟.《关于处理自首和立功若干具体问题的意见》的理解与适用[J].人民司法,2011(3).

[3]徐朋.自动投案但到一审开庭时才如实供述是否构成自首[J].中国检察官,2019(7).

[4]刘妙香,牛克乾.如实交代主要犯罪事实与自首的准确认定[J].人民司法(案例),2011(10).

[5]徐安住.自首制度疑难问题的司法认定——基于《刑事审判参考》28个示范案例的实证分析[J].湖南大学学报(社会科学版),2012,26(1):150.

[6]魏东.职务侵占的刑法解释及其法理[J].法学家,2018(6):95.

[7]周光权.职务侵占罪客观要件争议问题研究[J].政治与法律,2018(7).

[8]付立庆.交叉式法条竞合关系下的职务侵占罪与盗窃罪——基于刑事实体法与程序法一体化视角的思考[J].政治与法律,2016(2).

[9]刘伟琦.职务侵占罪中"职务"范围的合目的性解读[J].当代法学,2015(6).

[10]陈洪兵.体系性诠释"利用职务上的便利"[J].法治研究,2015(4).

[11]刘伟琦."利用职务上的便利"的司法误区与规范性解读——基于职务侵占罪双重法益的立场[J].政治与法律,2015(1).

[12]卢建平,邢永杰.职务侵占罪"利用职务便利"认定中的若干争议问题[J].黑龙江社会科

学,2012(2).

[13] 郭泽强.关于职务侵占罪主体问题的思考——以对"利用职务上的便利"之理解为基点[J].法学评论,2008(6).

[14] 冯兆蕙.职务侵占罪司法认定问题探究[J].河北法学,2008(9).

[15] 肖中华,闵凯.职务侵占罪认定中的三个争议问题剖析[J].政治与法律,2007(3).

[16] 魏东.侵占罪犯罪对象要素之解析检讨[J].中国刑事法杂志,2005(5):52-53.

[17] 黄祥青.职务侵占罪的立法分析与司法认定[J].法学评论,2005(1).

[18] 陈兴良.刑法法理的三重语境[J].中国法律评论,2019(3):77.

[19] 姜涛.刑法中国家工作人员定义的个别化解释[J].清华法学,2019(1).

[20] 黎宏.受贿犯罪保护法益与刑法第388条的解释[J].法学研究,2017(1):66.

[21] 周光权.论受贿罪的情节——基于最新司法解释的分析[J].政治与法律,2016(8):36.

[22] 陈兴良.为他人谋取利益的性质与认定——以两高贪污贿赂司法解释为中心[J].法学评论,2016(4).

[23] 陈兴良.贪污贿赂犯罪司法解释——刑法教义学的阐释[J].法学,2016(5):66.

[24] 陈洪兵."国家工作人员"司法认定的困境与出路[J].东方法学,2015(2):111.

[25] 刘杨.法治的概念策略[J].法学研究,2012(6):31.

[26] 陈兴良.目的犯的法理探究[J].法学研究,2004(3):74.

[27] 宋久华.试论对"号贩子"倒卖"专家号"行为的刑法规制[J].知识经济,2010(2):27.

[28] 邹清平.非法转让、倒卖土地使用权罪探析[J].法学评论,2007(4):116.

[29] 陈兴良.相似与区别:刑法用语的解释学分析[J].法学,2000(5):34.

[30] 劳东燕.论受贿罪中的国家工作人员[J].东方法学,2020(2).

[31] 邓晟.非国家工作人员受贿罪的司法认定分析[J].法制与社会,2020(5).

[32] 高圣平.宅基地制度改革政策的演进与走向[J].中国人民大学学报,2019(1).

[33] 刘莘,陈悦.行政委托中被委托主体范围的反思与重构——基于国家与公务员间法律关系的思考[J].行政法学研究,2018(2).

[34] 张超运.村基层组织人员在履行职务时的身份认定[J].中国检察官,2017(2).

[35] 左杰.浅议村基层组织人员"职务行为"的特点[J].中国检察官,2017(2).

[36] 张建军.规范刑法学视野中的农村基层组织人员[J].法学论坛,2016(3).

[37] 陈旭玲.村基层组织人员"以国家工作人员论"的司法认定[J].法学杂志,2012(6).

[38] 曹冲,黄婧.试论贪污罪之犯罪对象[J].黑龙江省政法管理干部学院学报,2011(4):48.

[39] 赵拥军.对贪污罪对象"公共财物"的再次审视[J].犯罪研究,2015(4).

[40] 王吉春.我国认定贪污罪对象的基本范畴[J].宜宾学院学报,2014(3):53.

[41]陈洪兵.论贪污罪中"侵吞""窃取""骗取"及"其他手段"[J].法治研究,2014(8):90.

[42]江岚,祝炳岩.滥用职权罪中"滥用职权"再析[J].中国刑事法杂志,2013(11):52.

[43]劳东燕.滥用职权罪客观要件的教义学解读——兼论故意·过失的混合犯罪类型[J].法律科学(西北政法大学学报),2019(4):59.

[44]姜俊山.玩忽职守罪司法认定中相关问题蠡测[J].辽宁师范大学学报(社会科学版),2015(6).

[45]孙丽娜,朱群英.滥用职权罪与玩忽职守罪之实践区分[J].中国检察官,2013(16).

[46]劳东燕.犯罪故意理论的反思与重构[J].政治与法律,2009(1):87.

[47]高国其.重新认识滥用职权和玩忽职守的关系——兼论《刑法》第397条的结构与罪名[J].刑法论丛,2016(2):347.

[48]邹兵建.论贪污罪中的"利用职务上的便利"——以指导性案例11号为切入点的反思[J].政治与法律,2016(11).

[49]邓文莉.《刑法》第397条中的"重大损失"在滥用职权罪中的地位[J].政治与法律,2006(1):146-151,116.

[50]鲜铁可,王兆峰,官兵.公诉玩忽职守罪最低证据标准[J].法学杂志,2002(1):49.

[51]马春辉.官员收受礼金的刑法规制探析——基于司法解释的视角[J].合肥学院学报(综合版),2017(4):97.

[52]车浩.贿赂犯罪中"感情投资"与"人情往来"的教义学形塑[J].法学评论,2019(4):27.

[53]苗永干.试论礼金的性质[J].徐州教育学院学报,2005(4):33.

[54]周耀杭,刘晓航.增设"收受礼金罪"的可行性分析[J].淮北职业技术学院学报,2017(2):135.

[55]茅莹.收受礼金行为的刑法规制[J].山西省政法管理干部学院学报,2018(3):77.

[56]徐留成.受贿罪既遂与未遂的疑难问题研究[J].河南社会科学,2008(5).

[57]邹瑛.受贿罪既遂标准研究[J].山东警察学院学报,2014,26(6).

[58]刘雅楠.受贿罪未遂的司法探究[J].法律适用,2017(11).

[59]付余,高蕴嶙.受贿罪既未遂认定标准研究[J].辽宁公安司法管理干部学院学报,2019(6).

[60]杜文俊,赵拥军.财产犯罪既遂标准中的控制说及其司法认定[J].上海政法学院学报(法治论丛),2015(2).

[61]陈兴良.受贿罪的未遂与既遂之区分[J].中国审判,2010(2).

[62]张明楷.论财产罪的非法占有目的[J].法商研究,2005(5):76.

[63]张兆松,邱敏焰.职务侵占罪"利用职务上的便利"要件再研究——以杨某被控盗窃宣告

无罪案为例[J].山东警察学院学报,2019(4).

[64] 周啸天.职务侵占罪中"利用职务上的便利"要件之再解读——以单一法益论与侵占手段单一说为立场[J].政治与法律,2016(7).

[65] 陈洪兵.通说误读了侵占犯罪构成要件[J].东北大学学报(社会科学版),2014(4):411.

[66] 郑天城.职务侵占罪的客观行为方式探究——兼论综合手段说之提倡[J].福建法学,2020(1):65.

[67] 卢建平,赵康.收受财物及时退交行为与受贿罪认定——以受贿罪司法解释为分析视角[J].人民检察,2015(25):8.

[68] 刘鹏.收受财物后及时退还或上交的司法认定[J].中国检察官,2016(11):52.

[69] 李兴.受贿罪中"收受财物后及时退还或者上交"在司法实践中的困难及完善意见[J].法制博览,2016(14):106.

[70] 张明楷.受贿罪中收受财物后及时退交的问题分析[J].法学,2012(4).

[71] 孙道萃."收受财物后及时退还"的刑法教义分析[J].江汉学术,2017(1):23.

[72] 童靖.受贿犯罪案件中"及时退还或上交"在实践中的认定[J].河南司法警官职业学院学报,2017(1):55.

[73] 马春晓.收受财物后再处理行为与受贿罪认定——受贿罪司法解释适用的误识与匡正[J].河南财经政法大学学报,2017(6):96.

[74] 赵益奇.国家工作人员收受财物后退还或上交的处理——兼论《关于办理受贿刑事案件适用法律若干问题的意见》第9条[J].中国检察官,2017(9):7.

[75] 张秀玲,辛永清.自首中"自动投案"疑难问题分析[J].青海民族大学学报(教育科学版),2011(1):99-103.

[76] 杨俊.试论我国刑法中自首制度构成要件之完善[J].江苏大学学报(社会科学版),2005(4):72.

[77] 施兰花.坦白与自首的价值位阶辨析[J].湖北警官学院学报,2012,25(1):61.

[78] 黄祥青.自首与立功探微[J].中国刑事法杂志,1999(3):23.

[79] 阮兴文.论同罪余罪自首的刑法规范[J].社科纵横,2019(1).

[80] 谢承儒.我国自首制度问题研究[J].法制与经济,2019(1):129.

[81] 刘琳.认罪认罚从宽制度和自首、坦白的关系[J].法制与社会,2019(3):24.

[82] 董科亮.贪污罪犯罪对象的表现形态探析[J].观察与思考,2001(8):36.

[83] 马春晓.廉洁性不是贪污贿赂犯罪的法益[J].政治与法律,2018(2):5.

[84] 孟庆华,朱博瀚.贪污罪侵害对象中的几个争议问题探讨[J].邢台学院学报,2009(3):75.

[85]王吉春.论贪污罪的对象[J].天水行政学院学报,2014(2):45.

[86]徐立,陈斌.贪污罪基本问题新论[J].湖北社会科学,2012(1):148.

[87]王筱.刑法中"国家工作人员"的区别化认定[J].水行政学院学报,2020.

[88]孙国祥.论刑法中的国家工作人员[J].人民检察,2013(11).

[89]王洪芳.对我国辅警身份定位和权责配置规定的几点质疑[J].法学论丛,2012(11).

[90]姚莉.论辅警刑事法律身份的定位[J].广州广播电视大学学报,2009(1).

[91]张洪波.辅警的主体定位及规范[J].法学,2011(9).

[92]章志远.私人参与警察任务执行的法理基础[J].法学研究,2011(6).

[93]张明伟.刑法上公务员概念之研究——与美国法制之比较[J].台北大学法学论丛,2013(85).

[94]温德华,肖秀敏.涉赌型挪用公款案件的特征及法律适用[J].人民检察,2003(9):44.

[95]姚光银.挪用公款后平账不宜一律认定为贪污罪[J].中国检察官,2012(20):54.

[96]沈莹,徐晓东.浅析贪污罪与挪用公款罪的法律认定[J].辽宁广播电视大学学报,2005(1):84.

[97]贾志民,汪蕾.界分贪污罪和挪用公款罪中事实推定的运用[J].人民检察,2011(17):78.

[98]许为安.试论以事实推定贪污行为人的非法占有目的[J].人民检察,2001(12):30.

[99]岳启杰.厘清挪用公款罪与贪污罪的主观定性及转化问题[J].广西政法管理干部学院学报,2010(6).

[100]许杰,杨俊.贪污罪中的"不平账"行为评析[J].中国检察官,2011(24):22.

[101]陈马林.彭迪.农村基层组织人员贪污贿赂犯罪立法解释适用问题研究[J].西南政法大学学报,2013(3).

[102]姜涛.刑法中国家工作人员定义的个别化解释[J].清华大学,2019(1):76-97.

[103]张树义.行政主体研究[J].中国法学,2000(2).

[104]尹振国.农村职务犯罪法律适用困难及其对策[J].湖南农业大学学报(社会科学版),2016(4).

[105]张少林,卜文.农村基层组织人员职务犯罪疑难问题的司法认定[J].法治论丛(上海政法学院学报),2009(2).

[106]李永红.农村基层组织人员职务犯罪探析[J].人民检察,2001(8).

[107]周力,秦四锋.单位受贿罪的构成、认定与处罚[J].河北法学,1999(5).

[108]张兆松.单位受贿犯罪研究[J].法律科学:西北政法学院学报,1994(5).

[109]刘长秋,程杰.单位受贿罪视域下的版面费行为——兼对《版面费行为不构成单位受贿

罪》一文之回应[J].中国刑事法杂志,2009(12).

[110]肖中华.论单位受贿罪与单位行贿罪的认定[J].法治研究,2013(5).

[111]贾倩倩.浅谈单位受贿罪[J].法制博览,2016(19).

[112]杨书翔.论单位受贿罪的认定及相关问题[J].西南科技大学学报(哲学社会科学版),2009,26(4).

[113]刘明祥.刑法中的非法占有目的[J].法学研究,2000(2).

[114]柳振兴.刍议赃款去向与贪污受贿犯罪的构成[J].人民检察,2001(12).

[115]孙国祥.内外勾结骗补行为的定性研究[J].人民检察,2017(15).

[116]薛红,余军生.滥用职权罪在司法实践中的现状及立法探讨[J].河南社会科学,2002(5).

[117]薛荣,李麒.滥用职权罪的司法认定及立法完善[J].山西大学学报(哲学社会科学版),2001(1).

[118]陈智元.国内外渎职罪犯罪主体比较[J].国际关系学院学报,2007(1).

[119]陈云飞.查办基层组织工作人员职务犯罪的常见问题研究[J].上海公安高等专科学校学报,2016(3).

[120]徐龙,徐占义.农村基层组织人员从事"公务"行为的准确认定[J].法制与社会,2015(21).

[121]张一献.略论刑法中的"特定款物"——兼议贪污罪中若干"特定款物"的认定[J].湖北警官学院学报,2018(4):44.

[122]王瑞剑,张兆松.贪污贿赂犯罪二元定罪量刑标准的情节适用问题——基于贪污贿赂犯罪司法解释的分析[J].天津法学,2017(2):34.

[123]罗开卷.贪污受贿犯罪中从重情节的适用——以《贪污贿赂解释》为切入点[J].法律适用,2017(1):84,86.

[124]陈兴良.贪污贿赂犯罪司法解释:刑法教义学的阐释[J].法学,2016(5).

[125]陈兴良.《关于办理贪污贿赂刑事案件适用法律若干问题的解释》总置评[J].浙江社会科学,2016(8):16-22.

[126]刘宪权.贪污贿赂犯罪最新定罪量刑标准体系化评析[J].法学,2016(5):90.

[127]张兆松.论《刑法修正案(九)》对贪污贿赂犯罪的十大重大修改和完善[J].法治研究,2016(2):91.

[128]康均心.受贿罪若干新问题讨论——以《刑法修正案(九)》和"两高"司法解释为视角[J].武汉公安干部学院学报,2016(3):14.

[129]赵秉志.贪污受贿犯罪定罪量刑标准问题研究[J].中国法学,2015(1):46.

[130]陈小平,阎二鹏.刑法第67条"避免特别严重后果发生"的实证研究——基于实施近八年状况的理论反思[J].社会科学家,2020(4).

[131]劳东燕.受贿犯罪两大法益学说之检讨[J].比较法研究,2019(5).

[132]张明楷.对向犯中必要参与行为的处罚范围[J].比较法研究,2019(5).

[133]赵学军.坦白的正当化根据与合法性适用[J].法律适用,2019(7).

[134]张勇."行贿与受贿并重惩治"刑事政策的根据及模式[J].法学,2017(12).

[135]杨志国."坦白"减轻处罚条款适用扩大化的考察与反思[J].法治研究,2017(4).

[136]吴占英.论坦白制度的理论根基[J].法学论坛,2016,31(5).

[137]吴占英.论坦白制度的缺陷及其完善[J].政法论丛,2015(4).

[138]董书关,刘操.《刑法修正案(八)》坦白制度的理解与适用[J].华东政法大学学报,2013(2).

[139]贺卫,李小文,杨永勤.坦白条款中"避免特别严重后果发生"的认定[J].法学,2012(9):154.

[140]段启俊,刘源吉.《刑法修正案(八)》新增坦白制度的理解与适用[J].法学杂志,2012(7):106.

[141]杨新京.对《刑法》第67条第3款"坦白从宽"纳入自首的理解与适用[J].中国检察官,2011(8):43.

[142]周德金.论我国单位犯罪的主体范围及其本质回归[J].中国社会科学院研究生院学报,2019(4).

[143]樊建民.论单位行贿罪中的单位行为[J].河南师范大学学报(哲学社会科学版),2012,39(6).

[144]杨国章.单位犯罪与自然人犯罪的界分[J].北方法学,2011(5):80.

[145]孙国祥.私分国有资产罪认定问题研究[J].华东刑事司法评论,2004(2).

[146]沈维嘉,金泽刚.试论私分国有资产罪的司法认定[J].政治与法律,2004(1):106.

[147]张红艳.私分国有资产罪的法理研析[J].河南社会科学,2003(4).

[148]张兆松,刘鑫.论集体私分国有资产罪[J].检察理论研究,1997(6):24.

[149]夏伟.走出"共犯与身份"的教义学迷思——"主从犯体系"下身份要素的再定位[J].比较法研究,2019(3).

[150]田然.我国的共犯体系为主从犯特殊区分制[J].海峡法学,2017,71(1).

[151]丁胜明.共同犯罪中的区分制立法模式批判——以正犯、实行犯、主犯的关系为视角[J].刑法理论,2013(2).

[152]刘明祥.中国特色的犯罪参与体系[J].中国法学,2013(6):119.

[153]钱叶六.双层区分制下正犯与共犯的区分[J].法学研究,2012(1).

[154]黄祥青.主从犯认定中的事实整理与价值考量[J].法律适用,2011(12).

[155]项谷,张菁.共同犯罪中主从犯的认定问题[J].犯罪研究,2009(2).

[156]李小文.主从犯认定的若干问题研究[J].上海大学学报(社会科学版),2008,15(2).

[157]张屹,郁习顶.刑法中弹性规定的司法实现[J].华东刑事司法评论,2003(4).

[158]关昕.我国缓刑制度适用的现实困境与完善举措[J].江西社会科学,2018(11).

[159]佘博通,李洁.论缓刑适用的形式条件[J].东南学术,2014(6).

[160]刘军.村基层组织人员贪污贿赂罪主体研究——基于规范刑法学[J].广西政法管理干部学院学报,2020,35(4).

[161]崔维.农村基层组织人员贪污与职务侵占行为之认定——以贵州省黔南布依族苗族自治州为例[J].江苏警官学院学报,2020,35(2).

[162]周光权.职务侵占罪客观要件争议问题研究[J].政治与法律,2018(7).

[163]李强.挪用公款罪中"归个人使用"的解释逻辑[J].法学,2015(2):118.

[164]刘国平.关于挪用公款"不退还"的重新解释[J].江西警察学院学报,2019(2).

[165]张冬然.挪用公款转化为贪污罪"非法占有目的"之认定[J].中国检察官,2018(9).

[166]陈洪兵.贪污罪与挪用公款罪的界限与竞合[J].中国海洋大学学报(社会科学版),2015(3).

[167]何家弘,黄健.贪污罪非法占有目的之推定规则初探[J].法学杂志,2016(10):44.

[168]刘艳红,冀洋.实质解释何以出罪——以一起挪用"公款"案件为视角的探讨[J].法学论坛,2016(6).

[169]戴民杰.挪用资金罪中"归个人使用"的教义学诠释[J].政治与法律,2020(2).

[170]李晓明,韩冰.嬗变与甄别:行政罚与刑事罚的界域[J].苏州大学学报(哲学社会科学版),2020(1).

[171]马春晓.区分行政违法与犯罪的新视角——基于构成要件之质的区别说[J].中国刑事法杂志,2020(1).

[172]卢勤忠,夏陈婷.行政处罚与刑罚的对流机制研究[J].河北法学,2020,38(3).

[173]罗翔.刑事不法中的行政不法——对刑法中"非法"一词的追问[J].行政法学研究,2019(6).

[174]孙国祥.行政犯违法性判断的从属性和独立性研究[J].法学家,2017(1).

[175]闻冬梅.论刑事不法与行政不法区别的理论基础[J].学术交流,2013(9):52.

[176]李晓明.行政犯罪的确立基础——行政不法与刑事不法[J].法学杂志,2005(2):46.

[177]陈瑞华.行政不法事实与犯罪事实的层次性理论——兼论行政不法行为向犯罪转化的

事实认定问题[J].中外法学,2019(1):78.

[178]王莹.论行政不法与刑事不法的分野及对我国行政处罚法与刑事立法界限混淆的反思[J].河北法学,2008(10):26.

[179]梁娟.监察体制改革背景下村基层组织人员职务犯罪惩防体系构建[J].江西社会科学,2019,39(2).

[180]张建军.农村基层组织人员职务行为的二重性[J].管理世界,2017(3).

[181]王伟.村基层组织人员职务犯罪治理体系构想[J].人民检察,2016(10).

[182]马庆炜,张冬霞.对《刑法》第93条中"从事公务"的理解——兼论国家工作人员的立法完善[J].中国人民公安大学学报(社会科学版),2005(5).

[183]杜国强.渎职罪主体立法解释评析与完善探究[J].检察实践,2004(2).

[184]魏从平,张友刚.析村级基层组织人员的职务犯罪[J].人民检察,2003(5).

[185]陈光安,徐新宇.农村扶贫互助协会发展的思考——以景泰县为例[J].时代金融,2017(10):59.

[186]张爱艳,刘光明.村基层组织人员"以国家工作人员论"的认定[J].中国检察官,2017(2).

[187]黄纯丽.检察视野下农村基层组织人员主体身份之认定——以周某生等人涉农职务犯罪为例[J].长沙民政职业技术学院学报,2013(3).

[188]艾静.涉财产犯罪成本的相对法益评价[J].法学杂志,2017(9).

[189]丛梅.犯罪成本对职务犯罪的影响性因素分析[J].犯罪与改造研究,2017(6).

[190]郭自力,陈文昊.个别财产犯罪之贯彻[J].天中学刊,2017(2).

[191]朱丽云.侵财类案件中犯罪成本的不同认定[J].法制与社会,2016(27).

[192]彭林泉.贪污过程中产生的税费能否计入犯罪数额[J].中国检察官,2016(14).

[193]付立庆.论刑法介入财产权保护时的考量要点[J].中国法学,2011(6).

[194]陈芳.从犯罪成本角度看罪责刑相适应原则[J].时代金融,2011(30).

[195]邓小刚.犯罪成本与职务犯罪预防[J].武汉公安干部学院学报,2011(1).

[196]张明楷.新刑法与法益侵害说[J].法学研究,2000(1).

[197]张平寿.犯罪成本制约犯罪数额认定的路径审视[J].中国刑事法杂志,2018(5).

[198]付立庆.财产损失要件在诈骗认定中的功能及其判断[J].中国法学,2019(4).

[199]李德胜,姜修芳.走出理论迷离与实践疑惑:检举揭发型立功的实践认定思考[J].福建警察学院学报,2016(4).

[200]徐科雷.刑法立功制度若干问题刍议[J].中国刑事法杂志,2012(3).

[201]王梦婕.以民主法治为视域解读德沃金的权利思想[J].清江论坛,2016(4):56.

[202] 龚群. 论道德价值与功利价值[J]. 哲学动态, 2014(8):68.

[203] 张明楷. 论犯罪后的态度对量刑的影响[J]. 法学杂志, 2015(2):2.

[204] 谢璐凯, 王程洁. 协助抓捕型立功的判定[J]. 人民司法(案例), 2017(35).

[205] 蒋成连. 论立功制度的本质——功利主义说之提倡[J]. 广西政法管理干部学院学报, 2016(2):94.

[206] 陈正云. 论刑罚成本与刑罚效益[J]. 法学家, 1997(2):49.

[207] 石聚航. 未遂犯的处罚范围及其规则重构[J]. 政治与法律, 2020(12).

[208] 杨彩霞, 苏青. 新中国成立70年来贪污罪刑事立法的演进与展望[J]. 中国矿业大学学报(社会科学版), 2019(5).

[209] 简筱昊. 论实行行为的规范限缩[J]. 中南大学学报(社会科学版), 2019(1).

[210] 周啸天. 实行行为概念的批判与解构[J]. 环球法律评论, 2018(4).

[211] 吴娉婷. 犯罪"着手"认定标准的探讨[J]. 东南大学学报(哲学社会科学版), 2016(S1).

[212] 黄悦. 论犯罪的着手[J]. 刑法论丛, 2015(3).

[213] 赵秉志. 论犯罪实行行为着手的含义[J]. 东方法学, 2008(1):15.

[214] 张小虎. 犯罪实行行为之解析[J]. 政治与法律, 2007(2):95.

[215] 唐世月. 贪污罪犯罪对象研究[J]. 中国法学, 2000(1):111.

[216] 苏敏华. 论村官职务犯罪性质之厘清[J]. 华东师范大学学报(哲学社会科学版), 2018(3).

[217] 刘利. 农村基层人员职务犯罪的特点、原因及预防对策[J]. 安徽农学通报, 2009(3).

[218] 薛国君, 李志刚. 农村基层组织成员职务犯罪的法律适用问题[J]. 当代法学, 2011(1).

[219] 乐绍光, 王晓霞, 韦飞红. 当前农村基层组织人员职务犯罪调查[J]. 人民检察, 2012(4).

[220] 丁晶, 宁建新, 马忠诚. 如何从犯罪客体角度认定贪污、受贿数额[J]. 人民检察, 2008(7).

[221] 徐清. "贪污数额"认定中的若干疑难问题探究[J]. 中国检察官, 2012(2).

[222] 蔡锐斌, 何正华. 认定贪污受贿犯罪数额不应扣除公务费用[J]. 检察实践, 2001(6).

[223] 薛长义. 贪污贿赂案件中"公务支出"解读[J]. 河南社会科学, 2017(10).

[224] 林竹静, 徐鹏. 论罪后情节[J]. 中国刑事法杂志, 2004(3).

[225] 王小青. 贪污受贿赃款数额认定当中"扣除法"之我见[J]. 广州商学院学报, 2003(1).

[226] 张旭, 朱笑延. 系统论视阈下职务犯罪自首制度的应然转向[J]. 长白学刊, 2020(2).

[227] 吴镝飞. 法秩序统一视域下的刑事违法性判断[J]. 法学评论, 2019(3).

[228] 李超. 论"自动投案"的司法适用[J]. 法制与社会, 2018(30).

[229]胡公枢."套路贷"的刑法规制路径[J].中国检察官,2018(8).

[230]詹兆园,方丽娟.自动投案意思不明确的不宜认定为自首[J].人民司法(案例),2017(32).

[231]林永春.职务犯罪自首的认定[J].人民司法(案例),2016(23).

[232]王静.论职务犯罪中自首认定问题及其对策[J].学术交流,2016(3).

[233]刘岩绅.论职务犯罪的自首[J].法制与社会,2013(2).

[234]陈业标.对职务犯罪案件一般自首认定中自动投案的若干问题的探析[J].法制与社会,2011(29).

[235]康均心,朱华.职务犯罪自首问题探析[J].人民检察,2011(16):5.

[236]江伟松,陈波.自首的立法精神及若干疑难问题探讨[J].中国检察官,2009(10).

[237]戴建军,陆文辉.截贿行为的刑法评价与罪名辨析[J].研究生法学,2020,35(1).

[238]王飞跃.截贿定性中的刑法评价问题[J].湘潭大学学报(哲学社会科学版),2020,44(1).

[239]罗开卷.刍议"截贿"及其对贿赂犯罪的影响[J].法律适用,2020(1).

[240]詹红星.介绍贿赂罪的疑难问题研究[J].韶关学院学报,2019,40(10).

[241]陈祖瀚.村干部职务犯罪之特征、根源与预防[J].海南广播电视大学学报,2019,20(3).

[242]田艺.截贿行为的刑法适用辨析[J].中国检察官,2018(13).

[243]朱建华,熊明明."截贿"行为的刑法评价问题研究[J].甘肃政法学院学报,2018(2).

[244]陈学敏.扶贫领域职务犯罪的预防与惩治[J].公民与法(法学版),2016(12).

[245]熊明明.侵占型"截贿"行为的刑法规制[J].人民检察,2016(11).

[246]孙国祥."截贿"行为的刑法性质辨析[J].法治研究,2016(1).

[247]李春艳.村官腐败频现"重灾区"[J].农村经营管理,2014(9).

[248]戴玉忠.当代中国社会结构背景下的受贿犯罪及其刑法规范的调整[J].人民检察,2010(20).

[249]于志刚,郭旭强.财产罪法益中所有权说与占有说之对抗与选择[J].法学,2010(8).

[250]童伟华.日本刑法中"不法原因给付与侵占"述评[J].环球法律评论,2009,31(6).

[251]邹志宏.论索贿犯罪[J].中国刑事法杂志,2001(4).

[252]潘强,邹志宏.索贿犯罪新探[J].人民检察,2003(9).

[253]高铭暄,张慧.论受贿犯罪的几个问题[J].法学论坛,2015(1).

[254]边楚.浅析索贿的认定[J].法制与社会,2009(2).

[255]周光权.论受贿罪的几个情节[J].政治与法律,2016(11).

[256]师晓东.扶贫领域职务犯罪预防研究[J].湖南警察学院学报,2018(1).

[257]张明楷.贪污贿赂罪的司法与立法发展方向[J].政法论坛,2017(1):3-20.

[258]卢建平,孙本雄.我国受贿罪定罪量刑标准之重构[J].中国人民公安大学学报(社会科学版),2016(3).

[259]张开骏.非法占有目的之利用意思的疑难问题和理论深化[J].法学家,2020(4):128.

[260]张祥飞.论职务侵占罪的几个问题[J].现代法学,1997(4):74.

[261]苏宏锦.挪用公款"进行营利活动"的判定[J].中国检察官,2016(16):78.

[262]王波峰,陈诏.挪用公款存银行用于完成存款指标的性质认定[J].中国检察官,2013(20):51-52.

[263]陈建财."收受他人财物后及时退还或上交"的监察认定[J].广西政法管理干部学院学报,2020(5):70-74.

[264]袁宏山.受贿罪理论研究述评[J].山东警察学院学报,2010(2).

[265]杜崇斌.关于高息揽储的成因分析及治理对策[J].西安金融,1998(6):3.

[266]涂晓军.挪用公款罪客体和对象的研究[J].咸宁学院学报,2010(8):43.

[267]陈洪兵.论挪用公款罪实行行为[J].福建江夏学院学报,2015(3):48.

[268]张原芳.关于李某挪用公款罪的案例分析[J].法制博览,2017(28):165.

[269]吴占英.坦白成立要件"如实供述自己罪行"理解探微探[J].法学杂志,2016(10):56.

[270]王飞跃.自首制度中"如实供述"的理解与认定[J].湘潭大学学报(哲学社会科学版),2009(5).

[271]张明楷.贪污贿赂罪的司法与立法发展方向[J].政法论坛,2017,35(1).

[272]杜文俊.财产犯罪刑民交错问题探究[J].政治与法律,2014(6).

[273]陈灿平.谈侵占罪中刑民交错的两个疑难问题[J].法学,2008(4).

[274]徐贤飞.中间人私自截留行贿款之定性研究[J].法治论坛,2014(2).

[275]孙国祥.截贿行为的刑法性质辨析[J].法治研究,2016(1).

[276]黄辰."截贿"行为定性的困境与破解[J].北方法学,2021(5).

[277]刘宪权,张巍.销售假冒注册商标的商品罪停止形态研究[J].法学杂志,2012(4):83.

[278]庄绪龙,王星光.销售假冒注册商标的商品罪中"既、未遂形态并存"的司法认定反思——"折算说"理念的初步提出[J].政治与法律,2013(3):63.

[279]吴光侠,罗鹏飞.《王新明合同诈骗案》的理解与参照——数额犯中既遂与未遂并存的量刑[J].人民司法(案例),2017(23):20.

[280]蔡士林.受贿罪既遂标准的类型化研究——以犯罪客体判断为视角[J].华北电力大学学报(社会科学版),2017(4).

[281]伍玉功,曹兴林.受贿款用于公务支出或社会捐献的法理思考[J].求索,2008(6).

报纸

[1]安徽省宿松县人民检察院桂林.结合主观意图评价"及时退还或上交"[N].检察日报,2018-01-17(3).

[2]吕丹丹.准确认定收受财物后"及时退还"行为[N].中国纪检监察报,2018-04-18(8).

[3]尚明刚.村主任能否以"国家工作人员"论[N].江苏法制报,2016-02-01(3).

[4]袁彬,丁培.准确把握非法占有目的规范推定与事实认定[N].检察日报,2020-10-17(3).

[5]张明楷.如何理解刑法中的非法占有目的[N].人民法院报,2003-08-01(10).

[6]赖正直.强农惠农资金是否属于贪污罪加重情节中的特定款物[N].人民法院报,2017-05-17(6).

[7]卢宇蓉,杨建军.社会保险基金属于贪污罪中的"特定款物"——《最高人民检察院关于贪污养老、医疗等社会保险基金能否适用〈最高人民法院、最高人民检察院关于办理贪污贿赂刑事案件适用法律若干问题的解释〉第一条第二款第一项规定的批复》理解与适用[N].检察日报,2017-08-28(3).

[8]赵秉志.略谈最新司法解释中贪污受贿犯罪的定罪量刑标准[N].人民法院报,2016-04-19(3).

[9]孙维民,王玉洲.避免大量毒品流向社会属于"避免特别严重后果发生"的情形[N].人民法院报,2015-04-15(6).

[10]黎宏.单位犯罪论的现状和展望[N].人民法院报,2020-05-14(6).

[11]沈敏.诈骗数额应否扣除犯罪成本[N].江苏法制报,2018-05-04(C).

[12]戴佳.检察机关向农民身边的腐败出重拳[N].检察日报,2015-08-25(5).

[13]李志勇.巩固反腐败斗争压倒性态势——十八届中央纪委七次全会工作报告解读之五[N].中国纪检监察报,2017-02-08(1).

[14]张烽.用个人账户保管的公款购买理财产品如何定性[N].检察日报,2017-06-09(3).

[15]黄勇鹏.盗窃既遂、未遂并存时数额累加问题刍议[N].西部法制报,2016-04-12(4).

[16]崔建民,周远洋.如何定性挪用公款购买公车供个人使用的行为[N].中国商报,2019-04-18(A03).

[17]金小慧,王升洲."受委托管理、经营国有财产"的理解与适用[N].检察日报,2020-07-28(003).

[18]李鹏飞.如何认定挪用公款罪与贪污罪的主观目的及转化[N].中国纪检监察报,2019-06-19(008).

学位论文

[1] 张浩. 贪污犯罪中"公共财物"的界定研究[D]. 北京:中国政法大学,2018.

[2] 吴丹瑶. 论贪污罪的特殊对象[D]. 上海:上海师范大学,2018.

[3] 唐成林. 农村基层组织人员职务犯罪主体刑法适用研究[D]. 广州:暨南大学,2015.

[4] 王晓明. 我国刑法中的国家工作人员研究[D]. 重庆:西南政法大学,2011.

[5] 赵权. 刑法中的国家工作人员[D]. 北京:中国政法大学,2010.

[6] 陈志军. 受贿犯罪中及时退还、上交财物的问题研究[D]. 泉州:华侨大学,2016.

[7] 崔香芬. 被征地农民养老政策研究[D]. 南京:南京农业大学,2012.

[8] 马聪. 正犯与共犯区分论[D]. 济南:山东大学,2018.

[9] 吴鹏辉. 职务侵占、贪污案件共同犯罪的认定[D]. 长春:吉林大学,2014.

[10] 黄渝景. 犯罪实行行为论[D]. 重庆:西南政法大学,2011.

[11] 曹坚. 从犯问题研究[D]. 上海:华东政法大学,2009.

[12] 周丽萍. 贪污受贿罪缓免刑的适用偏差与匡正[D]. 芜湖:安徽师范大学,2019.

[13] 佘博通. 我国缓刑适用研究[D]. 长春:吉林大学,2014.

[14] 先德奇. 行政犯的违法性研究[D]. 成都:西南财经大学,2017.

[15] 刘博卿. 实行行为着手研究[D]. 长春吉林大学,2016.

[16] 江薇. "截贿"行为的刑法学分析[D]. 南昌:南昌大学,2020.

[17] 潘思佳. 中间人截留贿赂款行为的性质研究[D]. 沈阳:沈阳师范大学,2020.

[18] 曾洪艳. 农村基层组织人员职务犯罪案例研究[D]. 哈尔滨:黑龙江大学,2012.